ଲକ୍ଷ୍ୟ

ଜୀବନର

ସୁଭାଷ ଲଖୋଟିୟା

ଟ୍ୟାକ୍ସ ଗୁରୁ : ସିଏନବିସି ଆୱାଜ

ଚିନ୍ତକ, ବିଚାରକ, ପ୍ରେରଣାଦାତା ଏବଂ ବକ୍ତା

ଆୟକର ଏବଂ ନିବେଶ ଉପଦେଷ୍ଟା

ଡାଇମଣ୍ଡ ବୁକ୍ସ

www.diamondbook.in

ପ୍ରକାଶକ : **ଡାଇମଣ୍ଡ ପକେଟ୍ ବୁକ୍ସ (ପ୍ରା.) ଲି.**
X-30, ଓଖଲା ଇଣ୍ଡଷ୍ଟ୍ରିଆଲ ଏରିଆ, ଫେଜ - II
ନୂଆ ଦିଲ୍ଲୀ - 110020
ଫୋନ୍ : 011-40712100
ୱେବ୍‌ସାଇଟ୍ : www.diamondbook.in
ଇ-ମେଲ୍ : sales@dpb.in
ସଂସ୍କରଣ : 2019
ମୁଦ୍ରକ : ଆଦର୍ଶ ପ୍ରିଣ୍ଟର୍ସ, ଶାହଦରା, ଦିଲ୍ଲୀ - 32

Lakshya Jeebanara (Odia)

(Lakshya Jindgi ka (Odia)

By: Subhash Lakhotia

ଭୂମିକା

ବିଗତ ୪୦ବର୍ଷ ମଧ୍ୟରେ ମୁଁ ଯେତେବେଳେ ବି ଲକ୍ଷ ଲକ୍ଷ ଲୋକଙ୍କ ସମ୍ପର୍କରେ ଆସିଛି ମୁଁ ଜାଣିବାକୁ ପାଇଛି କି ଅଧିକାଂଶ ଲୋକ ନା ନିଜ ଜୀବନର ଲକ୍ଷ୍ୟ ସମ୍ପର୍କରେ ଭାବିଥାନ୍ତି, ନା ସେମାନେ ଚିନ୍ତନ କରିଥାନ୍ତି ଓ ନା ସେମାନଙ୍କର କୌଣସି ସ୍ପଷ୍ଟ ସ୍ଥିତି ହୋଇଥାଏ । ଯେତେବେଳେ ବି ଏକାଠି ବସି ବନ୍ଧୁ ମାନଙ୍କ ଗହଣରେ ଲକ୍ଷ୍ୟ ସମ୍ପର୍କରେ ଚର୍ଚ୍ଚା କରାଯାଏ ବହୁତ ସମୟରେ ଏହି କଥା ଉଠେ ଯେ, କୁହନ୍ତୁ, ଆପଣଙ୍କ ଜୀବନର ଲକ୍ଷ୍ୟ କ'ଣ ? କିନ୍ତୁ ସବୁଠୁ ଗୁରୁତ୍ୱପୂର୍ଣ୍ଣ କଥା ହେଲା ଏହା ଯେ ଆମକୁ ଅନ୍ୟର ଲକ୍ଷ୍ୟ ସମ୍ପର୍କରେ ଅଧିକ ସଚେତନ ରହିବାର ଆବଶ୍ୟକ ନାହିଁ, କେବଳ ନିଜ ଜୀବନର ଲକ୍ଷ୍ୟ ସମ୍ପର୍କରେ ଚିନ୍ତନ, ମନନ ଓ ବିଚାର-ବିମର୍ଶ କରିବା ଉଚିତ ।

ମୋର ପୂର୍ଣ୍ଣ ବିଶ୍ୱାସ ଯେ ଏହି ପୁସ୍ତକକୁ ପଢିବାରେ ପାଠକମାନଙ୍କୁ ଏତେ ଶକ୍ତି ମିଳିବ ଯେ ସେମାନେ ନିଜ ଜୀବନର ଲକ୍ଷ୍ୟ ନିଶ୍ଚିତ ଭାବରେ ନିର୍ଦ୍ଧାରଣ କରିପାରିବେ ଓ ତାହାକୁ କାର୍ଯ୍ୟକାରୀ କରିପାରିବେ । ତା' ହେଲେ ସେମାନଙ୍କ ଜୀବନରେ ଏକ ଅଭୂତପୂର୍ବ ଆନନ୍ଦ ଆସିପାରିବ ଏବଂ ଲକ୍ଷ୍ୟକୁ ପ୍ରାପ୍ତ କରିବା ଲାଗି ସେମାନଙ୍କୁ ଅସୀମ ଆନନ୍ଦ ମିଳିପାରିବ ।

ଲକ୍ଷ୍ୟ ହାସଲ କରିବା ସହଜ, ଯଦି ଆପଣ ତାହା ଉପରେ ଦୃଢ ରହି ସେଥିପାଇଁ ସଠିକ୍ ଚିନ୍ତନ କରିଚାଲିବେ, କିନ୍ତୁ ସର୍ବପ୍ରଥମ ଆବଶ୍ୟକତା ହେଲା ସେହି ଲକ୍ଷ୍ୟଗୁଡ଼ିକୁ ଲେଖିନେବା । ଏହି ଲେଖିବା ସେତେବେଳେ ସମ୍ଭବ ଯେତେବେଳେ ଆମେ ପ୍ରକୃତ ଆନ୍ତରିକତାର ସହିତ ନିଜ ଲକ୍ଷ୍ୟ ସମ୍ପର୍କରେ ଭାବିବା ଓ ମନନ କରିବା । ଏହି ପୁସ୍ତକ ଆମର ପାଠକମାନଙ୍କୁ ନିଶ୍ଚିତ ଭାବରେ ସାହାଯ୍ୟ କରିବ ଯାହା ଫଳରେ ସେମାନେ ନିଜ ଜୀବନର ଲକ୍ଷ୍ୟ ଲେଖିପାରିବେ ଓ ସେଗୁଡ଼ିକୁ ପୂରଣ କରିପାରିବେ ।

ମୋର ଧର୍ମପତ୍ନୀ ଶ୍ରୀମତୀ ସୁଶୀଳା ଲଖୋଟିୟା ଅକ୍ଳାନ୍ତ ପରିଶ୍ରମ କରି ଏହି ପୁସ୍ତକ ସମ୍ପାଦନରେ ମୋତେ ଯଥେଷ୍ଟ ସହାୟତା କରିଛନ୍ତି ଓ ଅନେକ ସମୟରେ ମୋତେ ଏହି ପୁସ୍ତକକୁ ସମ୍ପୂର୍ଣ୍ଣ କରିବା ଲାଗି ପ୍ରେରଣା ମଧ୍ୟ ଦେଇଛନ୍ତି । ଆମର ପ୍ରକାଶକ ଶ୍ରୀ ନରେନ୍ଦ୍ର କୁମାର ବର୍ମାଜୀଙ୍କ ମଧ୍ୟ ଧନ୍ୟବାଦ ଜଣାଉଛି ଯିଏ କି ବହୁ ସମୟରେ ନିଜର ମୂଲ୍ୟବାନ ପ୍ରସ୍ତାବ ଦେଇଛନ୍ତି, ଯାହା ଫଳରେ ପୁସ୍ତକ ଅଧିକ ଭଲ ହେବା ସହ ଠିକ୍ ସମୟରେ ପାଠକଙ୍କ ପାଖରେ ପହଞ୍ଚିପାରିଛି ।

ମୋତେ ଏହି ପୁସ୍ତକ ଲେଖିବାରେ ସେତେବେଳେ ଶାନ୍ତି ଓ ଆନନ୍ଦ ମିଳିବ, ଯଦି ଏହି ପୁସ୍ତକ ଭାରତର ଲକ୍ଷ ଲକ୍ଷ ଲୋକଙ୍କୁ ସେମାନଙ୍କ ଜୀବନର ଲକ୍ଷ୍ୟକୁ ସ୍ଥାପନ କରିବାରେ ସହାୟକ ହୋଇପାରିବ ।

- ସୁଭାଷ ଲଖୋଟିୟା
ଲଖୋଟିୟା ନିବାସ
ଏସ୍-୨୨୮, ଗ୍ରେଟର କୈଳାସ, ଭାଗ-୨
ନୂଆଦିଲ୍ଲୀ-୧୧୦୦୪୮
ଇ-ମେଲ: slakhotia@satyam.net.in

ବିଷୟସୂଚୀ

01. ସଫଳତା ଲାଗି ଲେଖନ୍ତୁ: ଲକ୍ଷ୍ୟ ଜୀବନର 07

02. ଯେଉଁସବୁ ବିଷୟକୁ ଆମେ ନିଜର ଲକ୍ଷ୍ୟ ବନାଇବା 14

03. ମୌନର ଯାଦୁ ଓ ଆପଣଙ୍କ ଲକ୍ଷ୍ୟ 26

04. ଚିନ୍ତାକୁ ବିରାମ ଦିଅନ୍ତୁ 29

05. ଆପଣଙ୍କର ପାଞ୍ଚ ପ୍ରକୃତ ବନ୍ଧୁ 33

06. ବିରକ୍ତି ଭାବ ହଟାନ୍ତୁ, ଲକ୍ଷ୍ୟ ପ୍ରାପ୍ତ ହୁଅନ୍ତୁ 38

07. ନିରନ୍ତର ପ୍ରୟାସ ଏବଂ ଅଭ୍ୟାସରୁ ଲକ୍ଷ୍ୟପ୍ରାପ୍ତି 42

08. ଅହଂକୁ ପରିତ୍ୟାଗ କରନ୍ତୁ 48

09. ଲକ୍ଷ୍ୟ ପ୍ରାପ୍ତି ନିମନ୍ତେ ଦିନଚର୍ଯ୍ୟା 50

10. ଯାହା ଘଟି ନାହିଁ, ତାହାର ଚିନ୍ତା କାହିଁକି ? 54

11. ସମସ୍ତ ଜମାପୁଞ୍ଜି ଅନ୍ୟମାନଙ୍କର, କେବଳ ଲକ୍ଷ୍ୟ ନିଜର 60

12. ଶୀଘ୍ର ଲକ୍ଷ୍ୟପ୍ରାପ୍ତି ଲାଗି ଚଉଦ ଦିନିଆ ସପ୍ତାହ 62

13. ପୀଡିତର ଲୁହ ପୋଛିବାକୁ ବି ଜୀବନର ଲକ୍ଷ୍ୟ ବନାନ୍ତୁ 65

14. ସମୃଦ୍ଧି ପ୍ରାପ୍ତିର ଲକ୍ଷ୍ୟ 67

15. ରିଟାୟରମେଣ୍ଟ ପ୍ଲାନିଂର ଲକ୍ଷ୍ୟ 70

16. ମସ୍ତିଷ୍କର କଣ୍ଟ୍ରୋଲ, ଜୀବନର ଲକ୍ଷ୍ୟ 74

17. ଲକ୍ଷ୍ୟପ୍ରାପ୍ତି ଲାଗି ଅପମାନ ଏବଂ ନିନ୍ଦାରେ ଅବିଚଳିତ ରହନ୍ତୁ 76

18. ଲକ୍ଷ୍ୟ ସହିତ ଆନନ୍ଦର ଲହର ପାଆନ୍ତୁ 79

19. ଶାନ୍ତ ବ୍ୟବହାର ଲକ୍ଷ୍ୟ ହାସଲର ସାଧନ 82

20. ଜୀବନକୁ ରସମୟ କରି ଲକ୍ଷ୍ୟ ହାସଲ କରନ୍ତୁ 84

21. ଭୟ ଦୂର କରିବାର ଜାଦୁ 87

22. ଲକ୍ଷ୍ୟପ୍ରାପ୍ତି ପାଇଁ [illegible] ଓ [illegible] ? 89

23. ଲକ୍ଷ୍ୟ ପୂରଣ ହେଉନି ତ ଏହା ପ୍ରାରବ୍ଧର ଖେଳ 91

24. ଜୀବନ ପ୍ରତି ବିତୃଷ୍ଣା ଆସିଗଲା– ଏମିତି କେବେ ଭାବନ୍ତୁନି 94

25. ଶକ୍ତିପାତରୁ ଲକ୍ଷ୍ୟପ୍ରାପ୍ତିରେ ତତ୍ପରତା 97

26. କଦାପି ଯୁକ୍ତି କରନ୍ତୁନି 99

27. କାହାର ଭାବନା ସହିତ ଖେଳନ୍ତୁ ନାହିଁ 101

28. ଜୀବନସାଥୀଙ୍କ ଦେହାନ୍ତ ପରେ କେମିତି ଲକ୍ଷ୍ୟ ପ୍ରାପ୍ତ ହେବେ ? 103

29. ଆଧ୍ୟାତ୍ମିକତାକୁ ମଧ୍ୟ ଲକ୍ଷ୍ୟ ସହିତ ରଖନ୍ତୁ 107

30. ହସି ହସି ଲକ୍ଷ୍ୟ ପ୍ରାପ୍ତ କରନ୍ତୁ 123

31. ଚିନ୍ତାଗ୍ରସ୍ତ ଏବେ ନୁହେଁ କି କେବେ ନୁହେଁ 127

32. ଭାବନ୍ତୁ ଓ ହୃଦୟ ସହିତ କଥା ହୁଅନ୍ତୁ 129

33. ଆଇଡ଼ି ସର୍ବଦା ପାଖରେ ରଖନ୍ତୁ 131

34. ଆପଣଙ୍କ ଲକ୍ଷ୍ୟ ଉପରେ ଡେଲି ଡାଇରୀର ନଜର 133

35. ନିଜକୁ କାହାଠାରୁ କମ୍ ଭାବନ୍ତୁନି 135

36. ଲକ୍ଷ୍ୟପ୍ରାପ୍ତି ଲାଗି ରାତ୍ରରେ ପ୍ରଭୁ ପ୍ରାର୍ଥନା 137

37. ଲକ୍ଷ୍ୟପ୍ରାପ୍ତି ଲାଗି ଚାଣକ୍ୟ ସୂତ୍ର 140

38. ଲକ୍ଷ୍ୟପ୍ରାପ୍ତି ଲାଗି ବିବେକ ଓ ସଂଯମ 144

39. ସକାରାତ୍ମକ ଭାବନା ସହିତ ଲକ୍ଷ୍ୟପ୍ରାପ୍ତି 147

40. ଲକ୍ଷ୍ୟପ୍ରାପ୍ତି ଉଦ୍ଦେଶ୍ୟରେ କିଛି ଅନ୍ୟ କଥା 153

1

ସଫଳତା ଲାଗି ଲେଖନ୍ତୁ: ଲକ୍ଷ୍ୟ ଜୀବନର

'ନିଜ ଜୀବନର ଲକ୍ଷ୍ୟ ନିର୍ଦ୍ଧାରଣ କରନ୍ତୁ ଏବଂ ସମସ୍ତ ଶାରୀରିକ ଓ ମାନସିକ ଶକ୍ତି ସେଥିରେ ଲଗାଇଦିଅନ୍ତୁ, ତା' ହେଲେ ମିଳିବାକୁ ଥିବା ସଫଳତାକୁ କେହି ରୋକିପାରିବେ ନାହିଁ।'

-ବିଶ୍ୱବିଖ୍ୟାତ ଦାର୍ଶନିକ କାର୍ଲାଇଲ

ଆପଣଙ୍କ ବୟସ ଯାହା ବି ହୋଇଥାଉ, ତାହା ୧୮ବର୍ଷ ହେଉ କି ୮୧, ଯଦି ଆପଣ ଚାହାନ୍ତି ଆପଣଙ୍କ ଜୀବନ ସୁଖରେ ବିତୁ, ଯଦି ଆପଣ ଜୀବନର ସମ୍ପୂର୍ଣ୍ଣ ମଜା ଉଠାଇବାକୁ ଚାହାନ୍ତି ଏବଂ ଭଗବାନ ଯେଉଁ ମାନବ ଜୀବନ ଦେଇଛନ୍ତି, ତାର ପୂରା ଆନନ୍ଦ ନେବାକୁ ଚାହାନ୍ତି ତେବେ ସର୍ବପ୍ରଥମେ ଆଜି ହିଁ ବସି ନିଜ ଜୀବନର ଲକ୍ଷ୍ୟ ସମ୍ପର୍କରେ ଲେଖି ନିଅନ୍ତୁ। କିଛି ବ୍ୟକ୍ତି ଏହା ମଧ୍ୟ ଭାବିଥାନ୍ତି କି ଜୀବନର ଲକ୍ଷ୍ୟ ସମ୍ପର୍କରେ ଲେଖିବା ଉଚିତ। କିନ୍ତୁ ଆଉ କିଛି ବ୍ୟକ୍ତି ଏହା ମଧ୍ୟ ଭାବିଥାନ୍ତି କି ଜୀବନର ଲକ୍ଷ୍ୟ ଲେଖିବାର ଆବଶ୍ୟକ ହିଁ ନାହିଁ। ଜୀବନ ତ ଯେମିତି ସେମିତି କଟିଯିବ, ପୁଣି ଆମେ ଲକ୍ଷ୍ୟ ଲେଖିକରି କ'ଣ କରିବା। ଅନ୍ୟ ପ୍ରକାର ଲୋକ ବି ଅଛନ୍ତି ଯେଉଁମାନେ ଏହା ଚିନ୍ତା କରିଥାନ୍ତି କି ପ୍ରଭୁ ଆମ ଜୀବନରେ ଯାହା କିଛି ଲେଖିଦେଇଛନ୍ତି, ତାହା ହିଁ ଘଟିବ। ଏପରିସ୍ଥଳେ ଆମେ ନିଜ ଲକ୍ଷ୍ୟକୁ କାଗଜରେ ଲେଖିଦେବା ତ ସେଥିରୁ କ'ଣ ଲାଭ ମିଳିବ? ଏଭଳି ଚିନ୍ତାଧାରାର ବ୍ୟକ୍ତି ନିଜ ଜୀବନ କୌଣସି ଉଦ୍ଦେଶ୍ୟ ବିନା ବଞ୍ଚିଥାନ୍ତି ଏବଂ ସେମାନଙ୍କ ଜୀବନରେ ଖୁସି ମଧ୍ୟ ବହୁତ କମ୍ ଦେଖିବାକୁ ମିଳିଥାଏ। କିନ୍ତୁ ଯଦି ଆପଣ ଚାହାନ୍ତି ଆପଣଙ୍କ ଜୀବନ ବାସ୍ତବରେ ଆନନ୍ଦମୟ ହେଉ, ତେବେ ନିଶ୍ଚିତ ଭାବରେ ସବୁଠୁ ଗୁରୁତ୍ୱପୂର୍ଣ୍ଣ କାର୍ଯ୍ୟ ହେଲା ଏହା ଯେ ଆପଣ ବସି ନିଜ ଜୀବନର ଲକ୍ଷ୍ୟ ଏକ ସାଦା କାଗଜରେ ଲେଖିଦିଅନ୍ତୁ।

ଯେତେବେଳେ ଆମେ ଲକ୍ଷ୍ୟ କଥା କହୁ ଓ ଏହି ଆଲୋଚନା ନିଜ ବନ୍ଧୁ, ସହପାଠୀ, ପରିବାର ସଦସ୍ୟ ଓ ଘନିଷ୍ଠ ମିତ୍ରଙ୍କ ସହ କରିଥାଉ ତେବେ ଆମେ ଅଧିକାଂଶ କ୍ଷେତ୍ରରେ ଏହା ଦେଖିବାକୁ ପାଇଥାଉ ଯେ, ଲକ୍ଷ୍ୟ ସମ୍ପର୍କରେ ଚର୍ଚ୍ଚା କଲାବେଳେ ଆପଣ ସଙ୍ଗେ ସଙ୍ଗେ ଅନ୍ୟ ବ୍ୟକ୍ତିଙ୍କୁ ତାଙ୍କ ଜୀବନର ଲକ୍ଷ୍ୟ ପଚାରିବାରେ ବ୍ୟସ୍ତ ହୋଇପଡ଼ନ୍ତି। ମୋର ବିଶ୍ୱାସ ଯେ ଯଦି ଆପଣ ନିଜ ଜୀବନକୁ ଆହୁରି ଆନନ୍ଦମୟ, ରହସ୍ୟମୟ ତଥା ସମ୍ପୂର୍ଣ୍ଣ ଭାବରେ ସଫଳ କରିବାକୁ ଚାହୁଁଥାନ୍ତି ତେବେ ଆପଣଙ୍କୁ ଜୀବନର ଲକ୍ଷ୍ୟକୁ ଲେଖିବାକୁ ହିଁ ହେବ।

ଅନ୍ୟ ଲୋକର ଲକ୍ଷ୍ୟ କ'ଣ ରହିଛି ? କ'ଣ ତାଙ୍କ ଜୀବନରେ ଲକ୍ଷ୍ୟ ପ୍ରାପ୍ତିର ଇଚ୍ଛା ଅଛି ? ଏସବୁ କଥାକୁ ଆପଣ ଅଧିକ ଗୁରୁତ୍ୱ ଦିଅନ୍ତୁ ନାହିଁ। କେବଳ ଗୋଟିଏ କଥା ଚିନ୍ତା କରନ୍ତୁ ଯଦି ଆପଣ ନିଜର କୌଣସି ଲକ୍ଷ୍ୟ ବନାନ୍ତି ଓ ସେହି ଲକ୍ଷ୍ୟ ବାସ୍ତବରେ ଆପଣଙ୍କୁ ଆକର୍ଷିତ କରୁଥାଏ ଏବଂ ତାହା ଯଦି ପୂରଣ ହୋଇଯାଏ ତେବେ ଆପଣଙ୍କୁ କେତେ ଖୁସି ମିଳିବ। ଏହି ଭାବନା ବା ଏହି ଚିନ୍ତାଧାରାକୁ ସବୁବେଳେ ମନରେ ରଖନ୍ତୁ ଏବଂ ଏହା ନିଶ୍ଚିତ ହୁଅନ୍ତୁ ଯେ ମୋତେ ତ ନିଜ ଜୀବନର ଲକ୍ଷ୍ୟ ହାସଲ କରିବାକୁ ହିଁ ହେବ। କିନ୍ତୁ ଦୁର୍ଭାଗ୍ୟର କଥା ଏହା ଯେ ଲକ୍ଷ୍ୟ କ'ଣ, ଏହାର ପ୍ରାୟତଃ ଠିକଣା ହିଁ ନଥାଏ। ତେଣୁ ଆଜି ଆପଣ ଏହା ଚିନ୍ତା କରନ୍ତୁ କି ଆପଣଙ୍କ ଜୀବନରେ ଏକ ଜବରଦସ୍ତ ପରିବର୍ତ୍ତନ ଆସୁଛି, ସେହି ପରିବର୍ତ୍ତନ ଲାଭଦାୟକ ହେବ, ଆନନ୍ଦମୟ ହେବ ଏବଂ ଆପଣଙ୍କ ଜୀବନରେ ଖୁସି ଆଣିବ। କିନ୍ତୁ ଏସବୁ ସେତେବେଳେ ସମ୍ଭବ ହୋଇପାରିବ, ଯେତେବେଳେ ଆପଣ ନିଜ ଲକ୍ଷ୍ୟକୁ ନିର୍ଦ୍ଧାରଣ କରିନେବେ ଏବଂ ଏହି ଲକ୍ଷ୍ୟ ପ୍ରାପ୍ତି ଲାଗି ପୂରା ଦମ୍‌ରେ ଲାଗିପଡ଼ିବେ।

କେଉଁ ବୟସରେ ଆମେ ଲକ୍ଷ୍ୟ ନିର୍ଦ୍ଧାରଣ କରିବା ଏବଂ କିପରି ନିର୍ଦ୍ଧାରଣ କରିବା, ଏଭଳି ଅନେକ ପ୍ରଶ୍ନ ଆପଣଙ୍କ ମନ ଭିତରେ ଉଙ୍କିମାରୁଥିବ, କିନ୍ତୁ ଆପଣ ଏହି ପ୍ରଶ୍ନଗୁଡ଼ିକୁ ଗୁରୁତ୍ୱ ନଦେଇ ତୁରନ୍ତ ଏହି କଥାରେ ସହମତ ହୁଅନ୍ତୁ ଯେ, ଲକ୍ଷ୍ୟ ନିର୍ଣ୍ଣୟ କରିବା ସେହି ବ୍ୟକ୍ତିମାନଙ୍କର କାର୍ଯ୍ୟ, ଯେଉଁମାନେ ଜୀବନରେ ସଫଳତା ପାଇବାକୁ ଚାହାନ୍ତି। ଟିକିଏ ଚିନ୍ତା କରନ୍ତୁ, ଯଦି ଲକ୍ଷ୍ୟ ନ ରହିବ ତେବେ ଆପଣଙ୍କ ଜୀବନରେ କ'ଣ ହାସଲ କରିବାର ପ୍ରେରଣା ରହିବ ? ଏଥିପାଇଁ ବୟସ ଯାହା ହେଉନା କାହିଁକି, ବୟସକୁ ପରବାଏ ନ କରି ନିଜର ଲକ୍ଷ୍ୟ ନିର୍ଦ୍ଧାରଣରେ ତୁରନ୍ତ ଲାଗିପଡ଼ନ୍ତୁ। ସର୍ବପ୍ରଥମେ ତ ଆପଣଙ୍କୁ ଲକ୍ଷ୍ୟ ନିର୍ଦ୍ଧାରଣ କରିବାକୁ ପଡ଼ିବ। ତା'ପରେ ଲକ୍ଷ୍ୟକୁ ପ୍ରାପ୍ତ କରିବାର କାର୍ଯ୍ୟକ୍ରମ ଆରମ୍ଭ ହେବ ଏବଂ ଏହାକୁ ପୂରା କରିବା ଲାଗି ଯେତେବେଳେ ଆପଣ ପୂରା ଦମ୍‌ରେ ଲାଗିଯିବେ ତ ଏହା ନିଶ୍ଚିତ ଯେ ଆପଣଙ୍କ ଦ୍ୱାରା ନିର୍ଦ୍ଧାରିତ ହୋଇଥିବା ଲକ୍ଷ୍ୟ ପୂରଣ ହେବ। ଏଭଳି କଥା କେବେ ଚିନ୍ତା କରନ୍ତୁ ନାହିଁ କି ମୋ ଜୀବନର ଲକ୍ଷ୍ୟ ତ ଭଗବାନ ଯେପରି ଚଳାଇବେ ସେପରି ଚାଲିବ। ନିଶ୍ଚିତ ଭାବରେ ଭଗବାନଙ୍କ ଉପରେ ଆସ୍ଥା

ରଖନ୍ତୁ, କିନ୍ତୁ ଏକଥାକୁ ସବୁବେଳେ ମନେ ରଖନ୍ତୁ ଯେ ପ୍ରଭୁ ମଧ୍ୟ ସେହି ବ୍ୟକ୍ତିଙ୍କୁ ସହାୟତା କରିଥାନ୍ତି, ଯିଏ ନିଜେ ନିଜକୁ ସହାୟତା କରିଥାଏ। ଏହି କଥାକୁ ଧ୍ୟାନରେ ରଖି ଆପଣ ନିଜ ଜୀବନର ଲକ୍ଷ୍ୟକୁ ଏକ ସାଦା କାଗଜରେ ଲେଖି ନିର୍ଦ୍ଧାରଣ କରିନେଲେ, ଆପଣ ଏକ ଧାବମାନ ସୁବର୍ଣ୍ଣ ମୁହୂର୍ତ୍ତ ଓ ସୁଖମୟ ଭବିଷ୍ୟତ ଜୀବନର ପରିକଳ୍ପନା ପାଇଯିବେ, ଯାହା ଆପଣଙ୍କ ନିଜ ଲକ୍ଷ୍ୟ ଉପରେ ହିଁ ଆଧାରିତ। ତେଣୁ ପ୍ରିୟ ପାଠକ ବନ୍ଧୁ ! ଯଦି ଆପଣ ଚାହାଁନ୍ତି ଆପଣଙ୍କ ଜୀବନ ସୁଖମୟ ହେଉ ଏବଂ ଏଭଳି କିଛି ମୁହୂର୍ତ୍ତ ଆସୁ ଯାହା ଆପଣଙ୍କୁ ରୋମାଞ୍ଚିତ କରିବ, ଜୀବନରେ ଏହିଭଳି ଆନନ୍ଦ ଆସୁ ଯାହା ଆପଣ କଳ୍ପନା କରୁଛନ୍ତି ଏଭଳି ଅନେକ ଅଭିଜ୍ଞତା ହାସଲ କରିବାରେ ଆପଣଙ୍କର ଆକାଂକ୍ଷା ରହିଛି, ତେବେ ଏହିସବୁ ଆକାଂକ୍ଷା ପୂରଣ କରିବାର ପ୍ରଥମ ପଦକ୍ଷେପ ହେଲା ଏହା ଯେ ଏକ ସାଦା କାଗଜରେ ନିଜ ଜୀବନର ଲକ୍ଷ୍ୟ ଲେଖିଦିଅନ୍ତୁ।

ମୋ ମତରେ ଯେତେବେଳେ ବ୍ୟକ୍ତି ନାବାଳକରୁ ସାବାଳକ ହୋଇଥାଏ, ସେହି ସମୟରେ ନିଜ ଜୀବନର ଲକ୍ଷ୍ୟ ନିର୍ଦ୍ଧାରଣ କରିବାର ଯାତ୍ରା ଆରମ୍ଭ ହୋଇଯାଏ। ଏହି ଯାତ୍ରାରେ ମଧ୍ୟ ସମୟକୁ ସମୟ କିଛିଟା ପରିବର୍ତ୍ତନ ଆବଶ୍ୟକ ହୋଇଥାଏ, କିନ୍ତୁ ଜୀବନର ଲକ୍ଷ୍ୟ ଲେଖିଲାବେଳେ ସେହି ସମୟ ଆରମ୍ଭ ହୋଇଯାଇଥାଏ ଯେତେବେଳେ ଆପଣ ସାବାଳକ ହୋଇଯାନ୍ତି। ଏଭଳି ଅନେକ ପାଠକ ବି ଆସିବେ ଯେଉଁମାନେ ଦୀର୍ଘଦିନ ହେଲା ସାବାଳକ ହୋଇଥିବେ। କ'ଣ ସେମାନେ ଆଜି ସେମାନଙ୍କର ଲକ୍ଷ୍ୟ ଲେଖିବେ ନା ଅତିବାହିତ ହୋଇଯାଇଥିବା ଅତୀତର କଥାକୁ ମନେ ପକାଇ ଚୁପ ରହିବେ ? ଅତୀତ କଥାକୁ ଭାବନ୍ତୁ ନାହିଁ, ବରଂ ଜୀବନର ଲକ୍ଷ୍ୟ ନିର୍ଦ୍ଧାରଣ ପ୍ରକ୍ରିୟା ଆଜିଠାରୁ ହିଁ ଆରମ୍ଭ କରିଦିଅନ୍ତୁ। ସର୍ବପ୍ରଥମେ ଏହା ବିଶ୍ୱାସ କରନ୍ତୁ କି ଆପଣଙ୍କର ନିଜ ଜୀବନର ଲକ୍ଷ୍ୟ ନିର୍ଦ୍ଧାରଣର ସମୟ ସେହି ସମୟରୁ ଆରମ୍ଭ ହୋଇଥାଏ, ଯେଉଁଦିନ ଆପଣ ଭାବିନେବେ ଯେ ମୁଁ ମୋ ଜୀବନର ଲକ୍ଷ୍ୟ ଲେଖିନେବି। ଅତଏବ ଆପଣ ଯେବେ ବି ପ୍ରାପ୍ତବୟସ୍କ ହୋଇଥାନ୍ତୁ, ସେହି ସମୟରୁ ହିଁ ଆପଣ ନିଜ ଲକ୍ଷ୍ୟ ନିର୍ଦ୍ଧାରଣ ପ୍ରକ୍ରିୟାକୁ ଆପଣାଇବା ଆରମ୍ଭ କରନ୍ତୁ। ଯଦି ଆପଣ ଦୀର୍ଘଦିନ ହେଲା ପ୍ରାପ୍ତବୟସ୍କ ହୋଇଥାନ୍ତି ତେବେ ନିଜ ଜୀବନର ଲକ୍ଷ୍ୟ ଆଜି ହିଁ ନିର୍ଦ୍ଧାରଣ କରନ୍ତୁ, କିନ୍ତୁ ଆପଣଙ୍କ ସହ ସମ୍ପର୍କରେ ଯେଉଁ ପ୍ରାପ୍ତବୟସ୍କ ବ୍ୟକ୍ତି ବି ଆସୁଛନ୍ତି, ସେମାନଙ୍କୁ ପ୍ରେରଣା ଦିଅନ୍ତୁ ଯେ ଯଦି ସେମାନେ ସେମାନଙ୍କ ଜୀବନକୁ ମଧୁମୟ ଆନନ୍ଦମୟ କରିବାକୁ ଚାହୁଁଥାନ୍ତି, ତେବେ ଜୀବନର ଲକ୍ଷ୍ୟ ତୁରନ୍ତ ଲେଖିବା ଆରମ୍ଭ କରନ୍ତୁ। ଆପଣ ଯେକୌଣସି ବୟସର ବ୍ୟକ୍ତି ହୋଇଥାନ୍ତୁ, ପୁରୁଷ ହୁଅନ୍ତୁ ବା ମହିଳା। ପ୍ରତି ମୁହୂର୍ତ୍ତ, ପ୍ରତି ସମୟ ନିଜ ଜୀବନର ଲକ୍ଷ୍ୟ ନିର୍ଦ୍ଧାରଣ ଲାଗି ଉପଯୁକ୍ତ। ଟିକିଏ ଚିନ୍ତା କରନ୍ତୁ କି ଆପଣ ବହୁତ କିଛି ପାଇବାକୁ ଚାହୁଁଛନ୍ତି ତ ନିଶ୍ଚିତ ପାଇବେ, କିନ୍ତୁ କ'ଣ ପାଇବାକୁ ଚାହୁଁଛନ୍ତି ସେହି ବିବରଣୀକୁ ଏକ କାଗଜରେ ଲେଖିବାକୁ ହେବ। ଆମେ ଜୀବନର ପ୍ରତି

ମୋଡ଼ରେ କ'ଣ ସଫଳତା ହାସଲ କରିବା ଇଚ୍ଛା କରୁଛେ ଯଦି ଲେଖିବାନି ତେବେ ସେହି ସଫଳତା ପାଇବା କିପରି ? ତେଣୁ ସବୁ ବୟସର ପାଠକଙ୍କୁ ଉପଦେଶ ଦିଆଯାଉଛି କି ସେମାନେ ସାଦା କାଗଜରେ ନିଜ ଲକ୍ଷ୍ୟକୁ ଲେଖିଦିଅନ୍ତୁ ।

ଏବେ ଆମର ପୂରା ବିଶ୍ୱାସ, ଆମର ପାଠକଗଣ ଏହା ନିଶ୍ଚିତ କରିନେବେ ଯେ ସେମାନଙ୍କ ଜୀବନର ଲକ୍ଷ୍ୟ ନିର୍ଦ୍ଧାରଣ କରିବା ବାସ୍ତବରେ ଏକ ବଡ଼ ଚ୍ୟାଲେଞ୍ଜ । ଜୀବନରେ ସଫଳତା ପାଇବା ଖୁବ୍ ଲାଭଦାୟକ କଥା ଆଉ ବହୁତ ଅଭିଜ୍ଞତାଭରା କାହାଣୀ । ଆଗାମୀ ୧୦-୨୦ବର୍ଷରେ ଯଦି ଆପଣସ ଫଳତାର ନୂଆ ସୋପାନ ଛୁଇଁବାକୁ ଚାହୁଁଥାନ୍ତି, ତେବେ ଆଜି ଲକ୍ଷ୍ୟକୁ ନିର୍ଦ୍ଧାରଣ କରନ୍ତୁ ଓ ପରେ ସେହି ଲକ୍ଷ୍ୟଗୁଡ଼ିକୁ ପୂରଣ କରିବା ଲାଗି ଠିକ୍ ମନରେ ଉପଯୁକ୍ତ ଆଗ୍ରହର ସହିତ ପ୍ରତିଦିନ ଲାଗି ରହିବା ଦ୍ୱାରା ଏହା ଆପଣଙ୍କୁ ଆପଣଙ୍କ ଲକ୍ଷ୍ୟର ନିକଟତର କରାଇବ । ଟିକିଏ ଚିନ୍ତା କରନ୍ତୁ, ଯେଉଁ ବ୍ୟକ୍ତି ନିଜ ଜୀବନର ଲକ୍ଷ୍ୟ ନିର୍ଦ୍ଧାରଣ ହିଁ କରିନାହିଁ, ସେହି ବ୍ୟକ୍ତି ଜୀବନରେ ବଞ୍ଚିକରି ତ ରହିବେ, କିନ୍ତୁ କୌଣସି ରୋମାଞ୍ଚ ବିନା । ଯଦି ଆପଣ ରୋମାଞ୍ଚକର, ଆନନ୍ଦଦାୟକ ଏବଂ ସର୍ବଦା ସ୍ଫୂର୍ତ୍ତିରେ ଭରା ଏବଂ ଆହୁରି ଅଧିକ ଉନ୍ନତିରେ ପରିପୂର୍ଣ୍ଣ ଜୀବନ ଚାହୁଁଛନ୍ତି, ତେବେ ଆପଣଙ୍କୁ ମୋର କଥା ମାନି ନିଜ ଜୀବନର ଲକ୍ଷ୍ୟ ଲେଖିବାକୁ ହେବ ।

ଯେତେବେଳେ ଲକ୍ଷ୍ୟ ନିର୍ଦ୍ଧାରଣ କରିବା ସମୟ ଉପନୀତ ହୁଏ, ସେତେବେଳେ ମୁଁ ଜାଣିବାକୁ ପାଇଛି କି ଅନେକ ବ୍ୟକ୍ତି ଗୋଟିଏ କଥା ବାରମ୍ବାର ପଚାରିଚାଲନ୍ତି ଯେ ଶେଷରେ ଆମେ ନିଜ ଜୀବନର ଲକ୍ଷ୍ୟ ନିର୍ଦ୍ଧାରଣ କରିବା ଲାଗି କେଉଁ ପ୍ରକ୍ରିୟା ଆପଣାଇବା । ବାରମ୍ବାର ଏହି ପ୍ରଶ୍ନ ଉଠିଥାଏ କି କେମିତି ନିଜ ଲକ୍ଷ୍ୟକୁ ଲେଖିବି ? କାହାକୁ ପଚାରି ନିଜର ଲକ୍ଷ୍ୟ ନିର୍ଦ୍ଧାରଣ କରିବି ? ନିଜ ଲକ୍ଷ୍ୟ ନିର୍ଦ୍ଧାରଣରେ ଆମେ କାହା କାହାର ସହାୟତା ନେବା ? ଲକ୍ଷ୍ୟ ଲେଖିବା କାର୍ଯ୍ୟରେ କେତେ ସମୟ ଲାଗିବ ? ଏହିଭଳି ପ୍ରଶ୍ନ ଆପଣଙ୍କ ମନରେ ଆଜି ଆସୁଛି, ଆସନ୍ତକାଲି ବି ଆସିବ ଏବଂ ଏହିଭଳି ଆସୁଥିବ, କିନ୍ତୁ ନିଜର ଅନୁଭବ ଆଧାରରେ ମୁଁ ଏହା କହିପାରେ କି ଭାରତରେ ମୁଁ ଲକ୍ଷ ଲକ୍ଷ ଲୋକଙ୍କୁ ସେମାନଙ୍କ ଜୀବନର ଲକ୍ଷ୍ୟ ନିର୍ଦ୍ଧାରଣ କରିବା ଲାଗି ପ୍ରେରଣା ଦେଇଛି ।

ମୋ ପାଇଁ ଏହା ବହୁତ ଖୁସିର କଥା କି ସେହି ବ୍ୟକ୍ତିମାନଙ୍କ ମଧ୍ୟରୁ ଅନେକ ଏଭଳି ସଫଳତାର ସିଢ଼ିକୁ ଅତିକ୍ରମ କରିସାରିଛନ୍ତି ଯାହାର କି କଳ୍ପନା ବି ସେମାନେ ସେହି ସମୟ ପର୍ଯ୍ୟନ୍ତ କରିନଥିଲେ, ଯେତେବେଳେ ପର୍ଯ୍ୟନ୍ତ ସେମାନେ ସେମାନଙ୍କର ଲକ୍ଷ୍ୟ ନିର୍ଦ୍ଧାରଣ କାର୍ଯ୍ୟକ୍ରମକୁ ଲେଖି ନଥିଲେ । ହୋଇପାରେ, କିଛି ଏଭଳି ସ୍ଥିତି ଆପଣଙ୍କର ବି ଆସିବ, କିନ୍ତୁ ଏବେ ଆପଣ ବିବ୍ରତ ହେବାର ଆଦୌ ଦରକାର ନାହିଁ । ଆମେ ଆପଣଙ୍କୁ ଜଣାଇ ଦେବୁ

ଜୀବନର ଲକ୍ଷ୍ୟ କିପରି ନିର୍ଦ୍ଧାରଣ କରାଯାଏ। ସର୍ବପ୍ରଥମେ ଆପଣ ଏକାନ୍ତରେ ବସି ଏକ ସାଦା କାଗଜରେ ନିଜ ଜୀବନର ଲକ୍ଷ୍ୟ ଲେଖିବା କାର୍ଯ୍ୟ କରନ୍ତୁ। ସାଧାରଣତଃ ଏହା ଦେଖାଯାଏ କି ଅଧଘଣ୍ଟାରୁ ଏକ ଘଣ୍ଟା ପର୍ଯ୍ୟନ୍ତ ଯଦି ଆପଣ ଏକାଗ୍ରତାର ସହିତ ବସିବେ ତେବେ ଆପଣ ନିଶ୍ଚିତ ଭାବରେ ନିଜ ଜୀବନର ଲକ୍ଷ୍ୟ ଲେଖିନେବେ, କିନ୍ତୁ ପ୍ରିୟ ବନ୍ଧୁଗଣ ! ଏହି ଅଧଘଣ୍ଟାରୁ ଏକ ଘଣ୍ଟା ମଧ୍ୟରେ ଲେଖାଯାଇଥିବା ଲକ୍ଷ୍ୟକୁ ବି ସମ୍ପୂର୍ଣ୍ଣ ଲକ୍ଷ୍ୟ ଭାବରେ ଗ୍ରହଣ କରାଯାଇ ପାରିବନି, କାରଣ ମୋର ଉଦ୍ଦେଶ୍ୟ ହେଲା ଏହା ଯେ ଆପଣ ଜୀବନର ଲକ୍ଷ୍ୟ ଏଭଳି କିଛି ବାହାରୁ ଯାହା ବାସ୍ତବରେ ଆପଣଙ୍କ ଜୀବନକୁ ବଦଳାଇଦେବ।

ମୋ ବିଚାରରେ ଯଦି ଆପଣ ଏକମତ ତେବେ ତାହା ହିଁ ହେବ, ଆଉ ଯଦି ଆପଣଙ୍କ ଉତ୍ତର ହଁ ହୁଏ ତେବେ ମୋ କଥାକୁ ମନଦେଇ ଶୁଣନ୍ତୁ। ଯେଉଁ ଲକ୍ଷ୍ୟକୁ ଆପଣ ଅଧଘଣ୍ଟାରୁ ଏକ ଘଣ୍ଟା ମଧ୍ୟରେ ଲେଖିଛନ୍ତି, ତାହାକୁ ନିଜ ଜୀବନର ସମ୍ପୂର୍ଣ୍ଣ ତଥା ସଠିକ୍ ଲକ୍ଷ୍ୟ ବିଚାର କରନ୍ତୁ ନାହିଁ, ବରଂ ପରବର୍ତ୍ତୀ ସମୟରେ ନିଜ ଦ୍ୱାରା ଲେଖାଯାଇଥିବା ସେହି କାଗଜରୁ ନିଜ ଜୀବନର ଲକ୍ଷ୍ୟକୁ ପୁନର୍ବାର ପଢ଼ିବା ଆରମ୍ଭ କରନ୍ତୁ। ଏବେ ଘଣ୍ଟାଏ କିମ୍ବା ଦୁଇଘଣ୍ଟା ସମୟ ଦେଇ ଆପଣ ପୁଣି ଥରେ ନିଜ ଦ୍ୱାରା ନିର୍ଦ୍ଧାରିତ କରାଯାଇ ୨୪ ଘଣ୍ଟା ପୂର୍ବରୁ ଯେଉଁ ଲକ୍ଷ୍ୟ ପ୍ରସ୍ତୁତ ହୋଇଥିଲା, ତାହାକୁ ପୁଣିଥରେ ପଢନ୍ତୁ ଓ ଧ୍ୟାନ କରନ୍ତୁ। ଏଭଳି କରିବା ଦ୍ୱାରା ଆପଣଙ୍କର ଏହା ଫାଇଦା ହେବ ଯେ, ଆପଣ ଯେଉଁ କେତେକ ଲକ୍ଷ୍ୟ ଲେଖିଥିଲେ ତାହାକୁ ଆପଣ କାଟିଦେବେ ଓ କିଛି ନୂଆ ଲକ୍ଷ୍ୟ ଯୋଡ଼ିବେ। ଏବେ ଆପଣଙ୍କ ମନରେ ପ୍ରଶ୍ନ ଉଠୁଥିବ କ'ଣ ଏତିକିରେ ଆପଣଙ୍କ ଲକ୍ଷ୍ୟ ଲେଖିବା କାର୍ଯ୍ୟକ୍ରମ ଶେଷ ହୋଇଗଲା। ଏମିତି ତ ହୋଇଗଲା, କିନ୍ତୁ ଆପଣଙ୍କର ଇଚ୍ଛା ଏହା ଯେ ନିଜ ଜୀବନର ଲକ୍ଷ୍ୟ ଲେଖା କାଗଜକୁ ଏଭଳି ପ୍ରସ୍ତୁତ କରିବେ ଯେପରି ପରବର୍ତ୍ତୀ ସମୟରେ ସେଥିରେ କୌଣସି ପରିବର୍ତ୍ତନ ହେବନି।

ଏପରି ସ୍ଥିତିରେ ମୋ ବିଚାରରେ ଆପଣ ଏବେ ଗୋଟିଏ ଦିନ, ତାହା ରବିବାର ହେଉ କି ଅନ୍ୟ ଛୁଟିଦିନ କିମ୍ବା ଅନ୍ୟ କୌଣସି ଦିନ ବି ହେଉ, ଶାନ୍ତିରେ ୨୪ ଘଣ୍ଟାର ଏକ ମୌନବ୍ରତ କରନ୍ତୁ। ଆଜ୍ଞା ହଁ, ଏବେ ୨୪ଘଣ୍ଟା ମୌନ ରହିବା ସହିତ ନିଜ ଦ୍ୱାରା ପ୍ରସ୍ତୁତ ହୋଇଥିବା ଜୀବନର ଲକ୍ଷ୍ୟ ପୃଷ୍ଠାକୁ ପଢନ୍ତୁ। କଥାଟା କିଛିଟା ଅଡୁଆ ଲାଗିବ, କିନ୍ତୁ ବୈଜ୍ଞାନିକ ଦୃଷ୍ଟିରୁ ଓ ମୋର ଅନୁଭବ ଅନୁଯାୟୀ ଏକଥା ଭଲ ଭାବରେ ପ୍ରମାଣିତ ହୋଇଛି ଯେ, ଯଦି ଆପଣ ନିଜ ଜୀବନର ଲକ୍ଷ୍ୟକୁ ସଠିକ୍ ଢଙ୍ଗରେ ସଜାଇବାକୁ ଚାହୁଁଥାନ୍ତି, ଏବେ ଏହା ହେଲା ଉପଯୁକ୍ତ ସମୟ। ନିଜ କାର୍ଯ୍ୟାଳୟ, ଦପ୍ତର, ବ୍ୟବସାୟ କାରବାରରୁ ୨୪ ଘଣ୍ଟା ଛୁଟି ନେଇଯାଆନ୍ତୁ ଓ ସେଦିନ ମୌନବ୍ରତ କରନ୍ତୁ। ଏହି ୨୪ ଘଣ୍ଟା ମୌନ ସମୟରେ ନିଜର ସମସ୍ତ ଚଳଣି ଯେମିତି ଚାହୁଁଛନ୍ତି ରଖନ୍ତୁ, କିନ୍ତୁ ମୁହଁରେ ଗୋଟିଏ ବି ଶବ୍ଦ କହନ୍ତୁ ନାହିଁ। ଏବେ ଆପଣଙ୍କୁ କେବଳ

ଗୋଟିଏ କାମ କରିବାକୁ ହେବ, ଆପଣଙ୍କ ଦ୍ୱାରା ଜୀବନର ଯେଉଁ ଲକ୍ଷ୍ୟ ଲେଖାଯାଇଛି, ସେହି ଲକ୍ଷ୍ୟକୁ ବାରମ୍ବାର ପଢନ୍ତୁ। ଚିନ୍ତନ କରନ୍ତୁ, ଧ୍ୟାନ କରନ୍ତୁ ଆଉ କାରୀଗର ଯେମିତି ପଥରରେ ମୂର୍ତ୍ତି ପ୍ରସ୍ତୁତ କରିଥାଏ, ସେହିଭଳି ନିଜ ଦ୍ୱାରା ଲେଖାଯାଇଥିବା ଜୀବନର ଲକ୍ଷ୍ୟକୁ ବ୍ୟବସ୍ଥିତ ତଥା ସଂଶୋଧନ କରନ୍ତୁ। ତାହା ହେଲେ ଆପଣ ପାଇବେ ଯେ ଯେଉ ଲକ୍ଷ୍ୟ ଆପଣ କେବଳ ଅଧଘଣ୍ଟାରେ ଲେଖିଥିଲେ ସେଥିରେ ଏବେ ସମ୍ପୂର୍ଣ୍ଣ ପରିବର୍ତ୍ତନ ହୋଇଯାଇଛି। ଏବେ ଆପଣଙ୍କର ନିଜର ଲକ୍ଷ୍ୟ ଏଭଳି ଏକ ଉପକରଣ ହୋଇଯାଇଛି ଯାହା ଆପଣଙ୍କ ଜୀବନର ମାର୍ଗକୁ ବଦଳାଇଦେବ, ଭିନ୍ନ ମୋଡ଼ ଦେବ ଏବଂ ସେହି ସ୍ଥାନକୁ ନେଇଯିବ, ଯେଉଁଠାରେ କେବଳ ଆନନ୍ଦ ଏବଂ ପ୍ରସନ୍ନତା ହିଁ ମିଳିଥାଏ। ଆଜି ନୁହେଁ ତ କାଲି ଆଉ କାଲି ନୁହେଁ ତ ପରଦିନ। ଟିକିଏ ଚିନ୍ତା କରନ୍ତୁ କି ନିଜ ଜୀବନର ଲକ୍ଷ୍ୟ ଲେଖିବାରେ ଯଦି ଆମେ କିଛି ଅଧିକ ସମୟ ବି ଲଗାଇଦେବା ଆଉ ଯେମିତି ମୁଁ କହିଲି କି ୨୪ଘଣ୍ଟା ମୌନବ୍ରତ ପରେ ହିଁ ନିଜ ଜୀବନର ଲକ୍ଷ୍ୟ ଲେଖିନେବା। ଏଭଳି କଲାବେଳେ ପ୍ରଥମ ଥର ପ୍ରତ୍ୟେକ ବ୍ୟକ୍ତିଙ୍କୁ ଲାଗିଥାଏ କି ଏକ ଛୋଟ କାମ ଅର୍ଥାତ୍ ନିଜ ଜୀବନର ଲକ୍ଷ୍ୟ ଲେଖିବାରେ ଏତେ ଦୀର୍ଘ ସମୟ ଦେବା କୌଣସି ବୁଦ୍ଧିମାନର କଥା ନୁହେଁ, କିନ୍ତୁ ଯଦି ମୋ କଥାକୁ ମାନନ୍ତି ତେବେ ଆପଣ ନିଜ ଜୀବନର ଲକ୍ଷ୍ୟକୁ ୨୪ଘଣ୍ଟା ମୌନ ରହିବା ସମୟରେ ସମ୍ପାଦନ କରିନିଅନ୍ତୁ। ତାହାହେଲେ ଆପଣ ନିଶ୍ଚିତ ଭାବରେ ତାହା ପାଇବେ କି ଆପଣଙ୍କ ମସ୍ତିଷ୍କର ତରଙ୍ଗରେ ପୂରା ଜୀବନର ହିସାବ କିତାବ ଯାହା ଆପଣ ଚାହାନ୍ତି, ଯାହା ଆପଣ ପ୍ରସ୍ତୁତ କରିବାକୁ, ଯାହା ହାସଲ କରିବାକୁ ଚାହାନ୍ତି, ତାହା ଲେଖା ହୋଇ ପ୍ରସ୍ତୁତ ହୋଇଯାଇଛି। ଏହି ୨୪ଘଣ୍ଟାର ମୌନବ୍ରତ ସମୟରେ ପ୍ରସ୍ତୁତ ହୋଇଥିବା ଲକ୍ଷ୍ୟକୁ ପ୍ରତିଦିନ ଦେଖିବା, ବ୍ୟବସ୍ଥିତ କରିବା ଓ ହାସଲ କରିବା ଲାଗି ନିରନ୍ତର ଉଦ୍ୟମ ଜାରି ରଖିବାକୁ ହେବ।

ମୋର ପୂର୍ଣ୍ଣ ବିଶ୍ୱାସ ଓ ମୁଁ ଗ୍ୟାରେଣ୍ଟିର ସହିତ ଏହା ପ୍ରତିଶ୍ରୁତି ଦେଇପାରେ କି ପ୍ରତ୍ୟେକ ପାଠକ, ଯିଏ ନିଜ ଜୀବନର ଲକ୍ଷ୍ୟକୁ କାଗଜରେ ଲେଖିବେ ଏବଂ ଭଲ ଭାବରେ ବ୍ୟବସ୍ଥିତ କରିବେ ତଥା ଏକାଗ୍ର ଚିତ୍ତରେ ନିଜ ଲକ୍ଷ୍ୟର ବିଚାରଧାରାକୁ କ୍ରିୟାନ୍ୱିତ କରିବା ଲାଗି ରାସ୍ତା ପ୍ରସ୍ତୁତ କରିନେବେ ତେବେ ନିଶ୍ଚିତ ଭାବରେ ସେହି ବ୍ୟକ୍ତିଙ୍କର ଭବିଷ୍ୟତ ପ୍ରତିଦିନ ଆନନ୍ଦପ୍ରଦ ହେବ। ଏହା ଏଥିପାଇଁ ହେବ କାରଣ ସେହି ବ୍ୟକ୍ତି ନିଜର ଲକ୍ଷ୍ୟକୁ ଲେଖିଛନ୍ତି, ବୁଝିଛନ୍ତି ଓ ପ୍ରତିଦିନ ପ୍ରତି ମୁହୂର୍ତ୍ତରେ ସେହି ଲକ୍ଷ୍ୟ ପ୍ରାପ୍ତି ଲାଗି ହିଁ ନିରନ୍ତର ପ୍ରଯତ୍ନଶୀଳ ରହିଛନ୍ତି।

ଥରେ ଏହା ଚିନ୍ତା କରନ୍ତୁ କି ଆପଣ ଯିଏକି ଚିନ୍ତା କରୁଛନ୍ତି ମୁଁ ମୋ ଜୀବନର ଲକ୍ଷ୍ୟକୁ ଲେଖିନେବି, ଧ୍ୟାନ କରିବି ଏବଂ ସେଗୁଡ଼ିକୁ ପ୍ରାପ୍ତ କରିବି, ସେଇଠି ଅନ୍ୟ ପ୍ରକାର ଲୋକ ବି ଅଛନ୍ତି, ଯିଏ କି ଲକ୍ଷ୍ୟର ଉପଯୋଗିତା ସଂପର୍କରେ ସ୍ୱୀକାର କରିନଥାନ୍ତି କି ଜାଣିନଥାନ୍ତି ଓ

ବିଶ୍ୱାସ କରନ୍ତି ନାହିଁ। ଏଭଳି ବ୍ୟକ୍ତି ନିଜ ଜୀବନକୁ ଦୁଃଖକଷ୍ଟରେ କାଟି ଚାଲିଥାନ୍ତି। ସେମାନେ ନା କୌଣସି ଜ୍ଞାନ ଆହରଣ କରନ୍ତି ନା କିଛି ହାସଲ କରିବା ଲାଗି ସେମାନଙ୍କର କୌଣସି ଚିନ୍ତାଧାରା ଥାଏ। ଏବେ ଆପଣ ମଧ୍ୟ କଳ୍ପନା କରିନିଅନ୍ତୁ ଏବଂ ଦୁଇପ୍ରକାର ବ୍ୟକ୍ତିଙ୍କ ମଧ୍ୟରେ ପ୍ରଭେଦ ଦେଖନ୍ତୁ। ଜଣେ ଏଭଳି ବ୍ୟକ୍ତି ଯିଏ ଲକ୍ଷ୍ୟ ପ୍ରସ୍ତୁତ କରେ ଓ ଅନ୍ୟ ବ୍ୟକ୍ତି ଯିଏ ନିଜର ଲକ୍ଷ୍ୟ ପ୍ରସ୍ତୁତ କରେ ନାହିଁ। ତେଣୁ ଆପଣ ଭଲ ଭାବରେ ଅଭ୍ୟସ୍ତ ହୋଇଯାଆନ୍ତୁ ଯେ ଆମେ ନିଜ ଜୀବନର ଲକ୍ଷ୍ୟ ନିର୍ଦ୍ଧାରଣ କରିବା। ତାହା ହାସଲ କରିବା ପ୍ରକ୍ରିୟା ଲକ୍ଷ୍ୟ ପ୍ରସ୍ତୁତ କରିବା ପରେ ହିଁ ଆରମ୍ଭ ହେବ।

ଲକ୍ଷ୍ୟ ପ୍ରସ୍ତୁତ କରିବାର ଏକ ସିଧା ସଳଖ କାରଣ ଯଦି ଆପଣ ଜାଣିବାକୁ ଚାହୁଁଥାନ୍ତି ତାହାହେଲା ଏହି ଯେ ଆମ୍ଭମାନଙ୍କୁ ଯେଉଁ ମାନବ ଜୀବନ ମିଳିଛି ଏହାକୁ ସଫଳତମ କରିବା ଲାଗି ଯଦି ଆମର ଲକ୍ଷ୍ୟ ନିର୍ଦ୍ଧାରଣ ହେବ, ତେବେ ଆମେ ସଫଳ ମଣିଷ ହୋଇପାରିବା ଓ ସଫଳତାର ସବୁ ଦିଗକୁ ଅତିକ୍ରମ କରିବାରେ ମଧ୍ୟ ଆମ ଜୀବନର କୌଣସି ମୋଡ଼ରେ ବ୍ୟସ୍ତ ବିବ୍ରତ ହେବାକୁ ପଡ଼ିବନି।

ଅନେକ ଥର ଚାରିବନ୍ଧୁ ଏକାଠି ନିଜ ନିଜର ଲକ୍ଷ୍ୟ ସମ୍ପର୍କରେ ଆଲୋଚନା କରିଥାନ୍ତି ଓ କଥା ତା'ର ଗୁରୁତ୍ୱ ହରାଇଥାଏ, କାରଣ ସେହି ଲୋକମାନେ ଜୀବନର ଲକ୍ଷ୍ୟକୁ ସେତେ ଗମ୍ଭୀର ଭାବରେ ବିଚାର କରିନଥାନ୍ତି। କେବଳ ଗପସପ କରିଥାନ୍ତି। ସତକଥା ହେଲା ଏହା ଯେ ଆପଣଙ୍କ ନିଜର ଜୀବନ ଓ ଲକ୍ଷ୍ୟ ଆପଣଙ୍କୁ ଜଣେ ସଫଳ ବ୍ୟକ୍ତିରେ ପରିଣତ କରିବ। ସମୟକ୍ରମେ ମଧ୍ୟ ପ୍ରତ୍ୟେକ ବ୍ୟକ୍ତିଙ୍କୁ ନିଜର କିଛିଟା ପରିବର୍ତ୍ତନ କରିନେବା ଆବଶ୍ୟକ, କିନ୍ତୁ ମୁଖ୍ୟଧାରାରେ ଯେଉଁ ଲକ୍ଷ୍ୟ ଆପଣ ନିଜ ପାଇଁ ନିର୍ଦ୍ଧାରିତ କରିଛନ୍ତି, ସେହି ଲକ୍ଷ୍ୟ ଉପରେ ହିଁ ଆପଣଙ୍କ ଜୀବନ ଆଗେଇ ଚାଲିବ।

2

ଯେଉଁସବୁ ବିଷୟକୁ ଆମେ ନିଜର ଲକ୍ଷ୍ୟ ବନାଇବା

'ନିଜର ଲକ୍ଷ୍ୟକୁ ଭୁଲନ୍ତୁ ନାହିଁ, ଅନ୍ୟଥା ଭଲମନ୍ଦ ଯାହା ବି ମିଳିବ ସେଗୁଡ଼ିକରେ ସନ୍ତୁଷ୍ଟ ହେବାକୁ ପଡ଼ିବ।'

-ଜର୍ଜ ବର୍ଣ୍ଣାଡ ଶ

ଯେତେବେଳେ ଆପଣ ଭାବିନେଲେ ଜୀବନକୁ ସୁଖୀ ଓ ସମୃଦ୍ଧ କରିବା ଲାଗି ଲକ୍ଷ୍ୟ ପ୍ରସ୍ତୁତ କରିବା ଜରୁରୀ, ତାହେଲେ ପରବର୍ତ୍ତୀ ପ୍ରଶ୍ନ ଏହା ଉଠିବ ଯେ କେଉଁ କେଉଁ ବିଷୟରେ ଆମେ ନିଜ ଲକ୍ଷ୍ୟ ବନାଇବା। ସାରା ଭାରତରେ ଅନେକଗୁଡ଼ିଏ ସେମିନାର ଓ ଛୋଟବଡ଼ ଆଲୋଚନା ସମୟରେ ଯେତେବେଳେ ମୁଁ ପ୍ରତିବର୍ଷ ଲକ୍ଷାଧିକ ବ୍ୟକ୍ତିଙ୍କୁ ସାମନାସାମନି ଭେଟିଥାଏ, ସେତେବେଳେ ଏକ ବଡ଼ ଗୁରୁତ୍ୱପୂର୍ଣ୍ଣ ପ୍ରଶ୍ନ ବାରମ୍ବାର ଲୋକମାନଙ୍କ ତରଫରୁ ଆସିଥାଏ। ସେହି ପ୍ରଶ୍ନ ହେଲା, କେଉଁ କେଉଁ କଥାକୁ ଆମେ ଜୀବନର ଲକ୍ଷ୍ୟ ବନାଇବା। ଆଲୋଚନା ଦିଲ୍ଲୀରେ ହେଉ କି କୋଲକାତା, ମୁମ୍ବାଇ, ଚେନ୍ନାଇ, ବାଙ୍ଗାଲୁରୁ, ଗୌହାଟୀ, ଦିଗବୋଇ, ଆଜମେର ପୁଣେ କିମ୍ବା ନାଗପୁରରେ ହେଉ, ଭିନ୍ନ ଭିନ୍ନ ସହରରେ ଅଲଗା ଅଲଗା ପୃଷ୍ଠଭୂମିରେ ଅଲଗା ଖାଦ୍ୟପେୟ ଓ ଭିନ୍ନ ବୟସର ଲୋକ ହେଲେ ବି ସମସ୍ତଙ୍କର ଗୋଟିଏ ହିଁ ପ୍ରଶ୍ନ ହୋଇଥାଏ କି ସେମାନେ ନିଜର ଲକ୍ଷ୍ୟ କିପରି ଏବଂ କେଉଁ ବିଷୟରେ ବନାଇବେ ?

ବନ୍ଧୁଗଣ ! ଆମେ କହିଆସିଛୁ ଆପଣଙ୍କ ଲକ୍ଷ୍ୟ ଆପଣଙ୍କ ଜୀବନ ପାଇଁ। ଏଥିପାଇଁ ଦୟାକରି ଏହା ଧ୍ୟାନରେ ରଖନ୍ତୁ କି ଆମେ କୌଣସି ବିଶେଷ କଥା ପାଇଁ କିମ୍ବା ବିଶେଷ କଥା ସମ୍ପର୍କରେ ହିଁ ନିଜ ଜୀବନର ଲକ୍ଷ୍ୟ ବନାଉ ନାହୁଁ, ଆମେ ଆମର ଲକ୍ଷ୍ୟ ସମ୍ପୂର୍ଣ୍ଣ ଜୀବନ ଉପରେ

ବନାଉଛୁ। ତେଣୁ ଯେତେବେଳେ ଆପଣ ଜୀବନର ଲକ୍ଷ୍ୟ ସମ୍ପର୍କରେ ଚିନ୍ତା କରୁଛନ୍ତି, ସେତେବେଳେ ଚିନ୍ତା କରନ୍ତୁ ଆମେ ଲକ୍ଷ୍ୟ ପ୍ରସ୍ତୁତ କରିବା ନିଜର ଶିକ୍ଷା ବିଷୟରେ, ନିଜର ଉନ୍ନତି ସମ୍ପର୍କରେ, ନିଜ ପରିବାର ସମ୍ପର୍କରେ। ଦ୍ୱିତୀୟରେ ଆମକୁ ଲକ୍ଷ୍ୟ ପ୍ରସ୍ତୁତ କରିବାକୁ ହେବ ଆମ ରୋଜଗାର ସମ୍ପର୍କରେ ଓ ସେହିସବୁ କାର୍ଯ୍ୟ ବିଷୟରେ ମଧ୍ୟ ଯାହା ଆମେ ଚିନ୍ତା କରୁଛୁ କି ଏହି ଜୀବନରେ ଆମକୁ ସମ୍ପୂର୍ଣ୍ଣ କରିବାକୁ ହେବ।

ଜୀବନର ପ୍ରତି ପଦକ୍ଷେପ ଉପରେ ଯେତେବେଳେ ଆପଣ ନିଜ ଲକ୍ଷ୍ୟ ବନାଇବେ ଓ ସେହି ଲକ୍ଷ୍ୟକୁ ପୂରଣ କରିବା ନିମନ୍ତେ ଲାଗିପଡ଼ିବେ ତ ଆପଣଙ୍କୁ ସଫଳତାର ଝଲକ ଦେଖିବାକୁ ମିଳିବ। ତେଣୁ ଯେତେବେଳେ ଲକ୍ଷ୍ୟ ପ୍ରସ୍ତୁତ କରିବାର ବିଚାର କରୁଛନ୍ତି ସେତେବେଳେ ଏହା ମଧ୍ୟ ମାନିବାକୁ ହେବ କି ଆପଣ ନିଜ ଜୀବନର ସାମାଜିକ ଦାୟିତ୍ୱ ଓ କାର୍ଯ୍ୟ ସମ୍ପର୍କରେ ମଧ୍ୟ ଲକ୍ଷ୍ୟ ପ୍ରସ୍ତୁତ କରିବାକୁ ପଡ଼ିବ। ଯେତେବେଳେ ଆପଣ ଲକ୍ଷ୍ୟ ବନାଇବାକୁ ବସିବେ ଆପଣଙ୍କୁ ନିଜର ଲକ୍ଷ୍ୟ କେବଳ ଗୋଟିଏ ବିଚାର ଉପରେ କେନ୍ଦ୍ରିତ କରିବାକୁ ହେବ ନାହିଁ ବରଂ ସମ୍ପୂର୍ଣ୍ଣ ଜୀବନ ଉପରେ ନିର୍ଦ୍ଧାରିତ କରିବାକୁ ହେବ ଏବଂ ଜୀବନର ଭିନ୍ନ ଭିନ୍ନ ଚିନ୍ତାଧାରା ଓ ଅଲଗା ଅଲଗା ବିଷୟ ଆସିବ। ତେଣୁ ସର୍ବପ୍ରଥମେ ଆପଣ ଭିନ୍ନ ଭିନ୍ନ ଚିନ୍ତାଧାରା ଲାଗି ନିଜ ଲକ୍ଷ୍ୟ ପ୍ରସ୍ତୁତ କାର୍ଯ୍ୟକ୍ରମର ରୂପରେଖ ତିଆରି କରନ୍ତୁ। ଆମର କହିବାର ନିଷ୍କର୍ଷ ହେଲା ଏହା ଯେ, ଯେତେବେଳେ ଆପଣ ନିଜର ଲକ୍ଷ୍ୟ ଲେଖିବେ ତ ସର୍ବପ୍ରଥମେ ଆପଣଙ୍କର ଶିକ୍ଷାଦୀକ୍ଷା ସମ୍ପର୍କରେ ଲକ୍ଷ୍ୟ ଲେଖିବେ ଏବଂ ନିଜ ପରିବାର ଓ ଆପଣଙ୍କ ଆଗାମୀ ଦିନର ପରିବାର ସମ୍ପର୍କରେ ମଧ୍ୟ ଲକ୍ଷ୍ୟ ଲେଖିବେ। ଏହାପରେ ଆପଣଙ୍କ ଜୀବନରେ ରୋଜଗାର ଇତ୍ୟାଦି କ୍ଷେତ୍ରର କ'ଣ ଦିଗ ରହିଛି। ଯେତେବେଳେ ଶିକ୍ଷା ସମ୍ପର୍କରେ, ପରିବାର ଓ ରୋଜଗାର ବିଷୟରେ ଆପଣ ନିଜର ଲକ୍ଷ୍ୟ ଲେଖିନେବେ ଏହା ପରବର୍ତ୍ତୀ ସମୟ ହେଉଛି ସାମାଜିକ, ରାଜନୈତିକ ଓ ଅନ୍ୟାନ୍ୟ ବିଷୟ ଉପରେ ବି ଆପଣଙ୍କର ଜୀବନର ଯେଉଁ ଲକ୍ଷ୍ୟ ରହିଛି ସେଗୁଡ଼ିକୁ ମଧ୍ୟ ଲେଖନ୍ତୁ।

ଏକଥା ନିଶ୍ଚିତ ଭାବେ ସ୍ୱୀକାର୍ଯ୍ୟ ଯେ ଜୀବନର ସବୁ ଦିଗ ଉପରେ ଯଦି ଆପଣ ନିଜ ଲକ୍ଷ୍ୟ ଲେଖିବେ, ତେବେ ଆପଣଙ୍କର ସର୍ବାଙ୍ଗୀଣ ବିକାଶ ହେବ ଓ ଆପଣଙ୍କ ଜୀବନ ସଫଳ ହୋଇପାରିବ। ତେଣୁ ଯେତେବେଳେ ବି ଲକ୍ଷ୍ୟ ସମ୍ପର୍କରେ ଆଲୋଚନା ହେଉଛି, ସେହି ସମୟରେ କୌଣସି ଗୋଟିଏ ବିଚାର ଉପରେ ନିଜ ଲକ୍ଷ୍ୟକୁ ସୀମିତ ରଖନ୍ତୁ ନାହିଁ, ବରଂ ଜୀବନର ସବୁ କ୍ଷେତ୍ରରେ ନିଜ ଲକ୍ଷ୍ୟକୁ ନିର୍ଦ୍ଧାରଣ କରନ୍ତୁ। ଯେପରି ଭାରତର ସମ୍ବିଧାନରେ ସବୁକଥା ସ୍ପଷ୍ଟ ଭାବରେ ଲେଖା ହୋଇଛି ସେହିପରି ଆପଣଙ୍କ ଲକ୍ଷ୍ୟ ନିର୍ଦ୍ଧାରଣ ଆପଣଙ୍କ ଜୀବନର ସମ୍ବିଧାନ

ଅଟେ। ସଫଳ ଜୀବନଯାପନ ଲାଗି ନିଜ ଲକ୍ଷ୍ୟକୁ ସମସ୍ତ କ୍ଷେତ୍ର ଉପରେ କେନ୍ଦ୍ରିତ କରନ୍ତୁ, ତେବେ ଯାଇ ଆପଣଙ୍କ ଲକ୍ଷ୍ୟର ସନ୍ନିଧାନ ହୋଇପାରିବ ଏବଂ ଏହି ଲକ୍ଷ୍ୟର ସନ୍ନିଧାନ ହିଁ ଆପଣଙ୍କ ଜୀବନର ପ୍ରତ୍ୟେକ ମୋଡ଼ରେ ପରାମର୍ଶ ଦେବ, ସହାୟତା କରିବ, ଚିନ୍ତନର ପ୍ରେରଣା ଦେବ ଏବଂ କାର୍ଯ୍ୟ କରିବାର କ୍ଷମତା ଦେବ।

ମୋର ଏକ ସତ୍ୟ ଘଟଣା ମନେ ପଡ଼ୁଛି, ଯାହା ଫରୁଖାବାଦର ଜଣେ ଯୁବତୀ ସମ୍ପର୍କରେ ଯିଏ କି ୧୮ବର୍ଷ ବୟସରେ ଗ୍ରାଜୁଏସନ କଲେ ଓ ତାଙ୍କର ବିବାହ ହୋଇଗଲା। ପାଠକ ଭାବୁଥିବେ – ଏଥିରେ ବଡ଼ କଥା କ'ଣ ଅଛି ! ଦେଖିବାକୁ ଗଲେ ଏହା ସାଧାରଣ କଥା, କିନ୍ତୁ ବଡ଼ କଥା ହେଲା ଏହା ଯେ ବିବାହ ପରେ ସେହି ଯୁବତୀ ତାଙ୍କ ସ୍ୱାମୀଙ୍କ ସହ ଆମେରିକା ଚାଲିଗଲେ। ଆମେରିକାରେ ସେହି ଯୁବତୀଙ୍କୁ ସେଠିକାର ଚାଲିଚଳନ, ଭାଷା ବୁଝିବାରେ ବଡ଼ ଅସୁବିଧା ହେଲା। ସେମାନଙ୍କର ନୂଆ ନୂଆ ବିବାହ ହୋଇଥିଲା। ସ୍ୱାମୀ ତାଙ୍କୁ ପଚାରିଲେ, 'ତୁମେ କ'ଣ ଚାହୁଁଛ ? ତୁମର ଇଚ୍ଛା କ'ଣ ?' ସେହି ଯୁବତୀ ଉତ୍ତରଦେଲେ, 'ମୁଁ କେବଳ ପଢ଼ିବାକୁ ଚାହେଁ।' ସ୍ୱାମୀ ତାଙ୍କୁ କହିଲେ, 'ଠିକ୍ ଅଛି, ତୁମେ ପଢ଼, ଯେତେ ଚାହୁଁଛ ପଢ଼ ମୋର କିଛି ଯାଏ ଆସେ ନାହିଁ।' ଯଦି ସେହି ଯୁବତୀ ଭାରତରେ ରହିଥାନ୍ତେ ହୁଏତ କଲେଜ କିମ୍ବା ୟୁନିଭର୍ସିଟି ଯାଇ ଏମଏ, ଏମକମ୍ କିମ୍ବା ଏମବିଏ ପଢ଼ିଥାନ୍ତେ, କିନ୍ତୁ ବିବାହ ପରେ ପରେ ଭାରତରୁ ସିଧା ଯାଇ ଯେତେବେଳେ ସେ ଆମେରିକାରେ ପହଞ୍ଚିଗଲେ, ତାଙ୍କୁ ପାଠପଢ଼ା ମଧ୍ୟ ଆମେରିକାରେ ହିଁ କରିବାକୁ ପଡ଼ିଲା। ସ୍ୱାମୀଙ୍କ ପ୍ରୋତ୍ସାହନକ୍ରମେ ମହିଳା ଜଣକ ଏକ ୟୁନିଭର୍ସିଟିରେ ନାମ ଲେଖାଇବା ଲାଗି ପହଞ୍ଚିଲେ। କିନ୍ତୁ ଯେତେବେଳେ ୟୁନିଭର୍ସିଟି କର୍ତ୍ତୃପକ୍ଷ ଉକ୍ତ ମହିଳାଙ୍କ ସହ କଥା ହେଲେ। ସେମାନଙ୍କୁ ଲାଗିଲା ଏହି ମହିଳା କମ୍ ବୟସ କାରଣରୁ ଆମେରିକାର ପାଠପଢ଼ା ବୁଝିପାରିବେନି। ତେଣୁ ସେମାନେ ମହିଳାଙ୍କୁ ଗ୍ରାଜୁଏସନର ତଳ କ୍ଲାସରେ ନାମ ଲେଖାଇବାକୁ କହିଦେଲେ। କିନ୍ତୁ ମହିଳା ଜଣକ ନିଜ ଜିଦ୍‌ରେ ଅଟଳ ରହିଲେ ଯେ ମୁଁ ଭାରତରେ ଗ୍ରାଜୁଏସନ କରିଛି। ଏପରିସ୍ଥଳେ ମୁଁ ଏଠାରେ ଉଚ୍ଚଶିକ୍ଷା କରିବି, ତଳ କ୍ଲାସକୁ ଯିବି ନାହିଁ।

ସତକଥା ହେଲା ଏହା ଯେ ଆମେରିକାରେ ଅଧିକାଂଶ ଲୋକ ୧୮ବର୍ଷ ବୟସରେ ଗ୍ରାଜୁଏସନ କରିପାରି ନଥାନ୍ତି। ସେମାନେ ଏହାଠାରୁ ଦୁଇଟି କ୍ଲାସ ତଳେ ରହିଥାନ୍ତି। ତେଣୁ ଆମେରିକା ୟୁନିଭର୍ସିଟି କର୍ତ୍ତୃପକ୍ଷ ଯେଉଁ ନିର୍ଣ୍ଣୟ ଦେଲେ ତାହା ସତ୍ୟ ଥିଲା। କିନ୍ତୁ ମହିଳା ଜଣକ ମଧ ନିଜ ଜିଦ୍‌ରେ ଅଟଳ ରହିଲେ। ସେ ଗ୍ରାଜୁଏସନ ତଳ କ୍ଲାସରେ ପଢ଼ିବା ଲାଗି କର୍ତ୍ତୃପକ୍ଷଙ୍କ

କଥାକୁ ଗ୍ରହଣ କଲେ ନାହିଁ। ହାରିଯାଇ ୟୁନିଭର୍ସିଟି କର୍ତ୍ତୃପକ୍ଷ ତାଙ୍କୁ କହିଲେ ପ୍ରଥମେ ଦୁଇଦିନ ଉପର କ୍ଲାସ ଯେଉଁଥିରେ ଆପଣଙ୍କର ନାମଲେଖା ହେବ ସେଠାରେ ବସି ଦେଖନ୍ତୁ କିପରି ଲାଗୁଛି। ମହିଳା ଜଣକ ଖୁସି ହୋଇଗଲେ, ଏବେ ଲାଗିଲା ୟୁନିଭର୍ସିଟିରେ ତାଙ୍କର ଆଡ଼ମିଶନ ହୋଇଯିବ। ସେ ନୂଆ କ୍ଲାସରେ ଯାଇ ବସିଲେ। ସେ ଦୁଇଦିନ ପର୍ଯ୍ୟନ୍ତ ଲଗାତାର କ୍ଲାସକୁ ଗଲେ। ଦୁଇଦିନ କ୍ଲାସକୁ ଯିବାପରେ ସଂଧ୍ୟାରେ ତାଙ୍କୁ ଜୋରରେ କାନ୍ଦ ମାଡ଼ିଲା। କାନ୍ଦିବାର କାରଣ ଏହା ଥିଲା, ମହିଳା ଜଣକ ଭାରତରେ ତ ଗ୍ରାଜୁଏସନ କରିଥିଲେ। କିନ୍ତୁ ଯେଉଁ ଦୁଇ ଦିନ ସେ ଉପର କ୍ଲାସରେ ବିତାଇଲେ, ସେଠାରେ ସେ ଗୋଟିଏ ବି ଶବ୍ଦ ବୁଝିପାରିଲେ ନାହିଁ। ଏଭଳି ଅବସ୍ଥାରେ ସେ କ'ଣ କରିବେ, ତାଙ୍କ ସାମନାରେ ଏହି ପ୍ରଶ୍ନ ଉଠିଲା। କିନ୍ତୁ ସେହି ମହିଳା ନିଜ ଜୀବନର ଲକ୍ଷ୍ୟ ପ୍ରସ୍ତୁତ କରିନେଇଥିଲେ। ସେ ଉପର କ୍ଲାସରେ ପାଠ ପଢିବେ ଓ ତାହା ପୁଣି ଆମେରିକାରେ ରହି। ଏବେ ସର୍ବ ପ୍ରଥମେ ସେ ନିଜ ଲକ୍ଷ୍ୟ ନିର୍ଦ୍ଧାରିତ କଲେ ଓ ତାହା ପାଇବା ପାଇଁ ଲାଗିପଡ଼ିଲେ।

ସେହି ମହିଳା ଆମେରିକୀୟ ଲୋକମାନଙ୍କର ଇଂରାଜୀ ଆଦୌ ବୁଝିପାରୁ ନଥିଲେ। ସେ ପରଦିନଠାରୁ ଟିଭି ଦେଖିବା ଆରମ୍ଭ କରିଦେଲେ। ଘଣ୍ଟାଏ କି ଦୁଇ ଘଣ୍ଟା ନୁହେଁ, ପ୍ରତିଦିନ ୮ଘଣ୍ଟା ଟିଭି ସାମନାରେ ବସି ରହି ଟିଭି ଦେଖି ଓ ଶୁଣି ଆମେରିକାର ଇଂରାଜୀ ଶିଖିବାକୁ ଲାଗିଲେ। ଏହାପରେ ଆମେରିକା ୟୁନିଭର୍ସିଟିରେ ନାମ ଲେଖାଇବା ଲାଗି ସେ ଯୋଗ୍ୟ ହୋଇଗଲେ ଏବଂ ବଡ଼ ସଫଳତାର ସହିତ ସେ ଆମେରିକା ୟୁନିଭର୍ସିଟିରୁ ବହୁତ ଭଲ ମାର୍କ ସହିତ କେତେକ ଡିଗ୍ରୀ ହାସଲ କଲେ।

ଏହା ମୋର ସୌଭାଗ୍ୟ ଯେ, ୨୦୧୧ ଜାନୁଆରୀରେ ମୋର ଉକ୍ତ ମହିଳାଙ୍କ ସହ ଭେଟ ହୋଇଥିଲା ଓ ତାଙ୍କ ମୁହଁରୁ ମୁଁ ଏକଥା ଜାଣିବାକୁ ପାଇଥିଲି। କଥା ଏଇଠି ସରିନି। ଖୁସିର କଥା ହେଲା ସେହି ମହିଳା ଯିଏ କି ଭାରତରୁ ଯାଇଥିଲେ, ଯାହାଙ୍କ ପକ୍ଷେ ଆମେରିକା ଇଂରାଜୀ ବୁଝିବା ସମ୍ଭବ ହେଉ ନଥିଲା, କିନ୍ତୁ ନିଜ ଲକ୍ଷ୍ୟ ପ୍ରତି ସଚେତନ ରହିବା ଫଳରେ ଆଜି ସେହି ମହିଳା ୟୁନିଭର୍ସିଟି ଅଫ ହୋଷ୍ଟନର ଚାନସେଲର ଓ ପ୍ରେସିଡେଣ୍ଟ ହେଲେ। ତାଙ୍କ ନାଁ ହେଉଛି ରେଣୁ ଖଟୋର।

ମୋର ପାଠକଗଣ ଏହି ସତ୍ୟ ଘଟଣା ସମ୍ପର୍କରେ ଜାଣିବା ପରେ ସେମାନଙ୍କୁ ପ୍ରେରଣା ମିଳିବ ଯେ ଯଦି ଆପଣ ମଧ୍ୟ ନିଜ ଜୀବନର ଲକ୍ଷ୍ୟକୁ ଲେଖିନେବେ ଏବଂ ସେଗୁଡ଼ିକୁ ପାଇବା ଲାଗି ଉଦ୍ୟମ ଜାରି ରଖିବେ ତେବେ ଆପଣଙ୍କର ଲକ୍ଷ୍ୟ ନିଶ୍ଚିତ ଭାବରେ ସଫଳ ହେବ।

ଭାରତ ପାଇଁ ଏହା ବାସ୍ତବରେ ବଡ଼ ଗର୍ବର କଥା ଯେ ଭାରତରେ ରହୁଥିବା ଜଣେ ମହିଳା ଏହି ବିଶ୍ୱବିଖ୍ୟାତ ୟୁନିଭର୍ସିଟିର ଚାନସେଲର ଯାହାଙ୍କୁ ଆଜି ଭାରତର ପ୍ରଧାନମନ୍ତ୍ରୀ ଶିକ୍ଷାର ବିକାଶ ପାଇଁ ଗଠନ କରିଥିବା କମିଟିରେ ସ୍ଥାନ ଦେଇଛନ୍ତି ଓ ଭାରତରେ ଶିକ୍ଷାର ନୂଆ ଦିଗ ସମ୍ପର୍କରେ ସେ ପ୍ରଧାନମନ୍ତ୍ରୀଙ୍କ ସହ ଆଲୋଚନା କରୁଛନ୍ତି। ସବୁ ଖେଳ ହେଉଛି କେବଳ ଜୀବନର ଲକ୍ଷ୍ୟ ନିର୍ଦ୍ଧାରଣର। ତେଣୁ ନିଜ ଜୀବନର ପ୍ରତ୍ୟେକ ମୋଡ଼ ଉପରେ ନିଜ ଲକ୍ଷ୍ୟ ବନାଇବା ଲାଗି ସଜାଗ ରୁହନ୍ତୁ, ତେବେ ଯାଇ ଆପଣଙ୍କ ଜୀବନ ସଫଳ ହୋଇପାରିବ।

କିଛିଦିନ ତଳେ ମୋର ଜଣେ ବ୍ୟକ୍ତିଙ୍କ ସହ ସାକ୍ଷାତ ହୋଇଥିଲା, ଯିଏ କି ହାଇଦ୍ରାବାଦରେ ରୁହନ୍ତି। କିଛି ବର୍ଷ ପୂର୍ବରୁ ସେ ଲକ୍ଷ୍ୟ ପ୍ରସ୍ତୁତ କରିଥିଲେ କି ତାଙ୍କୁ କୋଟିଏ ଟଙ୍କା ରୋଜଗାର କରିବାକୁ ହେବ। ସେହି ବ୍ୟକ୍ତି ଏକ ସାଧାରଣ ପରିବାରର ଏବଂ ତାଙ୍କର ବ୍ୟବସାୟ ମଧ୍ୟ ଛୋଟ ଥିଲା। ସେ ମାତ୍ର ୫ ହଜାର ଟଙ୍କା ନେଇ ବ୍ୟବସାୟ ଆରମ୍ଭ କରିଥିଲେ। ଯଦି ନିଜର ଲକ୍ଷ୍ୟ ସମ୍ପର୍କରେ କାହାକୁ କହୁଥିଲେ ସେମାନେ ତାଙ୍କ କଥାକୁ ହସରେ ଉଡ଼ାଇ ଦେଉଥିଲେ, କିନ୍ତୁ ଶେଷରେ ସେ ନିଜର ଲକ୍ଷ୍ୟ ପ୍ରସ୍ତୁତ କରିନେଲେ। ଲକ୍ଷ୍ୟ ଥିଲା କୋଟିପତି ହେବା। ବଡ଼ ଆଶ୍ଚର୍ଯ୍ୟର କଥା ଯେ ଖୁବ୍ ଅଳ୍ପଦିନ ମଧ୍ୟରେ ହିଁ ଉକ୍ତ ବ୍ୟକ୍ତି ବାସ୍ତବରେ କୋଟିପତି ହୋଇଗଲେ।

ଯେତେବେଳେ ମୁଁ ସେହି ବ୍ୟକ୍ତିଙ୍କୁ ଭେଟେ ସେତେବେଳେ ତାଙ୍କର ବନ୍ଧୁମାନଙ୍କୁ ଜଣାଇଦିଏ କି ଏକଥା ସମ୍ପୂର୍ଣ୍ଣ ସତ୍ୟ ଯେ ଉକ୍ତ ବ୍ୟକ୍ତି ଦୁର୍ଦ୍ଦିନରେ ଥିଲେ ଏବଂ କଠିନ ପରିଶ୍ରମ ଓ ଲକ୍ଷ୍ୟ ନିର୍ଦ୍ଧାରଣ ଫଳରେ କୋଟିଏରୁ ଊର୍ଦ୍ଧ୍ୱ ଟଙ୍କା କମାଇଛନ୍ତି। ଆଜିକାଲି ସେ ବହୁତ ଭଲ ଷ୍ଟାଟସରେ ହାଇଦ୍ରାବାଦସ୍ଥିତ ନିଜ ଘରେ ରହୁଛନ୍ତି। ଯେତେବେଳେ ମୋର ସେହି ବ୍ୟକ୍ତିଙ୍କ ସହ ଭେଟ ହେଲା ମୁଁ ତାଙ୍କୁ ପଚାରିଲି, ତୁମେ କ'ଣ କରୁଛ ? ସେ କହିଥିଲେ ଭିକାରୀମାନଙ୍କ ସହିତ କାମ କରୁଛି। ଏଥିରେ ମୁଁ ଖୁବ୍ ଆଶ୍ଚର୍ଯ୍ୟ ହୋଇଗଲି। ଭାବିଲି ଇଏ କ'ଣ ଭିକାରୀମାନଙ୍କ ସର୍ଦ୍ଦାର। ତେବେ ତାଙ୍କୁ ଦେଖି ମନରେ ଏଭଳି ବିଶ୍ୱାସ ହେଲା ନାହିଁ। ମୋର ମନରେ ଜାଣିବାର ବଡ଼ ଆଗ୍ରହ ଥିଲା, ଏହି ବ୍ୟକ୍ତି ଭିକାରୀମାନଙ୍କ ସହିତ କି କାମ କରୁଛନ୍ତି ? ମୁଁ ସେଇଠି ରହି ନପାଇ ତାଙ୍କୁ ପ୍ରଶ୍ନ କଲି, ତାହେଲେ ଆପଣ ଭିକାରୀମାନଙ୍କ ସହିତ କି କାମ କରନ୍ତି ? ସେତେବେଳେ ଯାଇ ଯୁବକ ଜଣକ ନିଜ ଜୀବନର ବାସ୍ତବ କାହାଣୀ ବଖାଣିଲେ ଓ କହିଲେ ସେ ସ୍ୱପ୍ନ ଦେଖିଲେ ଓ ପ୍ରଚୁର ପଇସା ରୋଜଗାର କରିବା ଲାଗି ନିଜର ଲକ୍ଷ୍ୟ ପ୍ରସ୍ତୁତ କଲେ। ସେହି ଲକ୍ଷ୍ୟ ପୂରଣ ଲାଗି ସେ ହାଇଦ୍ରାବାଦ ସହରରେ ଭିକ୍ଷା ମାଗୁଥିବା ଲୋକଙ୍କୁ ପ୍ରେରଣା ଦେଲେ ଓ ସେମାନଙ୍କୁ ବୁଝାଇଲେ ଭିକ ମାଗିବା ଛାଡ଼ି କିଛି କାମ ଆରମ୍ଭ କର। ଏଇଥିପାଇଁ ସେ ଭିକାରୀମାନଙ୍କୁ ଗାଡ଼ି

ପୋଛା କପଡ଼ା ଓ ଡଷ୍ଟର ବିକିବା ଲାଗି ପ୍ରେରଣା ଦେଲେ। ଆଜି ସେହି ପ୍ରେରଣାରେ ହାଇଦ୍ରାବାଦରେ ୫୦୦ରୁ ଅଧିକ ଲୋକ ଭିକ ମାଗିବା ଧନ୍ଦା ଛାଡ଼ି ସେହି ବ୍ୟକ୍ତିଙ୍କ ଦ୍ୱାରା ପ୍ରସ୍ତୁତ ରାସ୍ତାରେ ଚାଲୁଛନ୍ତି ଓ ସେହି ବ୍ୟକ୍ତି ସେମାନଙ୍କ ସହ ବ୍ୟବସାୟ କରି ନ୍ୟାୟପୂର୍ଣ୍ଣ ଭାବରେ ଯଥେଷ୍ଟ ପଇସା ରୋଜଗାର କରୁଛନ୍ତି। ଏହି ଯୁବକଙ୍କ ନାମ ନରେଶ ଭୂତରା ଓ ସେ ହାଇଦ୍ରାବାଦରେ ରହନ୍ତି। ଏହି ସତ୍ୟ ଘଟଣା ଉପସ୍ଥାପନର ତାତ୍ପର୍ଯ୍ୟ କେବଳ ଏଇଆ ଯେ ଆମର ପାଠକମାନଙ୍କଠାରେ ଏଭଳି ଆଗ୍ରହ ସୃଷ୍ଟି ହେଉ ଯେ ଆମେ ପ୍ରତି ପଦକ୍ଷେପରେ ନିଜର ଲକ୍ଷ୍ୟ ପ୍ରସ୍ତୁତ କରିବା। ଯଦି ଲକ୍ଷ୍ୟ ବନାଇବା ତେବେ ନିଶ୍ଚିତ ଭାବେ ସଫଳ ହେବା। ସଫଳ ହେବା ନାହିଁ, ଏହା କଦାପି ହୋଇ ନପାରେ। ଏଭଳି ବିଚାରଧାରା ରଖିଲେ ଆପଣ ନିଶ୍ଚିତ ଭାବରେ ସଫଳ ହେବେ, କିନ୍ତୁ ପ୍ରଥମ ପ୍ରସଙ୍ଗ ହେଲା ଲକ୍ଷ୍ୟ ବନାଇବା। ଯେତେବେଳେ ଲକ୍ଷ୍ୟ ବନାଇବା ସମ୍ପର୍କରେ ଆଲୋଚନା ହୁଏ ସାମାଜିକ, ସାଂସ୍କୃତିକ, ରାଜନୈତିକ କ୍ଷେତ୍ରରେ ମଧ୍ୟ ନିଜର ସ୍ଥିତି ବନାଇବା ଲାଗି କିମ୍ବା ନୂତନ ପ୍ରତିଷ୍ଠା ସ୍ଥାପନ କରିବା ଲାଗି ଆମର ଲକ୍ଷ୍ୟ ଥାଏ ତେବେ ଏହା ନିଶ୍ଚିତ ପୂରଣ ହେବ। ଏକଥାର ସବୁଠୁ ବଡ଼ ଉଦାହରଣ ହେଉଛନ୍ତି ମଦର ଟେରେସା। ତାଙ୍କ ଜୀବନର ଗୋଟିଏ ଲକ୍ଷ୍ୟ ଗରିବ ଓ ଅସହାୟ ଲୋକମାନଙ୍କୁ ସହାୟତା କରିବା। ଆଉ ସେହି ଲକ୍ଷ୍ୟର ପାଳନ କରୁ କରୁ ସେ ସାରା ବିଶ୍ୱରେ ପ୍ରସିଦ୍ଧ ହୋଇଗଲେ ଯେଉଁଥିପାଇଁ ତାଙ୍କୁ ନୋବେଲ ପୁରସ୍କାର ମିଳିଲା।

ଏହିଭଳି ଏକ ଲକ୍ଷ୍ୟ ଥିଲା ଜଣେ ଡାକ୍ତରଙ୍କର। ସେହି ଡାକ୍ତର ପାକିସ୍ତାନରେ ରହୁଥିଲେ, କିନ୍ତୁ ସେ ଲକ୍ଷ୍ୟ ନିର୍ଦ୍ଧାରଣ କଲେ ଯେ ସେ ପାକିସ୍ତାନ ଓ ଭାରତରେ ବଡ଼ ହସ୍ପିଟାଲ ସ୍ଥାପନ କରିବେ। ନିଜର ଲକ୍ଷ୍ୟ ହାସଲ ଦିଗରେ ଉଦ୍ୟମ ଜାରି ରଖି ସେହି ଭାରତ ଓ ପାକିସ୍ତାନରେ ବଡ ହସ୍ପିଟାଲ ସ୍ଥାପନ କଲେ। ସେହି ବ୍ୟକ୍ତିଙ୍କ ନାମରେ ନୂଆଦିଲ୍ଲୀରେ ବହୁତ ବଡ଼ ହସ୍ପିଟାଲ ରହିଛି, ଯାହାର ନାଁ ହେଉଛି ସାର ଗଙ୍ଗାରାମ ହସ୍ପିଟାଲ।

ଦିଲ୍ଲୀ ନିକଟବର୍ତ୍ତୀ ଗୁଡ଼ଗାଓଁର ଜଣେ ବ୍ୟକ୍ତି ଲକ୍ଷ୍ୟ ପ୍ରସ୍ତୁତ କଲେ କି ସେ ଆମୋଦପ୍ରମୋଦ ଲାଗି ଏପରି ଏକ ସ୍ଥଳ ନିର୍ମାଣ କରିବେ, ଯେଉଁଠିକୁ ସବୁ ଲୋକ ଆକର୍ଷିତ ହେବେ। ଏମିତି ତ ଭାରତର ବିଭିନ୍ନ ସହରରେ ଆମୋଦପ୍ରମୋଦ ଲାଗି ଅନେକ ସ୍ଥଳ ରହିଛି, କିନ୍ତୁ ସେହି ବ୍ୟକ୍ତିଙ୍କର ଲକ୍ଷ୍ୟ ଥିଲା ଏମିତି କିଛି କରିବା ଯାହାକି ଅନ୍ୟମାନଙ୍କଠାରୁ ସ୍ୱତନ୍ତ୍ର ତଥା ଅନନ୍ୟ ହେବ। ସେହି ବ୍ୟକ୍ତି ନିଜର ସହଯୋଗୀ ମାନଙ୍କ ସହ ମିଶି ଉକ୍ତ ସ୍ଥଳ ନିର୍ମାଣ କଲେ ଯାହାର ନାମ ଦିଆଗଲା କିଙ୍ଗଡ଼ମ ଅଫ ଡ୍ରିମସ। ବଡ଼ ଆଶ୍ଚର୍ଯ୍ୟର କଥା ଏହି ଯେ କିଙ୍ଗଡମ ଅଫ ଡ୍ରିମସକୁ ଯିବା ଲାଗି

ପ୍ରତି ବ୍ୟକ୍ତିଙ୍କୁ ୫୦୦ରୁ ୭୫୦ ଟଙ୍କା ପର୍ଯ୍ୟନ୍ତ ଖର୍ଚ୍ଚ କରିବାକୁ ପଡିଥାଏ। ଏଥିସହିତ ସେଠାରେ ଆମୋଦ ପ୍ରମୋଦର ଆଉ ଏକ କ୍ଷେତ୍ର ରହିଛି, ଯେଉଁଠି ଏକ ବିଶାଳ କାର୍ଯ୍ୟକ୍ରମ ପ୍ରସ୍ତୁତ କରାଯାଇଛି, ଯାହାକୁ ଦେଖିବା ପାଇଁ ପ୍ରତି ବ୍ୟକ୍ତିଙ୍କୁ ଅନ୍ୟୁନ ୭୫୦ ଟଙ୍କାରୁ ଆରମ୍ଭ କରି ୬୦୦୦ ଟଙ୍କା ପର୍ଯ୍ୟନ୍ତ ଖର୍ଚ୍ଚ କରିବାକୁ ପଡିଥାଏ। ପ୍ରଥମେ ଯେତେବେଳେ ଲୋକେ ଏହି ଆମୋଦ ପ୍ରମୋଦ ସ୍ଥଳ ସମ୍ପର୍କରେ ଶୁଣିଲେ ସେମାନଙ୍କୁ ଲାଗିଲା ଏହା କିପରି ଚାଲିବ, କାରଣ ଏହାର ଦେୟ ବହୁତ ଅଧିକ। କିନ୍ତୁ ସେହି ବ୍ୟକ୍ତିଙ୍କର ଲକ୍ଷ୍ୟ ଥିଲା ଯେ, ସେ ଏଭଳି ଆମୋଦ ସ୍ଥଳ ପ୍ରସ୍ତୁତ କରିବେ, ଯାହା ବାସ୍ତବରେ ଖୁବ ଅଗ୍ରଗତି କରିବ। ବହୁତ ଖୁସିର କଥା ଏହା ଯେ ଉକ୍ତ ଆମୋଦ ପ୍ରମୋଦ କ୍ଷେତ୍ର ଆଜି ବାସ୍ତବରେ ବହୁତ ଅଗ୍ରଗତି କରିଚାଲିଛି ଓ ଲୋକଙ୍କୁ ଆମୋଦ ପ୍ରମୋଦ ପ୍ରଦାନ କରୁଛି। ଲଣ୍ଡନ ଆଇ ନାମରେ ବିଖ୍ୟାତ ଲଣ୍ଡନରେ ଏକ ଆମୋଦପ୍ରମୋଦ ସ୍ଥଳ ରହିଛି, ସେହିଭଳି ଦିଲ୍ଲୀ ଆଇ ନାମରେ ଦିଲ୍ଲୀରେ ଆମୋଦ ପ୍ରମୋଦ ସ୍ଥଳ ସ୍ଥାପନ କରାଗଲା। ଏସବୁ ସମ୍ଭବ ହେଲା ସେହିଭଳି ଲୋକମାନଙ୍କ ଉଦ୍ୟମରେ, ଯାହା ସେମାନେ ନିଜର ଲକ୍ଷ୍ୟ ସମ୍ପର୍କରେ ଲେଖିଥିଲେ। ତେଣୁ ଆପଣ ସମସ୍ତ ପ୍ରକାର ବିଷୟ ପ୍ରତି ନିଜ ଜୀବନର ଲକ୍ଷ୍ୟ ନିର୍ଦ୍ଧାରଣ କରନ୍ତୁ, ତାହେଲେ ଯାଇ ଆପଣଙ୍କୁ ନିଶ୍ଚିତ ସଫଳତା ମିଳିବ। ଏହି କଥାକୁ ସର୍ବଦା ଧ୍ୟାନରେ ରଖନ୍ତୁ ଯେ, ଆପଣଙ୍କ ଜୀବନ ସୁନେଲି ଆଲୋକରେ ପରିପୂର୍ଣ୍ଣ। ତେଣୁ ଭଲ ଭାବରେ ସୁନେଲି ଜୀବନ ଜିଇଁବା ପାଇଁ ନିଜର ଲକ୍ଷ୍ୟ ଆଜି ହିଁ ନିର୍ଦ୍ଧାରଣ କରନ୍ତୁ। ଏକଥା ପ୍ରତି ମଧ୍ୟ ଜରୁରୀ ଧ୍ୟାନ ଦିଅନ୍ତୁ କି ଏଥିପାଇଁ ଭାଗ୍ୟର ଆବଶ୍ୟକତା ନାହିଁ। ହଁ, ଯଦି ଆପଣଙ୍କର ଉଚ୍ଚ ଆକାଂକ୍ଷା ରହିଛି କଠିନ ପରିଶ୍ରମ ଓ ବାସ୍ତବ ସମର୍ପଣ ରହିଛି ଏବଂ ଆପଣ ନିଜ ଜୀବନର ଲକ୍ଷ୍ୟ ନିର୍ଦ୍ଧାରଣ କରିନେଇଛନ୍ତି, ତେବେ ଆପଣଙ୍କର କେହି କିଛି କରିପାରିବେ ନାହିଁ।

ଆମେ ଆମର ପାଠକମାନଙ୍କୁ ବାରମ୍ବାର ଏହା କହିବାକୁ ଚାହିଁବୁ କି ଯେତେବେଳେ ଆମେ ଲକ୍ଷ୍ୟ ସମ୍ପର୍କରେ କହୁଛୁ ସେତେବେଳେ ବୁଝିବାକୁ ହେବ ଜୀବନର ପ୍ରତ୍ୟେକ ଲକ୍ଷ୍ୟ ବିଷୟରେ ଆଲୋଚନା କରୁଛୁ। ତେଣୁ ଜୀବନର ପ୍ରତ୍ୟେକ ମୋଡରେ ଆପଣଙ୍କର ଲକ୍ଷ୍ୟ କଣ ହେବ ସେନେଇ ଯଦି ଆପଣ ବିସ୍ତୃତ ଲକ୍ଷ୍ୟ ବନାଇବେ ତେବେ ଆପଣଙ୍କର ଜୀବନ ସଫଳ ସାବ୍ୟସ୍ତ ହେବ। ସ୍ୱାମୀ ପ୍ରଭୁପାଦଜୀଙ୍କ ଉଦାହରଣ ଦେଉଛି। ବୟସ ବଢ଼ିବା ପର ମଧ୍ୟ ସେ ନିଜ ଗୁରୁଙ୍କ ଆଜ୍ଞାକୁ ପୂରଣ କରିବା ପାଇଁ ଜୀବନର ଏକମାତ୍ର ଲକ୍ଷ୍ୟ ସ୍ଥିର କଲେ। ସେହି ଲକ୍ଷ୍ୟ ଥିଲା କୃଷ୍ଣ ଭଗବାନଙ୍କ ସମ୍ପର୍କରେ ବିଶ୍ୱରେ ପ୍ରଚାର ପ୍ରସାର କରାଇବା। ପରିଣତ ବୟସରେ ମଧ୍ୟ ସେ ଏହି କାର୍ଯ୍ୟର ବୋଝକୁ ନିଜ ନିଜ ହାତକୁ ନେଲେ ଏବଂ ଏହି ଲକ୍ଷ୍ୟ ହାସଲ ପାଇଁ

ମନଯୋଗ ସହିତ ଲାଗି ପଡିଲେ ଏବଂ ଶେଷରେ ସେ ତାହା ହାସଲ କରି ଦେଖାଇଲେ। ଏହିଭଳି ସାରା ବିଶ୍ୱରେ ହରେକୃଷ୍ଣ ହରେରାମ ମନ୍ଦିର ସ୍ଥାପନ ଏବଂ ଏହା ନାମରେ ଏକ ସଂସ୍ଥା ମଧ୍ୟ ସ୍ଥାପନ ହେଲା ଯାହାର ନାଁ ଇସ୍କନ ଦିଆଯାଇଛି। ଏହିଭଳି କାହାଣୀ ସ୍ୱାମୀ ବିବେକାନନ୍ଦ ଓ ସ୍ୱାମୀ ରାମକୃଷ୍ଣଙ୍କର। ଏହି ମହାନୁଭବମାନେ ନିଜ ଜୀବନର ଲକ୍ଷ୍ୟ କରିଥିଲେ ଯାହା ଥିଲା ଆଧାତ୍ମିକତାର ପ୍ରଚାର ପ୍ରସାର କରିବା। ଅନ୍ତତଃ ସେମାନେ ଉକ୍ତ ଲକ୍ଷ୍ୟ ପ୍ରାପ୍ତ ହୋଇଥିଲେ।

ଯେତେବେଳେ ଆମେ ଲକ୍ଷ୍ୟ ସମ୍ପର୍କରେ କହୁଛୁ ସାଧାରଣତଃ ଏହା ଦେଖାଯାଇଥାଏ କି ଯେଉଁ ଲୋକ ଲକ୍ଷ୍ୟ ପ୍ରସ୍ତୁତ କରିବାକୁ ଚାହେଁ, କିନ୍ତୁ ଜୀବନରେ ଲକ୍ଷ୍ୟକୁ ପୂରଣ କରିପାରେ ନାହିଁ, ସେ ଏଣୁତେଣୁ ବାହାନା ଖୋଜିବାରେ ଲାଗେ, ଯାହା ଫଳରେ ନିଜ ମନକୁ ବୁଝାଇଦିଏ କି ଏହି କାରଣରୁ କିମ୍ବା ପ୍ରତିକୂଳ ପରିସ୍ଥିତି ଯୋଗୁଁ ସେ ନିଜର ଲକ୍ଷ୍ୟ ହାସଲରେ ସଫଳ ହେଲେ ନାହିଁ। ସତକଥା ହେଲା ଏହା ଯେ ଯଦି ଆପଣ ଲକ୍ଷ୍ୟ ନିର୍ଦ୍ଧାରଣ କରି ନେଇଛନ୍ତି ତେବେ ଯାହା ବି ପ୍ରତିବନ୍ଧକ ଆସୁ ଓ ପ୍ରତିକୂଳ ପରିସ୍ଥିତି ହେଉ, ବରଂ ଆପଣଙ୍କ ଲକ୍ଷ୍ୟ ସେତେବେଳେ ପୂରଣ ହେବ, ଯେତେବେଳେ ପ୍ରକୃତ ସମର୍ପଣ ଓ ଆସ୍ଥା ସହିତ ଆପଣ ନିଜର ଲକ୍ଷ୍ୟ ବନାଇବେ।

ଆଜି ମୋର ପିତାଜୀଙ୍କ କଥା ମନେପଡୁଛି। ସେ ଗରିବ ଅବସ୍ଥାରେ ଥିଲେ। ପଢିବାର ବାତାବରଣ ନଥିଲା, ତଥାପି ସେ ନିଜ ଜୀବନର ଲକ୍ଷ୍ୟ ପ୍ରସ୍ତୁତ କରିଥିଲେ କି ସେ ସର୍ବୋଚ୍ଚ ନମ୍ବର ରଖି ଉତ୍ତୀର୍ଣ୍ଣ ହେବେ। ନିଜ ଲକ୍ଷ୍ୟ ପଛରେ ସେ ଦୃଢ ଭାବରେ ଲାଗିରହିଲେ, ଫଳରେ ସେ ଏମ.କମ୍ ଏବଂ ଏଲ.ଏଲ.ବି ପରୀକ୍ଷାରେ ସାରା ୟୁନିଭର୍ସିଟିରେ ପ୍ରଥମ ସ୍ଥାନ ପାଇଲେ। ସେତିକି ନୁହେଁ, ସେ ସର୍ବଭାରତୀୟ ପରୀକ୍ଷା ଆଇ.ଆର.ଏସ. ରେ ମଧ୍ୟ ପ୍ରଥମ ସ୍ଥାନ ପାଇଲେ। ପିତାଜୀଙ୍କ ଲକ୍ଷ୍ୟ ନିର୍ଦ୍ଧାରଣ ଓ ଏହାପରେ ଲକ୍ଷ୍ୟକୁ ପୂରା କରିବାର କାହାଣୀ ମୁଁ ନିଜେ ଅନୁଭବ କରିଛି। ସେଥିରୁ ମୋତେ ପ୍ରେରଣା ମିଳିଥିଲା ଯାହା ମୁଁ ମଧ୍ୟ ନିଜ ପାଠକଙ୍କ ସମ୍ପର୍କରେ ଆଲୋଚନା କରେ। ଏହିଭଳି କିଛି ବର୍ଷ ପୂର୍ବେ ମୋର ପିତାଜୀ ଶ୍ରୀ ରାମନିବାସ ଲଖୋଟିୟା ଏହି ଲକ୍ଷ୍ୟ ସ୍ଥିର କଲେ କି ସେ ଲକ୍ଷ ଲକ୍ଷ ଲୋକଙ୍କ ଆଗରେ ଶାକାହାର ପ୍ରଚାର ପ୍ରସାର କରିବେ ଓ ସେ ନିଜ ଲକ୍ଷ୍ୟ ପୂରଣ ନିମନ୍ତେ ଲାଗିପଡ଼ିଲେ। ନିଜ ଲକ୍ଷ୍ୟ ପୂରଣ ଲାଗି ସେ ଶହ ଶହ ସ୍କୁଲ, କଲେଜ ଏବଂ ସଂସ୍ଥାକୁ ଯାଇ ବିନା ପାରିଶ୍ରମିକରେ ଶାକାହାର ସମ୍ବନ୍ଧରେ ବକ୍ତୃତା ଦେଲେ ଓ ଶାକାହାରର ପ୍ରଚାର ପ୍ରସାରରେ ନିଜକୁ ସାମିଲ କଲେ। ମୋର ପିତାଜୀ ଆଉ ଏକ ସ୍ୱପ୍ନ ଦେଖିଥିଲେ କି ସେ ଆୟକର ଆଇନ ସମ୍ପର୍କରେ ସର୍ବାଧିକ ପୁସ୍ତକ ରଚନାକାରୀ ଲେଖକ ହେବେ। ଘରେ କୌଣସି ବାତାବରଣ ନଥିଲା ଯାହାଦ୍ୱାରା ସେ ଲେଖକ ହେବା ପ୍ରକ୍ରିୟାରେ ଅଗ୍ରସର ହୋଇପାରିବେ,

କିନ୍ତୁ ଏହା ତାଙ୍କର ଲକ୍ଷ୍ୟ ଥିଲା। ସେ ଏହି ଲକ୍ଷ୍ୟକୁ ପୂରଣ କଲେ। କେବଳ ଉପଯୁକ୍ତ ଚିନ୍ତାଧାରା ଏବଂ ସେହି ଚିନ୍ତାଧାରା ପଛରେ ଥିଲା ସର୍ମପିତ ଭାବ ସହିତ କାମରେ ଲାଗି ରହିବା।

ଜୀବନର ଗତି ମୋଡ଼ନ୍ତେ ଯଦି ଆପଣ ଲକ୍ଷ୍ୟ ନିର୍ଣ୍ଣୟ କରିନିଅନ୍ତି ତେବେ ନିଶ୍ଚିତ [illegible] ଜୀବନରେ ସଫଳତା ହାସଲ କରିବେ, କିନ୍ତୁ ଏହି ସଫଳତା ଭିନ୍ନ ଭିନ୍ନ ସ୍ଥାନରେ ବସି ରହିଥାନ୍ତି। ପ୍ରଶ୍ନ ହେଲା କେଉଁ ସଫଳତା କେଉଁ ସମୟରେ ହାସଲ କରିବାକୁ ଚାହୁଁଛନ୍ତି। ଅତଏବ ବନ୍ଧୁଗଣ ! ଜୀବନରେ ଅନେକ କିଛି ସଫଳତାକୁ ପ୍ରାପ୍ତ କରିବା ଲାଗି ଆପଣଙ୍କର ଗୋଟିଏ ଉଦ୍ଦେଶ୍ୟ ହେବା ଆବଶ୍ୟକ ଓ ତାହା ହେଲା ଜୀବନର ଲକ୍ଷ୍ୟ ନିର୍ଦ୍ଧାରଣ।

ମୋର ପାଖାପାଖି ୩୫ ରୁ ୪୦ବର୍ଷ ତଳର କଥା ମନେପଡୁଛି, ଯେତେବେଳେ ମୁଁ କୋଲକାତାରେ ମାସକୁ ମାତ୍ର ୬୦୦ ଟଙ୍କା ଭଡ଼ାଦେଇ ଭଡ଼ାଘରେ ରହୁଥିଲି। ସେତେବେଳେ ମୋର ମାଆ ଶ୍ରୀମତୀ ଆଶାରାଣୀ ଲଖୋଟିୟା ଜୀବନର ଏକ ଲକ୍ଷ୍ୟ ରଖିଲେ କି ଏବେ ଆମେ ଭଡ଼ାଘର ଛାଡ଼ି ନିଜ ଘରକୁ ଯିବା। ଲକ୍ଷ୍ୟ ଠିକ୍ ଥିଲା, ବାସ୍ତବ ମଧ୍ୟ ଥିଲା, କିନ୍ତୁ ଏହି ଲକ୍ଷ୍ୟକୁ ପୂରଣ କରିବା ବଡ଼ ଚିନ୍ତାର ବିଷୟ ଥିଲା। ଏଥିପାଇଁ କେଉଁଠୁ ପଇସା ଆସିବ, କେତେ ପଇସା ଲାଗିବ, କେମିତି ଆମେ ନିଜର ଘର କରିପାରିବା, ଏହିସବୁ କଥା ମନକୁ ଆସୁଥିଲା। ଯେତେବେଳେ ମୋର ମାଆ ସ୍ୱପ୍ନ ଦେଖିଲେ ଓ ନିଜର ଲକ୍ଷ୍ୟ ନିର୍ଣ୍ଣୟ କରିନେଲେ ୧୯୭୫ରେ ସେ ନିଜ ଗୃହରେ ପ୍ରବେଶ କରିବେ। ଏହିଭଳି ଏକ ସ୍ୱପ୍ନ ମୋର ମାଆ ଆଜିକୁ ପାଖାପାଖି ୫୦ବର୍ଷ ପୂର୍ବେ ଦେଖିଥିଲେ, ଯେତେବେଳେ ଆଜମେରରେ ଆମର ପୁରୁଣା ଘର ଥିଲା। କୌଣସି କାରଣରୁ ଏହି ଛୋଟିଆ ଘର ବିକ୍ରି ହୋଇଗଲା। ସେହି ସମୟରେ ମାଆ ଲକ୍ଷ୍ୟ ରଖିଲେ ସେ ଆଜମେର ସେତେବେଳେ ଯିବେ, ଯେତେବେଳେ ନିଜ ଘର ହୋଇଯିବ। ସେହି ଲକ୍ଷ୍ୟକୁ ପୂରଣ କରିବା ଲାଗି ମାଆ ଆଜମେରରେ ଭବ୍ୟ 'ଆଶା ନିବାସ' ଗୃହ ନିର୍ମାଣ କଲେ। ଯେତେବେଳେ ଏହି ଘର ନିର୍ମାଣ ହେଲା, ସେତେବେଳେ ଆମେ କୋଲକାତାରେ ରହୁଥିଲୁ ଓ ଏହା ପାଖାପାଖି ୪୫ବର୍ଷ ତଳର କାହାଣୀ। ନିଶ୍ଚିତ ଭାବରେ ସେତେବେଳେ ମୁଁ ବହୁତ ଛୋଟ ଥିଲି ଓ ପିତାଜୀ ନିଜ କାମଧନ୍ଦାରେ ବ୍ୟସ୍ତ ରହୁଥିଲେ। ମାଆ ନିଜର ଲକ୍ଷ୍ୟକୁ ପୂରଣ କରିବା ଲାଗି ବହୁତ ପରିଶ୍ରମ କରି ୧୯୬୫ରେ ସେହି ଭବ୍ୟ ଅଟ୍ଟାଳିକା ନିର୍ମାଣ କରାଇଲେ। ମୋ ବିଚାରରେ ନିଜ ଘରର ଲକ୍ଷ୍ୟ ପ୍ରାପ୍ତିର କେତେକ ଗୁରୁତ୍ୱପୂର୍ଣ୍ଣ ଉଦାହରଣକୁ ଶୁଣି, ଦେଖି ତଥା ବୁଝି ମୋତେ ପ୍ରେରଣା ମିଳିଲା କି ମୁଁ ନିଜର ପାଠକମାନଙ୍କ ଲକ୍ଷ୍ୟର ଉପଯୋଗିତା ସମ୍ପର୍କରେ ଆଲୋଚନା କରେ।

ଭାରତର ବିଶ୍ୱବିଖ୍ୟାତ ଗାୟକ ମହମ୍ମଦ ରଫିଙ୍କ କଥା ହେଉ ବା ଲତା ମଙ୍ଗେସକର, ଏହି ଦୁଇ ଗାୟକ ଯେତେବେଳେ ନିଜ ଜୀବନର ଲକ୍ଷ୍ୟ ନିର୍ଦ୍ଧାରଣ କରିଛନ୍ତି, ସେହି ଲକ୍ଷ୍ୟକୁ ପୂରଣ ମଧ୍ୟ କରିଛନ୍ତି । ସେହିପରି ଆଜିର ପ୍ରସିଦ୍ଧ ସଙ୍ଗୀତଜ୍ଞ ଏ.ଆର.ରହମାନ ନିଜ ଜୀବନର ଲକ୍ଷ୍ୟ ପ୍ରସ୍ତୁତ କଲେ ଓ ଭାବିଲେ କେବଳ ଦେଶରେ ନୁହେଁ ବରଂ ବିଦେଶରେ ମଧ ଧୂମ୍ ମଚାଇବା ଆବଶ୍ୟକ, ଯେଉଁଥିରେ ସେ ସଫଳ ହେଲେ । ଆଜି ସେ ଦେଶରେ ନୁହେଁ ବରଂ ବିଦେଶରେ ମଧ ଜବରଦସ୍ତ ଧୂମ୍ ମଚାଇ ଚାଲିଛନ୍ତି ଓ ନିଜ ଲକ୍ଷ୍ୟ ପୂରଣ କରିଥିବାରୁ ସମ୍ମାନ ପାଉଛନ୍ତି ।

ପ୍ରତ୍ୟେକ ବ୍ୟକ୍ତିଙ୍କୁ ଜୀବନର ପ୍ରତିଟି ଅବସରରେ ନିଜର ଲକ୍ଷ୍ୟ ପ୍ରସ୍ତୁତ କରିବା ଆବଶ୍ୟକ । ସମ୍ପ୍ରତି ମୁଁ ଭାରତର ଲବ୍ଧପ୍ରତିଷ୍ଠ କମ୍ପାନୀଗୁଡ଼ିକର ରିଟାୟରମେଣ୍ଟ ପ୍ଲାନିଂ ବିଷୟରେ ବୈଠକମାନ କରୁଅଛି । ଏହି ବୈଠକ ଅବସରରେ ଯେତେବେଳେ ମୁଁ ବଡ଼ ବଡ଼ ପଦବୀରେ କାର୍ଯ୍ୟରତ ବେତନଭୋଗୀ କର୍ମଚାରୀମାନଙ୍କୁ, ଯେଉଁମାନଙ୍କର ଶୀଘ୍ର ଅବସର ନେବାର ଅଛି, ଅନୁରୋଧ କରେ କି ସେମାନେ ଅନ୍ୟୂନ ଜୀବନର ଏହି ପର୍ଯ୍ୟାୟରେ ପହଞ୍ଚି ନିଜ ଜୀବନର ଲକ୍ଷ୍ୟ ବନାନ୍ତୁ, ପ୍ରଥମେ ସେମାନଙ୍କୁ ଏହା ଅଜବ କଥା ଭଳି ଲାଗେ । ସେମାନେ ଭାବନ୍ତି, ଆମେ ଚାକିରିରୁ ରିଟାୟର ହେଉଛୁ ଆଉ ଏହି ବୟସରେ କ'ଣ ଲକ୍ଷ୍ୟ ନିର୍ଣ୍ଣୟ କରିବୁ । ବନ୍ଧୁଗଣ ! ସଂଧ୍ୟା ସୁଦ୍ଧା ଯେତେବେଳେ ମୋର ସେମିନାର ଶେଷ ହେବା ପର୍ଯ୍ୟାୟକୁ ଆସିଯାଇଥାଏ, ସେତେବେଳେ ମୋତେ ବହୁତ ଖୁସି ଲାଗିଥାଏ କି ସେମିନାରରେ ଭାଗନେଇଥିବା ସମସ୍ତ ବ୍ୟକ୍ତି ଏହି କଥାରେ ସହମତ ହୋଇଯାଇଥାନ୍ତି ଯେ ସେମାନଙ୍କୁ ଏହି ପର୍ଯ୍ୟାୟରେ ମଧ ନିଜ ଜୀବନର ଲକ୍ଷ୍ୟ ପ୍ରସ୍ତୁତ କରିବା ଜରୁରୀ । ତେଣୁ ଆପଣଙ୍କର ବୟସ ଯାହା ହୋଇଥାଉ ନା କାହିଁକି, ବୟସକୁ ପରବାଏ ନକରି ସର୍ବଦା ନିଜ ଜୀବନର ଲକ୍ଷ୍ୟ ପ୍ରସ୍ତୁତ କରିବାରେ ନିଜର ତୀକ୍ଷ୍ଣ ନଜରର ଉପଯୋଗ କରନ୍ତୁ ।

ମୋର ଭୂତପୂର୍ବ ରାଷ୍ଟ୍ରପତି ଶ୍ରୀ ଅବଦୁଲ କଲାମଙ୍କ ବିଷୟରେ ଗୋଟିଏ ଘଟଣା ମନେପଡୁଛି । ଯେତେବେଳେ ସେ ହାଇଦ୍ରାବାଦରେ ଥିଲେ ସେତେବେଳେ ଦିନେ ନିଜ ଜୀବନର ଏକ ଲକ୍ଷ୍ୟ ଚିନ୍ତା କଲେ କି ମୁଁ ସେହି ଲୋକମାନଙ୍କର ସହାୟତା ଲାଗି କିଛି କାମ କରିବି ଯେଉଁମାନେ ନିଜ ପାଦରେ ବହୁ କଷ୍ଟର ସହିତ ତିନି ତିନି କିଲୋ ଓଜନର ଲୁହାରେ ତିଆରି ଯନ୍ତ୍ରକୁ ନେଇ ଚାଲୁଛନ୍ତି । ତାଙ୍କର ଇଶାରା ସେହି ଅସହାୟ ପିଲାମାନଙ୍କ ସମ୍ପର୍କରେ ଥିଲା, ଯେଉଁମାନଙ୍କ ପାଦରେ ଯନ୍ତ୍ରଣା ହେଉଥିଲେ ବି ସେମାନଙ୍କ ଚାଲିବା ଲାଗି ଏଭଳି ଯନ୍ତ୍ର ଫିଟ କରାଯାଇଥାଏ,

ଯାହାର ଓଜନ ପାଖାପାଖି ତିନି କିଲୋଗ୍ରାମ ଥିଲା । ତିନି କିଲୋ ଓଜନକୁ ପାଦରେ ବୁହାଇ ଯେତେବେଳେ ପିଲାମାନେ ଚାଲୁଥାନ୍ତି ସେମାନଙ୍କର ଓ ସେମାନଙ୍କ ବାପାମାଆଙ୍କର କଷ୍ଟକୁ ଦେଖି ଅବଦୁଲ କଲାମ ସାହେବଙ୍କ ମନ ବିକଳିତ ହୋଇଯାଉଥିଲା । ସେ ଭାବିଲେ ଏଓନଈ କିଛି କରିବାକୁ ପଡ଼ିବ । ଅନ୍ତତଃ ସେ ନିଜର ଲକ୍ଷ୍ୟକୁ ପାଇଗଲେ, ଯେତେବେଳେ ସେ ତିନି କିଲୋ ଓଜନ ବଦଳରେ ମାତ୍ର ତିନିଶହ ଗ୍ରାମ ଓଜନର ଯନ୍ତ୍ରକୁ ପିଲାମାନଙ୍କ ପାଦରେ ପିନ୍ଧାଇଦେଲେ । କଳ୍ପନା କରନ୍ତୁ ଯେଉଁ ସମୟରେ ଏହି କାର୍ଯ୍ୟ ସମ୍ପନ୍ନ ହୋଇଥିବ ସେତେବେଳେ ଆମର ମାନନୀୟ ଶ୍ରୀ ଅବଦୁଲ କଲାମ ସାହେବଙ୍କୁ କେତେ ଅପୂର୍ବ ଖୁସି ହୋଇଥିବ । ତେଣୁ ଆପଣ ମଧ୍ୟ ଆଜି ନିଜର ଲକ୍ଷ୍ୟ ପଥରେ ଅଗ୍ରସର ହୁଅନ୍ତୁ ଏବଂ ଭବିଷ୍ୟତ ଜୀବନର ଆନନ୍ଦକୁ ଅପେକ୍ଷା କରନ୍ତୁ ।

ଯଦି ଆମେ ଏଡ଼ିସନଙ୍କ କାର୍ଯ୍ୟଶୈଳୀ ଉପରେ ନଜର ପକାଇବା ତେବେ ଆମେ ଜାଣିବାକୁ ପାଇବା ଯେ ସେ ଗୋଟିଏ ଲକ୍ଷ୍ୟ ପଛରେ ଚାଲୁଥିଲେ ଏବଂ ବାରମ୍ବାର ଅସଫଳ ହେବା ସତ୍ତ୍ୱେ ମଧ୍ୟ ପରୀକ୍ଷା କରି ଚାଲିଥିଲେ, ଯାହା ଫଳରେ ତାଙ୍କ ଆବିଷ୍କାର ଓ ପରୀକ୍ଷଣ ଅଭୂତପୂର୍ବ ପ୍ରଗତି ଆଣିଲା । ତେଣୁ ଜୀବନର ଲକ୍ଷ୍ୟକୁ ପ୍ରାପ୍ତ କରିବା ଲାଗି ଯେତେବେଳେ ଆପଣ ଏକ କଠିନ କାର୍ଯ୍ୟ ହାତକୁ ନେଉଛନ୍ତି । ସେହି ସମୟରେ କେତେ ଥର ପାଦ ଖସିବ, ବାରମ୍ବାର ମଧ୍ୟ ପାଦ ଖସିବ, ତଥାପି ମନକୁ ଦୃଢ଼ ରଖି କେବଳ ଲକ୍ଷ୍ୟ ପ୍ରାପ୍ତି ଦିଗରେ ଲକ୍ଷ୍ୟ ଦିଅନ୍ତୁ, ତେବେ ନିଶ୍ଚିତ ଭାବରେ ଲାଭ ମିଳିବ ।

ପ୍ରିୟ ବନ୍ଧୁଗଣ ! ଏହି ସମୁଦାୟ ପୁସ୍ତକରେ ଆମେ ଆମ ଜୀବନର ଲକ୍ଷ୍ୟ ସମ୍ପର୍କରେ କଥା ହେଉଛୁ । ଆମେ ଏହା ଚାହୁଁ କି ଆପଣ ନିଜର ସମ୍ପୂର୍ଣ୍ଣ ଜୀବନର ଲକ୍ଷ୍ୟ ସମ୍ପର୍କରେ ଚିନ୍ତା କରନ୍ତୁ, ଧ୍ୟାନ ଲଗାନ୍ତୁ ଓ ପ୍ରସ୍ତୁତ କରନ୍ତୁ ନିଜ ଲକ୍ଷ୍ୟର ଲିଖିତ କଳେବର । ବେଳେବେଳେ ଏପରି ବି ହୋଇଥାଏ କି ସମ୍ପୂର୍ଣ୍ଣ ଜୀବନର ଲକ୍ଷ୍ୟ ସମ୍ପର୍କରେ ନଭାବି ଆମକୁ ତତ୍କାଳିକ ଲକ୍ଷ୍ୟ ସମ୍ପର୍କରେ ବି ଭାବିବାକୁ ପଡ଼ିଥାଏ । ଯେତେବେଳେ ଏଭଳି ସ୍ଥିତି ଆସେ ସେତେବେଳେ ଆମର କର୍ତ୍ତବ୍ୟ ଏହା ହେବା ଉଚିତ୍ କି ସମ୍ପୂର୍ଣ୍ଣ ମାନସିକ ଚିନ୍ତାକୁ ଗୋଟିଏ ଲକ୍ଷ୍ୟ ଉପରେ ରଖିବା । ଆମେ ଚାହୁଁ ବା ନ ଚାହୁଁ କେବଳ ତତ୍କାଳିକ ଲକ୍ଷ୍ୟ ସମ୍ପର୍କରେ ନିଜର ଧ୍ୟାନକୁ କେନ୍ଦ୍ରିତ କରିବା ଜରୁରୀ ହୋଇପଡ଼େ । ଉଦାହରଣ ସ୍ୱରୂପ, ମନେକରନ୍ତୁ ରାସ୍ତାରେ କୌଣସି ଦୁର୍ଘଟଣା ହୋଇଗଲା । ତେବେ ଆପଣଙ୍କୁ ତତ୍କାଳିକ ଲକ୍ଷ୍ୟ ନିର୍ଦ୍ଧାରଣ କରିବାକୁ ପଡ଼ିବ କି ଦୁର୍ଘଟଣାରେ ଆହତ ବ୍ୟକ୍ତିଙ୍କୁ

କିପରି ହସ୍ପିଟାଲ ନିଆଯିବ ଓ କ'ଣ କରାଯିବ। ଆପଣ ଏନେଇ ନିଜର ଲକ୍ଷ୍ୟକୁ କ୍ରିୟାନ୍ୱିତ କରିବେ। ସେହିପରି ଅନ୍ୟ ଉଦାହରଣ ସ୍ୱରୂପ ଯଦି କେଉଁଠି ନିଆଁ ଲାଗିଯାଏ ତ ସେତେବେଳେ ତୁରନ୍ତ ଲକ୍ଷ୍ୟ ହେବ କି ନିଆଁ ଲିଭାଇବା ପାଇଁ କି ପ୍ରକାର ଉଦ୍ୟମ କରାଯିବ। ସେହିପରି ପରିବାରରେ ଯଦି କୌଣସି ବଡ଼ ଧରଣର ରୋଗ ହୋଇଯାଏ ସେତେବେଳେ ଆମର ଲକ୍ଷ୍ୟ କେବଳ ଗୋଟିଏ ହେବା ଆବଶ୍ୟକ କି ଉକ୍ତ ରୋଗ କିପରି ଆରୋଗ୍ୟ ହେବ। ତେଣୁ ଏକଥାକୁ ମଧ୍ୟ ଧ୍ୟାନରେ ରଖନ୍ତୁ ଯେ ବେଳେବେଳେ ତତ୍କାଳିକ ଲକ୍ଷ୍ୟ ମଧ୍ୟ ଆମକୁ ଜୀବନରେ ନିର୍ଣ୍ଣୟ କରିବାକୁ ପଡ଼ିଥାଏ। ସବୁବେଳେ ଏକଥାକୁ ମନେ ରଖନ୍ତୁ, ଯେତେବେଳେ ଲକ୍ଷ୍ୟ ସମ୍ପର୍କରେ କଥା ହେଉଛନ୍ତି କେବଳ ଲକ୍ଷ୍ୟ ଉପରେ ଧ୍ୟାନ କେନ୍ଦ୍ରିତ ରଖନ୍ତୁ ଓ ଯେତେବେଳେ ତତ୍କାଳିକ ଲକ୍ଷ୍ୟ ଆବଶ୍ୟକ ପଡୁଛି, ସେହି ସମୟରେ କେବଳ ତତ୍କାଳିକ ଲକ୍ଷ୍ୟ ବିଷୟରେ ଚିନ୍ତା କରନ୍ତୁ ଓ ଅନୁଭବ କରନ୍ତୁ।

3

ମୌନର ଯାଦୁ ଓ ଆପଣଙ୍କ ଲକ୍ଷ୍ୟ

'ମୌନ ହେଉଛି ସର୍ବୋତ୍ତମ ଭାଷଣ। ଯଦି କହିବାର ଅଛି ତେବେ ଯେତେ କମ୍ କଥା କୁହନ୍ତୁ। ଗୋଟିଏ ଶବ୍ଦରେ କାମ ଚଳିଲେ ଦୁଇଟି କୁହନ୍ତୁନି। ଏହା ଲକ୍ଷ୍ୟର ସଫଳତା ଲାଗି ଅବ୍ୟର୍ଥ ମନ୍ତ୍ର।'

-ମହାତ୍ମା ଗାନ୍ଧୀ

ଯେତେବେଳେ ଆପଣ ଲକ୍ଷ୍ୟ ପ୍ରସ୍ତୁତ କରିବାର ଉପଯୋଗିତା ବୁଝିଗଲେଣି ତ ଏବେ ଆମକୁ ସେହି ସିଡ଼ିରେ ଚଢ଼ିବାକୁ ହେବ, ଯାହା ଆମର ଲକ୍ଷ୍ୟକୁ ଭଲ ଭାବରେ ସଜାଇ ରଖିଦେବ। ଏକଥା ଆପଣ ଭଲଭାବେ ଜାଣିଛନ୍ତି କି ଜୀବନର ଲକ୍ଷ୍ୟ ଦିଗରେ ଆମେ ଯଦି ନଜର ରଖିବା ତେବେ ଯାଇ ଆମର ମାନବ ଜୀବନ ସାର୍ଥକ ହେବ। ଏଥିପାଇଁ ନିଜର ଲକ୍ଷ୍ୟକୁ ଏକାଗ୍ରଚିତ୍ତ କରିବା ଲାଗି ଆଉ ଏକ ପରାମର୍ଶ ରହିଛି, ତାହାର ନାମ ହେଉଛି ମୌନ। ଯଦି ଆପଣ ନିଜ ଲକ୍ଷ୍ୟ ପ୍ରସ୍ତୁତ କରିବା, ଏହାକୁ ସଜାଇବା ଓ ଲେଖିବାରେ କଷ୍ଟ ଅନୁଭବ କରୁଛନ୍ତି ତାହା ହେଲେ ୨୪ ଘଣ୍ଟା ମୌନ ବ୍ରତ ଧାରଣ କରନ୍ତୁ। ମନେରଖନ୍ତୁ ଆପଣଙ୍କ ମୌନବ୍ରତ ଆରମ୍ଭ କରିବାର ଏକମାତ୍ର ଉଦ୍ଦେଶ୍ୟ ହେଲା ନିଜ ଜୀବନର ଲକ୍ଷ୍ୟର ପରିପତ୍ର ପ୍ରସ୍ତୁତ କରିବା ଏବଂ ଏହାପରେ ସମ୍ପୂର୍ଣ୍ଣ ଜୀବନ ସେହି ପରିପତ୍ରରେ ଲେଖାଯାଇଥିବା ଲକ୍ଷ୍ୟକୁ ସାକାର କରାଇବାରେ ଲଗାଇବା। ଯଦି ଆପଣ ଏହିଭଳି ଚିନ୍ତାଧାରା ରଖିବେ ତେବେ ଆପଣ ନିଶ୍ଚିତ ଭାବରେ ୨୪ ଘଣ୍ଟାର ନୀରବତାରେ ନିଜ ଜୀବନର ଲକ୍ଷ୍ୟକୁ ପାଇବାରେ ପୂର୍ଣ୍ଣତଃ ସଫଳ ହେବେ ଓ ଆପଣ ଏଭଳି ଏକ ଅଭୂତପୂର୍ବ ଲକ୍ଷ୍ୟ ସନ୍ଦେଶ ପାଇବେ ଯାହାକି ଦୈନନ୍ଦିନ ଜୀବନରେ ଯଦି ଆପଣ ବସି ରହିଥାନ୍ତେ ତେବେ ପ୍ରସ୍ତୁତ କରିପାରି ନଥାନ୍ତେ।

ମୋର ଯାଦୁଗରୀ ଉପରେ ଆଦୌ ବିଶ୍ୱାସ ନାହିଁ, ତଥାପି ମୁଁ ଯାଦୁର କଥା କହିବାକୁ ଚାହୁଁଛି। ଏହା ହେଉଛି ମୌନ ଯାଦୁର କଥା, ଯାହା ମୁଁ ଅନୁଭବ କରିଛି ଓ ମୋର ବିଶ୍ୱାସ ଅଛି ଯେ ପ୍ରତ୍ୟେକ ପାଠକ ମୌନ ଯାଦୁର ଲାଭ ଓ ଆନନ୍ଦ ନେଇପାରିବେ। ମୌନରେ ଯେଉଁ ଲାଭ ରହିଛି, ସେ ସମ୍ପର୍କରେ ଆମର ଶାସ୍ତ୍ର ହେଉଛି ସାକ୍ଷୀ, କିନ୍ତୁ ବାସ୍ତବ ଲାଭ ନେବାକୁ ହେଲେ ଓ ଯଦି ମୌନ ଯାଦୁର ଅନୁଭୂତି କରିବାକୁ ଅଛି ତେବେ ଆଜି ହିଁ ଆପଣ ୨୪ଘଣ୍ଟା ମୌନ

କାର୍ଯ୍ୟକ୍ରମ ଆରମ୍ଭ କରିଦେବା ଉଚିତ। ମୌନ ସହଜ, ସରଳ ଓ ଏହା ଅସଂଖ୍ୟ ଲାଭ ଦେଇଥାଏ। ଯେଉଁ ଅବସ୍ଥା ବା ଯେଭଳି ପରିବେଶରେ ଥାଆନ୍ତୁ, ସେହି ଅବସ୍ଥାରେ ଆପଣ ୨୪ଘଣ୍ଟା ମୌନ ବ୍ରତ ଆରମ୍ଭ କରିପାରିବେ। ଜୀବନର ବାସ୍ତବିକ ଦୃଷ୍ଟିକୁ ଧ୍ୟାନରେ ରଖି ଜଣେ ବ୍ୟକ୍ତି ପାଇଁ ୨୪ ଘଣ୍ଟାର ମୌନ ଉତ୍ତମ ଅଟେ। ଆପଣ ଦିନର ଯେକୌଣସି ସମୟରୁ ମଧ୍ୟ ମୌନବ୍ରତ ଆରମ୍ଭ କରି ୨୪ ଘଣ୍ଟା ପରେ ଏହି ମୌନକୁ ଭାଙ୍ଗିପାରିବେ, ତେବେ ଆପଣ ସ୍ୱୟଂ ଅନୁଭବ କରିପାରିବେ ଯେ ନୀରବତାର ଯାଦୁ କ'ଣ ?

ମୌନ ପାଇଁ ଆପଣଙ୍କୁ କୌଣସି ଅଲଗା ଏକାନ୍ତ ସ୍ଥାନକୁ ଯିବାର ଆବଶ୍ୟକତା ନାହିଁ। ଆପଣ ଘରେ ଏବଂ କାର୍ଯ୍ୟାଳୟରେ ଦୈନିକ କାର୍ଯ୍ୟ ନିର୍ବାହ କରିବା ସହିତ ମୌନବ୍ରତ ଆରମ୍ଭ କରିପାରିବେ ଅର୍ଥାତ୍ ମୌନ ସମୟରେ ଆପଣ ଦୈନିକ ଦିନଚର୍ଯ୍ୟାର ସେହି ସମସ୍ତ ଘରୋଇ ଏବଂ ଦପ୍ତର କାର୍ଯ୍ୟ କରିପାରିବେ, ଯାହା ଆପଣ ଦୈନନ୍ଦିନ କରିଥାନ୍ତି। ମୌନ ସମୟରେ ଆପଣ କେବଳ କଥା କହିବା ବନ୍ଦ ରଖିବେ। ଅତଏବ ଆପଣ ଏହି ୨୪ ଘଣ୍ଟା ମୌନ ସମୟରେ କାହା ସହିତ ମଧ୍ୟ କଥା କରିପାରିବେନି କିମ୍ବା ଫୋନରେ ମଧ୍ୟ ବାର୍ତ୍ତାଳାପ କରିବେନି। କିନ୍ତୁ ବାକି ସବୁ କାମ କରିବେ। ଯେଉଁ ବ୍ୟକ୍ତିମାନଙ୍କୁ ଘରେ ଏବଂ ଦପ୍ତରରେ କାର୍ଯ୍ୟ କରିବା ସମୟରେ ମୌନ ରହିବାରେ ସମସ୍ୟା ଉପୁଜିବ ସେହି ବ୍ୟକ୍ତି ସହର ବାହାରେ ଧାର୍ମିକ ସ୍ଥଳ ଅଥବା ଅନ୍ୟ ବାହ୍ୟ ସ୍ଥାନରେ ମୌନ ବ୍ରତ କରନ୍ତୁ। ମୌନର ଯାଦୁଗରୀ ପ୍ରଭାବ କାରଣରୁ ଆଜିକାଲି କେତେକ ସ୍ଥାନରେ ସାମୂହିକ ମୌନ ଶିବିର ମଧ୍ୟ ଆରମ୍ଭ ହୋଇଗଲାଣି।

ରାଷ୍ଟ୍ରପିତା ମହାତ୍ମା ଗାନ୍ଧି ତ ମୌନର ଯାଦୁରେ ଏତେ ମାତ୍ରାରେ ପ୍ରଭାବିତ ହୋଇଥିଲେ ଯେ ସେ ପ୍ରତି ସପ୍ତାହର ସୋମବାର ଦିନ ମୌନବ୍ରତ ରଖୁଥିଲେ। ଏଥିପାଇଁ ସୋମବାରକୁ ଆଶ୍ରମବାସୀ ମୌନବାର ବୋଲି ମଧ୍ୟ କହୁଥିଲେ। ଆପଣଙ୍କୁ ଯେଉଁଦିନ ସୁବିଧାଜନକ ଲାଗିବ, ସେହିଦିନ ମୌନବ୍ରତ ଆରମ୍ଭ କରନ୍ତୁ ଓ ଚେଷ୍ଟା କରନ୍ତୁ ମାସରେ ଅତି କମରେ ଗୋଟିଏ ଦିନ ମୌନ ଅବଶ୍ୟ ରଖନ୍ତୁ। ମୌନ ଏକ ଯାଦୁ, ଏନେଇ ମୋର ଅସୀମ ଆସ୍ଥା ପ୍ରଥମରୁ ହିଁ ରହିଥିଲା, କିନ୍ତୁ ଅନୁଭବ କଦାପି କରି ନଥିଲି। ପ୍ରଭୁଙ୍କ କୃପାରୁ ୨ମଇ, ୨୦୦୨ରେ ପ୍ରଥମ ଥର ୧୦.୪୫ରେ ମୁଁ ୨୪ ଘଣ୍ଟା ମୌନବ୍ରତ ଆରମ୍ଭ କଲି ଓ ୩ ମଇ ୨୦୦୨ ଠିକ୍ ୧୦.୪୫ରେ ସେହି ମୌନବ୍ରତ ଭାଙ୍ଗିଲି, ସେତେବେଳେ ମୋତେ ମୌନର ଯାଦୁ ଅନୁଭବ ହେଲା। ମୌନ ସମୟରେ ମୁଁ ନିଜର କାର୍ଯ୍ୟାଳୟ ଏବଂ ଘର କାମ କରୁଥିଲି। ଆରମ୍ଭ କରିବାର ୧୫ ମିନିଟ୍ ତ ଲାଗିଥିଲା ମୌନବ୍ରତର ୨୪ଘଣ୍ଟା କିପରି ବିତିବ, କିନ୍ତୁ ପରେ କୌଣସି ପ୍ରକାର ଅସୁବିଧା ହେଲାନାହିଁ, ବରଂ ଉତ୍ତମ ଆଧ୍ୟାତ୍ମିକ ଅନୁଭବ ହେଲା। ସେତେବେଳେ ମୋତେ ଲାଗିଲା ବାସ୍ତବରେ ମୌନ ହେଉଛି ଯାଦୁ। ପରିବାର ସଦସ୍ୟ ଏବଂ ଶ୍ରେଷ୍ଠ ବନ୍ଧୁଙ୍କ ସହଯୋଗ ହେଉ ଅଥବା ନହେଉ ତଥାପି ଆପଣ ନିଜର ଆନନ୍ଦ ପାଇଁ ୨୪ ଘଣ୍ଟା ମୌନ ଯାଦୁର ଅନୁଭବ କରନ୍ତୁ।

ମୌନ ସମୟରେ ମୋତେ ଏହି ସତ୍ୟର ଆଭାସ ମିଳିଥିଲା କି ହେ ମନୁଷ୍ୟ ? ତୁମ ବିନା ମଧ୍ୟ ଦୁନିଆ ଚାଲିବ। ଯେପରି ଆଜି ମୌନ ସମୟରେ ଚାଲୁଛି। ଏହି ଭାବନା ମନରେ

ଆସିଲେ ପ୍ରତ୍ୟେକ ବ୍ୟକ୍ତି ନିଜର ଗର୍ବ ଏବଂ ଅହଂ ଉପରେ ଲଗାମ ଲଗାଇପାରିବେ। ମୌନ ସମୟରେ ଅସୀମ ମାନସିକ ଶାନ୍ତି ପାଇବେ, ସମ୍ପୂର୍ଣ୍ଣ ଶରୀରର ଉତ୍ତେଜନା ଚାଲିଯିବ ଏବଂ କୌଣସି ଔଷଧ ବିନା ସମ୍ପୂର୍ଣ୍ଣ ଶରୀରର ଶିଥିଳୀକରଣ ହୋଇଯିବ, ଯାହା ଫଳରେ ରାତିରେ ବହୁତ ଭଲ ନିଦ ହେବ। ଆପଣଙ୍କର ଶକ୍ତି ସଞ୍ଚୟ ହେବ, ଉତ୍ସାହ ବଢ଼ିବ, କାର୍ଯ୍ୟ କରୁଥିଲାବେଳେ ବି ଆପଣଙ୍କୁ କମ୍ କ୍ଳାନ୍ତି ଅନୁଭବ ହେବ ଓ ଆପଣଙ୍କର କାର୍ଯ୍ୟଦକ୍ଷତା ବଢ଼ିବ। ହଁ ମୌନ ସମୟରେ ଯଥେଷ୍ଟ ଏବଂ ବାରମ୍ବାର କାଗଜରେ ଲେଖି ନିଜର କଥା ଜଣାଇବା ପ୍ରକ୍ରିୟାକୁ ମଧ୍ୟ କମ୍ କରନ୍ତୁ। କେବଳ ଯେତେବେଳେ ଖୁବ୍ ଜରୁରୀ ହେବ ସେତେବେଳେ କୌଣସି ବ୍ୟକ୍ତିଙ୍କୁ କାଗଜରେ ଲେଖି ନିର୍ଦ୍ଦେଶ ଦିଅନ୍ତୁ। ମୌନ ବ୍ରତ ଆରମ୍ଭ କରିବାର ୧୨ ଘଣ୍ଟା ପରେ ଆପଣ ସ୍ୱୟଂ ଅନୁଭବ କରିବେ କି ପେଟରେ କୋମଳତା ଆସିଯାଇଛି। ସକାଳୁ ଉଠିଲେ ଆପଣଙ୍କୁ ବହୁତ ଆନନ୍ଦ ଲାଗିବ ଓ ମୌନ କାରଣରୁ ସମ୍ପୂର୍ଣ୍ଣ ଶରୀର ହାଲକା ଲାଗିବ।

ମୌନ ଯୋଗୁ ଶରୀର ଓ ମସ୍ତିଷ୍କ ଉଭୟଙ୍କୁ ଆରାମ ମିଳିବ। ଯଦି ଆପଣଙ୍କୁ କ୍ରୋଧ ଆସୁଥାଏ ତେବେ କ୍ରୋଧର ମାତ୍ରା କମିଯିବ। ଯଦି ଆପଣ ଏଭଳି ବ୍ୟକ୍ତି ହୋଇଥାନ୍ତି, ଯିଏ ବ୍ୟବସାୟରେ ସଂପୃକ୍ତ, ତେବେ ମୌନ ବ୍ରତ ଯୋଗୁଁ ଆପଣଙ୍କ କାର୍ଯ୍ୟଦକ୍ଷତା ବଢ଼ିବ। ମୌନ ସମୟରେ ଆପଣଙ୍କ ଚିନ୍ତନକୁ କାରବାର ବଢ଼ାଇବାରେ ଲଗାନ୍ତୁ ଓ ଯେଉଁ କାର୍ଯ୍ୟ ବାକି ଅଛି, ତାହାର ହିସାବ କରନ୍ତୁ। ହଁ, କିଛି ସମୟ ତ ସକାଳୁ-ସଂଧ୍ୟା ମୌନ ସମୟରେ ବାହାର କରନ୍ତୁ ଯାହାଦ୍ୱାରା ଆପଣ ନିଜ ଅନ୍ତରାତ୍ମା ସହିତ କଥା ହୋଇପାରିବେ। ଏହିସବୁ କଥା ମୁଁ ନିଜର ମୌନ ସମୟରେ ହୋଇଥିବା ଅନୁଭୂତିର ଆଧାରରେ ଲେଖୁଛି, ଯେଉଁଥିରୁ ପାଠକ ଲାଭ ପାଇପାରିବେ। ମୌନ ଯାଦୁର ଆରମ୍ଭ ଏବଂ ଶେଷ 'ଓଁ'କୁ ମନରେ ଜପ କରିବା ସହ କରନ୍ତୁ କିମ୍ବା ଯାହା ଆପଣଙ୍କର ପ୍ରିୟ ମନ୍ତ୍ର ସେଥିରେ କରନ୍ତୁ। ମୋତେ ମୌନ ସମୟରେ ହଳଦିଆ ଏବଂ ସବୁଜ ରଙ୍ଗର ଦିବ୍ୟ ଆଲୋକର ଅନୁଭବ ହୋଇଥିଲା। ମୋର ପୂର୍ଣ୍ଣ ବିଶ୍ୱାସ ଯେ ମୌନ ପାଳନ ଦ୍ୱାରା ଅନେକ ରୋଗ ଅପସରି ଯିବ, ଏଥିପାଇଁ ଗବେଷଣା ଜାରି ରହିଛି। ପାଠକମାନଙ୍କୁ ନିବେଦନ, ମୌନ ଯାଦୁ ସେମାନେ ଅବଶ୍ୟ ଅନୁଭବ କରନ୍ତୁ।

ବନ୍ଧୁଗଣ ! ଆଜି ଆପଣ ଜୀବନରେ ମୌନର ଉପଯୋଗିତା ବୁଝନ୍ତୁ ଏବଂ ନିଜର ଲକ୍ଷ୍ୟକୁ ସମ୍ପୂର୍ଣ୍ଣ ଭାବରେ ଏକାଗ୍ରଚିତ୍ତ କରିବା ପାଇଁ ୨୪ ଘଣ୍ଟା ମୌନ ବ୍ରତ ରଖିବା ପ୍ରକ୍ରିୟା ଆରମ୍ଭ କରନ୍ତୁ। ଯେତେବେଳେ ଆପଣ ମୌନବ୍ରତ ରଖିବେ ତ ନିଶ୍ଚିତ ଭାବରେ ୨୪ ଘଣ୍ଟାପରେ ଲେଖିବା, ଅଲଗା କରିବା, କାଟିବା ଓ ପୁଣି ଲେଖିବା ପ୍ରକ୍ରିୟାରେ ଆପଣଙ୍କ ସାମନାରେ ନିଜ ଜୀବନର ଲକ୍ଷ୍ୟ ପ୍ରସ୍ତୁତ ହୋଇଯିବ ଏବଂ ଆଉ କୌଣସି ଚିନ୍ତାର କାରଣ ରହିବ ନାହିଁ। ସେତେବେଳେ ନିଜ ଜୀବନକୁ, ନିଜ ଲକ୍ଷ୍ୟକୁ ପୂରଣ କରିବା ଲାଗି ସମର୍ପିତ କରିଦେବେ। ଅତଏବ ଆପଣ ମୌନର ଯାଦୁକୁ ଗ୍ରହଣ କରନ୍ତୁ, ବୁଝନ୍ତୁ, କ୍ରିୟାନ୍ୱିତ କରନ୍ତୁ ଓ ଆନନ୍ଦ ପ୍ରାପ୍ତ କରନ୍ତୁ। କେବଳ ଲକ୍ଷ୍ୟ ପାଇଁ ନୁହେଁ, ଏପରିକି ଦୈନନ୍ଦିନ ଜୀବନରେ ଯଦି ମୌନକୁ ପ୍ରାଥମିକତା ଦିଅନ୍ତି, ତେବେ ଆପଣଙ୍କର ସମ୍ପୂର୍ଣ୍ଣ ଲାଭ ହେବ।

4

ଚିନ୍ତାକୁ ବିରାମ ଦିଅନ୍ତୁ

'ଚିନ୍ତାକୁ ବିରାମ ଦେଇ ମଧ୍ୟ ଆପଣ ନିଜର ଲକ୍ଷ୍ୟସ୍ଥଳରେ ସୁବିଧାରେ ପହଞ୍ଚିପାରିବେ ।'

ପାଠକମାନଙ୍କୁ ନିଜ ଜୀବନ ଓ ନିଜ ଲକ୍ଷ୍ୟର ଉପଯୋଗିତା ସମ୍ପର୍କରେ ଜ୍ଞାନ ମିଳିଯାଇଥିବ । ଆଉ ଏକ ଉପାୟ ରହିଛି, ଯାହା ଆପଣଙ୍କୁ ନିଜ ଲକ୍ଷ୍ୟର ଦ୍ୱାର ପର୍ଯ୍ୟନ୍ତ ସହଜରେ ପହଞ୍ଚାଇଦେବ । ସେହି ଉପାୟ ହେଲା ନିଜର ଲକ୍ଷ୍ୟ ପ୍ରାପ୍ତି ଲାଗି ଚିନ୍ତାକୁ ବିରାମ ଦେବା । ଯଦି ଆପଣ ଚିନ୍ତାକୁ ବିରାମ ଦେବାର କଳାକୁ ଶିଖିନେବେ ଓ ନିଜ ଜୀବନରେ ଅନୁଭବ କରିନେବେ, ତାହା ପରେ ହିଁ ନିଜ ଲକ୍ଷ୍ୟ ସମ୍ପର୍କରେ ଚିନ୍ତନ-ମନନ କରିବେ, ନିଶ୍ଚିତ ଭାବରେ ଆପଣଙ୍କର ଲାଭ ହେବ ।

ଟିକିଏ କଳ୍ପନା କରନ୍ତୁ କି ଆପଣ ନିଜ ରୁମ୍‌ରେ ଅଛନ୍ତି, ତାହା ଡ୍ରଇଁ ରୁମ ହେଉ କି ବେଡ୍ ରୁମ୍, ସୋଫା ଉପରେ ବସିଥାନ୍ତୁ କି ତଳେ ବସିଥାନ୍ତୁ, ଆପଣଙ୍କ ଲକ୍ଷ୍ୟ ସମ୍ପର୍କରେ ଲେଖିବାରେ ଲାଗିଛନ୍ତି । କିନ୍ତୁ ଯେତେବେଳେ ଆପଣ ଦୁଇ ଚାରି ଲାଇନ ଲେଖି ନେଇଥିବେ, ସେହି ସମୟରେ ମୁଣ୍ଡ ଭିତରେ ଅନେକ ପ୍ରକାର ଚିନ୍ତା ଭାବନା ଆରମ୍ଭ ହୋଇଯାଇଥିବ । ହୁଏତ ଆପଣଙ୍କର ଅଫିସ କାମ ମନେ ପଡ଼ିଯାଇଥିବ କିମ୍ବା ଘରର କୌଣସି କାର୍ଯ୍ୟ ଅଥବା କ୍ରେଡ଼ିଟ୍ କାର୍ଡରେ ପେଁଠ କରିବାର ତାରିଖ ନିକଟତର ହୋଇଆସିବା ଚିନ୍ତା ହେବ, କିମ୍ବା ପେଟ୍ରୋଲ ଗାଡ଼ିରେ ଶେଷ ହୋଇଯାଇଥିବ ବା ପିଲାମାନଙ୍କର ନୂଆ କ୍ଲାସରେ କୌଣସି ସମସ୍ୟା ରହିଯାଇଥିବ । ଏତେସବୁ ସମସ୍ୟା ସତ୍ତ୍ୱେ ଆମେ ନିଜ ଜୀବନର ଲକ୍ଷ୍ୟ ଲେଖି ବସିବା ତ ଲେଖିପାରିବା ନାହିଁ । ତେଣୁ ସଂପୂର୍ଣ୍ଣ ଚିନ୍ତାକୁ ବିରାମ ଦେଇ ହିଁ ଆପଣ ନିଜ ଲକ୍ଷ୍ୟକୁ ଲେଖିଲେ ସଫଳତା ମିଳିବ । ଏକଥାକୁ ନିଶ୍ଚିତ ଭାବରେ ମନେ ରଖନ୍ତୁ କି ଗୋଟିଏ ପକ୍ଷରେ ଆପଣ କାଗଜ ନେଇ ଲକ୍ଷ୍ୟ ଲେଖିବାକୁ ବସିଗଲେ ଓ ଅନ୍ୟ ପକ୍ଷରେ ଯଦି ଆପଣ ନିଜର ଚିନ୍ତା ଭାବନାକୁ ବନ୍ଦ ରଖି ନିଜର ଲକ୍ଷ୍ୟ ଲେଖିବାକୁ ପ୍ରସ୍ତୁତ କରିନେବେ ତେବେ ଏଭଳି ପ୍ରସ୍ତୁତି ଦ୍ୱାରା ଲେଖାଯାଇଥିବା ଲକ୍ଷ୍ୟ ଆପଣଙ୍କର ବାସ୍ତବିକ ଲକ୍ଷ୍ୟ ହେବ, ଯାହା ଆପଣଙ୍କୁ ଶିଖରରେ ପହଞ୍ଚାଇବ ।

ଆପଣ ମାସକରେ ହେଉ ବା ତିନି ମାସରେ ଏବଂ ସମ୍ଭବ ହେଉ ନଥିଲେ ଛଅମାସରେ ଅନ୍ତତଃ ଥରେ ନିଜର ଚିନ୍ତାକୁ ସମ୍ପୂର୍ଣ୍ଣ ବିରାମ ଦେବା କଥା ଭାବନ୍ତୁ। ଏଭଳି ଭାବନା ଆପଣଙ୍କୁ ଶୀଘ୍ର ନିଜର ଲକ୍ଷ୍ୟ ପାଖକୁ ନେଇଯିବ। ଯେତେବେଳେ ଆମେ କାର୍ଯ୍ୟ କରିଚାଲୁ ଏବଂ ଲକ୍ଷ୍ୟ ପ୍ରାପ୍ତ ନପାଏନ୍ତେ ସତତ ଲାଗି ରହୁ ସେତେବେଳେ ଆମ ମସ୍ତିଷ୍କରେ ଏକ ସମୟରେ ଏକାଧିକ ଚିନ୍ତା ଆସିଥାଏ। ଲକ୍ଷ୍ୟକୁ ପୂରା କରିବାରେ ଏଭଳି ଅନେକ ଚିନ୍ତାଧାରା ଆସିଥାଏ ଓ ଆମେ କିଛି ଭୁଲିଗଲେ ସମ୍ପୂର୍ଣ୍ଣ ଦୃଢତାର ସହିତ ନିଜ ଲକ୍ଷ୍ୟ ସମ୍ପର୍କରେ ଭାବିପାରିବା ନାହିଁ। ଏଥିପାଇଁ ଜରୁରୀ ହେଉଛି ବେଳେବେଳେ ନିଜର ଚିନ୍ତାକୁ ସମ୍ପୂର୍ଣ୍ଣ ଭାବରେ ବିରାମ ଦେବାର କଳା ଆପଣାଇବା। ଆପଣଙ୍କୁ କିଛିଟା ଆଶ୍ଚର୍ଯ୍ୟ ଲାଗିବ କି କିପରି ମୁଁ ଚିନ୍ତାକୁ ବିରାମ ଦେବି, ଏହା କେଉଁପ୍ରକାର କଳା, କେଉଁଠୁ ପଢିବି, ଏହାକୁ କେଉଁଠୁ ଶିଖିବି ଓ ଏଥିରେ ଲାଭ ହେବ ନା ନାହିଁ। ଯଦି ଆପଣ ନିଜ ଚିନ୍ତାକୁ ବିରାମ ଦେବାର ପ୍ରକ୍ରିୟାକୁ ବୁଝିଗଲେ, ଆପଣାଇନେଲେ ତ ଆପଣଙ୍କୁ ଅସୀମ ମାନସିକ ଶାନ୍ତି ମିଳିବ ଓ ଏହା ଆପଣଙ୍କ ସ୍ଫୂର୍ତ୍ତିର ଅବ୍ୟର୍ଥ ପ୍ରକ୍ରିୟା ହେବ। ଏହା ଚିନ୍ତାକୁ ବିରାମ ଦେବାର ସିଧା, ସରଳ କାର୍ଯ୍ୟ ଯେଉଁଥି ପାଇଁ କିଛି ଖର୍ଚ୍ଚ କରିବାକୁ ପଡ଼ି ନଥାଏ। ଯଦି ଜରୁରୀ ହୁଏ ତ କେବଳ ଆପଣ ନିଜ ପାଇଁ ଭାବନ୍ତୁ। ବାସ୍ତବରେ ଏହି ଚିନ୍ତାକୁ ବିରାମ ଦେବାର କଳା ନିଶ୍ଚିତ ଭାବରେ ଆପଣଙ୍କ ମସ୍ତିଷ୍କକୁ ଶାନ୍ତି ପ୍ରଦାନ କରିବ ଓ ଆପଣଙ୍କୁ ନିଜ ଲକ୍ଷ୍ୟ ସମ୍ପର୍କରେ ଭାବିବାରେ ସହାୟତା କରିବ।

ଆପଣ ପୁରୁଷ ହୁଅନ୍ତୁ କି ମହିଳା କି ବାଳକ, ବ୍ୟବସାୟୀ ହୁଅନ୍ତୁ ଅଥବା ଉଦ୍ୟୋଗପତି କିମ୍ବା ବିଦ୍ୟାର୍ଥୀ ହୁଅନ୍ତୁ ସମସ୍ତଙ୍କର ଆଜିର ଅଶାନ୍ତ ବାତାବରଣରେ ମାନସିକ ଉତ୍ତେଜନା ରହୁଛି। ଯେଭଳି ଆମ ଦେଶରେ ପାଶ୍ଚାତ୍ୟ ସଂସ୍କୃତିର ପ୍ରସାର ହେଉଛି, ଏଥିରେ ମାନସିକ ଉତ୍ତେଜନା ଦିନକୁ ଦିନ ଅଧିକ ବଢିବାରେ ଲାଗିଛି। ମାନସିକ ଉତ୍ତେଜନା ହଟାଇବା, ମାନସିକ ଶାନ୍ତି ସ୍ଫୂର୍ତ୍ତି ପାଇବା ଲାଗି ଯଦି ଆପଣ ଚିନ୍ତାକୁ ବିରାମ ଦେବାର କଳା ଆପଣାଇ ନିଅନ୍ତି ତାହେଲେ ନିଶ୍ଚିତ ଭାବରେ ସମସ୍ତ ବର୍ଗର ବ୍ୟକ୍ତି ନିଜ ନିଜ କ୍ଷେତ୍ରରେ ଅଧିକ ଉନ୍ନତି କରିବେ। ଏହି ଦୃଷ୍ଟିକୋଣକୁ ଧ୍ୟାନରେ ରଖି ଚିନ୍ତାକୁ ବିରାମ ଦେବାର କଳାକୁ ଅଭ୍ୟାସ କରିବା ଆବଶ୍ୟକ। ଆମର ଶାସ୍ତ୍ରମାନଙ୍କରେ ଏହି କଳା ମନଯୋଗ ନିଦ୍ରା ଅଥବା ଧ୍ୟାନଚେତନା ନିଦ୍ରା ଭାବରେ ଜଣାଶୁଣା। ଚିନ୍ତାକୁ ବିରାମ ଦେବାର ଏହି କଳା ଯେକୌଣସି ସମୟରେ ଯେକୌଣସି ବ୍ୟକ୍ତି ଦ୍ୱାରା ଗ୍ରହଣ କରାଯାଇପାରେ। ଏହି କଳାକୁ ଆପଣ ଶୋଇକରି ବା ବିଛଣାରେ ପଡ଼ିରହି କିମ୍ବା ବସିରହି ଯେକୌଣସି ଭାବରେ ଆପଣାଇ ପାରିବେ।

ଏବେ ଆସନ୍ତୁ, ଆମେ ଚିନ୍ତାକୁ ବିରାମ ଦେବାର ଅଭ୍ୟାସ କରିବା ଲାଗି ପ୍ରସ୍ତୁତ ହୋଇଯିବା। ସର୍ବପ୍ରଥମେ ଆପଣ ଆରାମରେ ଶୋଇଯାଆନ୍ତୁ ଏବଂ ଯଦି ବସିବାକୁ ଇଚ୍ଛା ହେଉଛି ତେବେ ଶାନ୍ତିରେ ବସନ୍ତୁ ଓ ନିଜ ଶରୀରର ଅଙ୍ଗଗୁଡ଼ିକୁ ସିଧା ରଖନ୍ତୁ। ହାତଗୋଡ ହଲାନ୍ତୁ ନାହିଁ। ସର୍ବପ୍ରଥମେ ପରମପିତା ପରମାତ୍ମାଙ୍କୁ ଧ୍ୟାନକରି ଅଧମିନିଟ ପାଇଁ ପ୍ରାର୍ଥନା କରନ୍ତୁ କି ହେ

ଈଶ୍ୱର ମୋର ମଙ୍ଗଳ ହେଉ, ମୋର ପରିବାରର ମଙ୍ଗଳ ହେଉ ଓ ଏଥିସହିତ ସାରା ବିଶ୍ୱର ମାନବ ଜାତିର ମଙ୍ଗଳ ହେଉ । ଏହିଭଳି ଚିନ୍ତା କରିବା ଦ୍ୱାରା ଆପଣଙ୍କୁ ଶାନ୍ତି ମିଳିବ । ଆପଣ ନିଜର ସମ୍ପୂର୍ଣ୍ଣ ଶରୀରକୁ ଢିଲା କରିଦିଅନ୍ତୁ । ଏବେ ତିନିଥର ଓଁ ମହାମନ୍ତ୍ର ଜପ କରନ୍ତୁ । ଯେତେବେଳେ ଆପଣ ଓଁ ମନ୍ତ୍ର ଜପ କରିବେ କିମ୍ବା ଉଚ୍ଚାରଣ କରିବେ ସେତେବେଳେ ଧ୍ୟାନ ରଖନ୍ତୁ କି ଆପଣ ଏହି ଉଚ୍ଚାରଣ ଶୋଇରହି କିମ୍ବା ବସିରହି ଶବ୍ଦ କରି କିମ୍ବା ନିଃଶବ୍ଦରେ ଯେମିତି ଆପଣଙ୍କ ଇଚ୍ଛା ହେବ, ସଂପୂର୍ଣ୍ଣ ଭାବରେ ସମର୍ପିତ ହୋଇ ଧୀରେ ଧୀରେ କରନ୍ତୁ । ଏହା ଦ୍ୱାରା ଆପଣଙ୍କ ମାନସିକ ଉତ୍ତେଜନା କମ୍ ହୋଇଯିବ ଏବଂ ମନ ଶାନ୍ତ ହେବାକୁ ଲାଗିବ ।

ଏବେ ସମୟ ଆସିଗଲା, ଯେତେବେଳେ ଆପଣ ଏହା ଅନୁଭବ କରିବେ କି ଆପଣଙ୍କର ସମ୍ପୂର୍ଣ୍ଣ ଶରୀର ବହୁତ ଭାରୀ ହୋଇଯାଇଛି । ନିଜର ଚେତନା ଶକ୍ତିକୁ ଆପଣ ପୂରା ଶରୀରକୁ ନେଇଯାଆନ୍ତୁ କିମ୍ବା ବିଚାର କରନ୍ତୁ କି ହଁ ମୋର ଶରୀର ଏବେ ବାସ୍ତବରେ ଭାରୀ ହୋଇଯାଇଛି । ବର୍ତ୍ତମାନ ଆପଣ ଏହି ଚେତନାଶକ୍ତି ଜରିଆରେ ଅନୁଭବ କରିବେ କି ଆପଣଙ୍କର ସମ୍ପୂର୍ଣ୍ଣ ଶରୀର ପୂରା ହାଲକା ହୋଇଯାଇଛି । ଆପଣ ଶରୀରର ହାଲକା ପଣକୁ ଅନୁଭବ କରନ୍ତୁ ।

ବର୍ତ୍ତମାନ ଆପଣ କୌଣସି ଏକ ଭଲ ବିଚାର ସମ୍ପର୍କରେ ଚିନ୍ତା କରନ୍ତୁ, ଯାହା ଆପଣଙ୍କର ଇଚ୍ଛାଶକ୍ତି କିମ୍ବା ଆପଣଙ୍କର ଅଭିଳାଷ, ସେ ସମ୍ପର୍କରେ ଚିନ୍ତା କରନ୍ତୁ । ତିନି ଥର ନିଜ ମନର ଇଚ୍ଛା ସମ୍ପର୍କରେ ଭାବନ୍ତୁ ଓ ତିନିଥର ମନର ଇଚ୍ଛାକୁ ଦୋହରାନ୍ତୁ । ଆମର ଶାସ୍ତ୍ରରେ ଏକଥା ସ୍ୱୀକାର କରାଯାଇଛି କି ଚିନ୍ତାକୁ ବିରାମ ଦେବାର ଏହି କଳା ସମୟରେ ଯଦି ଆପଣ କୌଣସି ଚିନ୍ତା କରୁଥାନ୍ତି ତେବେ ସେହି ଚିନ୍ତା ଭଗବାନଙ୍କ ଅସୀମ କୃପାରୁ ଅବଶ୍ୟ ପୂରଣ ହୋଇଥାଏ ।

ବର୍ତ୍ତମାନ ଆପଣ ମନର ଚେତନ ଶକ୍ତିକୁ ଶରୀରର ବିଭିନ୍ନ ଅଙ୍ଗ ପାଖକୁ ନେଇଯାଆନ୍ତୁ । ସର୍ବପ୍ରଥମେ ଆପଣ ନିଜ ମନର ଚେତନାକୁ ବାମହାତକୁ ନେଇଯାଇ କେନ୍ଦ୍ରିତ କରନ୍ତୁ । ଏବେ ଆପଣ ବାମ ହାତର ଆଙ୍ଗୁଠିରୁ ନେଇ ଆଗ ଓ ପଛ ସବୁ ଅଙ୍ଗକୁ ଦେଖନ୍ତୁ । ଆପଣଙ୍କୁ ଆଖି ବନ୍ଦ କରିବାକୁ ହେବ । ଏବେ ଆପଣ ନିଜର ଡାହାଣ ହାତକୁ ନିଜର ଚେତନାକୁ ନେଇଯାଆନ୍ତୁ ଓ ଡାହାଣ ହାତର ଆଙ୍ଗୁଠିରୁ ଆରମ୍ଭ କରି ଉକ୍ତ ହାତର ଆଗ ଓ ପଛ ସବୁ ଅଙ୍ଗକୁ ନେଇଯାଆନ୍ତୁ ଓ ଏହାକୁ ଆଖିବନ୍ଦ କରି ଦେଖିବାକୁ ଚେଷ୍ଟା କରନ୍ତୁ । ଏବେ ଆପଣ ବାମ ପାଦ ପର୍ଯ୍ୟନ୍ତ ସମ୍ପୂର୍ଣ୍ଣ ଚେତନାକୁ ନେଇଯାଆନ୍ତୁ ଓ ପାଦର ଆଗପଛ ସବୁ ଅଙ୍ଗକୁ ଦେଖନ୍ତୁ । ଏହାପରେ ଆପଣ ଡାହାଣ ପାଦକୁ ନିଜ ଚେତନାକୁ ନେଇଯାଆନ୍ତୁ ଓ ପାଦର ଆଙ୍ଗୁଠିରୁ ଆରମ୍ଭ କରି ସବୁ ଆଙ୍ଗୁଠିକୁ ଗୋଟି ଗୋଟି କରି ଦେଖିବାକୁ ଚେଷ୍ଟା କରନ୍ତୁ । ଏହା କଲାବେଳେ ଆପଣଙ୍କୁ ଆଖି ବନ୍ଦ ରଖିବାକୁ ହେବ । ବର୍ତ୍ତମାନ ଆପଣ ନିଜର ଧ୍ୟାନ ନିଜ ଶରୀରର ବିଭିନ୍ନ ଭାଗକୁ ନେଇଯାଆନ୍ତୁ । ଆପଣ ନିଜର ଚେତନାକୁ କହୁଣୀ ପର୍ଯ୍ୟନ୍ତ, ହାତ ପର୍ଯ୍ୟନ୍ତ, ପିଠିର ବାମ ଭାଗ ପର୍ଯ୍ୟନ୍ତ ଓ ପିଠିର ଡାହାଣ ଭାଗ ପର୍ଯ୍ୟନ୍ତ ନେଇଯାଆନ୍ତୁ ।

ଏବେ ନିଜର ଉପର ଓଠ, କାନ, ନାକ ଓ ଆଖିକୁ ଧ୍ୟାନରେ ରଖନ୍ତୁ । ଆପଣ ନିଜର ଭ୍ରୂଲତାକୁ ଧ୍ୟାନ କରନ୍ତୁ । ଦୁଇ ଭ୍ରୂଲତା ମଧ୍ୟ ଭାଗରେ ଥିବା ତ୍ରିକୁଟକୁ ଧ୍ୟାନ କରନ୍ତୁ । ଦୁଇ ଭ୍ରୂଲତା ମଧ୍ୟବର୍ତ୍ତୀ ତ୍ରିକୁଟକୁ ଧ୍ୟାନ କରିବା ଦ୍ୱାରା ମନ ଏକାଗ୍ର ହୋଇଯାଏ । ସେଥିପାଇଁ ଏହାକୁ କୈଳାସ କୁହାଯାଏ । ଏବେ ଆପଣ ନିଜ ମସ୍ତିଷ୍କକୁ ଧ୍ୟାନ କରନ୍ତୁ । ଆଖି ବନ୍ଦ ରଖି ନିଜ [illegible] ବିଭିନ୍ନ ଅଙ୍ଗକୁ ଧ୍ୟାନ କରନ୍ତୁ । ପୂର୍ଣ୍ଣ ଚେତନାର ସହିତ ଅଲଗା ଅଲଗା ଅଙ୍ଗର ଧ୍ୟାନ କରନ୍ତୁ । ଯେତେବେଳେ ସମସ୍ତ ଅଙ୍ଗର ଧ୍ୟାନ ହୋଇଯିବ ସେତେବେଳେ ଶୀଘ୍ର ଶୀଘ୍ର ସବୁ ଅଙ୍ଗ ପର୍ଯ୍ୟନ୍ତ ଚେତନାକୁ ନେଇଯାଆନ୍ତୁ ଓ ସବୁ ଅଙ୍ଗକୁ ଶୀଘ୍ର ଶୀଘ୍ର ଧ୍ୟାନ କରନ୍ତୁ । ଆପଣଙ୍କର ସବୁ ଚିନ୍ତା ଏବେ ବନ୍ଦ ହୋଇଗଲା । ଏବେ ଆପଣ କୌଣସି ବି ବିଚାର ଚିନ୍ତା କରିପାରିବେ ନାହିଁ । କଳ୍ପନା କରନ୍ତୁ ଯେ ଆପଣ ଅତି ଘଞ୍ଚ ଜଙ୍ଗଲରେ ଅଛନ୍ତି । ଏହି ଜଙ୍ଗଲ କିପରି ତାହା ତ ଆପଣ ଆଖି ସାମନାରେ ଦେଖୁଛନ୍ତି । ଆଖି ବନ୍ଦ ରଖି ଆପଣ କଳ୍ପନା କରନ୍ତୁ ଯେ ଆପଣ ଏକ ଜଙ୍ଗଲରେ ଅଛନ୍ତି । ଆପଣ କାହାକୁ ଜାଣି ନାହାନ୍ତି ଓ ଏକ ଅଜଣା ଜାଗାରେ ଅଛନ୍ତି । ଆପଣଙ୍କୁ ବହୁତ ଡର ଲାଗିବ । କିଛି ସମୟ ଧୀରେ ଧୀରେ ଚାଲିବା ପରେ ଆପଣ ଅଚାନକ ନିଜ ପରିବାରର କୌଣସି ସଦସ୍ୟଙ୍କୁ ଦେଖିବାକୁ ପାଇଲେ ଓ ଆପଣଙ୍କ ମୁହଁରେ ଖୁସିର ଝଲକ ଆସିଗଲା । ଆପଣ ସେହି ପ୍ରସନ୍ନତା କିମ୍ବା ଆନନ୍ଦର କଳ୍ପନା କରନ୍ତୁ । ଆଖି ବନ୍ଦ ରଖନ୍ତୁ, କିନ୍ତୁ ଶୁଅନ୍ତୁ ନାହିଁ । ଏବେ ଆପଣ ଧୀରେ ଧୀରେ ଓଁ ଉଚ୍ଚାରଣ ସହିତ ଆଖି ଖୋଲନ୍ତୁ । ଆପଣଙ୍କର ସବୁ ଚିନ୍ତା ଏହି କଳାକୁ ଆପଣାଇ ବନ୍ଦ କରିପାରିବେ । ଆପଣଙ୍କ ଚିନ୍ତାର ସମ୍ପୂର୍ଣ୍ଣ ବିରାମ ହୋଇଗଲା ।

ମନେ ରଖନ୍ତୁ, ଯଦି ଆପଣ ଚିନ୍ତାକୁ ବନ୍ଦ କରିବାର କଳା ଶିଖିନିଅନ୍ତି ତେବେ ଆପଣଙ୍କୁ ଅସୀମ ଆନନ୍ଦ, ଅସରନ୍ତି ମାନସିକ ଶାନ୍ତି, ସର୍ବଦା ସ୍ଫୂର୍ତ୍ତିଦାୟକ ଶରୀର ଓ ଏକ ପ୍ରସନ୍ନ ମନର ପ୍ରାପ୍ତି ହୋଇଥାଏ । ଏହିସବୁକୁ ଆପଣ ପାଇପାରିବେ କେବଳ ଚିନ୍ତାକୁ ବିରାମ ଦେବାର କଳାକୁ ଅଭ୍ୟାସ କରିବା ଦ୍ୱାରା ।

ଯଦି ଆପଣ ନିଜ ଘରେ କିମ୍ବା କାର୍ଯ୍ୟାଳୟରେ ଏହି କଳାର ଅଭ୍ୟାସ କରିବାକୁ ଚାହିଁବେ ତେବେ ଏହା ବହୁତ ଭଲ ହେବ ଯେ ପରିବାରର ଅନ୍ୟ ସଦସ୍ୟ ଓ ବନ୍ଧୁମାନଙ୍କୁ ଉପରୋକ୍ତ କଳା ଅଭ୍ୟାସ କରିବାକୁ କୁହନ୍ତୁ ଓ ଆପଣ ଏହି କଳାକୁ ଆପଣାନ୍ତୁ । ଏଭଳି ମଧ୍ୟ ସମ୍ଭବ ଯେ ଆପଣ ଉପରୋକ୍ତ ବିଧିକୁ ଜୋରଦାର, ଓଜନଦାର ଶବ୍ଦ ଉଚ୍ଚାରଣ କରି ଟେପରେକର୍ଡରରେ କ୍ୟାସେଟ ରେକର୍ଡ କରିନିଅନ୍ତୁ । ଯେତେବେଳେ ଚିନ୍ତାକୁ ବିରାମ ଦେବା ଲାଗି ଆପଣଙ୍କର ଇଚ୍ଛା ହେଉଛି ସେହି ସମୟରେ ଆପଣ କ୍ୟାସେଟକୁ ବଜାନ୍ତୁ । ମାତ୍ର ଦଶମିନିଟରେ ଆପଣ ଦେଖିବେ ଯେ ଆପଣଙ୍କର ଚିନ୍ତା ପୂର୍ଣ୍ଣତଃ ଆପଣଙ୍କ ନିୟନ୍ତ୍ରଣକୁ ଆସିଯାଇଛି ଓ ମସ୍ତିଷ୍କକୁ କୌଣସି ପ୍ରକାର ଚିନ୍ତା ଆସୁନାହିଁ । ଏହି ପ୍ରଣାଳୀ, ଏହି କଳା, ଯାହାକୁ ଆମର ଶାସ୍ତ୍ର ଯୋଗନିଦ୍ରା ଅଥବା ଧ୍ୟାନ ଚେତନା ନିଦ୍ରା କହିଥାଏ, ପ୍ରତ୍ୟେକ ବର୍ଗର ଲୋକମାନଙ୍କ ପାଇଁ ବହୁତ ଲାଭଦାୟକ ଅଟେ ।

5

ଆପଣଙ୍କର ପାଞ୍ଚ ପ୍ରକୃତ ବନ୍ଧୁ

'ମିତ୍ରତା କରିବାରେ ଧୈର୍ଯ୍ୟକୁ କାମରେ ଲଗାଅ, କିନ୍ତୁ ମିତ୍ରତା କରିନେବା ପରେ ତାହାକୁ ଅଚଳ ଓ ଦୃଢ଼ତାର ସହ ନିର୍ବାହ କର।'

-ସୁକରାତ

ଯେତେବେଳେ ଜୀବନର ଲକ୍ଷ୍ୟ ପ୍ରସ୍ତୁତ କରିବା ବିଷୟ ଆଲୋଚନା ହେଉଛି, ସେତେବେଳେ ହୁଏତ ଆପଣଙ୍କ ମନରେ ଭାବନା ଆସୁଥିବ ଯେ ନିଜ ଜୀବନର ଲକ୍ଷ୍ୟ ସମ୍ପର୍କରେ ସମ୍ପୂର୍ଣ୍ଣ ଭାବରେ ଭାବିବା ପାଇଁ ନିଜର ବନ୍ଧୁମାନଙ୍କୁ ମଧ୍ୟ ସାଙ୍ଗରେ ନେବେ। ଏଭଳି ଚିନ୍ତାଧାରା କେତେକ ଲୋକଙ୍କ ମନରେ ଆସିଥାଏ ଏବଂ ବିଶେଷ କରି ଯେତେବେଳେ ଆପଣ ଛୋଟ ବଡ଼ କୌଣସି କାମ ବନ୍ଧୁମାନଙ୍କ ପରାମର୍ଶ ମାନି କରନ୍ତି ଏବଂ ଏ କ୍ଷେତ୍ରରେ ଯଦି ଏଭଳି ଚିନ୍ତା ମଧ୍ୟ ଆସୁଥାଏ କି ମୁଁ ମୋର ଜୀବନର ଲକ୍ଷ୍ୟକୁ ପୂର୍ଣ୍ଣ ରୂପରେ ଲେଖିବା ପାଇଁ ନିଜ ବନ୍ଧୁମାନଙ୍କ ପରାମର୍ଶ ନେବି, ସହାୟତା ନେବି ତେବେ ଜାଣିରଖନ୍ତୁ କି ତାହା କୌଣସି ଖରାପ କଥା ନୁହେଁ, କିନ୍ତୁ ଏଥିରେ ସମସ୍ୟା ହେଲା ଏହି ଯେ ଆଜିକାଲି ଦୁନିଆରେ ଭଲ ଓ ପ୍ରକୃତ ବନ୍ଧୁ କେତେଜଣ ଅଛନ୍ତି !

ମୋର ଏହା ବିଶ୍ୱାସ ଯେ ଏଭଳି ଧନୀ ଲୋକ ବହୁତ କମ୍ ଅଛନ୍ତି ଯାହାଙ୍କର ପ୍ରକୃତ ତଥା ଭଲ ବନ୍ଧୁ ଅଛନ୍ତି। ଆପଣଙ୍କର ବନ୍ଧୁ ତ ବହୁତ ଅଛନ୍ତି ଓ ସେମାନଙ୍କର ପରୀକ୍ଷା ଆପଣ ସେହି ସମୟରେ କରିବେ, ଯେତେବେଳେ ଆପଣ ପାର୍ଟି କରୁଥିବେ, ବନ୍ଧୁମାନଙ୍କୁ ଫୋନ କରିଦେବେ, ସମୟ କମ୍ ହୋଇଥିଲେ ବି ଆପଣଙ୍କର ବନ୍ଧୁମାନେ ବହୁ ସଂଖ୍ୟାରେ ପାର୍ଟିକୁ ଆସିଯିବେ ଏବଂ ଆପଣ ବୁଝିନେବେ ଯେ ବାସ୍ତବରେ ମୋର ବନ୍ଧୁମାନଙ୍କ ସର୍କଲ ବହୁତ ବଡ଼ ଓ ମୁଁ ମୋର ବନ୍ଧୁମାନଙ୍କ ପାଇଁ ଗର୍ବିତ। ଆପଣଙ୍କ ବାର୍ଥଡେ ହୋଇଥାଉ କି ଆପଣଙ୍କ ପିଲାମାନଙ୍କ ବାର୍ଥଡେ, ଆପଣଙ୍କ ମ୍ୟାରେଜ ଆନିଭର୍ସାରୀ ହେଉ କି ଆପଣଙ୍କ ପଦୋନ୍ନତି ଯୋଗୁ ପାର୍ଟି ହେଉ, ଯେତେବେଳେ ବି ପାର୍ଟି ହେଉ ବନ୍ଧୁବର୍ଗ ପାର୍ଟିକୁ ଆସିଯିବେ ଓ ପାର୍ଟିରେ ପୂରା ଦମ୍‌ରେ ଲାଗିଯିବେ। ଏହା ତ ଜୀବନର ସତ୍ୟତା, କିନ୍ତୁ ଏବେ ମୁଁ ନିଜର ଲକ୍ଷ୍ୟ ଓ ନିଜ ବନ୍ଧୁମାନଙ୍କ ଲକ୍ଷ୍ୟ ସମ୍ପର୍କରେ

ଆଲୋଚନା କରୁଛି। ଗତ ଦେଢବର୍ଷ ମଧ୍ୟରେ ମୁଁ ବ୍ୟକ୍ତିଗତ ଭାବରେ ଭାରତର ବିଭିନ୍ନ ସହରରେ ଏକରୁ ଦେଢ ଲକ୍ଷ ପାଖାପାଖି ଲୋକଙ୍କୁ ଭେଟିଛି। ଆଲୋଚନା ହୋଇଛି, କଥାବାର୍ତ୍ତା ହୋଇଛି, ସେମାନଙ୍କ ମନର କଥା ଶୁଣିଛି ଏବଂ ଶେଷରେ ମୁଁ ସବୁ ଲୋକଙ୍କୁ ଗୋଟିଏ ପ୍ରଶ୍ନ କରିଛି, କ'ଣ ସେମାନେ ନିଜର ୫ଜଣ ବନ୍ଧୁଙ୍କ ନାଁ କାଗଜରେ ଲେଖିପାରିବେ। ଆଗକୁ ଆଲୋଚନା ଜାରି ରହିବ, ତାହା ପୂର୍ବରୁ ମୁଁ ଆପଣଙ୍କୁ ନିଜର ପାଠକମାନଙ୍କୁ ମଧ୍ୟ ପଚାରିବାକୁ ଚାହେଁ କି କ'ଣ ଆପଣ ସାଦା କାଗଜରେ ନିଜର ୫ଜଣ ବନ୍ଧୁଙ୍କର ନାଁ ଲେଖିପାରିବେ। ଆପଣଙ୍କର ଉତ୍ତର ନିଶ୍ଚିତ ଭାବରେ ହଁ ହେବ, କାରଣ ଆପଣଙ୍କୁ ମଧ୍ୟ ଅନ୍ୟ ଲୋକମାନଙ୍କ ଭଳି ନିଜ ବନ୍ଧୁମାନଙ୍କ ଉପରେ ବିଶ୍ୱାସ ରହିଛି ଓ ଗର୍ବ ମଧ୍ୟ ରହିଛି। ସେଥିପାଇଁ ଆପଣ ଭାବୁଥିବେ ଯେ ମୁଁ ମଧ୍ୟ ତୁରନ୍ତ ମୋର ପାଞ୍ଚ ବନ୍ଧୁଙ୍କର ନାଁ ଲେଖି ଲେଖକଙ୍କ ପାଖକୁ ପଠାଇଦେବି।

ଟିକିଏ ରୁହନ୍ତୁ ମହାଶୟ, ମୋ କଥା ଶେଷ ହେବାକୁ ଦିଅନ୍ତୁ। ଯେତେବେଳେ ମୁଁ ଭେଟୁଥିବା ଲୋକମାନଙ୍କୁ ପାଞ୍ଚଜଣ ବନ୍ଧୁଙ୍କ ନାମ ଲେଖିବାକୁ ଦିଏ କିମ୍ବା ନିଜର ସେମିନାରକୁ ଆସିଥିବା ଲୋକମାନଙ୍କୁ କହେ, ସେତେବେଳେ ଅଧ ମିନିଟରୁ କମ୍ ସମୟ ମଧ୍ୟରେ ବହୁତ ଲୋକ ଅର୍ଥାତ୍ ୯୦ ରୁ ୯୫ ପ୍ରତିଶତ ଲୋକ ହାତ ଟେକନ୍ତି ଏହା କରିବା ପାଇଁ ଯେ ଆମ ପାଖରେ ପାଞ୍ଚ ବନ୍ଧୁ କ'ଣ ପାଞ୍ଚ ଶହ ବନ୍ଧୁଙ୍କର ନାଁ ରହିଛି। ଏଥିରେ ଆପଣ ଭାବୁଥିବେ କେତେ ଖୁସିର କଥା ସାରା ଭାରତରେ କାଶ୍ମୀରଠାରୁ କନ୍ୟାକୁମାରୀ ପର୍ଯ୍ୟନ୍ତ ସବୁସ୍ଥାନରେ ଏଭଳି ଲୋକ ରହିଛନ୍ତି ଯେଉଁମାନଙ୍କର ନିଜ ବନ୍ଧୁମାନଙ୍କ ପାଇଁ ଗର୍ବ ରହିଛି, ଯେଉଁମାନଙ୍କର ନିଜ ବନ୍ଧୁଙ୍କ ଉପରେ ବିଶ୍ୱାସ ରହିଛି, ଏଥିପାଇଁ ସେହି ଲୋକମାନେ ନିଜ ବନ୍ଧୁମାନଙ୍କ ନାଁ କାଗଜରେ ଲେଖିଦେବାକୁ ପ୍ରସ୍ତୁତ।

ମୁଁ ଆପଣମାନଙ୍କୁ ଏହା ମଧ୍ୟ ଜଣାଉଛି ଯେ ଗତ ବର୍ଷେ ଦେଢ ବର୍ଷ ମଧ୍ୟରେ ସାରା ଭାରତରେ ମୁଁ ଯେଉଁ ଲକ୍ଷେ ଦେଢ ଲକ୍ଷ ଲୋକଙ୍କୁ ଟିଭି ଶୋ', ସେମିନାର, ଟ୍ରେନ କିମ୍ବା ବିମାନ ଯାତ୍ରା ସମୟରେ ଭେଟିଛି, ମୁଁ ସେମାନଙ୍କଠାରୁ ଏହି ପ୍ରଶ୍ନର ଉତ୍ତର ପାଇବାକୁ ଚେଷ୍ଟା କରିଛି। ଯେତେବେଳେ ସେମାନଙ୍କୁ ନିଜର ପାଞ୍ଚ ବନ୍ଧୁଙ୍କର ନାମ ଲେଖିବାକୁ କିମ୍ବା କହିବାକୁ କୁହାଯାଏ, ଯେଉଁମାନଙ୍କ ନାମ ସହ ସେମାନେ ନିଜ ଜୀବନର, ନିଜ ମନର ସବୁ କଥା ସମ୍ପର୍କରେ କଥା ହୋଇପାରିବେ, ସେତେବେଳେ ଅଧିକାଂଶ ଲୋକଙ୍କର ଉତ୍ତର ନା ଆସିଥାଏ, ଅର୍ଥାତ୍ ଅଧିକାଂଶ ଲୋକଙ୍କ ପାଖରେ ପୂରା ଜୀବନରେ ପାଞ୍ଚ ଜଣ ବନ୍ଧୁଙ୍କର ନାଁ ହିଁ ନଥାଏ, ଯାହାଙ୍କୁ ସେମାନେ ନିଜର ମନକଥା କହିପାରିବେ। ତେଣୁ ଯେତେବେଳେ ଆପଣ ନିଜ ଜୀବନରେ ଏହା ପାଉଛନ୍ତି ଯେ, ଆମ ପାଖରେ ପ୍ରକୃତ ଓ ଭଲ ବନ୍ଧୁ ନାହାନ୍ତି ଏବଂ ମାତ୍ର ୫ଜଣ ଏଭଳି ବନ୍ଧୁ ମଧ୍ୟ ନାହାନ୍ତି ତାହା ହେଲେ ଆମେ ଲକ୍ଷ୍ୟ ସମ୍ପର୍କରେ ଆଲୋଚନା କଲାବେଳେ ଏହା ମାନିନେବାକୁ ପଡ଼ିବ ଯେ ଆମର ନିଜର ଲକ୍ଷ୍ୟ , ନିଜର ଜୀବନ ଓ ଆମର ନିଜର ବିକାଶ ପାଇଁ ସେହି ପାଞ୍ଚ ବନ୍ଧୁ କାମରେ ଆସିବେ ନାହିଁ। ଏହା ଜୀବନର କଟୁ ସତ୍ୟ ଅଟେ। ତେଣୁ ଏହି ସତ୍ୟକୁ ଧ୍ୟାନରେ ରଖି ଆପଣଙ୍କୁ ନିଜ ଜୀବନର ଲକ୍ଷ୍ୟ ପ୍ରସ୍ତୁତ କରିବାକୁ ହେବ।

ଅନେକ ଥର ଆମର ବନ୍ଧୁ, ଆମକୁ ଭେଟୁଥିବା ଲୋକ, ଆମ ସେମିନାରକୁ ଆସୁଥିବା ବ୍ୟକ୍ତି ଏହା ମଧ୍ୟ ଭାବିଥାନ୍ତି ଓ ସ୍ପଷ୍ଟ ଭାବରେ କହିଥାନ୍ତି ମଧ୍ୟ, ମହାଶୟ, ମୁଁ ତ ଏତେ ପଇସାବାଲା ନୁହେଁ, ମୋର ପାଞ୍ଚ ଜଣ ଉତ୍ତମ ବନ୍ଧୁ ଭଲରେ ହୋଇନାହାନ୍ତି, କିନ୍ତୁ ଯେଉଁ ବ୍ୟକ୍ତି ଅରବପତି, କୋଟିପତି, ପଇସାବାଲା, ସେମାନଙ୍କର ତ ପାଞ୍ଚ କ'ଣ ପାଞ୍ଚଶହ ବନ୍ଧୁ ହୋଇଥିବେ ? ଏଭଳି ଚିନ୍ତାଧାରା ଶୁଣି ମୁଁ ମନନ ଚିନ୍ତନ କରିଥାଏ କି ଏଭଳି ଚିନ୍ତାଧାରା କ'ଣ ଠିକ୍ ନା ନାହିଁ। ଅନେକ ଥର ମୋ ମନରେ ମଧ୍ୟ ଉତ୍ସୁକତା ସୃଷ୍ଟି ହୋଇଥାଏ କି ବୋଧହୁଏ ଯେଉଁମାନେ ପଇସାବାଲା, ସେମାନଙ୍କର ବନ୍ଧୁ କମ୍ ନଥିବେ। କାରଣ ପଇସାବାଲା ଲୋକଙ୍କର ବହୁତ ଅଧିକ ବନ୍ଧୁ ରହିବେ। ଆମ ପାଖରେ ଯେତେ ଅଧିକ ପଇସା ହେବ, ସେତେ ଅଧିକ ଆମେ ବନ୍ଧୁଙ୍କ ପଛରେ ଖର୍ଚ୍ଚ କରିପାରିବା ଏବଂ ଏହିପରି ଭାବରେ ଆମର ପ୍ରକୃତ ତଥା ଉତ୍ତମ ବନ୍ଧୁ ଅନେକ ରହିବେ। ଏଭଳି ଭାବନା ମୋ ବିଚାରରେ ଆପଣଙ୍କର ମଧ୍ୟ ହେଉଥିବ, କିନ୍ତୁ ବଡ଼ ଦୁଃଖର କଥା ଏହା ଯେ, ଯେତେବେଳେ ମୁଁ ସେହି ଲକ୍ଷାଧିକ ଲୋକଙ୍କୁ ପଚାରେ, ସେମାନଙ୍କ ମଧ୍ୟରେ ହଜାର ହଜାର ବହୁତ ପଇସାବାଲା ଥାଆନ୍ତି। ସେମାନଙ୍କ ସମ୍ପର୍କରେ ମୋର ମଧ୍ୟ ଏହି ଧାରଣା ଥିଲା ଯେ, ଏଭଳି ଲୋକମାନେ ଯେଉଁମାନଙ୍କର ରୋଜଗାର କୋଟି କୋଟି ଟଙ୍କା, ସେମାନଙ୍କ ଲାଗି ବନ୍ଧୁମାନଙ୍କର ତାଲିକା ପ୍ରସ୍ତୁତ କରିବା କିଛି କଷ୍ଟ କାମ ନୁହେଁ, କୌଣସି ବ୍ୟସ୍ତ ବିବ୍ରତ ହେବାର କଥା ନୁହେଁ, କିନ୍ତୁ ସେଭଳି ବ୍ୟକ୍ତି ମଧ୍ୟ ଏହି କଥା ଉପରେ ସହମତ ହୋଇଥାନ୍ତି ଯେ, ସେମାନେ ନିଜର ପାଞ୍ଚଜଣ ବନ୍ଧୁଙ୍କର ନାଁ କହିପାରିବେ ନାହିଁ, ଯେଉଁମାନଙ୍କ ସହିତ ସେମାନେ ସବୁ କଥା ହୋଇପାରିବେ ଏବଂ ଏହି କଥା କେବଳ ପୁରୁଷ ହିଁ ନୁହନ୍ତି, ବରଂ ମହିଳାମାନଙ୍କ ପାଇଁ ମଧ୍ୟ ପ୍ରଯୁଜ୍ୟ। ମହିଳାମାନେ ଯେକୌଣସି ପାର୍ଟିର ସଦସ୍ୟ ହୋଇଥାନ୍ତୁ ନା କାହିଁକି, ଗୋଟିଏ ନୁହେଁ ଏକାଧିକ କିଟି ପାର୍ଟିକୁ ଯାଉଥିବା ମହିଳାମାନଙ୍କ ସହିତ ଯେତେବେଳେ ବିସ୍ତୃତ ଭାବରେ ଚର୍ଚ୍ଚା ହୁଏ, ସେତେବେଳେ ସେମାନେ ଲୋତକଭରା ଆଖିରେ ଏହି କଥାକୁ ଦୋହରାଇଥାନ୍ତି ଯେ ସେମାନେ ପାଞ୍ଚଜଣ ବାନ୍ଧବୀ କିମ୍ବା ବନ୍ଧୁଙ୍କର ନାମ ଲେଖିପାରିବେ ନାହିଁ। ଏହା ଜୀବନର କଟୁ ସତ୍ୟ ଅଟେ ଏବଂ ସମୟ ଆସିଲେ ହିଁ ଆପଣ ଏହି କଥାକୁ ଅନୁଭବ ତଥା ହୃଦବୋଧ କରିପାରିବେ।

ଏବେ ପ୍ରଶ୍ନ ହେଉଛି ଏହି କଥାରୁ, ଏହି ବାସ୍ତବତାରୁ ଆମେ କ'ଣ ଶିକ୍ଷାକଲେ। ଶିକ୍ଷା ଗ୍ରହଣ କରିବାର କଥା ତ ଏହା ଯେ, ଯେତେବେଳେ ଆପଣ ନିଜ ଜୀବନରେ ପାଞ୍ଚ ଜଣ ବନ୍ଧୁଙ୍କ ନାମ ମଧ୍ୟ ଲେଖିପାରୁ ନାହାନ୍ତି, ଯାହାଙ୍କ ସହିତ ହୃଦୟର ସବୁ କଥା ଆଲୋଚନା କରିପାରିବେ, ତାହେଲେ ଏଭଳି ସ୍ଥିତିରେ ନିଜ ଜୀବନର ଲକ୍ଷ୍ୟ ସମ୍ପର୍କରେ ଓ ଲକ୍ଷ୍ୟ ନିର୍ଦ୍ଧାରଣ ବିଷୟରେ ଆପଣ କିଭଳି ବନ୍ଧୁଙ୍କ ସହ ଆଲୋଚନା କରିବେ। ନିଷ୍କର୍ଷ ହେଲା ଏଇଆ ଯେ, ବନ୍ଧୁମାନଙ୍କର ଦୁନିଆକୁ ଆମୋଦ-ପ୍ରମୋଦରେ ସୀମିତ ରହିବାକୁ ଦିଅ। ଯଦି କେବଳ ଜୀବନର ଲକ୍ଷ୍ୟ ବିଷୟରେ ଚର୍ଚ୍ଚା କରୁଛନ୍ତି ତେବେ ଏଥିରେ କେବଳ ନିଜର ବିଚାରକୁ, ନିଜ ବୁଦ୍ଧିକୁ, ନିଜର ମନକୁ କାମରେ ଲଗାନ୍ତୁ ଓ ନିଜ ଲକ୍ଷ୍ୟକୁ ଲେଖି ନିଅନ୍ତୁ।

ମୋର ଏହା ବିଶ୍ୱାସ ଯେ, ନିଜର ଲକ୍ଷ୍ୟକୁ ବନ୍ଧୁମାନଙ୍କ ମଧ୍ୟରେ ଚର୍ଚ୍ଚା କରିବା ଦ୍ୱାରା ବିଶେଷ କିଛି ଲାଭ ହେବାର ନଥାଏ। ହଁ, ଆପଣଙ୍କର ଯଦି ଜଣେ କିମ୍ବା ଦୁଇ ଜଣ ପ୍ରକୃତ ଉତ୍ତମ ବାସ୍ତବିକ ବନ୍ଧୁ ଆପଣଙ୍କ ଜୀବନରେ ମିଳିଯାଆନ୍ତି, ତେବେ ଆପଣ ସେମାନଙ୍କ ସହ ମନର ଲକ୍ଷ୍ୟ ସମ୍ପର୍କରେ ଆଲୋଚନା କରିପାରନ୍ତ। ସାଧାରଣତଃ ଯେତେବେଳେ ଲକ୍ଷ୍ୟ କଥା ଉଠୁଛି ଓ ଏ ନେଇ ବନ୍ଧୁବର୍ଗଙ୍କ ସହ ଆଲୋଚନା କରିବାକୁ ଚାହୁଁଛନ୍ତି, ତାହେଲେ ଆପଣ ଅନେକ ଥର ବନ୍ଧୁମାନଙ୍କ ପରିହାସର ସମ୍ମୁଖୀନ ହୋଇପାରନ୍ତି। ସେଥିପାଇଁ ଏହା ଭଲ ହେବ ନିଜର ମସ୍ତିଷ୍କକୁ ନେଇ ନିଜ ଅବସ୍ଥାକୁ ଦେଖି ଏବଂ ନିଜର ତୀବ୍ର ଇଚ୍ଛାକୁ ଧ୍ୟାନରେ ରଖି ନିଜର ଲକ୍ଷ୍ୟ ନିର୍ଦ୍ଧାରଣ କରନ୍ତୁ, ତା ହେଲେ ଆପଣ ସଫଳତା ପାଇବେ। ବନ୍ଧୁମାନଙ୍କ ସମ୍ପର୍କରେ ଉପରୋକ୍ତ ଯେଉଁ ସବୁ କଥା ଆମେ ଲେଖିଲେ ତାହା ହୁଏତ କିଛି ପାଠକଙ୍କ ପାଇଁ ଗ୍ରହଣୀୟ ହୋଇ ନପାରେ। ମୋ କଥାରେ ସେମାନେ ସହମତ ହୋଇ ନପାରନ୍ତି । ବିଶେଷ ଭାବରେ ସେହିଭଳି ବ୍ୟକ୍ତି ଯେଉଁମାନେ ବନ୍ଧୁମାନଙ୍କ ପ୍ରତି ଅତ୍ୟନ୍ତ ପ୍ରସନ୍ନ କାରଣ ସେମାନଙ୍କୁ ଲାଗିଥାଏ କି ସେମାନଙ୍କ ବନ୍ଧୁ ସେମାନଙ୍କ ପାଇଁ ଜୀବନ ଦେବାକୁ ପ୍ରସ୍ତୁତ । ସେମାନେ ଅନୁଭବ କରନ୍ତି, ଯେତେବେଳେ ଅଳ୍ପ ସମୟରେ ବନ୍ଧୁମାନଙ୍କୁ ଡାକିଦେଲେ, ଏସଏମଏସରେ ଛୋଟ ଆମନ୍ତ୍ରଣ କରିଦେଲେ କି ମୋର ବନ୍ଧୁ ରାତ୍ରିଭୋଜନ ପାଇଁ ଆସନ୍ତୁ, ତେବେ ବନ୍ଧୁ ତତ୍‌କ୍ଷଣାତ୍ ଆସିଯାନ୍ତି। ଏହାଦ୍ୱାରା ଆପଣ ଅନୁଭବ କରିବାରେ ଲାଗନ୍ତି, ବାଃ ! ମୋ ପାଖରେ ସମୟ କମ୍ ଥିଲା, ମୁଁ ଫୋନ ମଧ୍ୟ କରି ନଥିଲି, କେବଳ ଏସଏମଏସ କରିଥିଲି କି ଆଜି ରାତ୍ରିଭୋଜନ ସମୟରେ ଏହି ହୋଟେଲକୁ ଆସିଯାଅ ଆଉ ତୁମେ ଚାଲିଆସିଲ। ଭାଇ ବହୁତ ଭଲ। ମୋର ବନ୍ଧୁମାନଙ୍କ ଉଦାହରଣ କିଛି ଭିନ୍ନ ଅଟେ । ଏଭଳି ଚିନ୍ତାଧାରା ଆପଣଙ୍କ ମନକୁ ଆସୁଥିବ, ଆପଣ ଏଭଳି କଥା ଅନୁଭବ କରୁଥିବେ। ଏହା ନୁହେଁ, ଏଭଳି କିଛି ଲୋକ ମଧ୍ୟ ଅଛନ୍ତି ଯେଉଁମାନେ ବନ୍ଧୁଙ୍କୁ ନିମନ୍ତ୍ରଣ ଦେଇଥାନ୍ତି, ମନେ କରନ୍ତୁ ସେମାନେ ୨୦ ଜଣଙ୍କୁ ଏସଏମଏସ ମାଧ୍ୟମରେ ନିମନ୍ତ୍ରଣ ପଠାଇଲେ କି ଆଜି ରାତି ୮ଟା ବେଳେ ଅମୁକ ହୋଟେଲରେ ଡ୍ରିଙ୍କ ଓ ଡ୍ୟାନ୍ସ ପାର୍ଟି ଅଛି, ଆପଣଙ୍କର ଆସିବା ଜରୁରୀ। ଆପଣ ଏହି ନିମନ୍ତ୍ରଣ ୨୦ ଜଣଙ୍କ ପାଖକୁ ପଠାଇଲେ ଓ ଭାବିଲେ କମ୍ ସମୟ ଥିବାରୁ ହୁଏତ ୧୫-୧୬ ଜଣ ବନ୍ଧୁ ତ ଆସିଯିବେ । ଯେତେବେଳେ ଆପଣ ରାତି ସମୟରେ ହୋଟେଲରେ ପହଞ୍ଚିବେ, ଯେଉଁଠି ଡ୍ରିଙ୍କ ଓ ଡ୍ୟାନ୍ସ କାର୍ଯ୍ୟକ୍ରମ ହେବାର ଅଛି ତ ଆପଣ ଦେଖିବାକୁ ପାଇବେ ୨୦ ବନ୍ଧୁଙ୍କ ସ୍ଥାନରେ ସେଠାରେ ୨୫ କିମ୍ବା ୩୦ ଜଣ ବନ୍ଧୁ ଆସିଥିବେ।

ଆପଣଙ୍କୁ ଆଶ୍ଚର୍ଯ୍ୟ ଲାଗିବ ଓ ମନେ ମନେ ଖୁସି ବି ହେବେ, ବାଃ ! ମୋର ବନ୍ଧୁ ସର୍କଲ ବହୁତ ବଡ। ଆପଣ ମନରେ ଭାବୁଥିବେ, ଦେଖ ମୁଁ ୨୦ ଲୋକଙ୍କୁ ଆମନ୍ତ୍ରଣ କରିଥିଲି ୩୦ ଜଣ ଆସିଗଲେ ! ଆଉ କିଛି ବନ୍ଧୁ ତ ଏହା ମଧ୍ୟ କହିଥାନ୍ତି କି ଆରେ ବନ୍ଧୁ, ତୁମେ ଆଜି ମୋ ପାଖକୁ ନିମନ୍ତ୍ରଣ ପତ୍ର ପଠାଇ ନଥିଲ, କିନ୍ତୁ ଅନ୍ୟ ବନ୍ଧୁଠାରୁ ମୁଁ ଜାଣିବାକୁ ପାଇଲି ତ

ଆସିଗଲି... କୌଣସି ଔପଚାରିକତାର କଥା ନାହିଁ। ଏହାଦ୍ୱାରା ପାର୍ଟିରେ ଆପଣଙ୍କ ଛାତି ଫୁଲି ଉଠିବ। ଆପଣ ତ ଅନୁଭବ କରିନେବେ କି ଏହି ସମସ୍ତ ବନ୍ଧୁ ଆପଣଙ୍କ ଆୟୋଜନକୁ ସଫଳ କରିବା ଲାଗି ଆସିଛନ୍ତି। ସତ୍ୟ 'ଏହା ଯେ, ଆମୋଦପ୍ରମୋଦ, ଭ୍ରମଣରେ ଯିବା, ମଉଜମସ୍ତି ଆଦି ପାଇଁ ବନ୍ଧୁମାନଙ୍କର ବାରାତ ସବୁବେଳେ ପ୍ରସ୍ତୁତ ରହିଥାଏ। ଜୀବନର ଯେଉଁ ମୋଡରେ ଆପଣ ଅସୁବିଧାର ସମ୍ମୁଖୀନ ହେଉଛନ୍ତି, ସେହି ସମୟରେ ପ୍ରକୃତ ଉତ୍ତମ ବନ୍ଧୁ କେତେଜଣ ରହୁଛନ୍ତି, ଏହା ତ ସମୟ ହିଁ କହିବ। ତେଣୁ ମୋର ଏହା ବିଶ୍ୱାସ ଯେ, ଆମ ଜୀବନରେ ବନ୍ଧୁମାନଙ୍କ ସଂଖ୍ୟା ଆଦୌ କମ ନୁହେଁ ଏବଂ ବନ୍ଧୁମାନଙ୍କର ବନ୍ଧୁତା ବହୁତ ମଜା ଲାଗିଥାଏ, କିନ୍ତୁ ଏହି ସମୟରେ ବିଚାର କରିବା ଯୋଗ୍ୟ କଥା ଏହି କି, କ'ଣ ଆପଣଙ୍କର ବନ୍ଧୁବର୍ଗ ଆପଣଙ୍କ ଜୀବନର ଲକ୍ଷ୍ୟ ନିର୍ଦ୍ଧାରଣ କରିବାରେ ସହାୟତା କରିବେ, ସହଯୋଗ ଦେବେ ନା ନାହିଁ। ଏହି କଥାକୁ ଭଲଭାବେ ମନେ କରନ୍ତୁ, ଚିନ୍ତନ କରନ୍ତୁ, ବିଚାର କରନ୍ତୁ ଆଉ ଆପଣ ପାଇବେ କି ଜୀବନର ଲକ୍ଷ୍ୟ ନିର୍ଦ୍ଧାରଣ କରିବାରେ ଆପଣଙ୍କର ବନ୍ଧୁବର୍ଗଙ୍କ ଠାରୁ କୌଣସି ବି ସହଯୋଗ ମିଳିବ ନାହିଁ।

ମୋର କଥା ଭଲ ଲାଗୁ ନଥିବ, କଟୁ ଲାଗୁଥିବ, କିନ୍ତୁ ଏହା ସତ୍ୟ ଏବଂ ଅନୁଭୂତିର କଥା ଯାହାକୁ ମୁଁ ହଜାର ହଜାର ଲୋକଙ୍କର ବ୍ୟକ୍ତିଗତ ଅନୁଭବର ଆଧାରରୁ ସାରାଂଶ ପାଇଛି। ଏପରି ସ୍ଥଳେ କେବଳ ଗୋଟିଏ କଥା ଚିନ୍ତା କର ଏବଂ ତାହା ହେଲା ମୁଁ ମୋ ଜୀବନର ଲକ୍ଷ୍ୟ ନିଜେ ନିଜେ ନିର୍ଦ୍ଧାରଣ କରିବି। ବନ୍ଧୁ ମୋର ଲକ୍ଷ୍ୟର ନିର୍ଣ୍ଣୟ ନେବେ ନାହିଁ। ବରଂ ହୋଇପାରେ ତ ଏପରି ବ୍ୟକ୍ତି ହୁଅନ୍ତୁ କି ଆପଣଙ୍କ ପାଖରେ ପାଞ୍ଚଜଣ ବନ୍ଧୁଙ୍କ ତାଲିକା ନଥାଉ ଯାହାଙ୍କ ସହିତ ଭଲ ଭାବରେ ଆପଣ ନିଜ ହୃଦୟର କଥା କହିପାରିବେ । ହଁ, ଏଭଳି ବନ୍ଧୁ କରନ୍ତୁ, ଯିଏ ଆପଣଙ୍କୁ ନିଜର ଭାବି ନିଜ ହୃଦୟର କଥା ଆପଣଙ୍କୁ କହିପାରିବେ ଓ ଆପଣ ପ୍ରକୃତ ଉତ୍ତମ ସହାୟତା କରିପାରିବେ। ଯଦି ଆପଣ ଏବଂ ଆମେ ଏହିଭଳି ସଫଳ ହୋଇଯିବା କି ଆମର ବନ୍ଧୁ ନିଜର ପାଞ୍ଚ ବନ୍ଧୁଙ୍କ ଲିଷ୍ଟ ପ୍ରସ୍ତୁତ କରିବାରେ ଆମ ଉପରେ ନଜର ପକାଇବ ଏବଂ ଆମେ ବନ୍ଧୁଙ୍କର ସେହି ତାଲିକାରେ ସାମିଲ ହୋଇପାରିବା ଯିଏ ବନ୍ଧୁମାନଙ୍କର ତାଲିକା ପ୍ରସ୍ତୁତ କରୁଥିବେ, ଯାହା ଉପରେ ତାଙ୍କର ଗର୍ବ ହେଉଥିବ, ଯାହା ଉପରେ ତାଙ୍କର ଭରସା ହେଉଥିବ କି ସେ ହୃଦୟର କଥା କହିପାରିବେ। ତେଣୁ ଯଦି ମୋ କଥା ମାନନ୍ତି ତ ଆପଣ ନିଜର ଲକ୍ଷ୍ୟ ନିଜେ ପ୍ରସ୍ତୁତ କରିବେ। ଭାବନ୍ତୁ, ମନନ କରନ୍ତୁ, ଆପଣଙ୍କ ଲକ୍ଷ୍ୟକୁ ଲେଖିନିଅନ୍ତୁ, ପୁନର୍ବାର ଲେଖନ୍ତୁ ଓ ସେଗୁଡିକୁ କ୍ରିୟାନ୍ୱିତ କରିଦିଅନ୍ତୁ।

୪

ବିରକ୍ତି ଭାବ ହଟାନ୍ତୁ, ଲକ୍ଷ୍ୟ ପ୍ରାପ୍ତ ହୁଅନ୍ତୁ

'ଯେଉଁ ବ୍ୟକ୍ତି ବିରକ୍ତି ପ୍ରକାଶ କରେ, ବାସ୍ତବରେ ତାଙ୍କଠାରେ କ୍ଷମତା କମ୍ ହୋଇଥାଏ ଓ ପ୍ରାୟତଃ ସେ ପରାଜିତ ହୁଅନ୍ତି ।'

ନିଜର ବିରକ୍ତି ଭାବକୁ ହଟାନ୍ତୁ ଓ ଜୀବନ ଜିଅନ୍ତୁ, ଏହା ଆପଣଙ୍କର ଲକ୍ଷ୍ୟ ହେବା ଉଚିତ । ବହୁତ ସମୟରେ ଦେଖାଯାଇଥାଏ, ପରିବାରର ଅନ୍ୟ ସଦସ୍ୟମାନଙ୍କ ଆଗରେ ଆପଣ କୌଣସି କଥା ହେଉଥିଲାବେଳେ ତାହା ବିରକ୍ତି ଭାବରେ ଭରି ରହିଥାଏ । ସେହିପରି ନିଜ କାର୍ଯ୍ୟାଳୟରେ ମଧ୍ୟ ଆପଣ ନିଜର ବନ୍ଧୁମାନଙ୍କ ସହ କଥାବାର୍ତ୍ତା କରୁଥିଲାବେଳେ ମଧ୍ୟ ବିରକ୍ତି ଭାବ ପ୍ରକାଶ କରନ୍ତି । ଦୟାକରି ଧ୍ୟାନ ଦିଅନ୍ତୁ ଯେ ଏଭଳି ବିରକ୍ତି ଭାବ ରଖି ଯଦି ଆପଣ ନିଜର ଦୈନନ୍ଦିନ କାର୍ଯ୍ୟ କରିଚାଲନ୍ତି, ତେବେ ଆପଣ ଜୀବନରେ ଲକ୍ଷ୍ୟ ପର୍ଯ୍ୟନ୍ତ ପହଞ୍ଚିପାରିବେ ନାହିଁ । ଏହା ବାସ୍ତବରେ ଅନୁଭବର କଥା ଯେ ନିଜର ଲକ୍ଷ୍ୟକୁ ପ୍ରଭାବଶାଳୀ ପ୍ରମାଣିତ କରିବା ପ୍ରକ୍ରିୟାରେ ଆପଣଙ୍କର ବିରକ୍ତି ଭାବ ଏକ ବଡ ପ୍ରତିବନ୍ଧକ ହୋଇପାରେ । ତେଣୁ ବହୁ ସ୍ପଷ୍ଟ ଭାବରେ ଏହି କଥାକୁ ବୁଝିନିଅନ୍ତୁ ଓ ମନରେ ରଖନ୍ତୁ ଯେ ଆମେ ଜୀବନର କୌଣସି ବି ମୁହୂର୍ତ୍ତରେ ବିରକ୍ତି ଭାବ ସହିତ କଥା ହେବା ନାହିଁ । ଯଦି ଆପଣ ଏହା ଭାବିନିଅନ୍ତି ଓ ମନେରଖନ୍ତି ଏହି ବିଚାରବିନ୍ଦୁରେ ତ ନିଶ୍ଚିତ ଭାବରେ ଆପଣଙ୍କୁ ନିଜ ଲକ୍ଷ୍ୟର ନିକଟତର ହେବାରେ ଯଥେଷ୍ଟ ସହାୟକ ହେବ ।

ବିଗତ ଦିନରେ ଜଣେ ଏଭଳି ବ୍ୟକ୍ତିଙ୍କ ସହିତ ମୋର ଦେଖାସାକ୍ଷାତ ହୋଇଥିଲା ଯିଏ କି ସକାଳ ନଅଟା ବେଳେ ଅଫିସ ବାହାରି ଯାଆନ୍ତି । ଆଉ ନିଶ୍ଚିତ ଭାବରେ ଯେତେବେଳେ ଆପଣ ଘରୁ ନଅଟା ବେଳେ ବାହାରିବେ ତାହେଲେ ଧାଁ ଦୌଡ ତ କରିବାକୁ ପଡିବ । ସେଥିପାଇଁ ଉକ୍ତ ବ୍ୟକ୍ତି ଅଫିସ ବାହାରିବା ପୂର୍ବରୁ ସମ୍ପୂର୍ଣ୍ଣ ମାନସିକ ଉତ୍ତେଜନାରେ ରହୁଥିଲେ ଓ ନିଜର ବିରକ୍ତିଭାବ ପରିବାରର ଅନ୍ୟ ସଦସ୍ୟମାନଙ୍କ ପ୍ରତି ପ୍ରକାଶ କରୁଥିଲେ । ଏକଥା ଆମେ ଜାଣିବାକୁ ପାଇଲୁ ଯେ ସକାଳ ଠିକ୍ ନଅଟା ବେଳେ ତାଙ୍କୁ କାର୍ଯ୍ୟାଳୟକୁ ବାହାରିବାକୁ ହେବ ଆଉ ସେ ମହାଶୟ ସକାଳ ସାଢେ ଆଠଟାରେ ନିଦରୁ ଉଠନ୍ତି । ଏହାପରେ ବହୁତ ତରବର ହୋଇ ନିଜର

ନିତ୍ୟକର୍ମ ଶେଷ କରିବା ପରେ ପ୍ରାତଃ ଭୋଜନ ପାଇଁ ଟେବୁଲକୁ ୯ଟା ବାଜିବାର ଦଶମିନିଟ ପୂର୍ବରୁ ଆସନ୍ତି ଏବଂ ସେହି ସମୟରେ ତାଙ୍କର ଚିଡିଚିଡାପଣ ପୁଣି ଆରମ୍ଭ ହୋଇଯାଏ । ସେ ସବୁବେଳେ ନିଜ ଚାକରଙ୍କୁ, ନିଜ ପତ୍ନୀଙ୍କୁ ବିରକ୍ତିର ସହ କଥା ହୋଇଥାନ୍ତି । ତାଙ୍କର ବିରକ୍ତି ଭାବ ଏତେ ବଢିଯାଇଥିଲା ଯେ ସେ ଶାନ୍ତିରେ ନିଜର ଦୈନିକ ପ୍ରାତଃଭୋଜନ କରିପାରୁ ନଥିଲେ । ଡାଇନିଂ ଟେବୁଲରେ ବସିବା ସଙ୍ଗେ ସଙ୍ଗେ ଦୁଇ ଚାରିଟି ବିରକ୍ତିଭରା ମନ୍ତ୍ର ଜପ କରୁଥିଲେ। ଛୋଟ ଛୋଟ କଥାରେ ପତ୍ନୀଙ୍କ ସହ ଝଗଡା କରୁଥିଲେ ଆଉ ସେ ଯଦି ଟେବୁଲ ଉପରେ ଚା କପ୍ କିମ୍ବା ପ୍ଲେଟ୍ ବଙ୍କା ରଖିଦେଲେ ଏବଂ ପରବର୍ତ୍ତୀ ଟୋଷ୍ଟ ଆଣିବାରେ ୧୦ ସେକେଣ୍ଡ ଡେରି ହୋଇଗଲା ତାହେଲେ ଚାକର ଉପରେ ବର୍ଷୁଥିଲେ। ଏଭଳି ବିରକ୍ତି ଭାବ ଯୋଗୁ ତାଙ୍କ ଦ୍ୱାରା ଖାଦ୍ୟର ଆନନ୍ଦ ନେବା ସମ୍ଭବ ହେଉ ନଥିଲା । କିନ୍ତୁ ସେ ଏହି କଥାକୁ ବୁଝୁ ନଥିଲେ ଓ ବାରମ୍ବାର ଘରେ ନିର୍ବୋଧଙ୍କ ଭଳି କହୁଥିଲେ ମୋ ପାଇଁ ଘରେ କାହାର ଚିନ୍ତା ନାହିଁ। ମୋତେ ସକାଳ ନଅଟାରେ କାମକୁ ବାହାରିବାକୁ ହେବ, କିନ୍ତୁ ଘର ଲୋକ ବିଶେଷ କରି ପତ୍ନୀ ଓ ଚାକର ତାଙ୍କର ଅମୂଲ୍ୟ ସମୟର ମୂଲ୍ୟକୁ ଜାଣିପାରୁ ନାହାନ୍ତି ଏବଂ ଠିକ୍ ସମୟରେ ଅଫିସ ଯିବାରେ ସେମାନେ କୌଣସି ବି କାମରେ ସାହାଯ୍ୟ କରୁନାହାନ୍ତି। ଏହା ତାଙ୍କର ପ୍ରତିଦିନର ଦୁଃଖ ଥିଲା ।

ନିଜର ବିରକ୍ତିଭାବ ସହିତ ସେ ଜଳଖିଆ ଟେବୁଲରୁ ପାଞ୍ଚ ସାତ ମିନିଟରେ ଜଳଖିଆ ଖାଇ ଉଠିଯାଉଥିଲେ ଓ ଚା'କୁ ପାଣି ଭଳି ପିଇଯାଉଥିଲେ। ଏତିକି ନୁହେଁ ଡାଇନିଂ ଟେବୁଲରେ ବସିଥିଲାବେଳେ ନିଜର ଟାଇ ମଧ୍ୟ ଲଗାଉଥିଲେ । ଏମିତି ଭାବରେ ଟିକିଏ ଆପଣ ମଧ୍ୟ ଚିନ୍ତା କରନ୍ତୁ, ସେଭଳି ବିରକ୍ତି ଭାବ ସହିତ ସେ କ'ଣ ପ୍ରାତଃଭୋଜନର ଆନନ୍ଦ ନେଇପାରିବେ ଓ ଭୋଜନରେ ଭଲ ଭଲ ପରସା ଯାଇଥିବା ଖାଦ୍ୟପଦାର୍ଥର ଉପଭୋଗ କରିପାରିବେ। ଖାଇବା ଟେବୁଲରୁ ଉଠି ସେ ଦୌଡି କରି ନିଜ ରୁମକୁ ଯାଆନ୍ତି ଓ ଶୀଘ୍ର ଶୀଘ୍ର ସୁଟ ପିନ୍ଧିବା ପ୍ରକ୍ରିୟା ଆପଣାନ୍ତି । ସେହି ସମୟରେ ମଧ୍ୟ ତାଙ୍କର ବିରକ୍ତିଭାବ ଫୁଟି ଉଠୁଥାଏ ଓ ସେତେବେଳେ ବି ସେ ନିଜର ବିରକ୍ତି ଭାବ ଦେଖାଇବାରୁ ବିରତ ହୁଅନ୍ତି ନାହିଁ । ବିରକ୍ତିର ସହିତ ପ୍ରତିଦିନ ସକାଳେ ଅଫିସ ବାହାରୁଥିଲା ବେଳେ ଡ୍ରାଇଭର ମଧ୍ୟ କେତେବେଳେ କେମିତି ବସ୍ ପହଞ୍ଚାଇବାରେ ଡେରି କରିଦେଲେ ତା ଉପରେ ମଧ୍ୟ ନିଜର ବିରକ୍ତି ଭାବ ପ୍ରକାଶ କରିଥାନ୍ତି । ପ୍ରାୟତଃ ନିଜର ବିରକ୍ତି ଭାବ ସହିତ ତରବର ହୋଇ ଯିବା ସମୟରେ କେତେବେଳେ ନିଜର ପର୍ସ ଭୁଲିଯାଆନ୍ତି, କେତେବେଳେ ମୋବାଇଲ ଫୋନ ଭୁଲିଯାନ୍ତି ଆଉ କେତେବେଳେ ଚଷମା ତାଙ୍କ ରୁମ୍‌ରେ ରହିଯାଇଥାଏ। ଭୁଲିଯିବା ପ୍ରକ୍ରିୟାକୁ ମଧ୍ୟ ସେ ସହଜରେ ନୁହେଁ ବରଂ ବିରକ୍ତିର ସହିତ ପ୍ରସ୍ତୁତ କରିଥାନ୍ତି। ଏଭଳି ସ୍ଥିତିରେ ତାଙ୍କୁ ନିଜ ଜୀବନର ଲକ୍ଷ୍ୟ ଦିଗରେ ଚାହିଁବା ମଧ୍ୟ କଷ୍ଟକର ଲାଗୁଥିଲା ।

ଏହା ପରେ ସେହି ଲୋକ ଯେତେବେଳେ ଅଫିସରେ ପହଞ୍ଚୁଥିଲେ ସେଠାରେ ମଧ୍ୟ ତାଙ୍କର ବିରକ୍ତି ଭାବ ଆରମ୍ଭ ହୋଇଯାଉଥିଲା । ସେ ନିଜର ବିରକ୍ତି ଭାବ କାର୍ଯ୍ୟାଳୟର ଅନ୍ୟ କର୍ମଚାରୀମାନଙ୍କ ପ୍ରତି କରୁଥିଲେ । ସର୍ବପ୍ରଥମେ ଯେତେବେଳେ ଅଫିସର ଚପରାସୀ ଆସୁଥିଲା ତ ତାହା ପ୍ରତି ନିଜର ବିରକ୍ତି ଭାବ ପ୍ରକାଶ କରୁଥିଲେ ଓ ସାରା ଦିନ ତାଙ୍କର ଏହି ବିରକ୍ତି ସ୍ୱଭାବ ଲାଗି ରହୁଥିଲା ଅନେକ ସମୟରେ ସେ ନିଜର ଜରୁରୀ କାର୍ଯ୍ୟ କରିବାକୁ ଭୁଲିଯାଉଥିଲେ ଓ ତାଙ୍କର ଭୁଲ କିମ୍ୱା ବିରକ୍ତି ଭାବ ମଧ୍ୟ ଅନ୍ୟ କର୍ମଚାରୀମାନଙ୍କ ପ୍ରତି ବାଣ ଭଳି ଶବ୍ଦରେ ପ୍ରକାଶ କରୁଥିଲେ ।

କଳ୍ପନା କରନ୍ତୁ କି ଯଦି ଆପଣଙ୍କର ଜୀବନ ମଧ୍ୟ ଉପରୋକ୍ତ ବ୍ୟକ୍ତିଙ୍କ ଭଳି ହୋଇଯାଏ ତ ଜୀବନରେ ଆପଣ ନିଜର ଲକ୍ଷ୍ୟକୁ ମଧ୍ୟ ଭୁଲିଯିବେ ଓ ମଧୁମୟ ଜୀବନର ଆନନ୍ଦର ଅନୁଭବ ନେବା ଅତୀତର କାହାଣୀ ହୋଇଯିବ, ଯାହା ଆପଣ ହାସଲ କରିପାରିବେ ନାହିଁ । ତେଣୁ ମୋର ବିନମ୍ର ନିବେଦନ ଏହି କି ଯେ ଆପଣ ନିଜର ବିରକ୍ତି ଭାବ ହଟାନ୍ତୁ ଓ ନିଜ ଲକ୍ଷ୍ୟର ଆନନ୍ଦ ପାଆନ୍ତୁ । ଏକଥା ନିଶ୍ଚିତ ଯେ ପତ୍ନୀ କିମ୍ୱା ଚାକର ଅଥବା କାର୍ଯ୍ୟାଳୟର କର୍ମଚାରୀ କିମ୍ୱା ଆପଣଙ୍କୁ ନିଜର ବସ୍‌ଙ୍କଠାରୁ କେବେ କିଛି ଶୁଣିଲେ ତ ଆପଣଙ୍କଠାରେ ବିରକ୍ତି ଭାବ ଆସିଯିବ କିମ୍ୱା କେତେବେଳେ ଆପଣ ବିବ୍ରତ ହେଲେ, ଚିନ୍ତାଗ୍ରସ୍ତ ହେଲେ, ଏପରିସ୍ଥଳେ ମଧ୍ୟ ଆପଣଙ୍କର ବିରକ୍ତିଭାବ ଆସିବା ସ୍ୱାଭାବିକ । କିନ୍ତୁ ଯଦି ଆପଣ ବିରକ୍ତି ଭାବକୁ ନିଜ ଜୀବନର ଏକ ଅବିଚ୍ଛେଦ୍ୟ ଅଙ୍ଗ କରିଦିଅନ୍ତି ଓ ପ୍ରତି ମୁହୂର୍ତ୍ତରେ ଯେତେବେଳେ ଦେଖ ସେତେବେଳେ ବିରକ୍ତିଭାବର ବାଣ ପ୍ରସ୍ତୁତ କରିବାକୁ ତତ୍ପର ରହନ୍ତି ତ ଏଭଳି ଅବସ୍ଥାରେ ନିଶ୍ଚିତ ଭାବରେ ଆପଣ ନିଜ ଜୀବନର ଲକ୍ଷ୍ୟ ସଫଳତା ପୂର୍ବକ ପ୍ରସ୍ତୁତ କରିବାରେ ସକ୍ଷମ ହେବେ ନାହିଁ ।

ତେଣୁ ସମସ୍ତ ପାଠକଙ୍କୁ ଏହା ବିନମ୍ର ନିବେଦନ କି ସେମାନେ ନିଜର ବିରକ୍ତି ଭାବର ପ୍ରକ୍ରିୟାକୁ ସମ୍ପୂର୍ଣ୍ଣ ଭାବରେ ସମାପ୍ତ କରିବାର ସଂକଳ୍ପ ନିଅନ୍ତୁ । ଏଭଳି କରିବା ଦ୍ୱାରା କେବଳ ସମ୍ପୂର୍ଣ୍ଣ ଲାଭ ତାଙ୍କର ହିଁ ହେବ, କାରଣ ଯେତେବେଳେ ବିରକ୍ତି ଭାବ ଆପଣଙ୍କ ମସ୍ତିଷ୍କରୁ ଦୂରେଇଯିବ, ସେତେବେଳେ ଯାଇ ଆପଣଙ୍କ ମସ୍ତିଷ୍କ କୌଣସି କାର୍ଯ୍ୟର କଥାକୁ ଗମ୍ଭୀରତାର ସହିତ ଚିନ୍ତା କରିପାରିବ, ମନନ କରିପାରିବ ଓ ଆପଣ ଜୀବନର ଆନନ୍ଦ ନେଇପାରିବେ । ତାହା ଏଇଥିପାଇଁ ହେବ, କାରଣ ଆପଣଙ୍କୁ ନିଜର ଲକ୍ଷ୍ୟ ସଫଳତା ପୂର୍ବକ ନିଷ୍ପାଦନ କରିବାର ମାର୍ଗ ମିଳିଯିବ । ଯେଉଁ ବ୍ୟକ୍ତି ବିରକ୍ତି ଭାବଗ୍ରସ୍ତ ହୋଇଥିବେ ଓ ପ୍ରତି ମୁହୂର୍ତ୍ତରେ ଛୋଟବଡ଼ କଥାରେ ବିରକ୍ତ ହେଉଥିବେ, ସେହି ବ୍ୟକ୍ତିଙ୍କ ପାଚନ କ୍ରିୟାରେ ମଧ୍ୟ ପ୍ରଭାବ ପଡ଼ିଥାଏ । ଏହାଦ୍ୱାରା ପାଚନକ୍ରିୟା ଠିକ୍ ହୋଇ ନଥାଏ । ଔଷଧ ମଧ୍ୟ ପାଚନ କ୍ରିୟାକୁ ଠିକ୍ କରିପାରେ ନାହିଁ ଓ ଜୀବନର ଲକ୍ଷ୍ୟକୁ ତ ପୂରଣ କରିବା ଦୂରର କଥା, ସେ ନିଜର ଦୈନନ୍ଦିନ ଆଚରଣ କାରଣରୁ ମଧ୍ୟ ଆନନ୍ଦ ନେଇପାରିବେ ନାହିଁ । ତେଣୁ ଏହା ଦୃଢ଼ ନିଶ୍ଚିତ କରିନିଅନ୍ତୁ କି ଆପଣ ଆଜି ହିଁ ନିଜ ଜୀବନର ଲକ୍ଷ୍ୟକୁ ପ୍ରାପ୍ତ କରିବା ଲାଗି ଅନ୍ତତଃ ବିରକ୍ତି ଭାବକୁ ଅବଶ୍ୟ ପରିତ୍ୟାଗ କରନ୍ତୁ ।

ଯଦି ଆପଣ ବିରକ୍ତ ହେବା ବନ୍ଦ କରିଦିଅନ୍ତି ତାହେଲେ ଆପଣଙ୍କ ମସ୍ତିଷ୍କ ଶାନ୍ତ ରହିବ ଓ ସେହି ମାନସିକ ଶାନ୍ତି ଆପଣଙ୍କୁ ସାହାଯ୍ୟ କରିବ ଆପଣଙ୍କ ଲକ୍ଷ୍ୟ ନିକଟରେ ପହଞ୍ଚାଇବାରେ । ତେଣୁ ଆପଣ ବିରକ୍ତି ଭାବକୁ ହଟାଇବାର ନାରା ନିଜ ହୃଦୟରେ ସ୍ଥାପନ କରନ୍ତୁ । ନିଜ ପାଖରେ ଏକ ଛୋଟ ଡାଇରୀ ରଖନ୍ତୁ ଓ ସେଥିରେ ପ୍ରତିଦିନ କେତେଥର ଆପଣ ବିରକ୍ତି ଭାବ ପ୍ରକାଶ କରୁଛନ୍ତି ତାହା ଲେଖିବା ଆରମ୍ଭ କରନ୍ତୁ । ଉକ୍ତ ଡାଇରୀ ପ୍ରତିଦିନ ରାତିରେ ଶୋଇବା ସମୟରେ ଦେଖନ୍ତୁ ଓ ମନନ କରନ୍ତୁ । ଆପଣଙ୍କୁ ନିଜର ଏଭଳି ବ୍ୟବହାର ଶୈଳୀକୁ ଦେଖି ହସ ଲାଗିବ, ପୁଣି କେତେଥର ଆପଣଙ୍କୁ ଏହା ଅନୁଭବ ହେବ ଯେ ଏଭଳି ବ୍ୟବହାର କାରଣରୁ ଆପଣଙ୍କୁ କେତେକ କାର୍ଯ୍ୟ ଯାହା ସେହିଦିନ ଆପଣଙ୍କୁ କରିବାର ଥିଲା, ତାହା ପୂରଣ କରିବାରେ ସକ୍ଷମ ହୋଇପାରିଲେ ନାହିଁ । ତେଣୁ ବିରକ୍ତି ଭାବ ହଟାଇବାର ଆନ୍ଦୋଳନ ଆପଣଙ୍କୁ ବାସ୍ତବରେ ଓ ନିଜର ଲାଭ ପାଇଁ ଆପଣାଇବାକୁ ହେବ ।

କେତେକ ବ୍ୟକ୍ତିଙ୍କୁ ବିରକ୍ତି ଭାବ ସେହି ସମୟରେ ହୋଇଥାଏ, ଯେତେବେଳେ ତାଙ୍କର କାମ ସଫଳତାର ସହିତ ହୋଇପାରେ ନାହିଁ । ମନେକରନ୍ତୁ ଆପଣ କୌଣସି ବଡ଼ ଅର୍ଡର ନେବା ପାଇଁ କୌଣସି ବ୍ୟକ୍ତିଙ୍କୁ ଭେଟିବାକୁ ଗଲେ ଓ ସେହି ବ୍ୟକ୍ତିଙ୍କଠାରୁ ଆପଣଙ୍କୁ ଅର୍ଡର ମିଳିଲା ନାହିଁ, ତାହେଲେ ମଧ୍ୟ ଆପଣଙ୍କଠାରେ ବିରକ୍ତି ଭାବ ଆସିଯିବ ଓ ସେହି ବିରକ୍ତି ଭାବକୁ ଆପଣ ତତକ୍ଷଣାତ ସେହି ବ୍ୟକ୍ତିଙ୍କ ଉପରେ ପ୍ରୟୋଗ କରିବେ, ଯିଏ ଆପଣଙ୍କ ସମ୍ମୁଖକୁ ଆସିଥିବ । ଏଭଳି ଆଚରଣକୁ ମଧ୍ୟ ଆପଣଙ୍କୁ ଦୂରେଇବାକୁ ପଡ଼ିବ । ଅର୍ଡର ମିଳିଲା ତ ଠିକ୍ ଅଛି ଆଉ ଯଦି ନ ମିଳିଲା ତେବେ ଅର୍ଡର ପାଇବା ପାଇଁ ଉଦ୍ୟମ କରିବାକୁ ହେବ । ଏଭଳି ଭାବରେ ଯେଉଁ କାମ ହେଉ ନାହିଁ ସେଥିପାଇଁ ଆମକୁ ବାରମ୍ବାର ପ୍ରଯତ୍ନ କରିବାକୁ ହେବ, କିନ୍ତୁ ବିରକ୍ତିର ସହିତ ଯଦି ଆମେ ନିଜ କାର୍ଯ୍ୟ ସମ୍ପାଦନ କରିବାକୁ ଚେଷ୍ଟା କରିବା ତାହେଲେ ନିଶ୍ଚିତ ଭାବରେ ଆମେ ଲାଭ ବଦଳରେ କ୍ଷତିର ସମ୍ମୁଖୀନ ହେବା । ସେହି କ୍ଷତି ବିରକ୍ତି ଭାବ କାରଣରୁ ହୋଇଥିଲେ ତାହାକୁ ପୂରଣ କରିବାରେ ସଫଳତା ମିଳିବ ନାହିଁ । ଆପଣ ସକାଳର ଜଳଖିଆ, ଦ୍ୱିପ୍ରହରର ଭୋଜନ ଓ ରାତ୍ରଭୋଜନ ପୂର୍ବରୁ ମଧ୍ୟ ଯଦି ବିରକ୍ତି ଭାବ ରଖନ୍ତି ତାହେଲେ ମଧ୍ୟ ଆପଣଙ୍କର ଖାଦ୍ୟ ବିଷ ହୋଇଯିବ ଓ ଆପଣଙ୍କଠାରେ ବିଭିନ୍ନ ପ୍ରକାର ରୋଗ ଦେଖାଯିବ । ତେଣୁ ନିଜର ସ୍ୱାସ୍ଥ୍ୟ ଓ ନିଜ ଜୀବନର ଲକ୍ଷ୍ୟକୁ ପୂରଣ କରିବାକୁ ହେଲେ ଆପଣ କଦାପି ଉତ୍ତେଜନା ପ୍ରବଣ ହୁଅନ୍ତୁ ନାହିଁ । ଏହା ନିଶ୍ଚିତ ଭାବରେ ଅତି ମହତ୍ତ୍ୱପୂର୍ଣ୍ଣ ମନ୍ତ୍ର, ଯାହା ଜୀବନରେ ଆପଣଙ୍କୁ ନିଜ ଲକ୍ଷ୍ୟକୁ ପୂର୍ଣ୍ଣ କରିବାରେ ସଫଳତା ପ୍ରଦାନ କରିବ ।

7

ନିରନ୍ତର ପ୍ରୟାସ ଏବଂ ଅଭ୍ୟାସରୁ ଲକ୍ଷ୍ୟପ୍ରାପ୍ତି

'ଲକ୍ଷ୍ୟକୁ ହିଁ ନିଜର ଜୀବନ କାର୍ଯ୍ୟ ବିବେଚନା କରନ୍ତୁ। ସବୁବେଳେ ତା'ର ଚିନ୍ତନ କରନ୍ତୁ, ତାହାକୁ ସ୍ୱପ୍ନ ଦେଖନ୍ତୁ ଓ ତାହା ସହାୟତାରେ ବଞ୍ଚି ରହନ୍ତୁ।'

-ସ୍ୱାମୀ ବିବେକାନନ୍ଦ

'ଅଭ୍ୟାସ ଜାରି ରଖନ୍ତୁ...' ଏହି କଥା ତ ଆପଣ ଏବଂ ଆମେ ପିଲାଦିନରୁ ଶୁଣି ଆସୁଛୁ, କିନ୍ତୁ ସମସ୍ୟା ହେଲା ଏହା ଯେ ଉକ୍ତ କଥାକୁ ବାସ୍ତବିକ ଜୀବନରେ ଆପଣାଇବା ଲାଗି ଆମେ ତତ୍ପର ହେଉନାହିଁ, ଆଉ ଏଇଥିପାଇଁ ହିଁ ଆମେ ଅସଫଳ ହୋଇଯାଉଛୁ। ସବୁବେଳେ ଏହି କଥାକୁ ଧ୍ୟାନରେ ରଖନ୍ତୁ ଯେ ଯଦି ଆପଣ ନିରନ୍ତର ନିଜର ଲକ୍ଷ୍ୟ ଦିଗରେ ଅଭ୍ୟାସ, ପ୍ରୟାସ ଜାରି ରଖନ୍ତି, ତାହେଲେ ଜୀବନରେ ଆପଣଙ୍କର ଲକ୍ଷ୍ୟ ନିଶ୍ଚୟ ପୂରଣ ହେବ। ପ୍ରୟାସ ଏବଂ ଅଭ୍ୟାସ ଆଉ ତାହା ମଧ୍ୟ ନିରନ୍ତର, ଏହି ମନ୍ତ୍ର ଆପଣଙ୍କୁ ନିଜର ଲକ୍ଷ୍ୟ ପ୍ରାପ୍ତିରେ ସହାୟତା କରିବାରେ ପ୍ରଭାବଶାଳୀ ସାବ୍ୟସ୍ତ ହେବ।

ଯଦି ଆମେ ନିଜ ଜୀବନରେ କୌଣସି ଲକ୍ଷ୍ୟ ନିର୍ଦ୍ଧାରଣ କରିନେଲେ, କୌଣସି ଚିନ୍ତାଧାରା ଭାବିନେଲେ ଓ ଲେଖିଦେଲେ କି ଆମକୁ କ'ଣ ପାଇବାକୁ ହେବ, ଆମକୁ କ'ଣ କରିବାକୁ ହେବ, ତାହେଲେ ସେହି ଲକ୍ଷ୍ୟ ପ୍ରାପ୍ତି ଲାଗି ଆମକୁ ବାରମ୍ବାର ପ୍ରୟାସ କରିବାକୁ ପଡ଼ିବ। ବାରମ୍ବାର ଅଭ୍ୟାସ ଓ ପ୍ରୟାସ କରିବା ଦ୍ୱାରା ନିଶ୍ଚିତ ଭାବରେ ଆପଣଙ୍କ ଜୀବନରେ ଏଭଳି ଅବସ୍ଥା ଆସିଯିବ, ଯେଉଁ କାମ ଆପଣ କରିବାକୁ ଚାହୁଁଛନ୍ତି ଓ ତାହା ହେଉନାହିଁ, ସେଗୁଡ଼ିକ ମଧ୍ୟ ବହୁତ ସହଜରେ ପୂରଣ ହୋଇଯିବ। ହଁ, ଏହି କଥା ତ ନିଶ୍ଚିତ ଯେ ଆପଣଙ୍କ ନିଜ କାମ ସଫଳତାର ସହିତ ସମ୍ପନ୍ନ ହୋଇଯିବ ଓ ହୋଇଚାଲିବ ତ ଆପଣଙ୍କର ଜୀବନର ଲକ୍ଷ୍ୟ ସଫଳତା ପୂର୍ବକ ସମ୍ପାଦିତ ହୋଇଯିବ। ଏଥିପାଇଁ ଏହି କଥାକୁ ସର୍ବଦା ମନେରଖନ୍ତୁ, ଯେଉଁ କାର୍ଯ୍ୟ

କରିବା ଲାଗି ଆପଣଙ୍କର କ୍ଷମତା ସଂପୂର୍ଣ୍ଣ ଭାବରେ ନିପୁଣ ନୁହେଁ ଅଥବା ଯେଉଁ କାର୍ଯ୍ୟରେ ଆପଣଙ୍କୁ ଇଚ୍ଛା ଅନୁସାରେ ଫଳ ମିଳୁନାହିଁ, ସେହି କାର୍ଯ୍ୟକୁ ଆପଣ ନିୟମିତ କରିଚାଲନ୍ତୁ। ନିରନ୍ତର ଅଭ୍ୟାସ କରିଚାଲିଲେ ନିଶ୍ଚିତ ଭାବରେ ଉପଯୁକ୍ତ ଆନ୍ତରିକତା ଓ ନିରନ୍ତର ଅଭ୍ୟାସ କାରଣରୁ ଆପଣଙ୍କ କାର୍ଯ୍ୟ ସମ୍ପାଦିତ ହେବ। ଏଥିରେ କୌଣସି ବି ସନ୍ଦେହ ନାହିଁ ଯେ, ଯେଉଁ କାମ ଆପଣ କରିବାକୁ ଚାହୁଁଛନ୍ତି ବା ଯେଉଁ ଉପଲବ୍ଧି ହାସଲ କରିବାକୁ ଚାହୁଁଛନ୍ତି, ଯଦି ତାହା ସମ୍ପାଦିତ ହୋଇଯାଏ ତ ଆପଣଙ୍କୁ ଅପାର ଆନନ୍ଦ ମିଳିବ, ପରନ୍ତୁ ଏହି ଆନନ୍ଦକୁ ପାଇବାର ପ୍ରକ୍ରିୟାକୁ କ୍ରିୟାନ୍ୱିତ କରିବା ପାଇଁ ହିଁ ଆପଣଙ୍କୁ ସର୍ବଦା ପ୍ରୟାସ ଏବଂ ଅଭ୍ୟାସର ସହିତ ଲାଗି ରହିବାକୁ ହେବ।

ତାହା ଶିକ୍ଷାକ୍ଷେତ୍ର ହେଉ ବା ଆପଣ ଉନ୍ନତି କରିବାକୁ ଚାହୁଁଥାନ୍ତୁ, ଏବେ ଏହି ସମୟରେ ଆପଣଙ୍କ ପାଖରେ ସଫଳତାର ଚାବିକାଠି ନାହିଁ। ଆପଣ କ୍ଲାସରେ ପ୍ରଥମ ହେବାକୁ ଚାହୁଁଛନ୍ତି, ହେଲେ ଶେଷରେ ରହୁଛନ୍ତି, ଆପଣ ପରୀକ୍ଷାରେ ଭଲ ନମ୍ବର ପାଇବାକୁ ଇଚ୍ଛା କରୁଛନ୍ତି, କିନ୍ତୁ ଫଳାଫଳ ବାହାରିଲାବେଳକୁ ଯେତିକି ନମ୍ବର ଆପଣ ପାଇବାକୁ ଆଶା କରିଥିଲେ, ତାହା ବଦଳରେ ବହୁତ କମ ନମ୍ବର ଆସିଛି। ଏହିଭଳି ଜୀବନଶୈଳୀ ଯେତେବେଳେ ଛାତ୍ରଛାତ୍ରୀଙ୍କ ଜୀବନରେ ଦେଖାଦିଏ ସେତେବେଳେ ଜୀବନରେ ଆନନ୍ଦର ମୁହୂର୍ତ୍ତ ଶେଷ ହେଲା ଭଳି ଦେଖାଯାଏ। କିନ୍ତୁ ଆପଣ ଦୃଢ ପ୍ରତିଜ୍ଞା କରିନିଅନ୍ତୁ କି ମୋତେ ମୋ ପରୀକ୍ଷାରେ ନିଶ୍ଚିତ ଭାବରେ ସଫଳତା ପ୍ରାପ୍ତ କରିବାକୁ ହେବ ଆଉ ସେହି ସଫଳତାକୁ ପାଇବା ଲାଗି ଆନ୍ତରିକତାର ସହିତ, ସମ୍ପୂର୍ଣ୍ଣ ମନଯୋଗ ସହକାରେ କଠିନ ପରିଶ୍ରମର ସହିତ ପ୍ରତିଦିନ ଯଦି ଲାଗିପଡ଼ନ୍ତି ତେବେ ମୋର ବିଶ୍ୱାସ ଯେ ସଫଳତା କୌଣସି ପ୍ରକାରେ ଆପଣଙ୍କଠାରୁ ଦୂରେଇ ଯିବ ନାହିଁ। ତେଣୁ ଯଦି ଶିକ୍ଷା କ୍ଷେତ୍ରରେ ଆପଣଙ୍କର ଲକ୍ଷ୍ୟ ଜବରଦସ୍ତ ସଫଳତା ହିଁ ରହିବ, ତେବେ ଯେଉଁ ସମୟରେ ନୂଆ ଶ୍ରେଣୀର ପ୍ରଥମ ଦିନ ଆରମ୍ଭ ହେବ, ସେହି ଦିନଠାରୁ ହିଁ ନିରନ୍ତର ନିଜର ପାଠପଢ଼ା ଅଭ୍ୟାସ ଜାରି ରଖନ୍ତୁ ଓ ନିଜର ଉନ୍ନତିକୁ ନିଶ୍ଚିତ କରନ୍ତୁ।

କେତେକ ବ୍ୟକ୍ତିଙ୍କୁ ଏପରି ଦେଖିବାକୁ ମିଳେ କି ସେମାନେ ପରୀକ୍ଷାରେ ସର୍ବାଧିକ ନମ୍ବର ରଖି ପାସ କରିବାକୁ ଚାହିଁଥାନ୍ତି ଓ ୧୨ରୁ ୧୪ ଘଣ୍ଟା ମଧ୍ୟ ପଢ଼ାପଢ଼ି କରନ୍ତି। କିନ୍ତୁ ଗୋଟିଏ ଜିନିଷ କମ ରହିଯାଇଥାଏ, ତାହା ହେଲା ପରୀକ୍ଷାର ୧୫ ଦିନ ପୂର୍ବରୁ ହିଁ ସେମାନେ ପଢ଼ାପଢ଼ି କରିଥାନ୍ତି, ଆଉ ଏଥିପାଇଁ ସେମାନଙ୍କୁ ସଫଳତା ମିଳି ନଥାଏ। ସେହି ପରୀକ୍ଷାରେ ଭଲ ନମ୍ବର ରଖି ଉତ୍ତୀର୍ଣ୍ଣ ହେବାର ତାଙ୍କ ଜୀବନର ଲକ୍ଷ୍ୟ ଅସଫଳ ହୋଇଯାଏ। ତେଣୁ କରି ଏହି କଥାକୁ ମନେ ରଖନ୍ତୁ କି ଆପଣ ନିଜର ପାଠପଢ଼ା ଲକ୍ଷ୍ୟକୁ ନିତି ପ୍ରତିଦିନ ପ୍ରୟାସ ଏବଂ ଅଭ୍ୟାସ ଦ୍ୱାରା କ୍ରିୟାନ୍ୱିତ କରନ୍ତୁ ଅର୍ଥାତ୍ ପ୍ରଥମ ଦିନରୁ ହିଁ ଯେତେବେଳେ ଆପଣଙ୍କର ନୂଆ କ୍ଲାସ ଆରମ୍ଭ

ହେଉଛି ସେହିଦିନରୁ ପରିଶ୍ରମ ଓ ଆନ୍ତରିକତାର ସହିତ ନିୟମିତ ପଢାପଢି ଜାରି ରଖନ୍ତୁ। ତାହେଲେ ନିଶ୍ଚିତ ଭାବରେ ଆପଣଙ୍କର ଉନ୍ନତି ହେବ। ଯଦି ଆପଣଙ୍କୁ କେତେବେଳେ ଲାଗୁଥାଏ କି ମୋର ବୁଝିବା କମ୍, ମୁଁ ଭଲ ବୁଝିପାରୁନାହିଁ, ଯାହା ବହିରେ ଲେଖାଯାଇଛି ତାହା ମୋତେ ବୁଝାପଡୁନାହିଁ। ଯଦି ଆପଣଙ୍କୁ ଏପରି ଲାଗୁଛି ତାହେଲେ ଆଦୌ ଚିନ୍ତା କରନ୍ତୁ ନାହିଁ। ଆପଣ ନିଜର ଲକ୍ଷ୍ୟକୁ ପୂରଣ କରିବା ଲାଗି ସର୍ବଦା ପରିଶ୍ରମ କରନ୍ତୁ। ନିୟମିତ ଠିକ୍ ସମୟରେ ପାଠପଢା କରିଚାଲନ୍ତୁ, ଆପଣଙ୍କୁ ସଫଳତା ନିଶ୍ଚିତ ଭାବରେ ମିଳିବ। ଛାତ୍ରଛାତ୍ରୀମାନଙ୍କୁ ଏହା ଏକ ଅନୁରୋଧ ଯେ ସେମାନେ ନିଜ କ୍ଲାସର ପାଠପଢା ସେହିଦିନଠାରୁ ଆରମ୍ଭ କରନ୍ତୁ, ଯେଉଁ ଦିନଠାରୁ ନୂଆ କ୍ଲାସ ଆରମ୍ଭ ହେଉଛି। ଯଦି ଆପଣ କଲେଜରେ କିମ୍ବା ଏମବିଏ ପଢୁଥାନ୍ତି ଅଥବା ଅନ୍ୟ ଉଚ୍ଚଶିକ୍ଷା ଗ୍ରହଣ କରୁଥିବା ବ୍ୟକ୍ତି ହୋଇଥାନ୍ତି, ତେବେ ଏହି ଫର୍ମୁଲାକୁ ଗ୍ରହଣ କରନ୍ତୁ ଓ ଏହାର ଲାଭ ପାଆନ୍ତୁ। ଫର୍ମୁଲା ହେଲା ଏଇଆ ଯେ ଆପଣ ଶ୍ରେଣୀର ପ୍ରଥମ ଦିନରୁ ହିଁ ନିରନ୍ତର ଅଧ୍ୟୟନ ଜାରି ରଖନ୍ତୁ। ଏ କଥା ନିଶ୍ଚିତ ଭାବରେ ସତ୍ୟ ବୋଲି ଜାଣନ୍ତୁ ଯେ ଯଦି ଆପଣଙ୍କର ଶିକ୍ଷା ଗ୍ରହଣ କରିବା ଶକ୍ତି ଦୁର୍ବଳ, ତେବେ ଆପଣଙ୍କୁ ଲାଗିବ କି ମୋତେ ମୋର ପାଠ ବା ପୁସ୍ତକର କଥା ଶୀଘ୍ର ମୋ ମସ୍ତିଷ୍କକୁ ନ ଆସିଲେ ବି ବାରମ୍ବାର ଅଧ୍ୟୟନ ପ୍ରତିଦିନ ଜାରି ରଖିବା ଦ୍ୱାରା ନିଶ୍ଚିତ ଭାବରେ ବିଦ୍ୟା ଗ୍ରହଣ ଶକ୍ତି ବଢିବ ଓ ଆପଣଙ୍କୁ ଏଭଳି ସ୍ତରକୁ ନେଇଯିବ ଯେଉଁଠି ଆପଣଙ୍କର ଲକ୍ଷ୍ୟପ୍ରାପ୍ତ କରିବାର ସ୍ୱପ୍ନ ଥିବ।

ସେହିପରି ଆପଣ ଯଦି ଚାକିରି କରୁଥାନ୍ତି ଓ ଆପଣ ଚାହୁଥାନ୍ତି କି ମୋର କ୍ରମାଗତ ପଦୋନ୍ନତି ହୋଇଚାଲୁ, ତାହେଲେ ନିରନ୍ତର ଅଭ୍ୟାସ ଓ ପ୍ରୟାସ ସହିତ ନିଜର କାର୍ଯ୍ୟକୁ ମନଯୋଗ ସହକାରେ କରନ୍ତୁ। ଏହାଦ୍ୱାରା ଆପଣ ବହୁତ ଶୀଘ୍ର ନିଜର ଲକ୍ଷ୍ୟସ୍ଥଳରେ ପହଞ୍ଚିପାରିବେ ଓ ଆପଣଙ୍କ ଚାକିରିରେ ମଧ୍ୟ ପଦୋନ୍ନତି ହେବ। ଯେଉଁ ବ୍ୟକ୍ତି ଚାକିରି କରୁଛନ୍ତି ସେମାନେ ଅନେକ ସମୟରେ ନିଜ ମାଲିକଙ୍କ ସାମନାରେ ଜଲଦି କାମ କରିଥାନ୍ତି ଓ ଯେତେବେଳେ ମାଲିକ ଦେଖା ନଥାନ୍ତି ସେତେବେଳେ ତ ସେମାନଙ୍କ ଦେହ ମନରେ ଆଳସ୍ୟ ଘେରିଯାଏ ଓ ସେମାନଙ୍କର କାମ ମନ୍ଥର ହୋଇଯାଏ। ଏଭଳି ବିଚାରଧାରାକୁ ଆପଣ ଆଜି ହିଁ ବନ୍ଦ କରିଦିଅନ୍ତୁ ଓ ଏହି କଥା ମନରେ ରଖନ୍ତୁ କି ମୋତେ ମୋ ମାଲିକ ଦେଖୁ କି ନଦେଖୁ, ନିଜ କାମକୁ ସମ୍ପୂର୍ଣ୍ଣ ନିପୁଣତାର ସହିତ କରିବାକୁ ହେବ, ତାହେଲେ ମୋର ଉନ୍ନତି-ହୋଇପାରିବ। ଏଭଳି ବିଚାର ଯେତେବେଳେ ଆପଣ ନିଜର ଲକ୍ଷ୍ୟ ହାସଲ ଲାଗି ମନରେ ରଖିବେ ଓ ନିରନ୍ତର ଉଦ୍ୟମ କରିଚାଲିବେ, ତାହେଲେ ନିଶ୍ଚିତ ଭାବରେ ଆପଣ ଯାହା ବି ଚାକିରି କରିଥାଆନ୍ତୁ, ଅପଣଙ୍କୁ ସେଥିରେ ଫାଇଦା ନିଶ୍ଚିତ ମିଳିବ।

କେତେକ ବ୍ୟକ୍ତି ଯେଉଁମାନେ ନିଜର ବେପାର ଓ ବ୍ୟବସାୟ କରିଥାନ୍ତି, ସେମାନେ

ଭାବିଥାନ୍ତି କି ତାଙ୍କ ପ୍ରତି ବର୍ତ୍ତମାନ ପ୍ରଭୁଙ୍କର କୃପା ନାହିଁ, ତାଙ୍କର ଖରାପ ସମୟ ଚାଲିଛି, ତାଙ୍କର ଏବେ ରୋଜଗାର କମ୍ ରହିଛି, ସେମାନେ ଭାବନ୍ତି କି ଜ୍ୟୋତିଷ ଶାସ୍ତ୍ର ଅନୁସାରେ ଏବେ ସେମାନଙ୍କର ଖରାମ ମମୟ ନାଲିଛି। ସେମାନେ ଟିଭିରୁ ରାଶିଫଳ ଶୁଣନ୍ତି ଓ ଏହାଦ୍ୱାରା ମଧ୍ୟ ସେମାନଙ୍କୁ ପୁନର୍ବାର ନିରାଶା ହିଁ ମିଳିଥାଏ। ଏହା ଏଇଥିପାଇଁ ହୁଏ କାରଣ ସେମାନେ ଧରିଦିଅନ୍ତି ଏବେ ସେମାନଙ୍କ ସମୟ ଠିକ୍ ଚାଲୁନାହିଁ। ଏପରି ଚିନ୍ତାଧାରା ଫଳରେ ଲାଭ ବଦଳରେ କ୍ଷତି ତ ହୋଇଥାଏ ଏବଂ ଯେଉଁ ଲକ୍ଷ୍ୟ ସେ ଉକ୍ତ ବର୍ଷ ନିଜ ବ୍ୟବସାୟରେ ରଖିଥାନ୍ତି, ସେଥିରେ ମଧ୍ୟ ତାଙ୍କୁ ସଫଳତା ମିଳି ନଥାଏ। ଏଭଳି ନିକୃଷ୍ଟ ଚିନ୍ତାଧାରାକୁ ସମ୍ପୂର୍ଣ୍ଣ ପରିତ୍ୟାଗ କରନ୍ତୁ। ଆପଣଙ୍କର ଏଭଳି ଚିନ୍ତାଧାରା ହିଁ ଆପଣଙ୍କ ଜୀବନରେ ପ୍ରତିବନ୍ଧକ ହୋଇ ଛିଡ଼ାହୁଏ ଓ ଆପଣ ଲକ୍ଷ୍ୟପ୍ରାପ୍ତ କରିବାର ପ୍ରକ୍ରିୟାକୁ ଭୁଲିଯାଆନ୍ତି। ଏହା ବଦଳରେ କିପରି ନିରନ୍ତର ପ୍ରୟାସ, ଅଭ୍ୟାସ ଏବଂ ଆନ୍ତରିକତା ଦ୍ୱାରା ଆପଣ ନିଜର ବ୍ୟାପାର ବା ବ୍ୟବସାୟ ବଢାଇପାରିବେ ତାହା ଚିନ୍ତା କରନ୍ତୁ। ଏ କଥାକୁ ନିଶ୍ଚିନ୍ତ ରଖନ୍ତୁ ବ୍ୟାପାର ବା ବ୍ୟବସାୟକୁ ବଢାଇବାକୁ ହେଲେ ଜ୍ୟୋତିଷବିଦ୍ୟାର କୌଣସି ଆବଶ୍ୟକ ନାହିଁ କି ରାଶିଫଳ ମଧ୍ୟ ଜରୁରୀ ନୁହେଁ। ଯଦି ଆବଶ୍ୟକ ଥାଏ ତାହା ହେଉଛି ନିଜର କଠିନ ପରିଶ୍ରମ, ଅଭ୍ୟାସ ଓ ଆନ୍ତରିକତାର।

ଜୀବନରେ ଯେକୌଣସି କ୍ଷେତ୍ରରେ ମଧ୍ୟ ଆପଣ ନିଜ ଲକ୍ଷ୍ୟ ପ୍ରାପ୍ତ କରିବାକୁ ଚାହାନ୍ତି ତ ଏକଥାକୁ ସର୍ବଦା ମନେରଖନ୍ତୁ କି ନିରନ୍ତର ପ୍ରୟାସ ଏବଂ ଅଭ୍ୟାସରୁ ହିଁ ସବୁକିଛି ସମ୍ଭବ ହୋଇପାରେ। ଏହି ଆନ୍ତରିକତା, ଅଭ୍ୟାସ ଏବଂ ପ୍ରୟାସକୁ ଆପଣାଇବା ଦ୍ୱାରା ଜୀବନର ପ୍ରତି ସ୍ଥିତିରେ ଯଦି ଆପଣ କାର୍ଯ୍ୟରେ ଲାଗି ରହନ୍ତି ତେବେ ଉନ୍ନତି ଓ ସଫଳତାକୁ କେହି ରୋକିପାରିବେ ନାହିଁ। ଜୀବନର ଲକ୍ଷ୍ୟପ୍ରାପ୍ତି ଲାଗି ପ୍ରାଚୀନ କାଳରୁ ହିଁ ପ୍ରତ୍ୟେକ ଉନ୍ନତି ପ୍ରାପ୍ତ କରିଥିବା ବ୍ୟକ୍ତି କେବଳ ପରିଶ୍ରମ, ପ୍ରୟାସ ଓ ଅଭ୍ୟାସ ଦ୍ୱାରା ହିଁ ନିଜର ଲକ୍ଷ୍ୟକୁ ପ୍ରାପ୍ତ କରିପାରିଛନ୍ତି। ଏକଥା ସମ୍ପୂର୍ଣ୍ଣ ସତ୍ୟ ଓ ବୈଜ୍ଞାନିକ ଦୃଷ୍ଟିକୋଣରୁ ପ୍ରମାଣିତ ମଧ୍ୟ। ଆଜ୍ଞା ହଁ, ଯଦି ଆପଣ ଛୋଟ ହେଉ ବା ବଡ଼ ଏଭଳି ହଜାର ହଜାର ବ୍ୟକ୍ତିଙ୍କୁ ଲକ୍ଷ୍ୟ କରିବେ, ଯେଉଁମାନେ ନିଜ ସମୟରେ କଠିନ ପରିଶ୍ରମ, ଅଭ୍ୟାସ ଓ ପ୍ରୟାସ କରି ଲକ୍ଷ୍ୟକୁ ପ୍ରାପ୍ତ କରିଛନ୍ତି, ତେବେ ଆପଣଙ୍କୁ ମଧ୍ୟ ପ୍ରେରଣା ମିଳିବ। ଆପଣଙ୍କ ମନରେ ମଧ୍ୟ ଏକଥା ବସା ବାନ୍ଧିବ ଯେ ଯଦି ଆପଣ ମଧ୍ୟ ଆନ୍ତରିକତାର ସହ ପ୍ରୟାସ ଏବଂ ଅଭ୍ୟାସକୁ ନିଜ ଜୀବନର ଅଂଶବିଶେଷ କରିଦେବେ ତାହେଲେ ଆପଣଙ୍କୁ ନିଜ ଲକ୍ଷ୍ୟପ୍ରାପ୍ତିରେ କୌଣସି ବି ସମସ୍ୟା ରହିବ ନାହିଁ।

ଏଥିରେ କୌଣସି ବି ସନ୍ଦେହ ନାହିଁ ଯେ ଜୀବନରେ ଏପରି ବି ସ୍ଥିତି ଆସେ, ଯେତେବେଳେ ଆମେ ଦେଖିଥାଉ କି ଆମେ ପ୍ରୟାସ କଲେ, ଅଭ୍ୟାସ କଲେ, ଆମେ ଆନ୍ତରିକତାର ସହିତ କାର୍ଯ୍ୟ କଲେ, ତଥାପି ସଫଳତା ମିଳିଲାନି। ଏଭଳି ଅବସ୍ଥା ଯଦି ଆସେ ଏହାକୁ ଜୀବନର

ପ୍ରାରବ୍ଧ ମାନିନିଅନ୍ତୁ, କିନ୍ତୁ ନିଜର ଅଭ୍ୟାସ, ପ୍ରୟାସ ନିରନ୍ତର ଜାରି ରଖନ୍ତି ତ ନିଶ୍ଚିତ ଭାବରେ ସଫଳତା ଆପଣଙ୍କର ପାଦ ସ୍ପର୍ଶ କରିବ ଏବଂ ଆପଣ ନିଜର ଲକ୍ଷ୍ୟକୁ ପାଇ ତାହାକୁ କ୍ରିୟାନ୍ୱିତ କରିବାରେ ସଫଳ ହୋଇଯିବେ। ଏହିଭଳି ବିଚାରଧାରାକୁ ଆପଣ ସର୍ବଦା ମନରେ ରଖିବେ ତ ନିଶ୍ଚିତ ଭାବରେ ଆପଣ ନିଜ ଲକ୍ଷ୍ୟ ପ୍ରାପ୍ତିରେ ସଫଳ ହୋଇଯିବେ।

ମୋର ୪୦ବର୍ଷ ତଳର ଗୋଟିଏ କଥା ମନେ ପଡୁଛି- ଜଣେ ବ୍ୟକ୍ତି ଯିଏ କି କମର୍ସ ଗ୍ରାଜୁଏଟ ଥିଲେ। ଡାକ୍ତର ହେବା ଲାଗି ତାଙ୍କର ଇଚ୍ଛା ହେଲା। ପାଖ ପଡ଼ିଶା ସବୁ ଲୋକ ତାଙ୍କୁ ପରିହାସ କଲେ ଓ କହିଲେ ତୁମେ କମର୍ସ ପଢିଛ, ତ ଡାକ୍ତର କେମିତି ହେବ। କିନ୍ତୁ ସେହି ଯୁବକଙ୍କର ଡାକ୍ତର ହେବା ଲାଗି ଇଚ୍ଛାଶକ୍ତି ବହୁତ ଜୋରଦାର ଥିଲା। ତେଣୁ ସେହି ବ୍ୟକ୍ତି ଜଣେ ଖ୍ୟାତନାମା ଡାକ୍ତରଙ୍କ ହସ୍ପିଟାଲରେ କାମ କରିବାକୁ ଲାଗିଲେ। କାମ କରୁକରୁ କେବଳ ଡାକ୍ତର ମହାଶୟଙ୍କର ଆଖି ଅପରେସନକୁ ସବୁବେଳେ ଦେଖିଦେଖି ସେ ଆଖି ଅପରେସନ ଶିଖିଗଲେ। ପରେ ସେହି ବ୍ୟକ୍ତି କଠିନ ପରିଶ୍ରମର ସହିତ ଡାକ୍ତର୍ ହେବା ଲାଗି ପଢାପଢି ଆରମ୍ଭ କରିଦେଲେ ଓ ଶେଷରେ ସେ ଆଖି ଡାକ୍ତର ହେବାର ଲକ୍ଷ୍ୟ ପୂରଣ କରିପାରିଲେ। ଏଭଳି ସ୍ଥିତି ଆପଣଙ୍କର ମଧ୍ୟ ଆସିବ। ଯଦି ଆପଣ ମଧ୍ୟ ନିଜ ଜୀବନରେ କିଛି କରିବାକୁ ଚାହୁଁଥାନ୍ତି ଓ କିଛି ଲକ୍ଷ୍ୟ ଆପଣ ନିର୍ଦ୍ଧାରଣ କରିନିଅନ୍ତି ତ ସେହି ଲକ୍ଷ୍ୟ ନିଶ୍ଚିତ ଭାବରେ ପୂରଣ ହେବ। କିନ୍ତୁ ଏକଥା ପ୍ରତି ଧ୍ୟାନ ରଖନ୍ତୁ ଯେ ଯେଉଁ ଲକ୍ଷ୍ୟ ନିର୍ଦ୍ଧାରଣ କରିଛନ୍ତି, ତାହାକୁ ପାଇବା ପାଇଁ ନିରନ୍ତର ପ୍ରୟାସ ଏବଂ ଅଭ୍ୟାସ କରିବାକୁ ପଡ଼ିବ। ଏଭଳି ସମ୍ଭବ ନୁହେଁ ଯେ ଆଜି ପର୍ଯ୍ୟନ୍ତ କୌଣସି ବି ବ୍ୟକ୍ତି ନିଜର ଲକ୍ଷ୍ୟ ପାଇବା ପାଇଁ ଅକ୍ଳାନ୍ତ ଅଭ୍ୟାସ ଓ ପ୍ରୟାସ କରିନାହାନ୍ତି। ତାହା ଅଲଗା କଥା ଯେ କେତେକ ବ୍ୟକ୍ତି ଅଭ୍ୟାସ ଏବଂ ପ୍ରୟାସ କରିଥାନ୍ତି, କଠିନ ପରିଶ୍ରମ କରିଥାନ୍ତି, କିନ୍ତୁ ସେମାନେ ପ୍ରଦର୍ଶନ କରନ୍ତି ନାହିଁ, ଲୋକମାନଙ୍କୁ କୁହନ୍ତି ନାହିଁ ସେମାନେ କେତେ ଅଭ୍ୟାସ କରୁଛନ୍ତି ଓ ସଫଳତା ପାଇଯାଇଛନ୍ତି। ତେଣୁ ଏକଥାକୁ ନିଶ୍ଚିତ ଗ୍ରହଣ କରନ୍ତୁ କି ଜୀବନରେ ନିଜ ଲକ୍ଷ୍ୟକୁ ପାଇବାର କୌଣସି ଶସ୍ତା, ସାଦାସିଧା, ବିନା ପରିଶ୍ରମର ରାସ୍ତା ଆପଣାଇବାରେ କାମ ହୋଇଯିବ ନାହିଁ। ଯଦି ଆପଣଙ୍କର ଲକ୍ଷ୍ୟ ପ୍ରାପ୍ତ କରିବାର ଅଛି ତ କଠିନ ପରିଶ୍ରମ କରିବାକୁ ହିଁ ପଡ଼ିବ ଓ ଏଥିସହିତ ଅକ୍ଳାନ୍ତ ପ୍ରୟାସ ଓ ବେଳେବେଳେ ଏହାର ଅଭ୍ୟାସ ମଧ୍ୟ କରିବାକୁ ହେବ, ତାହେଲେ ଆମେ ନିଶ୍ଚିତ ଭାବରେ ନିଜ ଲକ୍ଷ୍ୟ ପାଇପାରିବା। ଏହାପରେ ଆମର ଜୀବନ ଆନନ୍ଦମୟ ହୋଇପାରିବ।

ଯେଉଁ ଲୋକଙ୍କର ଏବେ କୌଣସି ଲକ୍ଷ୍ୟ ନାହିଁ ଓ ସେମାନେ ଯୁବକ ତ ସେମାନଙ୍କ ପାଇଁ ମୋର ଗୋଟିଏ ହିଁ ପରାମର୍ଶ ଓ ତାହା ହେଉଛି ଏହା କି ଆପଣ ଜୋରଦାର ପଢାପଢି କରନ୍ତୁ। ଯଦି ଆପଣ ଭଲ ଭାବରେ ପଢିବେ ତାହେଲେ ଏଭଳି ଯୋଗ୍ୟତା ହାସଲ କରିପାରିବେ ଯାହା

ଆପଣଙ୍କୁ ଉଚ୍ଚରୁ ଉଚ୍ଚତମ ଶିଖରରେ ପହଞ୍ଚାଇପାରିବ। ଏହି ଯୋଗ୍ୟତାର ଆଧାରରେ ଯଦି ଆପଣଙ୍କର ଇଚ୍ଛା ହୁଏତ କିଛି ସମୟ ପାଇଁ ଚାକିରି କରିବା ପରେ ନିଜର ବ୍ୟାପାର କିମ୍ବା ବ୍ୟବସାୟ ଆରମ୍ଭ କରିପାରିବେ। ଏଠାରେ ସବୁଠୁ ମୁଖ୍ୟ କଥା ହେଲା ଏହି ଯେ ଆମେ ଆମ ଜୀବନରେ ବହୁତ କିଛି ପାଇବା ପାଇଁ ଆଶା କରୁ, ଅଭିଳାଷ ଥାଏ। କିନ୍ତୁ ସେହି ଆଶା ଓ ଅଭିଳାଷକୁ ପୂରଣ କରିବା ଲାଗି ଆମେ ସମ୍ପୂର୍ଣ୍ଣ ଭାବରେ ସଜାଗ ରହୁ ନାହିଁ। ତେଣୁ ବିଦ୍ୟାର୍ଥୀମାନଙ୍କୁ ବିଶେଷ ଭାବରେ ଏହି କଥା ପ୍ରତି ଧ୍ୟାନ ରଖିବାକୁ ହେବ କି ଲକ୍ଷ୍ୟ ନିର୍ଦ୍ଧାରଣ କରି ହିଁ ପଢନ୍ତୁ, ତାହେଲେ ଆପଣଙ୍କ ଜୀବନ ନିଶ୍ଚିତ ଭାବରେ ଆନନ୍ଦମୟ ହୋଇପାରିବ ଓ ଆପଣ ନିଜର ଲକ୍ଷ୍ୟ ହାସଲ କରିବାରେ ସଫଳ ହୋଇପାରିବେ। ସେହିପରି ଯେଉଁ ବ୍ୟକ୍ତି ବ୍ୟାପାର ଏବଂ ବ୍ୟବସାୟରେ ଉନ୍ନତି ଚାହାନ୍ତି, ଆଜି ତାଙ୍କ ପାଖରେ ନା ଅଭିଜ୍ଞତା ଅଛି ନା ହାତରେ ପଇସା, ଏଭଳି ସ୍ଥିତିରେ ତାଙ୍କ ପାଇଁ କେବଳ ଗୋଟିଏ କାମ କରିବାକୁ ହେବ, ତାହା ହେଲା ପ୍ରକୃତ ଆନ୍ତରିକତାର ସହିତ ଏବଂ ସଚ୍ଚୋଟତାର ସହ କୌଣସି ବ୍ୟାପାରୀ ଅଥବା ବ୍ୟବସାୟୀଙ୍କ ଏହି କାର୍ଯ୍ୟ କରିବା। କାର୍ଯ୍ୟ କରିବା ସମୟରେ ନିଜର ବେତନ ପ୍ରତି ଦୃଷ୍ଟି ନଦେଇ କେବଳ ଏହି କଥା ପ୍ରତି ଧ୍ୟାନ ରଖନ୍ତୁ ଯେ ମୋ କାର୍ଯ୍ୟରେ ମୋ ମାଲିକ ଖୁସି ହେଉଛନ୍ତି, କେବଳ ଏହି ଚିନ୍ତାଧାରାକୁ ଯଦି ନିଜର ଲକ୍ଷ୍ୟ ଭାବରେ ଗ୍ରହଣ କରନ୍ତି ତାହେଲେ କୌଣସି ସନ୍ଦେହ ନାହିଁ ଯେ ଆପଣ ଆଗାମୀ ଦିନରେ ନିଜ ବ୍ୟାପାର ଏବଂ ବ୍ୟବସାୟର ମାଲିକ ହୋଇପାରିବେ।

ତେଣୁ ଆମର ପାଠକ ଧ୍ୟାନ ରଖନ୍ତୁ କି ଆମେ ଯଦି ଜୀବନରେ ନିରନ୍ତର ପ୍ରୟାସ, ଅଭ୍ୟାସ ଜାରି ରଖିବା ତେବେ ଯେଉଁ ଲକ୍ଷ୍ୟ ବି ଆମେ ନିର୍ଦ୍ଧାରଣ କରିବା ତାହାକୁ ପାଇବାରେ ସଫଳତା ମିଳିବାକୁ ଡେରି ହେବ ନାହିଁ।

୪

ଅହଂକୁ ପରିତ୍ୟାଗ କରନ୍ତୁ

'ଅହଂ ଲକ୍ଷ୍ୟପ୍ରାପ୍ତି କ୍ଷେତ୍ରରେ ବହୁତ ବଡ଼ ପ୍ରତିବନ୍ଧକ। ଯଦି ଲକ୍ଷ୍ୟ ପ୍ରାପ୍ତି ଚାହୁଁଛନ୍ତି, ତେବେ ଅହଂକୁ ପରିତ୍ୟାଗ କରିବାକୁ ହିଁ ହେବ।'

ଆପଣ ଜୀବନର ଗୋଟିଏ ଲକ୍ଷ୍ୟ ନିର୍ଦ୍ଧାରଣ କରିନେଲେ ଆଉ ଏବେ ଆପଣଙ୍କର ନଜର ସେହି ଲକ୍ଷ୍ୟକୁ ପ୍ରାପ୍ତ କରିବା ଉପରେ, କିନ୍ତୁ ସର୍ବଦା ଏହି କଥାକୁ ନଜରରେ ରଖନ୍ତୁ ଯେ ଆପଣଙ୍କର ଅହଂଭାବ ଆପଣଙ୍କୁ ନିଜ ଲକ୍ଷ୍ୟଠାରୁ ଦୂରେଇ ନେଇଯିବ ଓ ଆପଣଙ୍କ ଲକ୍ଷ୍ୟକୁ ପୂର୍ଣ୍ଣ ହେବାକୁ ଦେବ ନାହିଁ। ତେଣୁ ପ୍ରତି ମୁହୂର୍ତ୍ତରେ ଏହି କଥା ପ୍ରତି ଧ୍ୟାନ ରଖନ୍ତୁ ଓ ଜୀବନରେ ଅହଂକୁ ସମ୍ପୂର୍ଣ୍ଣ ଭାବରେ ପରିତ୍ୟାଗ କରିଦିଅନ୍ତୁ, ଅନ୍ତତଃ ନିଜର ଲକ୍ଷ୍ୟକୁ ପାଇବା ଲାଗି ଆପଣଙ୍କୁ ଏହା କରିବାକୁ ପଡ଼ିବ।

ବିଗତ ୪୦ବର୍ଷ ମଧ୍ୟରେ ମୁଁ ଜୀବନର ପ୍ରତ୍ୟେକ କ୍ଷେତ୍ରରେ ଅହଂକାର ଯୋଗୁଁ ହେଉଥିବା କ୍ଷତିକୁ ଅନେକ ନିକଟରୁ ଦେଖିଛି। ତାହା ବ୍ୟାପାର କଥା ହେଉ ବା ବ୍ୟବସାୟ, ପୁଣି ସାମାଜିକ କାର୍ଯ୍ୟକ୍ଷେତ୍ରରେ କିମ୍ୱା ରାଜନୀତି ସମ୍ପର୍କିତ ହେଉ, ଜୀବନର ପ୍ରତି କ୍ଷେତ୍ରରେ ଅହଂର ଜବରଦସ୍ତ ଭୂମିକା ରହିଛି। ଆପଣଙ୍କର ଅହଂଭାବ ଆପଣଙ୍କ ଲକ୍ଷ୍ୟକୁ ପୂର୍ଣ୍ଣ କରିବାରେ ଜବରଦସ୍ତ ଭୂମିକା ନିଭାଇଥାଏ। ଏହା ଏଭଳି ଭୂମିକା ଯେ କେବଳ ଅହଂକୁ ଗ୍ରହଣ କରିନେବାରେ ଆପଣଙ୍କର ଲକ୍ଷ୍ୟ ପୂରଣ ହୋଇପାରିବ ନାହିଁ। ତେଣୁ ଏବେ ହେଉଛି ପ୍ରକୃଷ୍ଟ ସମୟ କି ଯେତେବେଳେ ଆପଣ ନିଜ ଜୀବନରେ ଲକ୍ଷ୍ୟକୁ ପୂରଣ କରିବା ଲାଗି ଚିନ୍ତା କରୁଛନ୍ତି ତ ନିଜର ଅହଂକୁ ସମ୍ପୂର୍ଣ୍ଣ ଭାବରେ ପରିତ୍ୟାଗ କରିଦିଅନ୍ତୁ। ତାହେଲେ ଆପଣ ପାଇବେ ଯେ ଜୀବନର ପ୍ରତି କ୍ଷେତ୍ରରେ ଆପଣ ଯେକୌଣସି ଲକ୍ଷ୍ୟ ବି ରଖିବେ, ସେହି ଲକ୍ଷ୍ୟକୁ ପ୍ରାପ୍ତ କରିବା ପାଇଁ ଆପଣ କ୍ରମାଗତ ଅଗ୍ରସର ହେବେ ଓ ଆପଣଙ୍କର ଲକ୍ଷ୍ୟପ୍ରାପ୍ତି ଶୀଘ୍ର ହେବ।

ଯେତେବେଳେ ଆମେ ଅହଂ ସମ୍ପର୍କରେ ଆଲୋଚନା କରୁ ପାଠକମାନଙ୍କୁ ଏହା କହିବାକୁ ଚାହେଁକି ଅହଂର କୌଣସି ମାପଦଣ୍ଡ ନାହିଁ ଯେ କେତେ ପରିମାଣର ଅହଂ କ୍ଷତିକାରକ ଓ କେତେ ଅହଂ କ୍ଷତିକାରକ ନୁହେଁ ତାହା ମାପିବା ପାଇଁ। ମସ୍ତିଷ୍କରେ କେବଳ ଗୋଟିଏ କଥାକୁ ହିଁ

ଧ୍ୟାନରେ ରଖନ୍ତୁ କି ଅହଂ ଆପଣଙ୍କ ଜୀବନରେ ଛୋଟ ରୂପରେ ଆସୁ କି ବଡ଼ ରୂପରେ, ତଥାପି ଅହଂ କ୍ଷତିକାରକ ହୋଇଥାଏ। ଭଲ କଥା ହେଉଛି ଏହା ଯେ, ଆପଣ ନିଜର ଅହଂକୁ ନିଜେ ହିଁ ଦୂରେଇ ଦେଇପାରିବେ। ଅହଂକୁ ଦୂର କରିବା ଲାଗି କୌଣସି ବାହ୍ୟ ପରିବେଶର ଆବଶ୍ୟକତା ନାହିଁ। କେବଳ ନିଜ ମସ୍ତିଷ୍କରେ ଚିନ୍ତା କରିନିଅନ୍ତୁ ଯେ, ମୋର ଅହଂ ମୋ ପାଇଁ କ୍ଷତିକାରକ। ଏପରି ସ୍ଥଳେ ଆମେ ଅହଂକୁ ନିଜ ଆଖପାଖରେ କାହିଁକି ଘୂରିବାକୁ ଦେବା। ହଁ, ଏକଥା ତ ନିଶ୍ଚିତ ଯେ ବେଳେବେଳେ ଅହଂର କ୍ଷତିକୁ ଧ୍ୟାନରେ ରଖିଲେ ଆପଣଙ୍କ ଭିତରେ ଅହଂକୁ ହଟାଇବାର ଆସ୍ଥା ଜାଗ୍ରତ ହୋଇଯିବ ଓ ଆପଣ ଅହଂକୁ ନିଜ ଜୀବନରୁ ଦୂରେଇ ଦେଇପାରିବେ। ମୋର ଦୁଇ ବନ୍ଧୁଙ୍କର ବ୍ୟବସାୟ କଥା ମନେ ପଡୁଛି, ଯେଉଁମାନେ ପାଖାପାଖି ୨୦ବର୍ଷ ପର୍ଯ୍ୟନ୍ତ ସଫଳତାର ସହିତ ବ୍ୟବସାୟ ଚଳାଇଥିଲେ। ସେମାନଙ୍କ ମଧ୍ୟରେ କୌଣସି ପ୍ରକାର ସମସ୍ୟା ଆସିନଥିଲା, କିନ୍ତୁ ହଠାତ ଏକ ଛୋଟ କଥାକୁ ନେଇ ଦୁଇ ଜଣଙ୍କ ମଧ୍ୟରେ ବଚସା ହୋଇଗଲା। ସେମିତି କିଛି ଖାସ କଥା ନଥିଲା। ସେଥିରେ ଟଙ୍କା କାରବାରରେ କମ୍ ହେଉ ନଥିଲା କି କାହାର କ୍ଷତି ହେଉ ନଥିଲା, କିନ୍ତୁ କଥା ହେଲା ସେମାନେ ନିଜର ଅହଂଭାବକୁ ପ୍ରାଧାନ୍ୟ ଦେଲେ ଓ ସେହି ଅହଂ କାରଣରୁ ଦୁଇ ଜଣଙ୍କ ମଧ୍ୟରେ ବ୍ୟବସାୟିକ ସମ୍ପର୍କ ଶେଷ ହୋଇଗଲା। ଯାହା ଫଳାର ଦୁଇଜଣଙ୍କୁ ବହୁତ ବଡ଼ କ୍ଷତି ସହିବାକୁ ପଡ଼ିଲା, କାରଣ ଏହା ସମସ୍ତେ ଭଲ ଭାବେ ଜାଣନ୍ତି କି ଯଦି ଗୋଟିଏ କାର୍ଯ୍ୟକୁ ଦୁଇ ଜଣ ପରିଚାଳନା କରିବେ ତେବେ ସେମାନେ ଭଲ ଭାବରେ ତାହାକୁ ନେଇଆଣି ଥୋଇପାରିବେ ଆଉ ସେହି କାମକୁ ଯଦି ଜଣେ ବ୍ୟକ୍ତି ସମ୍ଭାଳେ ତେବେ ସବୁ କାମକୁ ଜଣେ ଲୋକ ହିଁ ଦେଖିବ। ଏହାଦ୍ୱାରା ବ୍ୟାପାର ଏବଂ ପେସାରେ ପୂର୍ଣ୍ଣତା ଆସିବାରେ ସମସ୍ୟା ଦେଖାଦେବ। ଟିକିଏ ଚିନ୍ତା କରନ୍ତୁ, ଏକ ସଫଳ ବ୍ୟବସାୟ ଯାହାକୁ ଦୁଇ ଜଣ ମିଶି ଚଳାଉଥିଲେ ଓ ରୋଜଗାର କରିଆସୁଥିଲେ, ମୁହୂର୍ତ୍ତକ ମଧ୍ୟରେ ତାହା ଭାଙ୍ଗିଗଲା ଓ ତାହା ମଧ୍ୟ କେବଳ ଅହଂ କାରଣରୁ। ତେଣୁ ଆପଣ ମନ ମଧ୍ୟରେ ପ୍ରତିଜ୍ଞା କରିନିଅନ୍ତୁ ଯେ କଦାପି ଅହଂକୁ ମନରେ ଆସିବାକୁ ଦେବେ ନାହିଁ। ନିଜ ବୁଦ୍ଧିରେ କାର୍ଯ୍ୟ କରନ୍ତୁ।

ବିଶ୍ୱସ୍ତରୀୟ ସେବା ସଂସ୍ଥାରେ କେବଳ ଅହଂ କାରଣରୁ ସିଲିଗୁଡ଼ି ସହରରେ ବହୁତ ଭଲ ଚାଲୁଥିବା କ୍ଲବ ଭାଙ୍ଗିଗଲା, କାରଣ ଜଣେ ବ୍ୟକ୍ତିଙ୍କ ହୃଦୟରେ ଅହଂ ଆସିଗଲା କି ଫଟୋଗ୍ରାଫର ମୋର ଓ ମୋ ପତ୍ନୀଙ୍କର ଫଟୋ ନଉଠାଇ ଅନ୍ୟ ଲୋକଙ୍କର ଫଟୋ ଉଠାଇଲା। ଆହୁରି ମଧ୍ୟ ଅହଂ ଆସିଲା କି ମୁଖ୍ୟ ଅତିଥି ଯେତେବେଳେ ଆସିଲେ ତ ମୋତେ ତାଙ୍କ ପାଖରେ ଛିଡ଼ା କରି ମୋର ଫଟୋ ନିଆଗଲା ନାହିଁ। ଟିକିଏ ଚିନ୍ତା କରନ୍ତୁ, ଏତେ ଛୋଟ କଥାରୁ ଆପଣ ନିଜ ମସ୍ତିଷ୍କକୁ ଅହଂରେ ଭରିଦିଅନ୍ତି ଯେଉଁଥିରେ ବହୁତ କ୍ଷତି ହୋଇଥାଏ । ଆଉ ଏହି କ୍ଷତି କେବଳ ଆପଣଙ୍କର ହିଁ ହୋଇଥାଏ। ତେଣୁ ଅହଂକୁ ପାଖକୁ ଆସିବାକୁ ଦିଅନ୍ତୁ ନାହିଁ, ତେବେ ଆପଣଙ୍କୁ ନିଜ ଲକ୍ଷ୍ୟକୁ ହାସଲ କରିବାରେ ସଫଳତା ମିଳିବ।

୨

ଲକ୍ଷ୍ୟ ପ୍ରାପ୍ତି ନିମନ୍ତେ ଦିନଚର୍ଯ୍ୟା

'ଜୀବନରେ ସଫଳତା ପାଇବା ଲାଗି ଦିନଚର୍ଯ୍ୟା ନିଶ୍ଚିତ ଲେଖନ୍ତୁ ଓ ବେଳେବେଳେ ତାହାକୁ ପଢ଼ିନିଅନ୍ତୁ, ତାହେଲେ ନିଜର ଲକ୍ଷ୍ୟ ଧ୍ୟାନରେ ରହିବ ଏବଂ ଭୁଲରୁ ଶିକ୍ଷା ମିଳିବ।'

-ମହାତ୍ମା ଗାନ୍ଧୀ

ଜୀବନରେ ଲକ୍ଷ୍ୟ ହାସଲ କରିବାର ଅଛି, ଯେତେବେଳେ ଆପଣ ଏହା ଭାବିନେବେ, ଏହା ପରବର୍ତ୍ତୀ ସମୟ ହେଉଛି ଆପଣ ଏହି ଲକ୍ଷ୍ୟ ପ୍ରାପ୍ତି ଲାଗି ଦିନରାତି ଉଦ୍ୟମ କରିଚାଲିବେ। ସେହି ସମୟରେ ଆପଣଙ୍କୁ ଅସୀମ ପ୍ରସନ୍ନତା ମିଳିବ, ଯେତେବେଳେ ଆପଣଙ୍କର ଲକ୍ଷ୍ୟ ପୂରଣ ହୋଇଯିବାର ସଫଳତା ଆପଣ ପାଇବେ। ଲକ୍ଷ୍ୟକୁ ପୂରଣ କରିବାରେ ବହୁତ ଗୁରୁତ୍ୱପୂର୍ଣ୍ଣ ଭୂମିକା ନିଭାଇଥାଏ ଆପଣଙ୍କ ଡାଇରୀ। ଆପଣ ନିଜର ପ୍ରତିଦିନର କାର୍ଯ୍ୟକୁ ଲେଖନ୍ତୁ ଅଥବା ଡେଲି ଡାଇରୀ ଲେଖନ୍ତୁ। ପ୍ରତିଦିନ ସଂକ୍ଷିପ୍ତ ରୂପରେ ଲେଖାଯାଉଥିବା ଆପଣଙ୍କ ଡାଇରୀ ଆପଣଙ୍କୁ ଲକ୍ଷ୍ୟ ନିକଟରେ ପହଞ୍ଚାଇଦେବ। ଏହାର ମୁଖ୍ୟ କାରଣ ହେଲା ଏହା ଯେ ଯେତେବେଳେ ଆପଣ ନିଜର ଡାଇରୀ ଲେଖିବେ, କେହି ନକହିଲେ ବି ସ୍ୱତଃ ଆପଣଙ୍କୁ ଏହା ଜଣାପଡ଼ିଯିବ ଆଜିର ଦିନଚର୍ଯ୍ୟାରେ କେଉଁ ଘଟଣା ଲାଗି ଆପଣଙ୍କ ଲକ୍ଷ୍ୟପ୍ରାପ୍ତିରେ ବାଧା ଉପୁଜିଲା। ଆପଣଙ୍କୁ ଏହା ମଧ୍ୟ ଜଣାପଡ଼ିଯିବ କେଉଁ କାରଣରୁ ଆପଣ ନିଜର ଲକ୍ଷ୍ୟକୁ ପୂରଣ କରିବାକୁ ଯାଇ ତା' ନିକଟରେ ପହଞ୍ଚିଯାଇଛନ୍ତି। ତେଣୁ ପ୍ରତ୍ୟେକ ବ୍ୟକ୍ତି, ଯିଏ ନିଜର ଲକ୍ଷ୍ୟ ପୂରଣ କରିବାକୁ ଚାହାନ୍ତି, ସେମାନେ ସେମାନଙ୍କର ଡାଇରୀ ଲେଖିବା ଉଚିତ। ଯେତେବେଳେ ଆପଣ ରାତିରେ ଶୋଇବା ପୂର୍ବରୁ ଡାଇରୀ ଲେଖି ବସିବେ ତ ଗୋଟିଏ କଥା ପ୍ରତି ନିଶ୍ଚିତ ଭାବରେ ଧ୍ୟାନ ଦେବେ ଯେ ଦିନଚର୍ଯ୍ୟା ବା ଡେଲି ଡାଇରୀରେ କେବଳ କାମର କଥା ଲେଖନ୍ତୁ, ଯାହାର ଉଦ୍ଦେଶ୍ୟ ହେଉଛି ଆପଣଙ୍କ ଜୀବନର ଲକ୍ଷ୍ୟ। ସେହିସବୁ କଥା ଲେଖନ୍ତୁ, ଯାହା ଆଜି କ୍ରିୟାନ୍ୱିତ ହେଲା କିମ୍ବା କ୍ରିୟାନ୍ୱିତ ହୋଇପାରିଲା ନାହିଁ। ଯାହାର ସିଧାସଳଖ ସମ୍ପର୍କ ଆପଣଙ୍କ ଜୀବନର ଲକ୍ଷ୍ୟ ସହିତ ରହିଛି। କୌଣସି ସ୍ଥାନରେ ଆପଣଙ୍କୁ ହାର୍ଦ୍ଦିକ ଅଭିନନ୍ଦନ ଦିଆଗଲା ଓ ଆପଣଙ୍କର

ପ୍ରଶଂସା କରାଗଲା। ସେହି କଥା ଯଦି ଆମ ଡାଇରୀରେ ନରହେ କୌଣସି ପ୍ରକାର ସମସ୍ୟା ହେବାର ନାହିଁ। ତେବେ ବି ସଂକ୍ଷେପରେ ଯଦି ଆମର ଉପଯୁକ୍ତ ସମ୍ମାନ କରାଗଲା, ଆଜି ଆମକୁ ମର୍ଯ୍ୟାଦା ମିଳିଲା, ଆଜି ଲୋକମାନେ ଆମର ପ୍ରଶଂସା କଲେ ଇତ୍ୟାଦିକୁ ମଧ୍ୟ ଆପଣଙ୍କ ଡାଇରୀରେ ଲେଖାଯାଏ ତେବେ କିଛି ଭୁଲ ନାହିଁ, କାରଣ ଆପଣଙ୍କୁ ଯେଉଁ ପ୍ରଶଂସା ମିଳିଲା, ସେହି କଥାକୁ ଯଦି ଆପଣ ବାରମ୍ବାର ପଢିବେ, ତେବେ ଆପଣଙ୍କ ହୃଦୟରେ ଆହୁରି ପ୍ରେରଣା ଜାଗ୍ରତ ହେବ କି ମୁଁ କେମିତି ଆଉ ଅଧିକ ନିଜର ଲକ୍ଷ୍ୟପ୍ରାପ୍ତି ଲାଗି ସଜାଗ ହୋଇଯିବି। ମହାତ୍ମା ଗାନ୍ଧୀ ଏହି କଥା ଉପରେ ଜୋର ଦେଉଥିଲେ କି ପ୍ରତ୍ୟେକ ବ୍ୟକ୍ତି ନିଜ ନିଜର ଡେଲି ଡାଇରୀ ଅଥବା ଦିନଚର୍ଯ୍ୟା ନିୟମିତ ଲେଖିବା ଉଚିତ । ମାସେ ଦୁଇ ମାସରେ ଆପଣ ଯେଉଁ ଡେଲି ଡାଇରୀ ଲେଖିଛନ୍ତି ତାହାକୁ ପଢନ୍ତୁ । ବେଳେବେଳେ ଡାଇରୀ ପଢିବା ଦ୍ୱାରା ଆମେ ଯେଉଁ ଲକ୍ଷ୍ୟ ନିର୍ଦ୍ଧାରଣ କରିଥିବା ତାହାକୁ ସଫଳତା ପୂର୍ବକ ପାଳନ କରିବାରେ ସହାୟତା ମିଳିବ ।

ଡାଇରୀ ଲେଖିବାର ସବୁଠୁ ଭଲ ପ୍ରଣାଳୀ ହେଲା ଆପଣ ଏପରି ଡାଇରୀ ନିଅନ୍ତୁ ଯେଉଁଥିରେ ପ୍ରତି ତାରିଖର ଗୋଟିଏ ପୃଷ୍ଠା ଥିବ । ଏବେ ସେହି ପୃଷ୍ଠାରେ ହିଁ ଆପଣ ନିଜ ଦିନଚର୍ଯ୍ୟା ଲେଖିବାର ଚେଷ୍ଟା କରନ୍ତୁ । ଏମିତି ତ ଦିନଚର୍ଯ୍ୟା ଲେଖିବା ଲାଗି କୌଣସି ନିର୍ଦ୍ଦିଷ୍ଟ ସମୟ ନାହିଁ, ତେବେ ସବୁଠୁ ଭଲ ସମୟ ହେଲା ଯେତେବେଳେ ରାତିରେ ଆପଣ ଶୋଇବାକୁ ଯିବା ଲାଗି ପ୍ରସ୍ତୁତ ହେଉଛନ୍ତି, ସେତିକିବେଳେ ପାଞ୍ଚ ମିନିଟରୁ କମ୍ ସମୟ ଦେଇ ଡାଇରୀ ଲେଖିନିଅନ୍ତୁ । ଆହୁରି ଭଲ ହେବ ତାରିଖ ସହିତ ସମୟ ଉଲ୍ଲେଖ କରି ଡାଇରୀ ଲେଖିବା। ଏହାକୁ ଇଂରାଜୀରେ ଲେଖନ୍ତୁ ବା ହିନ୍ଦୀରେ କିମ୍ବା ଅନ୍ୟ କୌଣସି ଭାଷାରେ ଲେଖନ୍ତୁ, ସେଥିରେ କିଛି ଯାଏଆସ ନାହିଁ। ଉଦ୍ଦେଶ୍ୟ କେବଳ ଏହା ଯେ, ଆଜି ଆପଣ ନିଜ ଆତ୍ମାକୁ ଆତ୍ମସମ୍ବୋଧନ କରିବାକୁ ଚାହୁଁଛନ୍ତି କି ମୋର ଦିନ କିପରି ବିତିଲା। ଏହି ବିତିଯାଇଥିବା ଆଜି ସମ୍ପର୍କରେ ଆପଣ ଯେଉଁ ଦିନଚର୍ଯ୍ୟା ଲେଖିନେଲେ ତ ଆପଣଙ୍କୁ ଅନୁଭବ ହୋଇଯିବ କି ଆଜି ଦିନରେ ଆପଣଙ୍କର କ'ଣ କମ୍ ରହିଲା ଓ ଏହି କମତିକୁ ଆଗାମୀ ଦିନରେ ସୁଧାରିବାକୁ ହେବ । ଏହିଭଳି ଡାଏରୀ ଲେଖିବା ଅଭ୍ୟାସ କରିବା ଦ୍ୱାରା ଆପଣଙ୍କୁ ଏକ ପ୍ରକାର ଉତ୍ସାହ ମିଳିବ । ବିଶେଷ କରି ସେହି ବ୍ୟକ୍ତି ଯିଏ କି ଜୀବନରେ କାହାକୁ ମଧ୍ୟ ନିଜ ସମ୍ପର୍କରେ କହନ୍ତି ନାହିଁ ଓ ନିଜ ଲକ୍ଷ୍ୟ ସମ୍ପର୍କରେ ଆଲୋଚନା କରିପାରନ୍ତି ନାହିଁ, ସେମାନେ ଡାଇରୀ ଲେଖିବା ଦ୍ୱାରା ନିଜେ ନିଜର ଉତ୍ଥାନ ପାଇଁ ଓ ନିଜ ଲକ୍ଷ୍ୟକୁ ସାକାର କରିବା ଲାଗି ନୂଆ ମାର୍ଗ ପ୍ରସ୍ତୁତ କରିପାରିବେ ।

ଆଜି ପର୍ଯ୍ୟନ୍ତ ଆପଣ ନିଜର ଦିନଚର୍ଯ୍ୟା ବା ଡେଲି ଡାଇରୀ ଲେଖିନାହାନ୍ତି, ଦିନ ପରେ ଦିନ, ବର୍ଷ ପରେ ବର୍ଷ ବିତିଗଲାଣି, ଆପଣଙ୍କର କାର୍ଯ୍ୟକଳାପ ବଢିଗଲାଣି, ସଫଳତା ବି ମିଳିଚାଲିଛି, କିଛି ନିରାଶା ମଧ୍ୟ ଆସିଛି, ହେଲେ ଏସବୁକୁ ଆପଣ ଆଜି ପର୍ଯ୍ୟନ୍ତ ଲେଖାଲେଖି କରିନାହାନ୍ତି। ଭାବନ୍ତୁ ନାହିଁ ଯେ ଆଜି ପର୍ଯ୍ୟନ୍ତ ମୁଁ ମୋର ଡେଲି ଡାଇରୀ ଲେଖିନାହିଁ, ଏହା ମଧ୍ୟ ଚିନ୍ତା କରନ୍ତୁନି କି ଆମେ ଆଜି ପର୍ଯ୍ୟନ୍ତ କିଛି ତ ଲେଖିନାହୁଁ, ଏବେ କେମିତି ଲେଖିବା ?

ଦିନଚର୍ଯ୍ୟା ବା ଡେଲି ଡାଇରୀ ଲେଖିବା ପାଇଁ ବେଶୀ କିଛି କରିବାକୁ ପଡେନି । ସାଦାସିଧା ବସି ଆପଣ ସାଦା କାଗଜରେ ଦିନ ସାରା କ'ଣ କ'ଣ କାର୍ଯ୍ୟ କରିଛନ୍ତି, ତାହା ସହିତ ତା'ର ଆକଳନ ଲେଖିବା ଆରମ୍ଭ କରିଦିଅନ୍ତୁ । ଅନେକ ଥର ଯେତେବେଳେ ଆପଣ ନିଜର ଦିନଚର୍ଯ୍ୟା ବା ଡେଲି ଡାଇରୀ ଲେଖିବାର ପ୍ରୟାସ କରୁଥାନ୍ତି, ଦୁଇ ଚାରଦିନ ପରେ ଆପଣଙ୍କୁ ଅନୁଭବ ହେବାକୁ ଲାଗିବ କି ଆପଣ ନିଜ ଡେଲି ଡାଇରୀ ଲେଖିବା ସମୟରେ ଯେଉଁ କଥା ଲେଖୁଛନ୍ତି, ସେହି କଥା ନିଜର ଅତି ଖାସ୍ କୌଣସି ବ୍ୟକ୍ତିଙ୍କ ଆଗରେ ଆଲୋଚନା କରୁଛନ୍ତି । ଏହା କରିବା ଦ୍ୱାରା ଆପଣଙ୍କ ମନ ହାଲକା ହୋଇଯିବ । ସତ କଥା ହେଉଛି ଏହା ଯେ, ଆପଣ ଏବଂ ଆମ୍ଭେମାନେ ନିଜର ସାରା ଦିନର ଛୋଟମୋଟ, ଭଲ ମନ୍ଦ କଥା କାହାକୁ କହିପାରୁ ନାହିଁ । କାହାକୁ କହିବା ଲାଗି କୁଣ୍ଠାବୋଧ ହୋଇଥାଏ, ହୋଇପାରେ ସେ ଏଥିରେ ଅହଂଭାବ ଦେଖାଇଥାଏ, ସେ ହୁଏତ ଆମକୁ ଘୃଣା ଦୃଷ୍ଟିରେ ଦେଖିପାରେ ଏବଂ ହୋଇପାରେ ତାଙ୍କୁ ଲାଗିବ କି ଏହା ଏମିତି କେଉଁ ଗୁରୁତ୍ୱପୂର୍ଣ୍ଣ କଥା ଯେ ଆପଣ ତାହାକୁ ଆଲୋଚନା କରିବାକୁ ଚାହୁଁଛନ୍ତି । ସତ କଥା ହେଲା ଆପଣଙ୍କ ଦିନ ଆଜି କେମିତି ବିତିଲା, ଆଜି ଆପଣଙ୍କ ଜୀବନରେ କ'ଣ ସବୁ ଘଟଣା ଘଟିଲା, ଏହାକୁ ଶୁଣିବା ଲାଗି ବାସ୍ତବରେ କାହାର ରୁଚି ନଥାଏ, ତଥାପି ଏହା ସତ ଯେ ଯଦି ଆପଣ ବିତିଯାଇଥିବା ଦିନର ଚର୍ଚ୍ଚା କୌଣସି ବ୍ୟକ୍ତିଙ୍କ ସହ ମଧ୍ୟ କରନ୍ତି ତେବେ ଆପଣଙ୍କ ଭିତରେ ଏକ ଭିନ୍ନ ପ୍ରକାର ଶକ୍ତି ପ୍ରାପ୍ତ ହେବ ଏବଂ ଆପଣ ନିଜର ଲକ୍ଷ୍ୟକୁ ପ୍ରାପ୍ତ କରିପାରିବେ । ଏଥିରେ କେବଳ ଗୋଟିଏ ହିଁ ବିକଳ୍ପ ରହିଛି ଆଉ ସେହି ବିକଳ୍ପ ହେଲା ନିଜର ଦିନଚର୍ଯ୍ୟା ବା ଡେଲି ଡାଇରୀ ଲେଖିବା ।

ଯିଏ ପ୍ରଥମ ଥର ପାଇଁ ନିଜ ଜୀବନର ଦିନଚର୍ଯ୍ୟା ବା ଡେଲିଡାଇରୀ ଲେଖିବାକୁ ଯାଉଛନ୍ତି, ସେ ଦୟାକରି ଧ୍ୟାନର ସହିତ ବୁଝିନିଅନ୍ତୁ କି ପ୍ରଥମେ ଗୋଟିଏ ସପ୍ତାହ ଯେତେବେଳେ ଆପଣ ଲେଖିବା ଆରମ୍ଭ କରିବେ ତ ହୋଇପାରେ କି ଆପଣ ଅଧାପୃଷ୍ଠାରୁ ଅଧିକ ଲେଖିପାରିବେ ନାହିଁ କିମ୍ବା ଅନେକ ଥର ଏହା ମଧ୍ୟ ହୋଇପାରେ କି ଆପଣ ଦୁଇ ଧାଡି ଲେଖିସାରିବା ପରେ ନିଜ କଥାକୁ ବନ୍ଦ କରିବେ । କିଛି କଥା ନାହିଁ, ଆପଣ ଅଧିକ ଲେଖନ୍ତୁ ବା କମ୍, ଏଥିରେ କୌଣସି ଫରକ ପଡିବ ନାହିଁ, ଧୀରେ ଧୀରେ ଆମକୁ କେବଳ ଗୋଟିଏ କଥାକୁ ଧ୍ୟାନ ରଖିବାକୁ ହେବ କି ଯେତେବେଳେ ଡେଲି ଡାଇରୀ ଲେଖୁଛନ୍ତି, ପ୍ରତିଦିନ ଲେଖନ୍ତୁ । ଏଥିରେ ବ୍ୟତିକ୍ରମ ହେବା ଉଚିତ ନୁହେଁ । ଆପଣ ଯଦି ଗୋଟିଏ ସପ୍ତାହ ଲଗାତାର ଅଭ୍ୟାସ କରି ଆପଣଙ୍କର ଡେଲି ଡାଇରୀ ଲେଖିବା ପ୍ରକ୍ରିୟା ଆପଣାନ୍ତି, ତେବେ ଗୋଟିଏ ସପ୍ତାହ ପରେ ଆପଣ ନିପୁଣତାର ସହ ନିଜର ଡେଲି ଡାଇରୀ ଲେଖିବାରେ ପାରଙ୍ଗମ ହୋଇଯିବେ ।

ଯେତେବେଳେ ଆପଣ ଡେଲି ଡାଇରୀ ଲେଖିବା ଆରମ୍ଭ କରିଦେବେ ତ ଏହି କଥାକୁ ଧ୍ୟାନରେ ରଖିବେ କି ଆଗାମୀ ଦିନରେ ସପ୍ତାହେ, ଦଶଦିନ, ପନ୍ଦର ଦିନରେ ଡେଲି ଡାଇରୀର ଲେଖାଯାଇଥିବା କିଛି ପୃଷ୍ଠାକୁ ପଢିବା ଆରମ୍ଭ କରନ୍ତୁ । ସାରା ଦିନର ୨୪ ଘଣ୍ଟାରୁ ଆପଣଙ୍କ

ନିଜର ଡାଇରୀ ପଢିବାରେ ୫-୭ ମିନିଟ୍ ଲାଗିବ । ଆପଣଙ୍କୁ ଏହା ଜଣାଇଦେଉଛୁ କି ନିଜ ଦ୍ୱାରା ଲେଖାଯାଇଥିବା ଡେଲି ଡାଇରୀକୁ ଯେତେବେଳେ ଆପଣ ପଢିବେ, ଆପଣଙ୍କୁ ହସ ଲାଗିବ, କିଛି କଥାକୁ ପଢି ଆପଣ ହସି ପକାଇବେ, କେତେକ କଥାକୁ ପଢି ଆପଣଙ୍କୁ ଲାଗିବ କି ମୁଁ କି ମୂର୍ଖତା କରିଥିଲି । ତେଣୁ ଆପଣଙ୍କ ଦ୍ୱାରା ଲେଖାଯାଇଥିବା ଡେଲି ଡାଇରୀକୁ ବେଳେବେଳେ ପଢିବା ଦ୍ୱାରା ଆପଣଙ୍କୁ ବାସ୍ତବରେ ଆଶ୍ଚର୍ଯ୍ୟ ପ୍ରକାର ଖୁସି ମିଳିବ, ଭିନ୍ନ ଧରଣର ଆନ୍ତରିକ ଶକ୍ତି ମିଳିବ ଓ ଆଶ୍ଚର୍ଯ୍ୟ ପ୍ରକାରର ପ୍ରସନ୍ନତା ମିଳିବ । ଆପଣ ଚିନ୍ତା କରିବେ କି ଆଗାମୀ ଦିନରେ ମୁଁ ନିଜ ଲକ୍ଷ୍ୟକୁ କିପରି ପୂର୍ଣ୍ଣ କରିବା ଲାଗି ଅଗ୍ରସର ହୋଇଯାଏ । ଡେଲି ଡାଇରୀରୁ ଆହୁରି ମଧ୍ୟ ଆନନ୍ଦ ନେବା ଲାଗି ଚାରିପାଞ୍ଚ ସାଙ୍ଗ ଏକାଠି ଡେଲି ଡାଇରୀ ଲେଖିବା ନେଇ ଚିନ୍ତନ-ମନନ କରନ୍ତୁ, ଆଲୋଚନା କରନ୍ତୁ ଓ ନିଜ ନିଜ ଡେଲି ଡାଇରୀ ଲେଖିବା ସମ୍ପର୍କରେ ଯେଉଁ କଥା ମନକୁ ଆସୁଛି, ତାହାକୁ ପରସ୍ପର ମଧ୍ୟରେ ଆଲୋଚନା କରିବା ଦ୍ୱାରା ଭଲ ହେବ । ଏଥିରେ ଆପଣଙ୍କୁ ଡାଇରୀ ଲେଖିବା ପ୍ରକ୍ରିୟାରେ ଅସୀମ ଶକ୍ତିର ଅନୁଭବ ମିଳିବ । ଯଦି ଆଜି ପର୍ଯ୍ୟନ୍ତ ଆପଣ ଡେଲି ଡାଇରୀ ଲେଖିନାହାନ୍ତି, ତେବେ ଆଜି ହିଁ ପ୍ରତିଜ୍ଞା କରିନିଅନ୍ତୁ କି ମୋତେ ମୋର ଡେଲି ଡାଇରୀ ଲେଖିବାକୁ ହେବ । ଯାହା ହେଲେ ବି କିଛି ତ କାରଣ ରହିଛି, ଯେଉଁଥିପାଇଁ ଜାତିର ପିତା ମହାତ୍ମା ଗାନ୍ଧୀ ଡେଲି ଡାଇରୀ ଲେଖିବା ଲାଗି ବହୁତ ଅଧିକ ଗୁରୁତ୍ୱ ଦେଉଥିଲେ । ଯେତେବେଳେ ଆପଣ ଡେଲି ଡାଇରୀ ଲେଖିବେ ତ ଏହି କଥାକୁ ନିଶ୍ଚୟ ମନେ ରଖିବେ ଯେ ଆପଣ ସମସ୍ତ ସତ କଥା ଲେଖୁଛନ୍ତି । ବେଳେବେଳେ ଜୀବନରେ ଏଭଳି ମୋଡ ଆସିଥାଏ, ଯେତେବେଳେ ଆପଣଙ୍କର ମାନସିକ ଚାପ ବଢିଯାଇଥାଏ ଓ ଆପଣଙ୍କୁ ଭୟ ଲାଗେ କି କୌଣସି ଭୁଲ ହୋଇଯାଇନି ତ । ଏପରି ସ୍ଥଳେ ଏହିସବୁ କଥାକୁ ନିଜ ଡାଇରୀରେ ଲେଖି ଦିଅନ୍ତୁ । ଆପଣଙ୍କ ଡେଲି ଡାଇରୀ ଆପଣଙ୍କର ବିଚାର ଏବଂ ଜୀବନରେ ଯାହା ଘଟିଯାଇଛି ତାହାର ପ୍ରତିରୂପ ଅଟେ ।

10

ଯାହା ଘଟି ନାହିଁ, ତାହାର ଚିନ୍ତା କାହିଁକି ?

'ଯାହା ଘଟି ନାହିଁ, ସେ ସମ୍ପର୍କରେ ଅନାକାଂକ୍ଷିତ ଚିନ୍ତାଧାରାକୁ ନେଇ ଭାବିବା ଏବଂ ସେଥିରେ ନିଜକୁ ସାମିଲ କରିବା ବ୍ୟର୍ଥ ଅଟେ । ଏଭଳି କରିବା ଦ୍ୱାରା ଲକ୍ଷ୍ୟର ସଫଳତା ପ୍ରାପ୍ତ ହୋଇପାରେ ନାହିଁ ।'

ନିଜର ଲକ୍ଷ୍ୟକୁ ହାସଲ କରିବା ଲାଗି ଏହା ବହୁତ ଗୁରୁତ୍ୱପୂର୍ଣ୍ଣ କି ଯେଉଁ ଘଟଣା ଘଟିନାହିଁ ସେ ବିଷୟରେ ଚିନ୍ତା କରନ୍ତୁ ନାହିଁ । ଏହା ଆପଣଙ୍କ ଲକ୍ଷ୍ୟକୁ ପୂରା କରିବାର ସଫଳ ମନ୍ତ୍ର । ଅନେକ ସମୟରେ ଦେଖାଯାଏ କି ଲୋକମାନେ ନିଜର ଲକ୍ଷ୍ୟ ପ୍ରତି ନଜର ତ ନିଶ୍ଚୟ ରଖିଥାନ୍ତି । କିନ୍ତୁ ପ୍ରତି ମୁହୂର୍ତ୍ତରେ ଆସନ୍ତାକାଲି ସମ୍ପର୍କରେ ଭାବି ଚିନ୍ତାଗ୍ରସ୍ତ ରହନ୍ତି । ଅତଏବ ଆପଣ ଆସନ୍ତାକାଲି ସମ୍ପର୍କରେ ଭାବି କଦାପି ଚିନ୍ତିତ ହୁଅନ୍ତୁ ନାହିଁ । ଅନ୍ୟଥା ଏଭଳି କରିବା ଦ୍ୱାରା ଆପଣଙ୍କୁ ନିଜ ଲକ୍ଷ୍ୟ ପୂର୍ଣ୍ଣ କରିବାରେ କଷ୍ଟକର ଅନୁଭବ ହେବ ।

ପରମାତ୍ମାଙ୍କ ଅସୀମ ଆଶୀର୍ବାଦରୁ ଏହି ମାନବ ଜୀବନ ପ୍ରାପ୍ତ ହୋଇଛି । ଏହି ମାନବ ଜୀବନରେ ଯଦି ଆମେ ବଞ୍ଚିବାର କଳା ସହିତ ଭଲ ଭାବରେ ପରିଚିତ ହୋଇଯିବା ତେବେ ବୁଝିବାକୁ ହେବ କି ଆମର ଜୀବନ ସାର୍ଥକ ହୋଇଗଲା, ଅନ୍ୟଥା ମାନବ ଜୀବନ ପାଇ ମଧ୍ୟ ଆମ ଜୀବନକୁ ସାର୍ଥକତା ମିଳିପାରିବ ନାହିଁ । ସବୁଠୁ ବଡ ସମସ୍ୟା ଏହା ଯେ ଯଦି ଏହି ଜୀବନକୁ ଡରି ଡରି ଜୀଇଁବା ତେବେ ବଞ୍ଚିବାର ଆନନ୍ଦ ଓ ମଜା ଆମେ କୌଣସି ପରିସ୍ଥିତିରେ ମଧ୍ୟ ଉଠାଇପାରିବା ନାହିଁ । ତେଣୁ କରି ଭୟ କରନ୍ତୁ ନାହିଁ, ଆଜି ନୁହେଁ କି କାଲି ନୁହେଁ । ସର୍ବଦା ନିଜର କର୍ତ୍ତବ୍ୟ ପଥରେ ଚାଲି ବଞ୍ଚି ରହନ୍ତୁ ଓ କେବେ ବି କାହାକୁ ଭୟ କରନ୍ତୁ ନାହିଁ । ଯେତେବେଳେ ଆମେ ଡରିବା ବିଷୟରେ ଆଲୋଚନା କରୁଛେ, ଏହା ଜଣାଇବାକୁ ଚାହୁଁ କି ଜୀବନରେ କେବେ ବି ଭୟ କରନ୍ତୁ ନାହିଁ । କହିବାର ଅର୍ଥ କୌଣସି ବ୍ୟକ୍ତିବିଶେଷଙ୍କୁ ଡରିବା ନୁହେଁ, କେବଳ ଆଗାମୀ କାଲି ସମ୍ପର୍କରେ ଚିନ୍ତାକରି ସେଥିରୁ ଉତ୍ପନ୍ନ ହେବାକୁ ଥିବା ଡର

ସମ୍ପର୍କରେ । ଆମେ ଚାହୁଁଛୁ କି ସବୁ ପାଠକ ନିଜ ଜୀବନ କାଳରେ ହେବାକୁ ଥିବା ଘଟଣାଗୁଡିକୁ ମୁଣ୍ଡରେ ପୂରାଇ ଡରରୁ ଉତ୍ପନ୍ନ ହେବାକୁ ଥିବା ପ୍ରତିକ୍ରିୟାଠାରୁ ସର୍ବଦା ଦୂରେଇ ରହନ୍ତୁ ଏବଂ ଭଲ ଓ ସଚ୍ଚୋଟତାର ସହ ବଞ୍ଚିବାର କଳାକୁ ଜାଣି ନିଜ ଜୀବନକୁ ସଫଳ କରନ୍ତୁ ।

ଏକଦା ପତି–ପତ୍ନୀ ନୌକା ବିହାର କରୁ କରୁ ଚର୍ଚ୍ଚା କରିବାକୁ ଲାଗିଲେ କି ଆମ ଦୁଇଜଣଙ୍କ ମଧ୍ୟରୁ ପ୍ରଥମେ କାହାର ମୃତ୍ୟୁ ହେବ । ନୌକା ବିହାର ଶେଷ ହେଲା ଓ ସେମାନେ ପୁଣି ସେମାନଙ୍କର ଦିନଚର୍ଯ୍ୟାରେ ଲାଗିଗଲେ । କିନ୍ତୁ ପତ୍ନୀଙ୍କ ମସ୍ତିଷ୍କରେ ଏହି ପ୍ରଶ୍ନ ଅନେକ ଦିନ ଯାଏ ମଝିରେ ମଝିରେ ଉଠିବାକୁ ଲାଗିଲା କି ତା ହେଲେ ପ୍ରଥମେ କାହାର ମୃତ୍ୟୁ ହେବ, ପତିଙ୍କର ନା ପତ୍ନୀଙ୍କର । ଏହି ବିଚାରଧାରାରୁ ଉତ୍ପନ୍ନ ହେଉଥିବା ଅନେକ କଥା ସେ ନିଜ ମସ୍ତିଷ୍କରେ ଲେଖିଦେଲେ । ପତ୍ନୀ କଳ୍ପନା କରିବାକୁ ଲାଗିଲେ କି ଯଦି ମୋର ମୃତ୍ୟୁ ପ୍ରଥମେ ହୋଇଯାଏ ତ ମୋର ପତି କ'ଣ ପୁନର୍ବିବାହ କରିବେ ଆଉ ଯଦି କରନ୍ତି ତେବେ ମୋର ଯାହା ଅଳଙ୍କାର ଅଛି କ'ଣ ସେ ତାଙ୍କର ଦ୍ୱିତୀୟ ପତ୍ନୀକୁ ଦେବେ ନା ମୋର ପିଲାମାନଙ୍କ ମଧ୍ୟରେ ବାଣ୍ଟିବେ । କିଛି ଦିନ ପରେ ପତ୍ନୀ କଳ୍ପନା କରିବାକୁ ଲାଗିଲେ କି ମୋ ସ୍ୱାମୀଙ୍କର ଦ୍ୱିତୀୟ ପତ୍ନୀ କିପରି ହୋଇଥିବ । ଏହିଭଳି ଅନେକ ଚିନ୍ତାକୁ ମୁଣ୍ଡରେ ପୂରାଇବା ଫଳରେ ପତ୍ନୀ ରୋଗରେ ପଡିବାକୁ ଲାଗିଲେ ।

ଜଣେ ବଡ ମନୋଚିକିତ୍ସକଙ୍କୁ ଦେଖାଇବା ପରେ ପତ୍ନୀଙ୍କ ମାନସିକ ସ୍ଥିତି ସମ୍ପର୍କରେ ଜଣାପଡ଼ିଲା ଏବଂ ଯେତେବେଳେ ତାଙ୍କୁ ବୁଝାଇଦିଆଗଲା କି ଯାହା ଆଜି ଘଟିନାହିଁ ସେ ସମ୍ପର୍କରେ ଆପଣ କ'ଣ ପାଇଁ ଚିନ୍ତା କରୁଛନ୍ତି, ତାପରେ ଯାଇ ତାଙ୍କ ମନ ଭିତରେ ଉଠୁଥିବା ଅନେକ ଚିନ୍ତା ଭାବନା ଶାନ୍ତ ପଡ଼ିଲା ।

ଆପଣ ମଧ୍ୟ ଏହି କଥାକୁ ଧ୍ୟାନରେ ରଖନ୍ତୁ କି ଯାହା ଆପଣଙ୍କ ଜୀବନରେ ଘଟି ନାହିଁ, ସେ ବିଷୟରେ ଭାବି, ସେ ସମ୍ପର୍କରେ ଚିନ୍ତାକରି ଆପଣ ନିଜର ସ୍ୱର୍ଣ୍ଣିମ ଜୀବନକାଳକୁ ବରବାଦ ହେବାକୁ ଦିଅନ୍ତୁ ନାହିଁ ।

ସେହିପରି ୫ ବର୍ଷ ପୂର୍ବେ ଏକ ଦମ୍ପତିଙ୍କର ବିବାହ ହୋଇଥିଲା । କିଛିଦିନ ହେଲା ସ୍ୱାମୀ–ସ୍ତ୍ରୀ ଦୁଇଜଣଙ୍କୁ ଖୁବ୍ ଚିନ୍ତାଗ୍ରସ୍ତ ଥିବା ଦେଖାଯାଉଥିଲା । ଏହି ଚିନ୍ତାର କାରଣ ଥିଲା ସେମାନଙ୍କର ତିନିବର୍ଷର ଶିଶୁକୁ ସ୍କୁଲ ପଠାଇବାକୁ ନେଇ । ଦୁଇଜଣ ଯାକ ଏହି କଥାକୁ ନେଇ ଚିନ୍ତିତ ଥିଲେ

ଯେ ଶିଶୁଟିର ନାମଲେଖା କେଉଁ ସ୍କୁଲରେ ହେବ ଓ ତାହାଠୁ ବଡ଼ ସମସ୍ୟା ନାମଲେଖା ହୋଇପାରିବ ନା ନାହିଁ ? କେତେ ଦୂରରେ ଶିଶୁଟିର ସ୍କୁଲ ହୋଇଥିବ ? ଯଦି ସ୍କୁଲକୁ ବସ୍ ସୁବିଧା ନ ହୁଏ ତେବେ କିପରି ପତି-ପତ୍ନୀ ସକାଳୁ ଶିଶୁଟିକୁ ସ୍କୁଲକୁ ଛାଡ଼ିବାକୁ ଯିବେ ଓ ପୁଣି ଥରେ ଆଣିବା ପାଇଁ ଯିବେ । ଏହିଭଳି ଶିଶୁର ନାମ ଲେଖାକୁ ନେଇ ସେହି ଦୁଇଜଣଙ୍କ ମୁଣ୍ଡକୁ ମାନସିକ ଚିନ୍ତା ଘାରିଥିଲା । ଫଳ ଏଇଆ ହେଲା କି ଯେପର୍ଯ୍ୟନ୍ତ ସ୍କୁଲରେ ଶିଶୁଟିର ନାମଲେଖା ନ ହୋଇଛି, ସେପର୍ଯ୍ୟନ୍ତ ପତି-ପତ୍ନୀ ଦୁଇଜଣ ମାନସିକ ସ୍ତରରେ ଚିନ୍ତାଗ୍ରସ୍ତ ରହିବା କାରଣରୁ ବଞ୍ଚିବାର ଆନନ୍ଦ ନେଇପାରୁ ନଥିଲେ ।

ଯାହା ଘଟିନାହି, ଯାହା ହୋଇନାହିଁ, ଯାହା ବିତିନାହିଁ, ତା'ର ଚିନ୍ତା ଆପଣ କିମ୍ବା ଆମେ କଦାପି କରିବା ଉଚିତ ନୁହେଁ; ନଚେତ ବଞ୍ଚିବାର ଆନନ୍ଦ ଦୂରେଇଯିବ । ଯେଉଁଠି ଏହି କଥା ବ୍ୟକ୍ତିଗତ ମାମଲାରେ ମଧ୍ୟ ଲାଗୁହୋଇଥାଏ, ସେଠାରେ ଅନ୍ୟ ପ୍ରକାର ବ୍ୟବସାୟ ବାଣିଜ୍ୟ ଏବଂ ନିବେଶ କ୍ଷେତ୍ରରେ ମଧ୍ୟ ସମ୍ପୂର୍ଣ୍ଣ ଭଲ ହୋଇଥାଏ । କିଛିଦିନ ପୂର୍ବରୁ ଦିଲ୍ଲୀରେ ଡିଡିଏ ଘର ଆବଣ୍ଟନ ଲାଗି ନୂଆ ଯୋଜନା ପ୍ରସ୍ତୁତ କରିଥିଲା । ଅନେକ ଲୋକ ଫର୍ମ ପୂରଣ କରି ଜମା କରିଦେଲେ । ଯେଉଁ ଲୋକଙ୍କ ପାଖରେ ପଇସା ନଥିଲା ସେମାନେ ବ୍ୟାଙ୍କରୁ ଋଣ ମଧ୍ୟ କରିନେଲେ ଆଉ ଋଣ ନେବାରେ ସେମାନେ କୁଣ୍ଠାବୋଧ ମଧ୍ୟ କଲେ ନାହିଁ । ଯଦି ଡିଡିଏ ଦ୍ୱାରା ଫ୍ଲାଟ ଆବଣ୍ଟନ ହୋଇଯାଏ ତେବେ ସୁଧର ଫାଇଦା କ୍ଷତିଠାରୁ କେତେ ଗୁଣରେ ଅଧିକ ହୋଇଯିବ । ଏଭଳି ଭାବନା ଜଣେ ନୁହେଁ ବରଂ ସମସ୍ତଙ୍କର ଥିଲା ଆଉ ଯେତେବେଳେ ଆବେଦନ ପତ୍ର ଜମା କରିଦେଲେ ରାତିରେ ନିଦ ହେଲା ନାହିଁ । ଏହି ଚିନ୍ତା ଘାରିବାକୁ ଲାଗିଲା କି ଯଦି ଆବଣ୍ଟନ ନହୁଏ ତାହେଲେ କାଲି କ'ଣ ହେବ । ଆପଣ ଏଭଳି ସ୍ଥିତିରେ ଚିନ୍ତା କରନ୍ତୁ ନାହିଁ, କାରଣ ଯାହା ଏବେ ହୋଇନାହିଁ, ତା'ର ଚିନ୍ତା କରିବା ଦ୍ୱାରା କେବଳ ଆପଣଙ୍କର ମସ୍ତିଷ୍କ ବିକୃତ ହୋଇଯିବ ଓ ଭଲକଥା ଚିନ୍ତା କରିବାକୁ ସକ୍ଷମ ହୋଇପାରିବେ ନାହିଁ, ଯାହା ଫଳରେ ଆପଣଙ୍କୁ ଅନେକ ଅନ୍ୟ ଦୁଷ୍ପରିଣାମ ଭୋଗିବାକୁ ପଡ଼ିପାରେ । ତେଣୁ ଯେତେବେଳେ କୌଣସି ବି ନିବେଶ କ୍ଷେତ୍ରରେ ଏଭଳି ପରିସ୍ଥିତି ଆସେ ଓ ଆପଣଙ୍କ ମସ୍ତିଷ୍କ ଚିନ୍ତାଗ୍ରସ୍ତ ହୋଇଥାଏ ତେବେ ଏଥିରେ ଚିନ୍ତା କରନ୍ତୁ ନାହିଁ,କେବଳ ଶୁଦ୍ଧ ଚିନ୍ତନ କରନ୍ତୁ ।

ଉଦାହରଣ ସ୍ୱରୂପ, ଯଦି ଡିଡିଏରେ ଆପଣ ଫ୍ଲାଟ ପାଇଁ ଫର୍ମ ଦାଖଲ କରିଛନ୍ତି, ଯେତେବେଳେ ନାଁ ଆସିବ ସେତେବେଳେ ଖୁସି ମନାଇବେ, ଆଉ ନ ଆସିଲେ ସୁଧ ଗଣି

ବହୁତ କ୍ଷତିର ସମ୍ମୁଖୀନ ହେବେ । ଯଦି ଆଜି ହିଁ ଆଗାମୀ ମାସେ ଦୁଇ ମାସ ସମ୍ପର୍କରେ ଚିନ୍ତା ନିଜ ମୁଣ୍ଡରେ ପୂରାନ୍ତି ଅନ୍ୟ କାର୍ଯ୍ୟ କରିବା ପ୍ରବୃତ୍ତି ଉପରେ ଏହାର ପ୍ରଭାବ ପଡ଼ିବ । ସେହିପରି ଆପଣ କମ୍ପାନୀର ଶେୟାରରେ ନିବେଶ କରୁଛନ୍ତି । ସମ୍ବାଦପତ୍ରରେ ଆପଣ ବିଜ୍ଞାପନ ଦେଖିଲେ ଓ ଭାବିଲେ ଯଦି ସେୟାରରେ ନିବେଶ କରିଦିଆଯିବ ତେବେ ପଇସା ଦୁଇଗୁଣ ହୋଇଯିବ, କିନ୍ତୁ ଯେପର୍ଯ୍ୟନ୍ତ କମ୍ପାନୀ ଆବଣ୍ଟନ ସମ୍ପର୍କରେ ବିଜ୍ଞାପନ ପ୍ରକାଶ କରିନାହିଁ, ସେପର୍ଯ୍ୟନ୍ତ ଆପଣଙ୍କର ନିଦ ସମ୍ପୂର୍ଣ୍ଣ ହଜିଯିବ । ଆପଣ ପ୍ରତିଦିନ ବସି ବସି ଚିନ୍ତା କରିବାକୁ ଲାଗିବେ, ମୋତେ କେଉଁ ଶେୟାର ମିଳିବ, କେତେ ମିଳିବ ଓ ଯେତେବେଳେ ଶେୟାର ଷ୍ଟକ ଏକ୍ସଚେଞ୍ଜରେ ଲିଷ୍ଟ ହୋଇଯିବ ତ ସେହି ଶେୟାରରେ ଦାମ୍ କେତଗୁଣ ବଢ଼ିଯିବ ଯେଉଁଥିରେ ମୁଁ ନିବେଶ କରିଛି, ଯଦି ଏହିଭଳି ଚିନ୍ତା ଆସୁଛି, ତେବେ ଆସିବାକୁ ଦିଅନ୍ତୁ । ଆପଣ ସେ ସମ୍ପର୍କରେ ଚିନ୍ତା କରିପାରନ୍ତି, କିନ୍ତୁ ଚିନ୍ତା କରିବା ସମ୍ପୂର୍ଣ୍ଣ ବେକାର ଓ ଏଭଳି ଚିନ୍ତା ଆପଣଙ୍କ ସ୍ୱର୍ଣ୍ଣିମ ଜୀବନକୁ ଧକ୍କା ପହଞ୍ଚାଇବ । ଏହିଭଳି ଚିନ୍ତା ସେହି ଲୋକମାନେ ମଧ୍ୟ କରିଥାନ୍ତି ଯାହାଙ୍କ ଘରେ ପିଲା ବଡ ହୋଇଗଲେଣି । ସର୍ବପ୍ରଥମେ ଚିନ୍ତା କରିଥାନ୍ତି ପୁଅ କିମ୍ବା ଝିଅର ବାହାଘର ହେବ ନା ନାହିଁ ଆଉ ଯଦି ହେବ ତାହେଲେ କେବେ ହେବ ? ମନେକରନ୍ତୁ ଯେତେବେଳେ ନିର୍ବନ୍ଧ ହୋଇଗଲା, ସେତେବେଳେ ମଧ୍ୟ ମନରେ ଅଲଗା ପ୍ରକାର ଚିନ୍ତା ଆସିଯିବ କି କ'ଣ ଏହି ସମ୍ବନ୍ଧ ଠିକ୍ ଠାକ୍ ଚାଲିବ ? କ'ଣ ନିର୍ବନ୍ଧ ଠାରୁ ବିବାହ ପର୍ଯ୍ୟନ୍ତ ସମୟ ଠିକ୍ ଭାବରେ ବିତିଯିବ ? ଆପଣଙ୍କର ଚିନ୍ତା ହେବ ଯଦି ବାରାତ୍ ସମୟ ଅନୁସାରେ ନଆସେ ତେବେ କ'ଣ ହେବ ? ଆପଣଙ୍କୁ ଚିନ୍ତା ଘାରିବ କି ନିର୍ବନ୍ଧର କିଛି ସମୟ ପରେ ଯଦି ସମ୍ପର୍କ ତୁଟିଯାଏ ତେବେ ଆମେ ସମାଜରେ ମୁହଁ ଦେଖାଇ ପାରିବୁ ନାହିଁ । ଏହିଭଳି ଚିନ୍ତା ବାସ୍ତବିକ କେବଳ ଭାରତର ଲୋକମାନଙ୍କର ନୁହେଁ, ବରଂ ସାରା ବିଶ୍ୱର କୋଟି କୋଟି ଲୋକଙ୍କ ମନରେ ଉତ୍ପନ୍ନ ହୋଇଥାଏ । ତଥାପି ଭଲ ଜୀବନ ଜିଉଁଥିବା ଲୋକ ଏ ପ୍ରକାର ଚିନ୍ତାରେ ବିବ୍ରତ ହୁଅନ୍ତି ନାହିଁ କି ଏଭଳି ଚିନ୍ତା କରନ୍ତି ନାହିଁ ।

ଟିକିଏ ଭାବନ୍ତୁ ତ, ଯଦି ଆପଣ ଫାଲତୁ କଥାରେ ଚିନ୍ତା କରିବା ଆରମ୍ଭ କରିଦିଅନ୍ତି ତେବେ ଆଜି ଆପଣଙ୍କର କେବଳ ସମୟ ବରବାଦ ହେବ ନାହିଁ, ମସ୍ତିଷ୍କ ବିକାର ମଧ୍ୟ ଦେଖାଦେବ । ତେଣୁ ଆପଣ ଭୟ କରନ୍ତୁ ନାହିଁ, ଯାହା ଜୀବନରେ ଘଟି ନାହିଁ, ସେ ସମ୍ପର୍କରେ ଆଜିଠାରୁ ହିଁ ଚିନ୍ତା କରିବା ଛାଡନ୍ତୁ । ମନେ ରଖନ୍ତୁ, ଯିଏ ଡରିଯାଏ ସେ ମରିଯାଏ । ଏହା ସମ୍ପୂର୍ଣ୍ଣ ସତ୍ୟ ଓ ଜୀବନରେ ଅନୁଭବର କଥା ଅଟେ ।

ଯେତେବେଳେ ରୋଗର କଥା ଆସେ, ସେତେବେଳେ ମଧ୍ୟ ଆମେ ଦେଖିବାକୁ ପାଉ କି ଅନେକ ଲୋକ ରୋଗ କଥା ଶୁଣିବା ମାତ୍ରେ ଚିନ୍ତିତ ହୋଇଯାନ୍ତି । ଯଦି ଆପଣ କୌଣସି ରୋଗୀକୁ ଭେଟିବା ଲାଗି ହସ୍ପିଟାଲ ଯାଉଛନ୍ତି, ତାଙ୍କ ରୋଗ ସମ୍ପର୍କରେ [illegible] ଓ ଘରକୁ ଫେରି ଏକୁଟିଆ ବସିରହି ଚିନ୍ତା କରିବାକୁ ଲାଗିବେ, ଯଦି ମୋତେ ମଧ୍ୟ ସେହିଭଳି ରୋଗ ହୋଇଯାଏ ତେବେ ମୁଁ କିପରି ଜୀବନରେ ରହିବି ? ମୋ ଘରର ଗୁଜରାଣ କିପରି ମେଣ୍ଟିବ ? ଏଭଳି ଚିନ୍ତାଧାରା ଯେତେବେଳେ ଆସେ ସେତେବେଳେ ମସ୍ତିଷ୍କ ସକରାତ୍ମକ କାମ କରିବା ପରିବର୍ତ୍ତେ ନକରାତ୍ମକ କାର୍ଯ୍ୟ କରିବା ଆରମ୍ଭ କରିଦିଏ ଏବଂ ଆପଣଙ୍କ ଚିନ୍ତା କରିବା ଶକ୍ତିକୁ ହ୍ରାସ କରିଦିଏ । ଯଦି ଆପଣ ନିର୍ଭୟରେ ବଞ୍ଚିବାର କଳା ହାସଲ ଲାଗି ନିରନ୍ତର ପ୍ରୟାସ କରିଚାଲିବେ, ତେବେ ଜୀବନ ବାସ୍ତବରେ ଖୁବ୍ ଆନନ୍ଦମୟ ଲାଗିବ, ଅନ୍ୟଥା ଯାହା ଘଟିନାହିଁ, ତା'ର ଚିନ୍ତା କରିବାରେ ଆପଣ ନିଜର ମନୋବଳ ହ୍ରାସ କରିବେ । ଆପଣ ନିଜ ମସ୍ତିଷ୍କର ଚିନ୍ତା କରିବା ଶକ୍ତିକୁ କ୍ଷୀଣ କରିଦେବେ, ଆପଣ ଅତୃପ୍ତ ରହିବେ, ଆପଣଙ୍କ ମୁଖମଣ୍ଡଳ ଦୁଃଖୀ ବ୍ୟକ୍ତି ଚେହେରା ଭଳି ଦେଖାଯିବ । ପାଖ ପଡିଶା ଏପରିକି ଆପଣ ନିଜକୁ ମଧ୍ୟ ନିଜ ସହ ମିଳିତ ହେବାର ଇଚ୍ଛା ହେବ ନାହିଁ । ତେଣୁ ଯାହା ନ ହୋଇଛି ସେ ସମ୍ପର୍କରେ ଆଦୌ ଚିନ୍ତା କରନ୍ତୁ ନାହିଁ ।

ମୋର ଏଭଳି ଜଣେ ବ୍ୟକ୍ତିଙ୍କ ସହ ଦେଖା ହୋଇଥିଲା ଯିଏ କି ସପ୍ତାହେ ପୂର୍ବରୁ ଟ୍ରେନରେ ଦିଲ୍ଲୀରୁ ବନାରସ ଯାତ୍ରା କରୁଥିଲେ । କିନ୍ତୁ ପରଦିନ ଟିଭିରେ ଯେତେବେଳେ ସେ ଶୁଣିଲେ ଯେ ରାତିରେ ଏକ ଟ୍ରେନ ଦୁର୍ଘଟଣା ହୋଇଯାଇଛି, ସେ କଥାକୁ ନେଇ ସେ ଏତେ ଚିନ୍ତିତ ହୋଇପଡିଲେ ଯେ ସେ ଏକାବେଳକେ ଚିନ୍ତା କରିନେଲେ କି ମୁଁ ଆଉ ଟ୍ରେନରେ ଯାତ୍ରା କରିବି ନାହିଁ । ସେହିପରି ଆମର ଜଣେ ପରିଚିତ ଟାଇଟାନିକ ଫିଲ୍ମ ଦେଖି ଆସିଲେ । ସେ ସେଥିରେ ଦେଖିଲେ କେମିତି ଅଭୂତପୂର୍ବ ଜାହାଜ ଟାଇଟାନିକ ପାଣିରେ ବୁଡିଗଲା । ତାଙ୍କ ମସ୍ତିଷ୍କରେ ଏହି କଥା ଏଭଳି ଗମ୍ଭୀର ପ୍ରଭାବ ପକାଇଲା ଯେ କେବେ ବି ସେ ପାଣିଜାହାଜରେ ସମୁଦ୍ରରେ ଯାତ୍ରା କରିବା କଥା ଚିନ୍ତା ମଧ୍ୟ କରିପାରିଲେ ନାହିଁ । ଯଦି ତାଙ୍କର ବନ୍ଧୁ ଜାହାଜରେ ଯାତ୍ରା କରୁଥାନ୍ତି ତ ତାଙ୍କ ଯାତ୍ରାକୁ ନେଇ ସେ ଚିନ୍ତିତ ହୋଇପଡନ୍ତି ଓ ନିଜର ବ୍ଲଡ ପ୍ରେସର ବଢାଇ ଦିଅନ୍ତି ।

ଯଦି ଆପଣଙ୍କୁ ଭବିଷ୍ୟତର ଅକାରଣ ଡରକୁ ନେଇ ଭୟ କରିବା ଅଭ୍ୟାସ ରହିଯାଇଛି ତେବେ ଏହାକୁ ତ୍ୟାଗ କରିବାକୁ ହେବ । ଯଦି ଅକାରଣ ଭୟକୁ ଆପଣ ତ୍ୟାଗ ନକରନ୍ତି

ତେବେ ଆପଣଙ୍କ ବଞ୍ଚିବାର କଳା ସ୍ୱାଦହୀନ ହୋଇଯିବ। ତେଣୁ ମୁଁ ଆପଣମାନଙ୍କୁ ଅନୁରୋଧ କରୁଛି କି ଆପଣ ନିଜ ଜୀବନକୁ ମଜବୁତ କରି ବଞ୍ଚିବାର ଲାଳସା ରଖିଥିଲେ, ଆଜି, କାଲି ଏବଂ କେବେ ବି ସେହି କଥାକୁ ନେଇ ଚିନ୍ତା କରନ୍ତୁ ନାହିଁ, ଯାହା ଆପଣଙ୍କ ଜୀବନରେ ହିଁ ଘଟିନାହିଁ। ଯଦି ଆମେ ଦେଖିବା ତ ଜାଣିପାରିବା କି ଆମେ ଯେଉଁ ଫାଲତୁ କଥାକୁ ନେଇ ଚିନ୍ତା କରିଚାଲିଛୁ ସେଥିରୁ ୯୦ ପ୍ରତିଶତ ଘଟଣା ଆମ ଜୀବନରେ ଘଟି ହିଁ ନାହିଁ। ତେଣୁ ଫାଲତୁ ଚିନ୍ତାକୁ ତ୍ୟାଗ କରି ବାସ୍ତବ ଜୀବନରେ ରହିବା ଆରମ୍ଭ କରିଦିଅନ୍ତୁ ଏବଂ ରାମାୟଣର ଏହି ଚୌପଦୀକୁ ସତ୍ୟ ମାନନ୍ତୁ- 'ଜାହୀ ବିଧି ରାଖେ ରାମ, କାହୀ ବିଧି ରହିଯେ।' ଆମେ ଆଜି ହିଁ ନିଜ ମନରୁ ଡରକୁ ଦୂରେଇ ଦେବା। ବିଶେଷ କରି ସେହି କଥାର ଡର, ଯାହା ଆମ ଜୀବନରେ ଘଟିନାହିଁ। ଏହି ଛୋଟ ପ୍ରସଙ୍ଗକୁ ଯଦି ଆପଣ ମନରେ ବସାବାନ୍ଧି ରଖିନିଅନ୍ତି, ତେବେ ଆପଣଙ୍କ ଜୀବନ ଆନନ୍ଦମୟ ହେବ ଓ ଆପଣଙ୍କୁ ଜୀବନରେ ଆଗ୍ରହ ଲାଗିବ।

11

ସମସ୍ତ ଜମାପୁଞ୍ଜି ଅନ୍ୟମାନଙ୍କର, କେବଳ ଲକ୍ଷ୍ୟ ନିଜର

'ଆମର ସଞ୍ଚିତ ଅର୍ଥ ନିଶ୍ଚୟ ଦିନେ ଅନ୍ୟମାନଙ୍କର ହୋଇଯିବ। ତେଣୁ ସର୍ବଦା ଏଭଳି ଲକ୍ଷ୍ୟ ଉପରେ ଧ୍ୟାନ କେନ୍ଦ୍ରିତ କରନ୍ତୁ, ଯାହା ସର୍ବଦା ନିଜର ରହିବ।'

ଏହା ସମ୍ପୂର୍ଣ୍ଣ ସତ୍ୟ ଯେ ଆପଣ ନିଜ ଜୀବନରେ ଉପାର୍ଜନ କରିଥିବା ସମସ୍ତ ଅର୍ଥ ମାତ୍ର ପାଞ୍ଚ ମିନିଟ୍‌ରେ ହିଁ ଅନ୍ୟ ବ୍ୟକ୍ତିଙ୍କୁ ଲେଖିଦେବାକୁ ହେବ। ଆପଣ ଏଭଳି ଚାହୁଁଥିଲେ ତ ହେବ, ଆଉ ଯଦି ନ ଚାହୁଁଛନ୍ତି ତଥାପି ମଧ୍ୟ ନିଶ୍ଚିତ ଭାବରେ ହେବ। କହିବାର ଉଦ୍ଦେଶ୍ୟ ଏହା ଯେ ଆପଣଙ୍କର ସମସ୍ତ ଧନ ଆଜି ନହେଲେ ବି କାଲି ପରିବାର କିମ୍ବା ଅନ୍ୟ ସମ୍ପର୍କୀୟଙ୍କ ନାଆଁରେ ଲେଖି ଦିଆଯିବ । ବିଶେଷ କରି ଯେତେବେଳେ ଆମେ ଏହି ଦୁନିଆରୁ ବିଦାୟ ନେବା। ଏଥିପାଇଁ ନିଜର ଲକ୍ଷ୍ୟକୁ ଧ୍ୟାନରେ ରଖି ଏହି କଥାକୁ ଚିନ୍ତନ-ମନନ କରନ୍ତୁ।

ଆମକୁ ଆଜି ନୁହେଁ ତ କାଲି ଜୀବନର ସମସ୍ତ ଉପାର୍ଜନ ଧନ ପାଞ୍ଚ ମିନିଟରେ ଅନ୍ୟ ନାମରେ ଲେଖିଦେବାକୁ ହେବ, ଏହି ଚିନ୍ତାଧାରା ଆସିବା ମାତ୍ରେ ତ ଆମେ ମାନସିକ ଭାବରେ ଚିନ୍ତିତ ହୋଇଯିବା ଓ ତୁରନ୍ତ ବିଚାର କରିବାକୁ ଲାଗିବା କି ମୁଁ ନିଜ ଜୀବନର ଉପାର୍ଜନକୁ କୌଣସି ଅନ୍ୟ ବ୍ୟକ୍ତିକୁ କୌଣସି ପରିସ୍ଥିତିରେ ମଧ୍ୟ ଦେବାର ନାହିଁ, ସତ କଥା ହେଲା ଏହି ଦେବାର ପ୍ରକ୍ରିୟା ଆପଣ ଖୁସିରେ କିମ୍ବା ଦୁଃଖ ମନରେ ଗ୍ରହଣ କରନ୍ତୁ ସେଥିରେ ଯାଏ ଆସେ ନାହିଁ, କିନ୍ତୁ ଜୀବନର ବାସ୍ତବିକତା ଓ ସତ୍ୟ ହେଲା ଏହା ଯେ ଆମକୁ ନିଜର ସମସ୍ତ ଉପାର୍ଜିତ ଧନ ଅନ୍ୟ ଲୋକଙ୍କ ହାତରେ ଦେବାକୁ ପଡିବ। ଅଧିକାଂଶ ପାଠକ ଏକଥା ଆଗରୁ ଜାଣିଥିବେ, ପରନ୍ତୁ ନିଜ ଜୀବନର ସମସ୍ତ ଅର୍ଜିତ ଅର୍ଥକୁ ପାଞ୍ଚ ମିନିଟରେ ଦେବା ଲାଗି ଯେଉଁ କଥା ମୁଁ କହୁଛି ସେଥିରେ ମୋର ତାତ୍ପର୍ଯ୍ୟ ହେଲା ଆମ ନିଜ ଇଚ୍ଛାପତ୍ର। ଜୀବନରେ କମ୍ ବୟସରୁ ହିଁ ଆପଣ କାମ ଆରମ୍ଭ କରିଦେଇଛନ୍ତି । ତାହା ଚାକିରି ହେଉ ବା ବ୍ୟବସାୟ କିମ୍ବା ଉଦ୍ୟୋଗ ହେଉ, ଆଉ ଗତ ପଚାଶ ବର୍ଷ ମଧ୍ୟରେ ବହୁତ କିଛି ଧନ ଉପାର୍ଜନ କରି ନେଇଛନ୍ତି । ଆପଣ

ନିଜ ହାତରେ ପରିଶ୍ରମ କରି ଲକ୍ଷ କୋଟି ଟଙ୍କା ରୋଜଗାର କରିଛନ୍ତି । ଗୋଟିଏ ବି ସମ୍ପତ୍ତି ଆପଣଙ୍କ ନାମରେ ନଥିଲା । ଆଜି ଆପଣଙ୍କ ପାଖରେ ବହୁତ ସମ୍ପତ୍ତି, କମ୍ପାନୀମାନଙ୍କରେ ଶେୟାର, ବ୍ୟାଙ୍କ ବାଲାନ୍ସ, ଫିକ୍ସଡ ଡିପୋଜିଟ, ସୁନାଚାନ୍ଦିର ଅଳଙ୍କାର ସବୁକିଛି ହୋଇଯାଇଛି । କିନ୍ତୁ ଜୀବନରେ ଏଭଳି ମଧ୍ୟ ସ୍ଥିତି ଆସିବ, ଯେତେବେଳେ ଆପଣଙ୍କୁ ଏହିସବୁ ସମ୍ପତ୍ତିକୁ ନିଜ ଇଚ୍ଛାରେ ଭବିଷ୍ୟତ ପିଢିର ପରିବାରର ଅନ୍ୟ ସଦସ୍ୟମାନଙ୍କ ନାମରେ ବାଣ୍ଟିଦେବାକୁ ହେବ । ଏହି ପ୍ରକ୍ରିୟାରେ ଯଦି ଆପଣ ସନ୍ତୁଷ୍ଟ ନ ହୁଅନ୍ତି ଅଥବା ଆପଣଙ୍କୁ ଏକଥା ଗ୍ରହଣୀୟ ନହୁଏ, ତଥାପି ମଧ୍ୟ ଏକଥା ନିଶ୍ଚିତ ଯେ, ଆପଣଙ୍କ ସମ୍ପୂର୍ଣ୍ଣ ସମ୍ପତ୍ତି ଆପଣଙ୍କ ପରେ ପରିବାରର ସବୁ ସଦସ୍ୟଙ୍କ ମଧ୍ୟରେ ବାଣ୍ଟି ଦିଆଯିବ । ଆଚ୍ଛା ହଁ ଯଦି ଆମେ ଇଚ୍ଛାପତ୍ର ପ୍ରସ୍ତୁତ କରିନଥିବା ତେବେ ଆମ ମୃତ୍ୟୁ ପରେ ଆମର ସମସ୍ତ ସମ୍ପତ୍ତି ଆଇନ ଅନୁଯାୟୀ ପରିବାର ସଦସ୍ୟମାନଙ୍କ ମଧ୍ୟରେ ବାଣ୍ଟି ଦିଆଯିବ ।

ଯେତେବେଳେ ଆମେ ଏହା ଜାଣିବାକୁ ପାଉଛେ କି ଚାଳିଶ ପଚାଶ ବର୍ଷର ପରିଶ୍ରମରୁ ଉପାର୍ଜନ କରିଥିବା ସମସ୍ତ ସମ୍ପତ୍ତି ପାଞ୍ଚ ମିନିଟରେ ବାଣ୍ଟିଦେବାକୁ ପଡିବ, ତ ଏଭଳି ପରିସ୍ଥିତିରେ ମୁଁ ଏକ ମତାମତ ପାଠକମାନଙ୍କ ସମ୍ମୁଖରେ ରଖିବାକୁ ଚାହୁଁଛି । ମୁଁ ଚାହେଁ ଏହି ମତାମତ ଉପରେ ଆପଣ ଚିନ୍ତନ କରନ୍ତୁ, ବନ୍ଧୁମାନଙ୍କ ସହିତ ଆଲୋଚନା କରନ୍ତୁ ଏବଂ ଆପଣଙ୍କ ମାନସିକତାରେ ଏକ ପରିବର୍ତ୍ତନ ଆଣିବା ଲାଗି ଚେଷ୍ଟା କରନ୍ତୁ । ମୋ ବିଚାରରେ ଯେତେବେଳେ ଆମେ ଆମ ଜୀବନର ସମସ୍ତ ରୋଜଗାରକୁ ପାଞ୍ଚ ମିନିଟରେ ବାଣ୍ଟିଦେବାକୁ ପଡିବ, ତେବେ ଏଭଳି ସ୍ଥିତିରେ ଆମେ କାହିଁକି ଏହା ଚିନ୍ତା କରିବାନି ଯେ, ନିଜ ସମ୍ପତ୍ତିର କିଛି ଅଂଶ ଅନ୍ତତଃ ପକ୍ଷେ ପ୍ରତିବର୍ଷ ସେବା ଭଳି ଭଲ କାର୍ଯ୍ୟରେ ଆମେ ନିଜ ହାତରେ ବିନିଯୋଗ ନକରିବା ଓ ଜୀବନର ମଜା ନ ଉଠାଇବା । ଆଚ୍ଛା ହଁ, ଏହି ଚିନ୍ତାଧାରାକୁ ମୁଁ ଆଜି ପର୍ଯ୍ୟନ୍ତ ଶତାଧିକ ପ୍ରତିଷ୍ଠିତ ଏବଂ ଧନୀ ଲୋକମାନଙ୍କ ସମ୍ମୁଖରେ ରଖିଛି ଓ ପ୍ରେରଣା ଦେଇଛି କି ଆପଣ ନିଜ ସମ୍ପତ୍ତିର କିଛି ଅଂଶ ନିଜ ହାତରେ ଦାନ ଧର୍ମ କରିବାରେ ବିନିଯୋଗ କରନ୍ତୁ । ଯଦି ଆପଣ ଏହା କରିବେ ତେବେ ପୁଣ୍ୟର ଲାଭ ତ ମିଳିବ, ଏହା ସହିତ ଅସୀମ ମାନସିକ ଶାନ୍ତି ଆପଣଙ୍କୁ ମିଳିଯିବ । ମୋର ଅନୁରୋଧ ବିଶେଷ କରି ସେହି ସମସ୍ତ ବ୍ୟକ୍ତିମାନଙ୍କ ଲାଗି ଯାହାଙ୍କ ପ୍ରତି ଲକ୍ଷ୍ମୀଙ୍କର ଅସୀମ କୃପା ରହିଛି, ସେମାନେ ଭଗବାନଙ୍କ ଏହି ଅସୀମ କୃପା ପାଇବା ଲାଗି ଅନ୍ତତଃ ପକ୍ଷେ ନିଜ ଜୀବନ୍ କାଳରେ ନିଜ ହସ୍ତରେ କିଛି ସମ୍ପତ୍ତି ଗରିବ, ଅସହାୟ ବ୍ୟକ୍ତିମାନଙ୍କ ମଧ୍ୟରେ ବିତରଣ କରନ୍ତୁ । ନିଜ ହାତରେ ଦେଉଥିବା ଦାନର ଉପଯୋଗିତା ଶାସ୍ତ୍ରମାନଙ୍କରେ ଲେଖାଯାଇଛି । ତେଣୁ ନିଜ ଜୀବନକାଳରେ ନିଜ ପଇସାର ସଦୁପଯୋଗ ନିଜ ପରିବାରରେ ବଣ୍ଟନ କରିବା ସହିତ ସମାଜର ଏଭଳି ବର୍ଗର ଲୋକ, ଯେଉଁମାନେ ଅସହାୟ, ଦୁର୍ଦ୍ଦଶା ଏବଂ ଅଭାବ ମଧ୍ୟରେ ରହିଛନ୍ତି, ସେମାନଙ୍କୁ କିଛିଟା ସହାୟତା କରିବା ଦ୍ୱାରା ଦେଶ ଏବଂ ସମାଜର କଲ୍ୟାଣ ହେବ ଏବଂ ଆମ ଆତ୍ମାକୁ ପ୍ରକୃତ ସୁଖ ମିଳିବ । ମୁଁ ଚାହୁଁଛି କି ପାଠକମାନେ ଏହି ଚିନ୍ତାଧାରା ସମ୍ପର୍କରେ ବିଚାର ବିମର୍ଶ କରନ୍ତୁ । ବନ୍ଧୁମାନଙ୍କ ସହ ଆଲୋଚନା କରନ୍ତୁ ଏବଂ ନିଜ ଅନୁଭବକୁ ଲେଖକଙ୍କ ପାଖକୁ ଲେଖିବାର କଷ୍ଟ କରନ୍ତୁ ।

12

ଶୀଘ୍ର ଲକ୍ଷ୍ୟପ୍ରାପ୍ତି ଲାଗି ଚଉଦ ଦିନିଆ ସପ୍ତାହ

'ଯଦି ଆପଣଙ୍କ ଜୀବନରେ ସପ୍ତାହକ ଚଉଦ ଦିନ ହୋଇଯାଏ, ତେବେ ଜୀବନ କେବଳ ସୁଖମୟ ହେବ ନାହିଁ, ବରଂ ଲକ୍ଷ୍ୟ ସହିତ ଆପଣ ବହୁତ କିଛି ପାଇପାରିବେ ।'

ଏହା ତ ସମସ୍ତେ ଜାଣନ୍ତି ଯେ ଗୋଟିଏ ସପ୍ତାହ ସାତ ଦିନ ହୋଇଥାଏ । ଯଦି ଆମେରିକା ଚାଲିଯାଆନ୍ତି ତ... ପାଠକମାନଙ୍କୁ ଏଭଳି ଜାଗାକୁ ନେଇଯିବି, ଯେଉଁଠି ଏକ ସପ୍ତାହ ଚଉଦ ଦିନ ହୋଇଥାଏ । କଳ୍ପନା କରନ୍ତୁ କି ଯଦି ଆପଣଙ୍କ ଜୀବନରେ ମଧ୍ୟ ଗୋଟିଏ ସପ୍ତାହ ଚଉଦ ଦିନ ହୋଇଯାଏ ତେବେ ଜୀବନ କେତେ ସୁଖମୟ ହୋଇଯିବ ଏବଂ କେତେ ଅଧିକ ଆପଣ ହାସଲ କରିପାରିବେ ଏହି ଗୋଟିଏ ସପ୍ତାହରେ । ଆପଣଙ୍କ ଲକ୍ଷ୍ୟକୁ ସାକାର କରିବା ଲାଗି ସପ୍ତାହରେ ଚଉଦ ଦିନ ସମୟ ମିଳିଯିବ। ଗୋଟିଏ ସପ୍ତାହକୁ ଯଦି ଆପଣ ଚଉଦ ଦିନ କରି ଦେଇପାରନ୍ତି ତେବେ ନିଶ୍ଚିତ ଭାବରେ ଏହା ଖୁବ୍ ଲାଭଦାୟକ ହେବ। ଆସନ୍ତୁ, ଆପଣଙ୍କୁ ସେହି ଜାଗାକୁ ନେଇଯିବା, ଯେଉଁଠି କିଛିଟା ଚିନ୍ତା କରିବା ଦ୍ୱାରା ଗୋଟିଏ ସପ୍ତାହରେ ସାତ ଦିନ ବଦଳରେ ଚଉଦ ଦିନ ହୋଇଯିବ।

ମୁଁ ଏକ ସାଦାସିଧା ଫର୍ମୁଲା ପ୍ରସ୍ତୁତ କରିଛି ଯାହା ଦ୍ୱାରା ନିଜ ଜୀବନରେ ମଧ୍ୟ ସମୟ ବଢିଯିବ ଏବଂ ଗୋଟିଏ ସପ୍ତାହ ମାତ୍ର ସାତଦିନ ନହୋଇ ଚଉଦ ଦିନ ହୋଇଯିବ । ଏହି ଫର୍ମୁଲାର ଅନୁଭବ ମୁଁ ଲବ୍ଧପ୍ରତିଷ୍ଠ ଉଦ୍ୟୋଗପତିମାନଙ୍କ ଉପରେ କରିଛି ଓ ପାଇଛି ଯେ ଛଅମାସ ପରେ ସେମାନେ ଏହି କଥାକୁ ସଫଳ କରି ନିଜ ଜୀବନର ସମୟକୁ ବଢାଇ ପାରିଛନ୍ତି ଓ ଲକ୍ଷ୍ୟକୁ ସମୟସୀମା ପୂର୍ବରୁ ହାସଲ କରିନେଇଛନ୍ତି । ଯଦି ଆପଣ ମଧ୍ୟ ଏହି ଫର୍ମୁଲାକୁ କାର୍ଯ୍ୟାନ୍ୱିତ

କରିବେ ତେବେ ନିଶ୍ଚିତ ଭାବରେ ନିଜ ଜୀବନରେ ଗୋଟିଏ ସପ୍ତାହକୁ ଚଉଦ ଦିନ କରିପାରିବେ ଓ ନିଜର ଲକ୍ଷ୍ୟକୁ ପୂର୍ଣ୍ଣ କରିବାରେ ନିଜକୁ ସହାୟତା କରିବେ ।

ସେହି ଫର୍ମୁଲା ପ୍ରସ୍ତୁତ ହୋଇଛି, ଯାହା ଆପଣଙ୍କ ଗୋଟିଏ ସପ୍ତାହକୁ ଚଉଦ ଦିନ କରିଦେଇ ପାରିବ । ଗୋଟିଏ ସାଦା କାଗଜ ନେଇଯାଆନ୍ତୁ । ସେଥିରେ ଆପଣଙ୍କୁ ନିଜ କାର୍ଯ୍ୟକଳାପର ବିବରଣୀ ଲେଖିବାକୁ ହେବ, ଯାହାକୁ ଆପଣ ଗୋଟିଏ ସପ୍ତାହର ଚଉଦ ଦିନରେ ପୂରଣ କରିବାକୁ ଚାହୁଁଛନ୍ତି । ଏବେ ଏହି ଏକ ସପ୍ତାହ ଯାହା ସାଧାରଣତଃ ସାତ ଦିନ, ସେହି ଏକ ସପ୍ତାହ ବିଶିଷ୍ଟ କାଗଜରେ ପ୍ରତିଦିନ ଆପଣଙ୍କୁ ଗୋଟିଏ ଦିନକୁ ଦୁଇ ଦିନ କରିବାକୁ ହେବ, ଅର୍ଥାତ ସୂର୍ଯ୍ୟୋଦୟଠାରୁ ଦ୍ୱିପ୍ରହର ଭୋଜନ ପର୍ଯ୍ୟନ୍ତ ଆପଣଙ୍କର ଗୋଟିଏ ଦିନ ହେବ । ସେହିପରି ଆପଣଙ୍କ ଦ୍ୱିତୀୟ ଦିନ ଦ୍ୱିପ୍ରହରରୁ ରାତ୍ରିର ଶୋଇବା ସମୟ ପର୍ଯ୍ୟନ୍ତ ହେବ । ଏହିପରି ଆପଣ ଗୋଟିଏ ଦିନକୁ ଦୁଇଭାଗ କରିଦେବେ ଅର୍ଥାତ ଗୋଟିଏ ଅଂଶ ସକାଳର ଓ ଅନ୍ୟ ଅଂଶଟି ସଂଧ୍ୟାର । ଏବେ ଆପଣଙ୍କ ସପ୍ତାହ ଚଉଦ ଦିନ ହୋଇଗଲା । ଆପଣଙ୍କୁ ନିଜର ଅଧ୍ୟୟନରେ ସଫଳତା ହାସଲ କରିବାର ଅଛି ତ ଏହି ଏକ ସପ୍ତାହ ଯାହାକୁ ଆମେ ଚଉଦ ଦିନ କରିଦେଇଛେ, ପ୍ରତ୍ୟେକ ଦିନର ଅଲଗା ଅଲଗା ସମୟକୁ ଲେଖିନିଅନ୍ତୁ- ଆପଣଙ୍କୁ କ'ଣ ପଢିବାର ଅଛି ? ଆପଣଙ୍କୁ କ'ଣ ଅଧ୍ୟୟନ କରିବାକୁ ହେବ ? କେଉଁ ବିଷୟର କେଉଁ ପାଠକୁ ମନେରଖିବାକୁ ହେବ ? ତେବେ ଆପଣଙ୍କୁ ସଫଳତା ମିଳିଯିବ । ସେହିପରି ଯଦି ଆପଣ ବ୍ୟବସାୟ କରୁଥାନ୍ତି ତେବେ ସପ୍ତାହର ଚଉଦ ଦିନରେ ଅଲଗା ଅଲଗା କାର୍ଯ୍ୟକୁ ଲେଖିନିଅନ୍ତୁ, ତେବେ ଆପଣ ଦେଖିବେ ଆପଣଙ୍କ ଜୀବନକୁ କେତେ ବଡ଼ ଭେଟି ମିଳୁଛି, ତାହା ମଧ୍ୟ ଏଇଥିପାଇଁ କି ଆପଣ ନିଜର ଗୋଟିଏ ସପ୍ତାହକୁ ଚଉଦ ଦିନ କରି ଦେଇଛନ୍ତି । ଏହି ଛୋଟ ଅଭ୍ୟାସକୁ ଆପଣ ଆରମ୍ଭ କରିଦିଅନ୍ତୁ । ଆପଣ ଜୀବନରେ ଏହି ଫର୍ମୁଲା ଆପଣାଇବା ଦ୍ୱାରା ଜୀବନରେ ଲକ୍ଷ୍ୟ ପ୍ରାପ୍ତିର ପ୍ରକ୍ରିୟା ତୁରନ୍ତ ଆରମ୍ଭ ହୋଇଯିବ ଓ ଆପଣ ଶୀଘ୍ର ସେହି ସଫଳତାର ପାହାଚରେ ପହଞ୍ଚିଯିବେ, ଯାହାକୁ ଆପଣ ଲକ୍ଷ୍ୟ ଭାବେ ଗ୍ରହଣ କରିଥିଲେ । ବନ୍ଧୁଗଣ, ଏହି କଥାକୁ ଭଲ ଭାବରେ ଗ୍ରହଣ କରିନିଅନ୍ତୁ ଯେ ଆପଣଙ୍କର ଗୋଟିଏ ସପ୍ତାହ ମଧ୍ୟରେ ଚଉଦ ଦିନର ସମୟ ରହିଛି । ଏହିପରି ଆପଣ ଗୋଟିଏ ସପ୍ତାହର ନିଜ କାର୍ଯ୍ୟକୁ ଚଉଦ ଦିନରେ ବାଣ୍ଟି ଦିଅନ୍ତୁ । ଏହା କରିବା ଦ୍ୱାରା ଆପଣ ବାସ୍ତବରେ ପାଇପାରିବେ ଯେ ଆପଣଙ୍କର ଟାଇମ ମ୍ୟାନେଜମେଣ୍ଟ ବହୁତ ଭଲ ହୋଇଯିବ ଓ କମ୍ ସମୟରେ ଯଥେଷ୍ଟ ଅଭିଜ୍ଞତା ହାସଲ କରିବାର ପ୍ରକ୍ରିୟାକୁ ବାସ୍ତବରେ ଆପଣ କ୍ରିୟାନ୍ୱିତ ହେବାର ଦେଖିପାରିବେ ।

ସେହିପରି ଛୁଟିଦିନଗୁଡିକର ସମ୍ପୂର୍ଣ୍ଣ ମଜା ଉଠାଇବାର ଅଛି ତ, ଯେଉଁ ସ୍ଥାନକୁ ଆପଣ ଭ୍ରମଣରେ ଯାଉଛନ୍ତି, ସବୁବେଳେ ସପ୍ତାହକୁ ଚଉଦ ଦିନ କରି ନିଜର କାର୍ଯ୍ୟକୁ କ୍ରିୟାନ୍ୱିତ

କରନ୍ତୁ । ଏହାଦ୍ୱାରା ଆପଣ ବହୁତ ସ୍ଥାନ ଭ୍ରମଣ କରିପାରିବେ ଓ ଜୀବନର ଯଥେଷ୍ଟ ମଜା ଉଠାଇ ପାରିବେ । କହିବାର ଉଦ୍ଦେଶ୍ୟ ହେଲା କମ୍ ସମୟ ମଧ୍ୟରେ ଅଧିକ ପାଇଯିବାର ଇଚ୍ଛାକୁ ବାସ୍ତବିକ ରୂପରେ କ୍ରିୟାନ୍ୱିତ କରାଯାଇ ପାରିବ । ଏବେ ଆପଣ ଗୋଟିଏ ସପ୍ତାହକୁ ନୂଆ ନିଜ ଦୃଷ୍ଟିରେ ଦେଖନ୍ତୁ । ମୋଟ ଉପରେ କେବଳ ଏତିକି କରିବାକୁ ହେବ ଯେ, ଗୋଟିଏ ଦିନର କାର୍ଯ୍ୟକାଳକୁ ଆମକୁ ଦୁଇ ଭାଗରେ ବାଣ୍ଟିବାକୁ ହେବ- ସକାଳ ବେଳା ଦିନ ଓ ସନ୍ଧ୍ୟା ବେଳର ଦିନ । ଦିନର ପ୍ରଥମ ଅଧା ଅଂଶରେ ଯାହା କାମ କରିବାକୁ ଅଛି ସେହି କାମକୁ ଉକ୍ତ ସମୟରେ ପୂରଣ କରିବାକୁ ଚେଷ୍ଟା କରନ୍ତୁ । ସେହିପରି ଗୋଟିଏ ଦିନର ଦ୍ୱିତୀୟ ଭାଗକୁ ଦେଖନ୍ତୁ, ଯାହା ଦ୍ୱିପ୍ରହରରୁ ଆରମ୍ଭ ହୋଇ ରାତି ପର୍ଯ୍ୟନ୍ତ ରହିଛି । ଏମିତି ବି ଆପଣ ଅଲଗା କାମ କରିବାର ଏଜେଣ୍ଡା ପ୍ରସ୍ତୁତ କରନ୍ତି ତ ଆପଣଙ୍କୁ ନିଶ୍ଚିତ ଭାବରେ ନିଜ ଲକ୍ଷ୍ୟ ପ୍ରାପ୍ତି ହେବାରେ ଶୀଘ୍ର ସଫଳତା ମିଳିବ ।

ଜୀବନର ଲକ୍ଷ୍ୟ ହାସଲ ଲାଗି ଆମେ ଯେତେ ଶୀଘ୍ର ଲାଗିପଡିବା ସେତେ ଶୀଘ୍ର ଆମର ଫାଇଦା ହେବ । ଯଦିଓ ଏକଥା ଭଲଭାବେ ଜଣାଶୁଣା କି ସମୟ ଯେମିତି ଗତି କରୁଛି ସେମିତି ହିଁ ଚାଲିବ । କିନ୍ତୁ ସମୟର ଗତିକୁ ଆପଣ ତ୍ୱରାନ୍ୱିତ କରିପାରିବେ, ଯଦି ଆପଣ ଏହି ପ୍ରକ୍ରିୟାକୁ ଆପଣାନ୍ତି, ଯେଉଁଥିରେ ଆପଣଙ୍କର ଏକ ସପ୍ତାହ ଚଉଦ ଦିନ ହୋଇଯିବ ।

13

ପୀଡିତର ଲୁହ ପୋଛିବାକୁ ବି ଜୀବନର ଲକ୍ଷ୍ୟ ବନାନ୍ତୁ

'ଯେଉଁମାନେ ପୀଡିତମାନଙ୍କର ଲୁହ ପୋଛିଦିଅନ୍ତି, ସେମାନେ ସ୍ୱୟଂ ଲୁହରେ ପୀଡିତ ହୋଇନଥାନ୍ତି ।'

-ସାର୍ ୱାଲ୍ଟର ରେଲେ

ଆପଣଙ୍କ ଜୀବନ ଏବଂ ଆପଣଙ୍କ ନିଜର ଲକ୍ଷ୍ୟ ! ସମ୍ପୂର୍ଣ୍ଣ ଠିକ୍ । ଯେତେବେଳେ ଜୀବନ ଆପଣଙ୍କର ତ ଲକ୍ଷ୍ୟ ନିର୍ଦ୍ଧାରଣ କରିବା ଓ ଏହାର ପାଳନ କରିବା ମଧ୍ୟ ଆପଣଙ୍କ କାମ, କିନ୍ତୁ ଆପଣଙ୍କ ସମ୍ମୁଖରେ ଏକ ମତାମତ ରଖିବାକୁ ଚାହୁଁଛି । ସେହି ମତାମତ ହେଲା ଏଇଆ ଯେ, ଯେଉଁ ସମୟରେ ଆପଣ ନିଜ ଜୀବନର ଲକ୍ଷ୍ୟକୁ ପୂରଣ କରିବାର ପ୍ରକ୍ରିୟା ଆପଣାଇବାକୁ ଯାଉଛନ୍ତି ଓ ନିଜ ଜୀବନର ଲକ୍ଷ୍ୟର ଏକ ପରିକଳ୍ପନା କରୁଛନ୍ତି ତ ଦୟାକରି ଏହି ପ୍ରଶ୍ନର ଚିନ୍ତନ-ମନନ କରନ୍ତୁ- ମୋର ପ୍ରଶ୍ନ ହେଲା କ'ଣ ଆପଣ କୌଣସି ଲୋକର ଲୁହ ପୋଛି ଦେବାକୁ ନିଜ ଜୀବନର ଲକ୍ଷ୍ୟ ବନାଇଛନ୍ତି ନା ନାହିଁ ?

ସାଧାରଣତଃ ଆମେ ଏହି ପ୍ରଶ୍ନର ଉତ୍ତର ଖୋଜିବା, ପାଇବା, ଚିନ୍ତା କରିବା, ଭାବିବା, ଲୋକମାନଙ୍କୁ ପଚାରିବା ତେବେ ଜାଣିପାରିବା ଯେ ନିଜ ଜୀବନର ଲକ୍ଷ୍ୟ ନିର୍ଦ୍ଧାରଣ କଲାବେଳେ ସବୁଠୁ ବଡ ଲକ୍ଷ୍ୟ ହେଲା ମୋ ଜୀବନ, ମୋର ଉନ୍ନତି ଅର୍ଥାତ୍ ଆପଣଙ୍କ ଲକ୍ଷ୍ୟ ଉନ୍ନତିର ଭାଷା ହିଁ କହିଚାଲିବ । ଯେଉଁମାନେ ବ୍ୟବସାୟ ବା ବ୍ୟାପାରରେ ରହିଛନ୍ତି, ସେମାନେ ତ ଚାହିଁବେ କି ମୋର ଜୀବନର ଲକ୍ଷ୍ୟ ଏମିତି ହେଉ କି ମୁଁ ଲକ୍ଷ କୋଟି ଟଙ୍କା ଉପାର୍ଜନ କରିଚାଲେ । ଅନ୍ୟ ପକ୍ଷରେ ଯେଉଁମାନେ ଚାକିରି କରୁଛନ୍ତି, ସେମାନେ ଚାହିଁବେ ଯେଉଁଠି ଆମେ କାମ କରୁଛୁ ସେଠାରେ ଆମର ରାତାରାତି ପଦୋନ୍ନତି ହୋଇଯାଉ ଓ ପଦୋନ୍ନତି ସହିତ ବହୁତ ପଇସା ମଧ୍ୟ ମିଳୁ । ସେହିପରି ଯଦି ଆମେ କୌଣସି ବିଦ୍ୟାର୍ଥୀଙ୍କ ଲକ୍ଷ୍ୟ ବିଷୟରେ କହିବା, ତ ସେମାନେ ଏହା ଚାହାଁନ୍ତି କି ପରୀକ୍ଷାରେ ପ୍ରତ୍ୟେକ ବିଷୟରେ ବହୁତ ନମ୍ବର ମିଳିଯାଉ ଓ ବିଦ୍ୟାର୍ଥୀ

ଜୀବନର ଭରପୂର ଆନନ୍ଦ ମିଳୁ । ମୋଟାମୋଟି ଭାବରେ ଜୀବନର ପ୍ରତି ମୋଡରେ ପହଞ୍ଚିବା ପରେ ଆପଣଙ୍କର ଭିନ୍ନ ଭିନ୍ନ ପରିବେଶରେ ଅଲଗା ଅଲଗା ଲକ୍ଷ୍ୟ ପ୍ରସ୍ତୁତ ହୋଇପାରେ । ତଥାପି ମୁଁ ଗୋଟିଏ ପ୍ରଶ୍ନ ପଚାରୁଛି କି କ'ଣ ବାସ୍ତବରେ ଆପଣ ଲକ୍ଷ୍ୟ ନିର୍ଦ୍ଧାରଣ ସମୟରେ ଅନ୍ୟ କୌଣସି ବ୍ୟକ୍ତିଙ୍କର ଲୁହ ପୋଛିବାକୁ ବି ନିଜର ଲକ୍ଷ୍ୟର କାର୍ଯ୍ୟ ତାଲିକାରେ ଲେଖିଛନ୍ତି ନା ନାହିଁ ? ହୋଇପାରେ, ଆପଣ ଚାହାଁନ୍ତି କି କିଛି ଲୋକଙ୍କର ଲୁହ ନିଜ ରୁମାଲରେ ପୋଛିଦେବେ, କିନ୍ତୁ ଆପଣ ଏହାକୁ ଜୀବନର ଲକ୍ଷ୍ୟ ଭାବରେ ଗ୍ରହଣ କରିନାହାନ୍ତି । ଏଥିପାଇଁ ଯେତେବେଳେ ଆପଣ ନିଜ ଲକ୍ଷ୍ୟର ଚିଠା ପ୍ରସ୍ତୁତ କଲେ ତ ସେଥିରେ ଏହି କାର୍ଯ୍ୟର କୌଣସି ବି ନାଁ ଗନ୍ଧ ରହିଲା ନାହିଁ ।

ମୋର ସମସ୍ତ ବିଜ୍ଞ ପାଠକମଣ୍ଡଳୀଙ୍କୁ ମୁଁ ପ୍ରେରଣା ଦେବାକୁ ଚାହେଁ କି ଲକ୍ଷ୍ୟ ନିର୍ଦ୍ଧାରଣ କରିବାକୁ ଯେତେବେଳେ ଆପଣ ଭାବିନେଲେ, ସେତେବେଳେ ଲୋକମାନଙ୍କର ଲୁହ ପୋଛିବା ପ୍ରକ୍ରିୟାକୁ ମଧ୍ୟ ନିଜ ଜୀବନର ଗୁରୁତ୍ୱପୂର୍ଣ୍ଣ ଲକ୍ଷ୍ୟ ବନାଇ ନିଅନ୍ତୁ ।

କଳ୍ପନା କରନ୍ତୁ କି ଆପଣଙ୍କ ଲୁହକୁ ମଧ୍ୟ ଜୀବନର କୌଣସି ମୋଡରେ ଅନ୍ୟ ବ୍ୟକ୍ତିମାନେ ପୋଛିଥିବେ ଓ ଆପଣଙ୍କର ସେହି କଥା ଆଜି ପର୍ଯ୍ୟନ୍ତ ମନେଥିବ । ଏପରି ସ୍ଥଳେ ଯଦି ଆପଣ ସକ୍ଷମ ହୋଇଯାଇଛନ୍ତି ତ କାହିଁକି ଅନ୍ୟ କୌଣସି ପୀଡିତ ଲୋକଙ୍କର ଲୁହ ନ ପୋଛିବେ । ଲୁହ ପୋଛିବାର ପ୍ରକ୍ରିୟା ଦୀର୍ଘଦିନରୁ ଚାଲି ଆସିଛି ଓ ଏହିପରି ଚାଲିବ । ଯଦି ଆପଣ ସାରା ଜୀବନ ବଞ୍ଚିବାକୁ ଚାହାନ୍ତି, ନିଜର ଲକ୍ଷ୍ୟକୁ ଏପରି ପ୍ରସ୍ତୁତ କରିବା ଉଚିତ କି ତାହା ସହିତ ହୃଦୟରେ ଆଗ୍ରହ ରହିବ, ଜୀବନରେ କିଛି ଆନନ୍ଦ ମଧ୍ୟ ମିଳିବ, ତେବେ ଆପଣ ଏହାକୁ ଏକ ଲକ୍ଷ୍ୟ ବନାନ୍ତୁ କି ଆପଣ କୌଣସି ଅସହାୟ ବ୍ୟକ୍ତିଙ୍କ ଲୁହକୁ ନିଜ ରୁମାଲରେ ପୋଛିବେ ।

ଜୀବନର ମୁଖ୍ୟ ଲକ୍ଷ୍ୟ ଯାହା ଲେଖିବାର ଅଛି ଲେଖିନିଅନ୍ତୁ, କିନ୍ତୁ ସେହି ଲକ୍ଷ୍ୟକୁ ଆନନ୍ଦମୟ କରିବା ଲାଗି ନିଶ୍ଚିତ ଭାବରେ ଏହା ଜରୁରୀ ଯେ ଆପଣଙ୍କ ଲକ୍ଷ୍ୟରେ ଏହାର ସମାବେଶ ହେଉ କି ଆପଣ ମଧ୍ୟ ଜୀବନର କୌଣସି ମୋଡ଼ରେ କୌଣସି ଲୋକର ଲୁହକୁ ପୋଛିନେବେ ।

ଏକଥାକୁ ବାସ୍ତବିକ ସତ୍ୟ ମାନନ୍ତୁ ଯେ ଯଦି ଆପଣ କୌଣସି ଅନ୍ୟ ବ୍ୟକ୍ତିର ଲୁହ ପୋଛିବା ଲାଗି ଚେଷ୍ଟା କରିଥିବେ ଓ ତାଙ୍କର ଲୁହ ପୋଛିବାରେ ସଫଳ ହୋଇଥିବେ, ତେବେ ପ୍ରଭୁଙ୍କର ଆଶୀର୍ବାଦରୁ ଏବଂ ଆପଣଙ୍କ ଦ୍ୱାରା କରାଯାଇଥିବା କାର୍ଯ୍ୟରୁ ନିଶ୍ଚିତ ଭାବରେ ଆପଣଙ୍କର ଉନ୍ନତି ହେବ । ଅନ୍ୟ ବ୍ୟକ୍ତି, ବିଶେଷ କରି ଆପଣଙ୍କର ସମ୍ପର୍କୀୟ କିମ୍ବା ବନ୍ଧୁ ହୋଇନଥିବ, ତାଙ୍କ ଜୀବନରେ ଲୁହକୁ ପୋଛିଦେବାର ପ୍ରକ୍ରିୟାକୁ ବାସ୍ତବିକ ଲକ୍ଷ୍ୟ ରଖିଲେ, ଆପଣଙ୍କ ପ୍ରତି ପ୍ରଭୁଙ୍କର କୃପା ରହିବ, ଯାହା ଆପଣ ନିଜେ ଏହି ଜୀବନରେ ଦେଖିପାରିବେ, ଅନୁଭବ କରିପାରିବେ । ଯଦି ଏହି କାର୍ଯ୍ୟକୁ ସମ୍ପାଦନ କରିବା ଲାଗି ଆପଣ ଲକ୍ଷ୍ୟ ରଖନ୍ତି ତେବେ ଆପଣ ଏକ ଅଦ୍ଭୁତ ଶକ୍ତି ଅନୁଭବ କରିବେ, ଯାହା ଆପଣଙ୍କୁ ଲକ୍ଷ୍ୟ ପର୍ଯ୍ୟନ୍ତ ପହଞ୍ଚାଇବାରେ ସହାୟତା କରିବ । ତେଣୁ ନିଜ ଜୀବନର ଲକ୍ଷ୍ୟରେ ଗୋଟିଏ ଧାଡ଼ି ଏହା ଲେଖନ୍ତୁ ଯେ, ଜୀବନରେ ପୀଡ଼ିତ ଲୋକଙ୍କର ଲୁହ ପୋଛିବା କାର୍ଯ୍ୟ ମଧ୍ୟ କରିବେ ଓ ସେଥିରୁ ପ୍ରାପ୍ତ ସ୍ଫୂର୍ତ୍ତି ଓ ଆନନ୍ଦକୁ ନିଜର ଲକ୍ଷ୍ୟ ପ୍ରାପ୍ତିରେ ଲଗାଇବେ ।

14

ସମୃଦ୍ଧି ପ୍ରାପ୍ତିର ଲକ୍ଷ୍ୟ

'ଯଦି ଆପଣ ନିବେଶକୁ ଭିନ୍ନ ଭିନ୍ନ ବିକଳ୍ପରେ କରୁଥାନ୍ତି, ତେବେ ଆପଣଙ୍କର ସମୃଦ୍ଧି ସମ୍ଭବ ।'

ଯେତେବେଳେ ଆପଣ ଗୋଟିଏ ମାତ୍ର ବିକଳ୍ପରେ ନିଜର ସମ୍ପୂର୍ଣ୍ଣ ଧନକୁ ନିୟୋଜିତ କରନ୍ତି ଏଥିରେ ଆପଣଙ୍କର ସମୃଦ୍ଧି ପ୍ରାପ୍ତ ହେବାର ସ୍ୱପ୍ନ ଭାଙ୍ଗିରୁଜି ଯାଇପାରେ । ତେଣୁ ସର୍ବପ୍ରଥମେ ଏ କଥାକୁ ଧ୍ୟାନରେ ରଖନ୍ତୁ କି ଆପଣ ଅନ୍ତତଃ ଏକ ବିକଳ୍ପରେ କେବେ ବି ଆପଣଙ୍କର ସମ୍ପୂର୍ଣ୍ଣ ଧନରାଶିକୁ ନିୟୋଜିତ କରିବା ନେଇ ଚିନ୍ତା କରନ୍ତୁ ନାହିଁ । ଯଦି ଆପଣ ନିବେଶ କରିବାର ଅଲଗା ଅଲଗା ବିକଳ୍ପ ବାଛନ୍ତି, ତେବେ ଆପଣଙ୍କର ସମୃଦ୍ଧି ନିଶ୍ଚିତ ଭାବରେ ସମ୍ଭବ ହେବ ।

ମୋର କିଛି ବର୍ଷ ତଳର କଥା ମନେପଡୁଛି । ଯେତେବେଳେ ଦିଲ୍ଲୀର ବସନ୍ତକୁଞ୍ଜ ଅଞ୍ଚଳରେ ଫାର୍ମହାଉସକୁ ହଜାର ହଜାର ଗଜରେ ଜଣେ ବିଲ୍ଡର କାଟିଥିଲେ । ସମୟର ହିସାବରୁ ତାଙ୍କର ମୂଲ୍ୟ ଯଥେଷ୍ଟ ଠିକ୍ ରଖିଥିଲେ । ଲୋକମାନଙ୍କର ଆଶା ଥିଲା କି ଏଥିରେ ନିବେଶ କରିବାରେ ବହୁତ କିଛି ରୋଜଗାର ହୋଇଯିବ । କେତେକ ଲୋକ ଗୋଟିଏ ପ୍ଲଟ ନେଉଥିଲେ ଓ ଆଉ କିଛି ଲୋକ ଦୁଇ-ତିନୋଟି ପ୍ଲଟ ନେଉଥିଲେ ଏବଂ ମାସେ ଦୁଇମାସ ପରେ ପୁଣି ଦୁଇ-ଚାରୋଟି ପ୍ଲଟ ନେଇଯାଉଥିଲେ । ସେହି ଅଞ୍ଚଳରେ ଲୋକମାନେ ହଜାରେ ଗଜରେ ନିଜର ପ୍ଲଟ ଉପରେ ବାଉଣ୍ଡାରୀ କରି ଛୋଟ ଘର ମଧ୍ୟ ବନାଉଥିଲେ । ଏହି ପରି ଶହ ଶହ ଛୋଟ ଛୋଟ ପ୍ଲଟ ଉପରେ ଲୋକମାନଙ୍କର ଘର ନିର୍ମାଣ ହୋଇଗଲା । କିଛି ଲୋକ ମଧ୍ୟ ସେ ପର୍ଯ୍ୟନ୍ତ ଚିନ୍ତା କରୁଥିଲେ କି ଏହା ନିବେଶର ସବୁଠୁ ଭଲ ବିକଳ୍ପ । ଏଥିରେ ସେମାନଙ୍କର ଯଥେଷ୍ଟ ରୋଜଗାର ହେବ, ସେଥିପାଇଁ ସେମାନେ ଆହୁରି ଅଧିକ ଫାର୍ମହାଉସ ଅଂଶକୁ ନେଇଗଲେ । କିନ୍ତୁ ଏପରି ଏକ ଦିନ ଆସିଲା, ଯେତେବେଳେ ସେଠାରେ ସରକାର ସବୁ ଘରକୁ ଭାଙ୍ଗିଦେଲେ । ଯେତେ ବି ଘର ହୋଇଥିଲା ସେଗୁଡ଼ିକୁ ବୁଲଡୋଜରରେ ଭାଙ୍ଗିଦିଆଗଲା ଏବଂ ଗୋଟିଏ ଦିନରେ ସମ୍ପୂର୍ଣ୍ଣ ଫାର୍ମ ହାଉସ ସମତଳ ଜମିରେ ପରିଣତ ହୋଇଗଲା ।

କଳ୍ପନା କରନ୍ତୁ କି ସମୃଦ୍ଧି ପ୍ରାପ୍ତି ଲକ୍ଷ୍ୟରେ ଯେଉଁ ଲୋକମାନେ ସେଠାରେ ନିବେଶ କରିଥିଲେ

ସେମାନଙ୍କର ଅବସ୍ଥା କ'ଣ ହୋଇଥିବ। ସେମାନେ ଭାବିଥିଲେ କି ଆମେ ଲକ୍ଷେ ନିବେଶ କରି କୋଟି କୋଟି ରୋଜଗାର କରିବୁ, ଏଥିପାଇଁ ସେମାନେ ଗୋଟିଏ ଦୁଇଟି ନୁହେଁ, ବରଂ ଏହାଠାରୁ ଢେର ବେଶୀ ପ୍ଲଟ କିଣି ନେଇଥିଲେ। ଆପଣ ମଧ୍ୟ ଏହି କଥାରୁ ଶିକ୍ଷାଲାଭ କରନ୍ତୁ କି ଯଦି ଆପଣଙ୍କର ସମୃଦ୍ଧି ପ୍ରାପ୍ତ ହେବାର ଲକ୍ଷ୍ୟ ରହିଛି, ତେବେ ନଶ୍ଚିତ ଭାବରେ ଯେକୌଣସି ପରିସ୍ଥିତିରେ ମଧ୍ୟ ନିବେଶ ଲାଗି ଗୋଟିଏ ବିକଳ୍ପ ବାଛନ୍ତୁ ନାହିଁ। ସବୁବେଳେ ଭିନ୍ନ ଭିନ୍ନ ପ୍ରଣାଳୀରେ ଜମି ଇତ୍ୟାଦିକୁ କିଣନ୍ତୁ ଓ ନିଜର ନିବେଶକୁ ଅଲଗା ଅଲଗା ପ୍ରଣାଳୀରେ କ୍ରିୟାନ୍ୱିତ କରନ୍ତୁ।

ଯେତେବେଳେ ଆପଣ ଚିନ୍ତା କରୁଛନ୍ତି କି ମୁଁ ଜମି-ସମ୍ପତ୍ତିରେ ନିବେଶ କରିବି, ତ ମୋର ରୋଜଗାର ବହୁତ ହେବ, ଏକଥା ସମ୍ପୂର୍ଣ୍ଣ ଠିକ୍, କିନ୍ତୁ ଯେତେବେଳେ କେବେ ବି ଜମି-ସମ୍ପତ୍ତିରେ ନିବେଶ କରିବାର ପ୍ରକ୍ରିୟାକୁ କାର୍ଯ୍ୟାନ୍ୱିତ କରିବାକୁ ଚିନ୍ତା କରୁଛନ୍ତି କିମ୍ବା ଆପଣଙ୍କର ଭାବନା ଜମି-ସମ୍ପତ୍ତିରେ ନିବେଶରୁ ସମୃଦ୍ଧିର ଲକ୍ଷ୍ୟ ପ୍ରସ୍ତୁତ କରୁଛନ୍ତି, ଦୟାକରି ଏହି କଥାକୁ ସର୍ବଦା ଧ୍ୟାନରେ ରଖନ୍ତୁ କି ଯେଉଁ ଜମି-ସମ୍ପତ୍ତିରେ ନିବେଶ କରିବାର ଚିନ୍ତା କରୁଛନ୍ତି, ସେ ସମ୍ପର୍କରେ ସମ୍ପୂର୍ଣ୍ଣ ତଥ୍ୟ ଜାଣନ୍ତୁ। ପ୍ରଥମେ ଭଲ ଭାବରେ ଜାଣି ନିଅନ୍ତୁ ଯେ, ଯେଉଁ ଜମିକୁ ଆପଣ କିଣିବାକୁ ବିଚାର କରୁଛନ୍ତି ଆଇନ ଅନୁଯାୟୀ ତାହା ଠିକ୍ ନା ନୁହେଁ। କ'ଣ ସେହି ଜମିରେ ଆଗାମୀ ଦିନରେ ଘର ଇତ୍ୟାଦି କରାଯାଇପାରିବ ନା ନାହିଁ ? ଏହା ମଧ୍ୟ ବିଚାର କରନ୍ତୁ କି ସେହି ଜମି ସରକାରଙ୍କ ଦ୍ୱାରା ଭୂମି ଅଧିଗ୍ରହଣର ଅନ୍ତର୍ଭୁକ୍ତ ହେବ ନାହିଁ ତ ? ସରକାରଙ୍କର ମାଷ୍ଟର ପ୍ଲାନ ମଧ୍ୟ ପଢନ୍ତୁ ଏବଂ ଗୁରୁତ୍ୱପୂର୍ଣ୍ଣ କଥା ହେଲା ଏହି ଯେ ଆପଣ ଏ ସମ୍ପର୍କରେ ଡିଷ୍ଟ୍ରିକ୍ଟ ଟାଉନ ପ୍ଲାନରଙ୍କ କାର୍ଯ୍ୟାଳୟକୁ ମଧ୍ୟ ଯାଆନ୍ତୁ ଓ ଆପଣଙ୍କ ପ୍ରସ୍ତାବିତ କିଣାଯିବାକୁ ଥିବା ଜାଗା ସମ୍ପର୍କରେ ଭଲ ଭାବରେ ଅନୁସନ୍ଧାନ କରନ୍ତୁ।

ମୁଁ ମାନୁଛି ଯେ ଯଦି ଆପଣଙ୍କର ଲକ୍ଷ୍ୟ ନିଜ ପଇସାର ବିନିଯୋଗରେ ସମୃଦ୍ଧି ପ୍ରାପ୍ତ ହେବା, ତେବେ ନିଶ୍ଚିତ ଭାବରେ ଆପଣଙ୍କ ଲକ୍ଷ୍ୟ ପୂରଣ ହେବ। ଯଦି ଆପଣ ପରିବାରର ସବୁଲୋକଙ୍କ ନାମରେ ନିବେଶ କରନ୍ତି ତ ଆୟକର ଆଇନ ଅନୁଯାୟୀ ଆୟକର ବଞ୍ଚାଇ ଯଥେଷ୍ଟ ସମୃଦ୍ଧି କରିପାରିବେ। ଯେତେବେଳେ ଆମେ ଷ୍ଟକ ମାର୍କେଟରେ ନିବେଶ ସମ୍ପର୍କରେ ଆଲୋଚନା କରୁଛେ ଏଥିରେ ସନ୍ଦେହ ନାହିଁ ଯେ ଷ୍ଟକ ମାର୍କେଟ ଆପଣଙ୍କ ଲାଗି ନିବେଶ କରିବାର ଏକ ଭଲ ବିକଳ୍ପ। ଯେତେବେଳେ ଆପଣଙ୍କର ଲକ୍ଷ୍ୟ ନିବେଶ ଦ୍ୱାରା ସମୃଦ୍ଧି ପ୍ରାପ୍ତ କରିବା ତାହେଲେ ନିଶ୍ଚିତ ଭାବରେ ଆପଣ ଷ୍ଟକ ମାର୍କେଟରେ ନିବେଶ କରନ୍ତୁ ଓ ଏହି କଥା ପ୍ରତି ଧ୍ୟାନ ଦିଅନ୍ତୁ ଯେ କ'ଣ ଆପଣଙ୍କ ପାଖରେ ଯଥେଷ୍ଟ ସମୟ ଅଛି, ତାହେଲେ ଆପଣ ବଜାରର ଅସ୍ଥିରତାକୁ ବୁଝିପାରିବେ ଓ ବୁଝି ବିଚାରି ଷ୍ଟକ ମାର୍କେଟରେ ନିବେଶ କରିପାରିବେ। ଯଦି ଆପଣଙ୍କର ଉତ୍ତର 'ହଁ' ତେବେ ଅତି ଉତ୍ତମ, ଆଉ ଆପଣଙ୍କର ଉତ୍ତର ଯଦି 'ନା', ଏଭଳି ସ୍ଥିତିରେ ଆପଣ ଷ୍ଟକ ମାର୍କେଟରେ କଦାପି ପାଦ ରଖନ୍ତୁ ନାହିଁ, କେବଳ ମ୍ୟୁଚୁଆଲ

ଫଣ୍ଡରେ ନିବେଶ କରନ୍ତୁ। ମ୍ୟୁଚୁଆଲ ଫଣ୍ଡରେ ନିବେଶ ଆପଣଙ୍କୁ ବହୁତ ଲାଭ ଦେଇପାରିବ ଏବଂ ମ୍ୟୁଚୁଆଲ ଫଣ୍ଡରେ ଆପଣ ଦୀର୍ଘଦିନ ପର୍ଯ୍ୟନ୍ତ ମଧ୍ୟ ଟିକି ରହିପାରିବେ। ଏହାଦ୍ୱାରା ଆପଣ ନିଜର ଲକ୍ଷ୍ୟକୁ ସାକାର ହେବାର ଦେଖିପାରିବେ।

ଆପଣ ଷ୍ଟକ ମାର୍କେଟର ଅନ୍ୟ ଏକ ଲାଭ ନେଇପାରିବ ଆଉ ତାହା ହେଲା ଷ୍ଟକ ମାର୍କେଟ ଅଧୀନରେ ନିବେଶ କରିବା। ବିଶେଷ କରି ସରକାରୀ କମ୍ପାନୀଗୁଡ଼ିକର ଶେୟାର ଆଦିରେ ଯଦି ଆପଣ ନିବେଶ କରନ୍ତି ତେବେ ଆପଣଙ୍କର ଲାଭ ହେବ।

ସବୁଠୁ ବଡ଼କଥା ଏହା ଯେ, ଆପଣଙ୍କର ସମୃଦ୍ଧିର ଲକ୍ଷ୍ୟ ନିବେଶ କରିବା ସେହି ସମୟରେ ପୂରଣ ହେବ ଯେତେବେଳେ ଆପଣ ବାସ୍ତବିକ ଭାବରେ ଦୀର୍ଘ ସମୟ ପର୍ଯ୍ୟନ୍ତ ନିଜର ନିବେଶ ସହିତ ଯୋଡ଼ି ହୋଇ ରହିବେ। ଆଜ୍ଞା ହଁ, ଆପଣ ଯଦି ଶେୟାର ମାର୍କେଟରେ ନିବେଶ କରନ୍ତି ଓ କୌଣସି ନୂଆ ସେୟାର ସରକାରୀ କମ୍ପାନୀଗୁଡ଼ିକୁ ଛାଡ଼ନ୍ତି ତଥା ଆପଣ ସେଥିରେ ନିବେଶ କରନ୍ତି, ତେବେ ଆପଣ ସେହି ଶେୟାର ସହିତ ଦୀର୍ଘ ଅବଧି ଯୋଡ଼ି ହୋଇ ରୁହନ୍ତୁ, ତେବେ ଆପଣଙ୍କ ସମୃଦ୍ଧିର ଲକ୍ଷ୍ୟ ପୂରଣ ହେବ।

ଯଦି ଆପଣ ଚାହାନ୍ତି କି ଏବେ କେବଳ ନିଜର ସମୃଦ୍ଧି ନୁହେଁ, ଭବିଷ୍ୟତ ପିଢିର ମଧ୍ୟ ସମୃଦ୍ଧି ହେଉ, ଏପରିସ୍ଥଳେ, ଆପଣ ବେଧଡ଼କ ନିଜ ପରିବାରର ସବୁଠୁ କମ ବୟସ୍କ ସଦସ୍ୟଙ୍କ ନାମରେ ଗୋଟିଏ ଖାଲି ପ୍ଲଟ କିଣି ପକାଇ ଦିଅନ୍ତୁ। ଆପଣ ଦେଖିବେ ଏହି ଛୋଟ ଏବଂ ସାଦାସିଧା ତରିକାରେ ହୋଇଥିବା ନିବେଶର ସମୃଦ୍ଧି ସବୁଠୁ ଅଧିକ ହେବ। ଆପଣଙ୍କୁ କଥାଟା ଆଶ୍ଚର୍ଯ୍ୟ ଲାଗିବ, କିନ୍ତୁ ସତ ଏହା ଯେ ଯଦି ଜୀବନରେ ଆପଣ ନିଜର ନିବେଶ ଦ୍ୱାରା ସମୃଦ୍ଧି ପାଇବାର ଲକ୍ଷ୍ୟ ରଖିଥାନ୍ତି ତେବେ ନିଶ୍ଚିତ ଭାବରେ ଆଜି ହିଁ ଗୋଟିଏ ଖାଲି ପ୍ଲଟରେ ନିବେଶ କରନ୍ତୁ ଓ ନିଜ ଜୀବନରେ ତାହାର ଭରପୂର ଲାଭ ଦେଖନ୍ତୁ।

15

ରିଟାୟରମେଣ୍ଟ ପ୍ଲାନିଂର ଲକ୍ଷ୍ୟ

'ରିଟାୟରମେଣ୍ଟ ପରେ ଆପଣଙ୍କର ସବୁଠୁ ମହତ୍ତ୍ୱପୂର୍ଣ୍ଣ ଲକ୍ଷ୍ୟ ହେବା ଉଚିତ ପରିବାର ସଦସ୍ୟଙ୍କ ଗହଣରେ ସୁଖମୟ ଜୀବନ ବିତାଇବା, ଧନ ଏବଂ ଭୋଗର ଲୋଭ ରହିବା ଉଚିତ ନୁହେଁ।'

ମୁଁ ବହୁତ ବଡ଼ ବଡ଼ କମ୍ପାନୀଗୁଡ଼ିକର ଅଫିସରମାନଙ୍କ ପାଇଁ ବର୍ଷକୁ କେତେକ ରିଟାୟରମେଣ୍ଟ ପ୍ଲାନିଂର ପ୍ରୋଗ୍ରାମ କରିଥାଏ ଆଉ ସେତେବେଳେ ବହୁତ ଦୁଃଖ ହୋଇଥାଏ, ଯେତେବେଳେ ମୁଁ ଜାଣିବାକୁ ପାଇଥାଏ ଅଧିକାଂଶ ବ୍ୟକ୍ତି ନିଜର ରିଟାୟରମେଣ୍ଟ ପ୍ଲାନିଂ ସମ୍ପର୍କରେ କୌଣସି ବି ଚିନ୍ତାଧାରା କିମ୍ବା ଭାବନା ରଖିନଥାନ୍ତି। ସେମାନଙ୍କ ମଧ୍ୟରୁ ଅଧିକାଂଶ ବ୍ୟକ୍ତି ଯେଉଁମାନେ ମୋତେ ସେମିନାରରେ ଭେଟନ୍ତି ଓ ସେମାନଙ୍କ ସହ ମୁଁ ଆଲୋଚନା କରେ, ତ ସବୁବେଳେ ସେମାନେ ଦୁଃଖିତ ଥିବା ଦେଖିବାକୁ ପାଏ। ମୋତେ ଅଧିକାଂଶ ବ୍ୟକ୍ତି ସେମାନଙ୍କ ରିଟାୟରମେଣ୍ଟକୁ ନେଇ ସୁଖୀ ଥିବା ଲାଗନ୍ତି ନାହିଁ ଏବଂ ନା ସେମାନେ ରିଟାୟରମେଣ୍ଟ ସମ୍ବନ୍ଧୀୟ ନିଜର ପରିକଳ୍ପନା ବିଷୟରେ ଚିନ୍ତା କରିଥାନ୍ତି। ଯଦି ଆପଣ ନିଜର ରିଟାୟରମେଣ୍ଟ ପ୍ଲାନିଂ ବିଷୟରେ କିଛି ଲକ୍ଷ୍ୟ ପ୍ରସ୍ତୁତ କରି ନିଅନ୍ତି, ତେବେ ଆପଣଙ୍କର ଲାଭ ହିଁ ହେବ। ମୁଁ ମୋର ପାଠକମାନଙ୍କୁ କହିବାକୁ ଚାହିଁବି କି ସେମାନଙ୍କର ଚାକିରି କରିବା ହୁଏତ ୬୦ବର୍ଷ ହୋଇଗଲାଣି, ରିଟାୟର ତ ତାଙ୍କୁ ନେବାକୁ ହିଁ ପଡ଼ିବ। ସେହିପରି ଆପଣ ବ୍ୟାପାର ବା ବ୍ୟବସାୟରେ ଲାଗିଛନ୍ତି ଓ ଆପଣଙ୍କର ବହୁତ ବୟସ ହୋଇଗଲାଣି, ତେବେ ଆପଣଙ୍କୁ ରିଟାୟରମେଣ୍ଟ ସମ୍ପର୍କରେ କିଛି ପରିକଳ୍ପନା ରଖିବାକୁ ହେବ, କିଛି ନା କିଛି ଚିନ୍ତା କରିବାକୁ ହେବ। ଏପରିସ୍ଥଳେ ରିଟାୟରମେଣ୍ଟ ପ୍ଲାନିଂର ଲକ୍ଷ୍ୟକୁ ନେଇ ପ୍ରଶ୍ନ ଆସିବ।

ମୁଁ ଚାହିଁବି କି ଆମର ସବୁ ପାଠକ, ବିଶେଷ କରି ଯେଉଁ ପାଠକଙ୍କ ବୟସ ୫୦ବର୍ଷ ଅତିକ୍ରମ କରିଗଲାଣି, ସେମାନେ ନିଶ୍ଚିତ ଭାବରେ ଗୋଟିଏ ରବିବାରରେ ଚୁପଚାପ ଶାନ୍ତିରେ ବସିରହି ନିଜ ଜୀବନର ରିଟାୟରମେଣ୍ଟର ଲକ୍ଷ୍ୟ ସମ୍ପର୍କରେ ଭାବନ୍ତୁ, ଚିନ୍ତନ କରନ୍ତୁ। ରିଟାୟରମେଣ୍ଟ ଲକ୍ଷ୍ୟକୁ ନିର୍ଦ୍ଧାରଣ କରିବା ଲାଗି ସର୍ବପ୍ରଥମେ ଏହା ନିଶ୍ଚିତ କରନ୍ତୁ ଯେ

ରିଟାୟରମେଣ୍ଟ ପରେ ଆମର କ'ଣ କରିବାର ଇଚ୍ଛା ହେଉଛି । ଆମର ଲକ୍ଷ୍ୟ ସମ୍ପୂର୍ଣ୍ଣ ସ୍ପଷ୍ଟ ହେବା ଉଚିତ କି ରିଟାୟରମେଣ୍ଟ ପରେ ଆମକୁ କେଉଁ କାମ କରିବାକୁ ହେବ କିମ୍ବା ଚାକିରି କରିବାକୁ ହେବ । ଯେତେବେଳେ ଆପଣ ଏହା ଚିନ୍ତା କରିବେ କୌଣସି ଲୋକ ଆପଣଙ୍କୁ ଏହାର ଉତ୍ତର ଦେଇପାରିବେ ନାହିଁ । ଆପଣଙ୍କୁ ଏହାର ଉତ୍ତର ନିଜେ ହିଁ ଭାବିବାକୁ ପଡ଼ିବ । ମୋର ରିଟାୟରମେଣ୍ଟ ପ୍ଲାନିଂର ଲକ୍ଷ୍ୟ କ'ଣ - ମୁଁ ଚାକିରି କରିବି ନା ନାହିଁ ? ଏ ସମ୍ପର୍କରେ ଆମର ମତ ଏଇଆ ଯେ ରିଟାୟରମେଣ୍ଟ ପରେ ଯେପର୍ଯ୍ୟନ୍ତ ଆପଣଙ୍କୁ ପଇସାର ବହୁତ ଆବଶ୍ୟକତା ନାହିଁ, ସେ ପର୍ଯ୍ୟନ୍ତ ଚାକିରି କରନ୍ତୁ ନାହିଁ । ଚାକିରି କରି ଆପଣ ବହୁତ ପଇସା ରୋଜଗାର କରିଛନ୍ତି । ବର୍ତ୍ତମାନ ରିଟାୟରମେଣ୍ଟ ପରେ ବି ଯଦି ଆପଣ କାମ କରିବାକୁ ଚାହିଁବେ ତ ଏଥିରେ ବିଶେଷ ଫାଇଦା ହେବ ନାହିଁ । ଯଦି ଆପଣ ରିଟାୟରମେଣ୍ଟ ପରେ ମଧ୍ୟ କୌଣସି ଚାକିରି କିମ୍ବା କାମ କରିବା ସମ୍ପର୍କରେ ଚିନ୍ତା କରୁଥାନ୍ତି ତେବେ ଏଥିରେ ଆପଣ ସମ୍ପୂର୍ଣ୍ଣ ଭାବରେ ଜୀବନର ଆନନ୍ଦ ନେବାରୁ ବଞ୍ଚିତ ହେବେ । ଏଥିପାଇଁ ଯେପର୍ଯ୍ୟନ୍ତ ପଇସାର ଅତ୍ୟଧିକ ଆବଶ୍ୟକତା ନହୋଇଛି ସେ ପର୍ଯ୍ୟନ୍ତ ରିଟାୟରମେଣ୍ଟ ପରେ ପୁନଃ ଚାକିରି କରିବା ଚିନ୍ତାକୁ ଦୂରେଇ ଦିଅନ୍ତୁ । ହଁ, ଯଦି ପାରିବାରିକ କାରଣରୁ ଆପଣଙ୍କର ଆବଶ୍ୟକତା ରହିଛି ତେବେ ଚାକିରି ତ କରିବାକୁ ହିଁ ପଡ଼ିବ, ଏହା ବ୍ୟତୀତ ଅନ୍ୟ କୌଣସି ଉପାୟ ନାହିଁ ।

ରିଟାୟରମେଣ୍ଟ ପରେ ଧ୍ୟାନ ରଖନ୍ତୁ କି ଯଦି ଆପଣ ଚାକିରି କରିବା ଲକ୍ଷ୍ୟକୁ ଆପଣାଇ ନେଲେ, ତେବେ ଏଭଳି ଚାକିରି ଖୋଜନ୍ତୁ, ଯେଉଁଥିରେ ପଇସା କମ୍ ମିଳୁ ପଛକେ କଠିନ ପରିଶ୍ରମ କରିବାକୁ ନପଡୁ । ଆପଣ ଜୀବନରେ ବହୁତ କଠିନ ପରିଶ୍ରମ କରିଛନ୍ତି । ଯଦି ଆପଣ ରିଟାୟରମେଣ୍ଟ ପରେ ନିଜର ସମୟ ଅତିବାହିତ କରିବା ଲାଗି କିଛି କରିବାକୁ ଚାହୁଁଛନ୍ତି, ତେବେ ଏପରିସ୍ଥଳେ ଆପଣଙ୍କ ପାଇଁ ଭଲ ବିକଳ୍ପ ଏହା ହେବ କି କୌଣସି ସାମାଜିକ ସଂସ୍ଥା ଇତ୍ୟାଦିରେ ସାମିଲ ହୁଅନ୍ତୁ ଓ ଏଥିରେ ଆପଣଙ୍କ ସମୟ ଦିଅନ୍ତୁ । ଉଦାହରଣ ସ୍ୱରୂପ ଆର୍ଯ୍ୟସମାଜ, ମନ୍ଦିର, ଗୁରୁଦ୍ୱାରା, ୱେଲଫେୟାର ଆସୋସିଏସନ ଆଦିରେ ନିଜର ସମୟ ଦିଅନ୍ତୁ । ଏହା କରିବା ଦ୍ୱାରା ଆପଣ ମାନସିକ ଭାବରେ ସୁସ୍ଥ ରହିବେ, ଆଳସ୍ୟ ଦୂରେଇଯିବ ଓ ଆପଣଙ୍କୁ ଜୀବନରେ କିଛି ଲୋକଙ୍କୁ ସାହାଯ୍ୟ କରିବାର ସୁଯୋଗ ମଧ୍ୟ ମିଳିଯିବ ଏବଂ ଆପଣଙ୍କ ସମୟ ମଧ୍ୟ ଭଲରେ କଟିଯିବ । ରିଟାୟରମେଣ୍ଟ ପରେ ଆପଣଙ୍କର ଲକ୍ଷ୍ୟ ଏହା ମଧ୍ୟ ହେବା ଉଚିତ ଯେ ଆପଣ ଅଧିକରୁ ଅଧିକ ସମୟ ନିଜର ପରିବାର ସଦସ୍ୟଙ୍କ ସହିତ ବିତାନ୍ତୁ, ବିଶେଷ କରି ପତ୍ନୀ ଓ ଅନ୍ୟ ପରିବାର ସଦସ୍ୟଙ୍କ ସହିତ । ଏଥିପାଇଁ ଆପଣ ଲମ୍ବା ଛୁଟି ନେଇ ପତ୍ନୀଙ୍କ ସହିତ ଦେଶ ଭ୍ରମଣ କାର୍ଯ୍ୟକ୍ରମ ପ୍ରସ୍ତୁତ କରନ୍ତୁ, ଯାହା ବହୁତ ଜରୁରୀ । ଏଥିରେ ଆପଣଙ୍କୁ ଏକ ଭିନ୍ନ ପ୍ରକାର ଆତ୍ମଶାନ୍ତି ଓ ସୁଖ ମିଳିବ । ଆପଣଙ୍କୁ ଲାଗିବ କି ଆପଣଙ୍କର ରିଟାୟରମେଣ୍ଟ ପରର ଲକ୍ଷ୍ୟ ଠିକ୍ ଭାବରେ ହାସଲ ହୋଇପାରିଛି । ଧାର୍ମିକ ସ୍ଥଳ ଇତ୍ୟାଦିକୁ ଯିବାକୁ ମଧ୍ୟ ଭୁଲନ୍ତୁ ନାହିଁ । ଏହା ମଧ୍ୟ ଆପଣଙ୍କ ଜୀବନର ଲକ୍ଷ୍ୟର ଅଂଶବିଶେଷ ହେବା ଉଚିତ ।

ରିଟାୟରମେଣ୍ଟ ପରେ ଏବେ ଆପଣଙ୍କ ସମୟ ଆସିଗଲା, ଆପଣଙ୍କ ଦ୍ୱାରା ଅଲଗା ଅଲଗା ଜାଗାରେ ଯେଉଁ ନିବେଶ କରାଯାଇଛି ସେଗୁଡ଼ିକୁ ଏକାଠି କରିବାର କାର୍ଯ୍ୟକ୍ରମ ହାତକୁ ନିଅନ୍ତୁ। ଏହା ମଧ୍ୟ ଆପଣଙ୍କ ଲକ୍ଷ୍ୟର ବହୁତ ଗୁରୁତ୍ୱପୂର୍ଣ୍ଣ କାର୍ଯ୍ୟ। ଅତଏବ ଆପଣ ଭିନ୍ନ ଭିନ୍ନ ସହରରେ ଯେଉଁ ସମ୍ପତ୍ତି ଏପର୍ଯ୍ୟନ୍ତ ଅର୍ଜନ କରିଛନ୍ତି, କିମ୍ବା ବିଭିନ୍ନ ସ୍ଥାନରେ ଯେଉଁ ନିବେଶ କରିଚାଲିଛନ୍ତି, ସେହିସବୁ ନିବେଶକୁ ଏକାଠି କରିନେବା ଉଚିତ। ତେଣୁ ଆପଣ ନିଜର ଏହା ଲକ୍ଷ୍ୟ ବନାନ୍ତୁ କି ରିଟାୟରମେଣ୍ଟ ପରେ ଆପଣଙ୍କ ନିବେଶକୁ ସାଦାସିଧା ରଖାଯାଉ, ତାହେଲେ ଭବିଷ୍ୟତରେ ପରିବାରର ଅନ୍ୟ ସଦସ୍ୟ, ଯେତେବେଳେ ଆବଶ୍ୟକ ପଡ଼ିବ ତ ସେହି ସମ୍ପତ୍ତିଗୁଡ଼ିକର ଭଲଭାବେ ଦେଖାରଖା କରିପାରିବେ।

ଯଦି ଆପଣଙ୍କର ନିଜର ଘର ଅଛି ଓ ପାଖରେ କମ୍ ପାଇସା ଅଛି, ଏହି ସମୟରେ ଆପଣଙ୍କର ରିଟାୟରମେଣ୍ଟ ହୋଇଗଲା, ତେବେ ଆପଣଙ୍କର ଲକ୍ଷ୍ୟ ହେବ ରିଟାୟରମେଣ୍ଟ ପରେ ମୁଁ କିପରି ଜୀବନଯାପନ କରିବି। ସେହି ଲକ୍ଷ୍ୟକୁ ପୂରା କରିବା ଲାଗି ରିଭର୍ସ ମଡ଼ଗେଜ ଆପଣଙ୍କୁ ସାହାଯ୍ୟ କରିବ। ଏହା ଏପରି ଏକ ବିକଳ୍ପ ଯେଉଁଥିରେ ଆପଣ ନିଜ ସମ୍ପତ୍ତି ଏପରିକି ନିଜର ବାସଗୃହକୁ ବ୍ୟାଙ୍କ ପାଖରେ ବନ୍ଧକ ରଖି ପ୍ରତି ମାସରେ ଘର ଖର୍ଚ୍ଚ ଆଦି ଚଳାଇବାର ସୁବିଧା ପାଇପାରିବେ। ଯେତେବେଳେ ଆପଣ ରିଟାୟରମେଣ୍ଟର ପ୍ଲାନିଂ କରୁଛନ୍ତି ତ ନିଶ୍ଚିତ ଭାବରେ ରିଭର୍ସ ମଡ଼ଗେଜର ଫାଇଦା ନେବାକୁ ମଧ୍ୟ ନିଜ ଲକ୍ଷ୍ୟ ବନାନ୍ତୁ, ତାହେଲେ ଯେତେବେଳେ ଆପଣଙ୍କ ପାଖରେ ପଇସା ନଥିବ ନିଜର ସମ୍ପର୍କୀୟ, ପିଲାମାନଙ୍କ ପାଖରେ ହାତ ପତାଇବାର ଆଦୌ ଆବଶ୍ୟକତା ପଡ଼ିବ ନାହିଁ। ଏହା ଏପରି ଏକ ନୂଆ ବିକଳ୍ପ , ଯାହା ଆପଣଙ୍କୁ ଲକ୍ଷ୍ୟ ପୂରଣ କରିବାର ସ୍ୱପ୍ନକୁ ସାକାର କରିବ। ଆପଣ ଯେକୌଣସି ବ୍ୟାଙ୍କ ସହ ସମ୍ପର୍କ କରନ୍ତୁ, ସେମାନେ ଆପଣଙ୍କୁ ରିଭର୍ସ ମଡ଼ଗେଜ ସମ୍ପର୍କରେ ସମ୍ପୂର୍ଣ୍ଣ ବିବରଣୀ ଦେଇଦେବେ।

ରିଟାୟରମେଣ୍ଟ ପରେ ଯେତେବେଳେ ଆପଣଙ୍କ ପାଖରେ ସମୟ ହେଉଛି ତ କିଛି ସମୟ ବାହାର କରି ନିଜ ପତ୍ନୀଙ୍କୁ ପଇସା ଇତ୍ୟାଦି ସମ୍ପର୍କରେ ଜଣାଇଦିଅନ୍ତୁ। ଏହା ଆପଣଙ୍କର ରିଟାୟରମେଣ୍ଟ ପ୍ଲାନିଂର ଲକ୍ଷ୍ୟ ହେବା ଆବଶ୍ୟକ। ଆପଣଙ୍କ ପତ୍ନୀ ଆଜି ପର୍ଯ୍ୟନ୍ତ ଗୃହସ୍ଥ ଜୀବନ ବିତାଉଛନ୍ତି। ଘରକାମ ବ୍ୟତୀତ ଅନ୍ୟ କିଛି ଜାଣି ନାହାନ୍ତି। ଏପରିସ୍ଥଳେ ଆପଣଙ୍କର ଡ୍ୟୁଟି ହେଲା ଆପଣ ପତ୍ନୀଙ୍କୁ ବ୍ୟାଙ୍କ ଆଦିର କାର୍ଯ୍ୟ ସମ୍ପର୍କରେ ଆଗ୍ରହ ଦିଅନ୍ତୁ, ସମ୍ପତ୍ତି ଓ ଶେୟାର ଇତ୍ୟାଦିରେ ଯେଉଁ ନିବେଶ କରିଛନ୍ତି ସେ ସମ୍ପର୍କରେ ମଧ୍ୟ ପତ୍ନୀଙ୍କୁ ଜଣାଇଦିଅନ୍ତୁ। ଏହାଦ୍ୱାରା ଯେବେ ବି କୌଣସି ଅଘଟଣ ହୋଇଯାଏ ବା ଆପଣ ରୋଗଗ୍ରସ୍ତ ହୋଇ ପଡ଼ନ୍ତି, ତେବେ ପତ୍ନୀ ବିଶେଷ ଅସୁବିଧାରେ ନପଡ଼ି ଘରକୁ ସମ୍ଭାଳି ନେଇପାରିବେ। ଅତଏବ ଏହା ମଧ୍ୟ ଆପଣଙ୍କ ରିଟାୟରମେଣ୍ଟ ପ୍ଲାନିଂର ଲକ୍ଷ୍ୟ ହେବା ଉଚିତ।

ରିଟାୟରମେଣ୍ଟ ପ୍ଲାନିଂର ଅନ୍ତିମ ଲକ୍ଷ୍ୟ ଏହା ହେବା ଉଚିତ କି କିପରି ଭାବରେ ଆମ ନିଜ ସମ୍ପତ୍ତିକୁ ନିଜ ଜାଣତରେ ହିଁ ବାଣ୍ଟିବାର ବିକଳ୍ପ ଦେଖିବା। ଏଥିପାଇଁ ସବୁଠୁ ଭଲ କଥା ହେଲା

ରିଟାୟରମେଣ୍ଟ ପରେ ନିଜର ଇଚ୍ଛାପତ୍ର ପ୍ରସ୍ତୁତ କରିବାର ଲକ୍ଷ୍ୟ ରଖନ୍ତୁ। ଏବେ ନିଜର ଇଚ୍ଛାପତ୍ର ଦ୍ୱାରା ହିଁ ପରିବାରର ଅନ୍ୟ ଲୋକମାନଙ୍କୁ ନିଜ ସମ୍ପତ୍ତି ମୃତ୍ୟୁପରେ ଦେବାର କାର୍ଯ୍ୟକୁ ସମ୍ପାଦିତ କରିବାର କାର୍ଯ୍ୟକ୍ରମ ବନାନ୍ତୁ।

ବର୍ତ୍ତମାନ ଯେତେବେଳେ ଆପଣଙ୍କର ରିଟାୟରମେଣ୍ଟ ନେବାର ସମୟ ଆସିଗଲା ତ ଆପଣଙ୍କର ସବୁଠୁ ମହତ୍ୱପୂର୍ଣ୍ଣ କାର୍ଯ୍ୟ ଏହା ହେବା ଆବଶ୍ୟକ ଯେ ଆପଣ ଜୀବନର ଉପଭୋଗ କିପରି କରିବେ। ଆଜି ପର୍ଯ୍ୟନ୍ତ ଜୀବନ ଧାଁଦୌଡ଼ରେ ହିଁ କଟିଛି, ହୁଏତ ଆପଣ ନିଜର ଜୀବନ ନିଜ ଇଚ୍ଛା ମୁତାବକ ବିତାଇପାରିନାହାନ୍ତି। ଏପରିସ୍ଥଳେ ଅନ୍ତତଃ ବର୍ତ୍ତମାନ ତ ସମୟ ଆସିଯାଇଛି କି ଆପଣ ସେହିଭଳି ଜିଇଁବେ ଯେପରି ଆପଣ ଚାହୁଁଥିଲେ। ଉଦାହରଣ ସ୍ୱରୂପ ଯଦି ଆପଣଙ୍କର ଆଧାତ୍ମିକତାରେ ଇଚ୍ଛା ରହିଛି ତ ଯେଉଁଠି ଆଧାତ୍ମିକ ପ୍ରବଚନ ହେଉଛି, ସେଠାକୁ ଯାଇ ଶୁଣନ୍ତୁ କିମ୍ବା ଟିଭିରେ ଦେଖନ୍ତୁ। ସେହିପରି ସେବା କାର୍ଯ୍ୟରେ ଯଦି ଆପଣଙ୍କର ଇଚ୍ଛା ରହିଛି ସମାଜ ଉପଯୋଗୀ ସେବା କାର୍ଯ୍ୟରେ ମଧ୍ୟ ପୂର୍ଣ୍ଣ ମାତ୍ରାରେ ଭାଗ ନିଅନ୍ତୁ। ସେହିପରି ଆପଣଙ୍କର ରୁଚି ଯଦି ପୁସ୍ତକ ପଢିବାକୁ ହେବ, ବହି ପଢିବା ଲାଗି ଆପଣଙ୍କୁ ବହି କିଣିବା ଜରୁରୀ ନୁହେଁ। ଜରୁରୀ ହେଉଛି କେବଳ ଲାଇବ୍ରେରୀକୁ ଯାଇ ଅଧ୍ୟୟନ କରିବାର।

ଆପଣ ସଫଳତା ପାଇଁ ରିଟାୟରମେଣ୍ଟ ପ୍ଲାନିଂ ଲକ୍ଷ୍ୟକୁ କାଗଜରେ ଲେଖିନିଅନ୍ତୁ ଓ ସେଗୁଡ଼ିକୁ ପୂର୍ଣ୍ଣ କରିବା ଲାଗି ଚିନ୍ତା କରନ୍ତୁ। ମୋଟ ଉପରେ ଆପଣଙ୍କର ରିଟାୟରମେଣ୍ଟ ପ୍ଲାନିଂ ଏପରି ହେବା ଆବଶ୍ୟକ କି ରିଟାୟରମେଣ୍ଟ ପରେ ଆନନ୍ଦଦାୟକ କାର୍ଯ୍ୟ କରିବା ଲାଗି ଯେତେବେଳେ ବି ସମୟ ମିଳୁଛି ସେଗୁଡ଼ିକୁ ସମ୍ପାଦନ କରିବା ଲାଗି ଯୋଜନା ପ୍ରସ୍ତୁତ କରନ୍ତୁ। ଏହା ଆପଣଙ୍କର ପ୍ରଥମ ଲକ୍ଷ୍ୟ ହେବା ଆବଶ୍ୟକ ଏବଂ ଦ୍ୱିତୀୟ ଲକ୍ଷ୍ୟ ହେଲା ଆପଣ ନିଜ ପଇସାକୁ ଏପରି ବିନିଯୋଗ କରନ୍ତୁ କି ଆପଣଙ୍କୁ ରିଟାୟରମେଣ୍ଟ ପରେ ଚିନ୍ତାଗ୍ରସ୍ତ ହେବାକୁ ପଡ଼ିବ ନାହିଁ।

16

ମସ୍ତିଷ୍କର କଣ୍ଟ୍ରୋଲ, ଜୀବନର ଲକ୍ଷ୍ୟ

'ଯଦି ଆପଣଙ୍କ ମସ୍ତିଷ୍କ ଆପଣଙ୍କ କଣ୍ଟ୍ରୋଲରେ ରହିବ ତେବେ ଆପଣ ନିଜର ଲକ୍ଷ୍ୟକୁ ସଫଳତାପୂର୍ବକ ପ୍ରାପ୍ତ କରିପାରିବେ।'

ଯେତେବେଳେ ଆପଣ ଜୀବନର ଲକ୍ଷ୍ୟ ପ୍ରସ୍ତୁତ କରିବା ଲାଗି ଅଗ୍ରସର ହେଉଛନ୍ତି, ସେତେବେଳେ ସର୍ବପ୍ରଥମ ମହତ୍ତ୍ୱପୂର୍ଣ୍ଣ କଣ୍ଟ୍ରୋଲ ଯେଉଁ ଜିନିଷ ଉପରେ ହେବା ଜରୁରୀ, ତାହା ହେଲା ଆପଣଙ୍କ ମସ୍ତିଷ୍କ। ଆଜ୍ଞା ହଁ, ମସ୍ତିଷ୍କକୁ ଯଦି ଆପଣ ସଫଳତାର ସହିତ କଣ୍ଟ୍ରୋଲ କରିପାରିବେ ତେବେ ଆପଣଙ୍କୁ ନିଜର ସମ୍ପୂର୍ଣ୍ଣ ଲକ୍ଷ୍ୟକୁ ପ୍ରାପ୍ତ କରିବା ଲାଗି କିଛି ବି ଚିନ୍ତା କରିବାକୁ ପଡ଼ିବନି। ତେଣୁ ମସ୍ତିଷ୍କକୁ ନିୟନ୍ତ୍ରଣରେ ରଖିବା କାର୍ଯ୍ୟକୁ ଯଦି ଜୀବନର ଲକ୍ଷ୍ୟର ପ୍ରାକ୍ ଖସଡ଼ା ମାନନ୍ତି ତେବେ ଭଲ ହେବ।

ପ୍ରାୟ ୩୫ ବର୍ଷ ତଳର ଗୋଟିଏ କଥା ମୋର ମନେପଡୁଛି, ଯେତେବେଳେ ମୁମ୍ବାଇର ଏକ ପଞ୍ଚତାରକା ହୋଟେଲରେ ସ୍ୱାମୀ ମୁକ୍ତାନନ୍ଦଜୀ ଏକ ଦୁଇଦିନିଆ ସମ୍ମିଳନୀର ଆୟୋଜନ କରିଥିଲେ। ଏହି ସମ୍ମିଳନୀର ନାଁ ଥିଲା କଣ୍ଟ୍ରୋଲ ଅଫ ମାଇଣ୍ଡ। ମୁଁ ଯେତେବେଳେ ଏହାକୁ ପଢିଲି ମନେ ମନେ ଭାବିବାକୁ ଲାଗିଲି, କଣ୍ଟ୍ରୋଲ ଅଫ ମାଇଣ୍ଡ ସମ୍ମିଳନୀରେ କେଉଁଠୁ ଆସିବ, କାହିଁକି ଆସିବ ଏବଂ ସେଠାକୁ ଆସିଥିବା ଲୋକଙ୍କର କ'ଣ ଲାଭ ହେବ? ମୋ ମୁଣ୍ଡକୁ ବାରମ୍ବାର ଏହି ଚିନ୍ତାଧାରା ଆସୁଥିଲା କି ମହାନ ଆଧ୍ୟାତ୍ମିକ ପ୍ରବୃତ୍ତିର ସ୍ୱାମୀ ମୁକ୍ତାନନ୍ଦଜୀ, ଯାହାଙ୍କର ଗଣେଶପୁରୀରେ ବହୁତ ବଡ଼ ଆଶ୍ରମ ରହିଛି, ଏଭଳି ଜଟିଳ ବିଷୟରେ ସମ୍ମିଳନୀ କାହିଁକି କରୁଛନ୍ତି। କଣ୍ଟ୍ରୋଲ ଅଫ ମାଇଣ୍ଡ ତ ନିଜର ବିଷୟ, ସେଥିରେ ଏମିତି କ'ଣ କଥା ରହିଛି ଯେ ଯାହାର ଧ୍ୟାନ ରଖାଯିବ?

ଆଜି ୩୫ ବର୍ଷ ପରେ ଯେତେବେଳେ ମୁଁ ଏହି ବିଷୟରେ ଚିନ୍ତା କରେ, ମୋତେ ଲାଗେ ସେହି ସମୟରେ ମୁଁ କେତେ ଅପାରଗ ଥିଲି। ମୁଁ ଭାବୁଥିଲି କଣ୍ଟ୍ରୋଲ ଅଫ ମାଇଣ୍ଡ କୌଣସି ବିଷୟ ନାହିଁ ଯାହା ଉପରେ ସମ୍ମିଳନୀ କରାଯିବ, କିନ୍ତୁ ସତ କଥା ହେଲା ଏଇଆ ଯେ ଜୀବନର

ଲକ୍ଷ୍ୟକୁ ସଫଳତାର ସହିତ ପାଇବାକୁ ହେଲେ କଣ୍ଟ୍ରୋଲ ଅଫ ମାଇଣ୍ଡର ସହାୟତା ନିଅନ୍ତୁ, ତେବେ ଜୀବନର ଲକ୍ଷ୍ୟ ପୂରଣ ହେବ। ଯେଉଁ ଲୋକ ନିଜର ମସ୍ତିଷ୍କକୁ ନିୟନ୍ତ୍ରଣରେ ରଖିବା କଥାକୁ ଗ୍ରହଣ କରନ୍ତି ନାହିଁ, ସେମାନଙ୍କର ଲକ୍ଷ୍ୟ କେଉଁଠି ଧୂଳିସାତ ହୋଇଥାଏ ଓ ତାଙ୍କୁ ଶେଷରେ ଲକ୍ଷ୍ୟହୀନ ଜୀବନ ବିତାଇବାକୁ ପଡ଼େ। ଆଜି ଯଦି ଆପଣ ଏହା ଚିନ୍ତା କରିନିଅନ୍ତି କି ନିଜ ମସ୍ତିଷ୍କକୁ ନିୟନ୍ତ୍ରଣ କରି ହିଁ ନିଜର ଲକ୍ଷ୍ୟକୁ ପ୍ରାପ୍ତ କରିବେ, ତେବେ ଏଥିରେ ଆପଣଙ୍କୁ ନିଶ୍ଚୟ ସଫଳତା ମିଳିବ। ନିଜର ମସ୍ତିଷ୍କକୁ ନିୟନ୍ତ୍ରଣ ନକରିବା କାରଣରୁ ହିଁ ଆମେ ଦେଖିଥାଉ ଛୋଟମୋଟ ଝଗଡ଼ାରୁ ଜୀବନ ଚାଲିଯାଇଥାଏ। ଯେତେବେଳେ ଛୋଟମୋଟ ଝଗଡ଼ା ଆପଣଙ୍କ ମସ୍ତିଷ୍କକୁ କଣ୍ଟ୍ରୋଲରେ ରଖାଇଦିଏ ନାହିଁ ସେତେବେଳେ ପତି-ପତ୍ନୀଙ୍କ ମଧ୍ୟରେ ବିବାହ ବିଚ୍ଛେଦ ହୋଇଯାଏ। ଯଦି ଆପଣ ନିଜ ମସ୍ତିଷ୍କକୁ କଣ୍ଟ୍ରୋଲରେ ରଖିବେ ତେବେ ନିଶ୍ଚିତ ଭାବରେ ଲକ୍ଷ୍ୟପ୍ରାପ୍ତିରେ ସହାୟକ ହେବ। ଆପଣ ଜୀବନର ଯେଉଁ ଲକ୍ଷ୍ୟ ନିର୍ଦ୍ଧାରଣ କରିନେଇଛନ୍ତି, ତାହା ସେତେବେଳେ ସମ୍ପୂର୍ଣ୍ଣ ଭାବରେ ସଫଳତାର ସହିତ ସମ୍ପନ୍ନ ହୋଇପାରିବ, ଯେତେବେଳେ ଆପଣ ମସ୍ତିଷ୍କକୁ ନିୟନ୍ତ୍ରଣରେ ରଖିବେ। କଣ୍ଟ୍ରୋଲ ଅଫ ମାଇଣ୍ଡ ପ୍ରକ୍ରିୟାକୁ ଆପଣାଇବା ଦ୍ୱାରା ହିଁ ଜୀବନର ଲକ୍ଷ୍ୟ ପ୍ରକାଶ ପାଇବ, ସମ୍ପନ୍ନ ହୋଇଯିବ ଓ ମନକୁ ଶାନ୍ତି ଦେବ।

ପାଠକମାନଙ୍କ ମନରେ ଏହି ପ୍ରଶ୍ନ ଉଠୁଥିବ କି ମାଇଣ୍ଡକୁ କିପରି କଣ୍ଟ୍ରୋଲ କରାଯିବ ? ଆପଣ ଯଦି କେବଳ ଜପର ସହାୟତା ନିଅନ୍ତି, ନିତି ପ୍ରତିଦିନ ଯେ କୌଣସି ନାମକୁ ନେଇ ଦଶ ପନ୍ଦର ମିନିଟ ଜପ କରିଚାଲନ୍ତି ତେବେ ଆପଣଙ୍କ ମସ୍ତିଷ୍କ ଏକାଗ୍ରଚିତ୍ତ ହୋଇଯିବ ଓ ନିୟନ୍ତ୍ରିତ ମସ୍ତିଷ୍କ ଭାବରେ ନିଜର କାର୍ଯ୍ୟ କରିବ। ଏହିପରି ଅନ୍ତତଃ ପାଞ୍ଚରୁ ପନ୍ଦର ମିନିଟ ଯଦି ଆପଣ ଶାନ୍ତିରେ ଧ୍ୟାନ କରିବେ ତେବେ ମଧ୍ୟ ଆପଣଙ୍କ ମସ୍ତିଷ୍କକୁ ଏକାଗ୍ରତା ମିଳିବାରେ ସହାୟକ ହେବ। ସେହିପରି ଆପଣ ଯଦି ମାସକୁ ଥରେ ୨୪ଘଣ୍ଟା ମୌନବ୍ରତ କରନ୍ତି ତେବେ ଆପଣଙ୍କର ମସ୍ତିଷ୍କ ବିକୃତି ତଥା ଦୂଷିତ ଭାବନାରୁ ଦୂରେଇଯାଇ କେବଳ ଆନନ୍ଦଦାୟକ ଶାନ୍ତ ମସ୍ତିଷ୍କ ହୋଇଯିବ ଏବଂ ସମ୍ପୂର୍ଣ୍ଣ ଭାବରେ ଆପଣଙ୍କ କଣ୍ଟ୍ରୋଲରେ ରହିବ।

ଯଦି ଆପଣଙ୍କ ମସ୍ତିଷ୍କ ନିୟନ୍ତ୍ରଣରେ ରହେ ତେବେ ଆପଣ ନିଜର ଲକ୍ଷ୍ୟକୁ ସଫଳତାର ସହିତ ପ୍ରାପ୍ତ କରିପାରିବେ। ତେଣୁ ନିଜର ସଫଳତା ପାଇଁ ଆପଣ ନିଜର ମସ୍ତିଷ୍କକୁ ସର୍ବଦା କଣ୍ଟ୍ରୋଲରେ ରଖନ୍ତୁ। ଅନେକ ସମୟରେ ଆମେ ଦେଖୁ ଛୋଟ କଥାକୁ ନେଇ କେତେକ ବ୍ୟକ୍ତି ବ୍ୟସ୍ତବିବ୍ରତ ହୋଇଯାଆନ୍ତି କିମ୍ବା ଛୋଟ କଥାରେ ଝଗଡ଼ା ଲାଗିଯାନ୍ତି, ପରସ୍ପରକୁ ଗାଳିଗୁଲଜ କରନ୍ତି, ଏପରିକି ଛୋଟିଆ କଥାରେ ମଧ୍ୟ ଲଢେଇ ଓ ମାରପିଟ କରିବସନ୍ତି। ଏସବୁ କେବଳ ଏଇଥିପାଇଁ ହୋଇଥାଏ କି ଆପଣ ନିଜର ମସ୍ତିଷ୍କକୁ କଣ୍ଟ୍ରୋଲରେ ରଖି ନଥାନ୍ତି। ତେଣୁ ଯଦି ଆପଣ ନିଜ ମସ୍ତିଷ୍କକୁ କାବୁ କରିବା ପାଇଁ କଣ୍ଟ୍ରୋଲ ଅଫ ମାଇଣ୍ଡର ସହାୟତା ନେଇ ସଠିକ୍ କାର୍ଯ୍ୟ ନିଷ୍ପାଦନ କରିବେ ତେବେ ନିଶ୍ଚିତ ଭାବରେ ଆପଣଙ୍କର କାର୍ଯ୍ୟ ସମ୍ପନ୍ନ ହୋଇଯିବ ଓ ଆପଣଙ୍କ ଦ୍ୱାରା ନିର୍ଦ୍ଧାରିତ ଲକ୍ଷ୍ୟଗୁଡ଼ିକ ବି ଶୀଘ୍ର ପୂର୍ଣ୍ଣ ହୋଇଯିବ।

17

ଲକ୍ଷ୍ୟପ୍ରାପ୍ତି ଲାଗି ଅପମାନ ଏବଂ ନିନ୍ଦାରେ ଅବିଚଳିତ ରହନ୍ତୁ

'ଯଦି ଆପଣ ଜୀବନରେ ସୁଖ ଓ ଶାନ୍ତି ପାଇବାକୁ ଚାହାନ୍ତି ତଥା ଜୀବନର ଭରପୂର ମଜା ନେବାକୁ ଚାହାନ୍ତି, ତେବେ ଅପମାନ ଓ ନିନ୍ଦାକୁ ନିଜର କାର୍ଯ୍ୟପ୍ରଣାଳୀ ଉପରେ ପ୍ରଭାବ ବିସ୍ତାର କରିବାକୁ ଦିଅନ୍ତୁ ନାହିଁ।'

ନିଜର ଲକ୍ଷ୍ୟ ପ୍ରାପ୍ତି ପାଇଁ ପ୍ରତି ମୁହୂର୍ତ୍ତରେ ଏକଥା ଧ୍ୟାନ ରଖିବା ଉଚିତ ଯେ ଅପମାନ ଓ ନିନ୍ଦାକୁ ଜୀବନରେ କଦାପି ପ୍ରଭାବ ବିସ୍ତାର କରିବାକୁ ଦିଅନ୍ତୁ ନାହିଁ। ଯଦି ଆପଣ ଜୀବନରେ ସୁଖ ଓ ଶାନ୍ତି ପାଇବାକୁ ଚାହାଁନ୍ତି ଓ ଜୀବନର ମଜା ନେବାକୁ ଚାହୁଁଥାନ୍ତି ତେବେ ଏକଥାକୁ ନିଶ୍ଚୟ ଧ୍ୟାନରେ ରଖନ୍ତୁ କି ଅପମାନ ଓ ନିନ୍ଦାକୁ ନିଜର କାର୍ଯ୍ୟପ୍ରଣାଳୀ ଉପରେ ପ୍ରଭାବ ବିସ୍ତାର କରାଦିଅନ୍ତୁ ନାହିଁ। ଯେଉଁ ବ୍ୟକ୍ତି ଆପଣଙ୍କର ନିନ୍ଦା କରୁଛି ଅଥବା ଆପଣଙ୍କର ଅପମାନ କରୁଛି, ତାଙ୍କ ପ୍ରତି ମଧ୍ୟ ସମଭାବ ରଖିବା ଦ୍ୱାରା କେବଳ ଆପଣଙ୍କର ହିଁ ଲାଭ ହେବ। ଏଭଳି ବ୍ୟକ୍ତିଙ୍କ ପ୍ରତି ଦ୍ୱେଷ ରଖିବା ଦ୍ୱାରା ଆପଣଙ୍କର ମନ ଦୂଷିତ ହେବ ଏବଂ ଆପଣ ବିଭିନ୍ନ ପ୍ରକାର ରୋଗରେ ପଡ଼ିଯିବେ।

ଯେତେବେଳେ ଆପଣଙ୍କୁ ନିଜର ଘନିଷ୍ଠ ସମ୍ପର୍କୀୟ, ପରିଜନ ଓ ବନ୍ଧୁମାନଙ୍କଠାରୁ କୌଣସି କଥାରେ ଅପମାନ ସହିବାକୁ ପଡୁଛି ଅଥବା ଆପଣଙ୍କୁ ହୀନ ଦୃଷ୍ଟିରେ ଦେଖାଇବା ପାଇଁ କୌଣସି ବ୍ୟକ୍ତି ଅପମାନିତ କରେ ଯାହା ଆପଣଙ୍କୁ ଅପମାନଜନକ ଅନୁଭବ ହେବ, ସେହି ସମୟରେ ଆପଣଙ୍କ ଚେହେରାରେ ଉତ୍ତେଜନା ଭାବ ପ୍ରକାଶ ପାଇବ ଏବଂ ଆପଣ ନିଜର ବ୍ୟକ୍ତିତ୍ୱ ହରାଇ ବସିବେ। ଆପଣ ନିଜର ମସ୍ତିଷ୍କକୁ ନିୟନ୍ତ୍ରଣରେ ରଖିପାରିବେ ନାହିଁ ଏବଂ ଶେଷରେ କ୍ଷତି କେବଳ ଆପଣଙ୍କର ହିଁ ହେବ। ଯଦି ଆପଣଙ୍କର ଆଧ୍ୟାତ୍ମିକତା ପ୍ରତି ବିଶ୍ୱାସ ରହିଛି ତେବେ

ଆପଣ ପାଇବେ କି ଯେତେବେଳେ କେବେ ବି କୌଣସି ବ୍ୟକ୍ତି ଆପଣଙ୍କର ଅପମାନ କରିବ କିମ୍ବା ଆପଣଙ୍କର ନିନ୍ଦା କରିବ, ସେହି ସମୟରେ ବିଚଳିତ ନହୋଇ ଆପଣଙ୍କୁ ଯେଉଁ ଅପମାନ ବା ନିନ୍ଦା କରାଗଲା, ତାହାକୁ ନିଜର ହୃଦୟ କିମ୍ବା ଶରୀର ଉପରେ କଦାପି ପ୍ରଭାବ ପଡ଼ିବାକୁ ଦିଅନ୍ତୁ ନାହିଁ।

ଏହା ଚିନ୍ତା କରନ୍ତୁ କି ମୋ ଶରୀରର ସବୁଠୁ ମହତ୍ୱପୂର୍ଣ୍ଣ ଅଂଶ ହେଲା ମୋର ଆତ୍ମା। ଯଦି ନିନ୍ଦା ଓ ଅପମାନ ମୋର ଆତ୍ମାକୁ ଛୁଇଁପାରୁନାହିଁ, ତାହେଲେ ଏପରି ଅବସ୍ଥାରେ ମୋ ଉପରେ କୌଣସି ବି ପ୍ରଭାବ ପଡ଼ିବ ନାହିଁ। ଏଭଳି ବିଚାର ଜବରଦସ୍ତ ବନାନ୍ତୁ। ହୁଏତ ପ୍ରାରମ୍ଭରେ ଏଭଳି ବିଚାରକୁ ଗ୍ରହଣ କରିବାର ଶକ୍ତି ଆସିବ ନାହିଁ, ପରନ୍ତୁ ପ୍ରଭୁଙ୍କୁ ସ୍ମରଣ କରି ଯଦି ଆପଣ ଏଭଳି ଭାବିବେ ତ ନିଶ୍ଚିନ୍ତ ଭାବରେ ଆପଣ ଜାଣିପାରିବେ କି ଆପଣ ଏଭଳି ଦିବ୍ୟପୁରୁଷ ହେବାକୁ ଯାଉଛନ୍ତି, ଯାହା ଫଳରେ ଲୋକମାନଙ୍କ ଦ୍ୱାରା କରାଯାଉଥିବା ଅପମାନ ଓ ନିନ୍ଦାର ଆପଣଙ୍କ ଉପରେ କୌଣସି ପ୍ରଭାବ ପଡୁନାହିଁ। ସେହି ସମୟରେ ଆପଣ ଏହା ସ୍ୱୀକାର କରିବାକୁ ଲାଗିବେ କି ଯଦି କୌଣସି ଭଲ କିମ୍ବା ମନ୍ଦ ପ୍ରଭାବ ମୋର ଆତ୍ମା ଉପରେ ପଡ଼ିବାକୁ ଅଛି ପରନ୍ତୁ ମୋର ଆତ୍ମା ଯାହା ସୂକ୍ଷ୍ମ ରୂପରେ ମୋ ହୃଦୟରେ ରହିଛି, ତାହା ଉପରେ କୌଣସି ପ୍ରକାର ଅପମାନ ଏବଂ ନିନ୍ଦାର ପ୍ରଭାବ ହିଁ ପଡୁନାହିଁ, ତେବେ ମୁଁ ଏପରି ମୂର୍ଖ କାହିଁକି ହେବି ? କାହିଁକି ଅପମାନ ଓ ନିନ୍ଦାକୁ ନିଜର ହୃଦୟ ମଧ୍ୟକୁ ନେବି ଓ କ୍ଷତିର ସମ୍ମୁଖୀନ ହେବି ?

ମୋ ବିଚାରରେ ଯଦି ଆପଣ ଜବରଦସ୍ତ ଏହି କଥାକୁ ବାରମ୍ବାର ଭାବିବେ,ତେବେ ନିଶ୍ଚିନ୍ତ ଭାବରେ ଭଗବାନଙ୍କ କୃପାରୁ ନିଜ ପ୍ରତି ହେଉଥିବା ଅପମାନ, ଅପ୍ରିୟ ବ୍ୟବହାର ଓ ଅନାଦରକୁ ଏମିତି ସହି ନେବେ, ଯାହାଦ୍ୱାରା କି ଅନାଦର କରୁଥିବା ବ୍ୟକ୍ତି ମଧ୍ୟ ବିବ୍ରତ ହୋଇଯିବ। ସେହି ଅପମାନ କିମ୍ବା ଅନାଦରକୁ ଯଦି ଆମେ ଗ୍ରହଣ ହିଁ କରିବା ନାହିଁ, ତେବେ ଆମ ଶରୀର ଉପରେ କୌଣସି ପ୍ରକାର ପ୍ରତିକୂଳ ପ୍ରଭାବ ପଡ଼ିବ ନାହିଁ। ଏହି କଥାକୁ ବାରମ୍ବାର ଭାବନ୍ତୁ, ତେବେ ଆପଣ ପାଇବେ କି ଯଦି ଲୋକଙ୍କ ଦ୍ୱାରା ସମ୍ପର୍କୀୟଙ୍କ ଦ୍ୱାରା ସଭା-ସମାଜର ବ୍ୟକ୍ତିବିଶେଷଙ୍କ ଦ୍ୱାରା ଆପଣଙ୍କ ସମ୍ପର୍କରେ ଅପମାନଜନକ କଥା ଓ ନିନ୍ଦା ଶୁଣନ୍ତି ଓ ଶୁଣୁଥାନ୍ତି ତେବେ ଆପଣଙ୍କ ଉପରେ କୌଣସି ପ୍ରଭାବ ପଡ଼ିବ ନାହିଁ ଓ ଏଭଳି କାର୍ଯ୍ୟକଳାପ ଆପଣଙ୍କ ଶରୀରକୁ ଖରାପ କରିବ ନାହିଁ। ବାରମ୍ବାର ଗୋଟିଏ ବିଚାର ଉପରେ ଧ୍ୟାନ ରଖନ୍ତୁ କି ମୋର ଆତ୍ମା ଉପରେ ଯେତେବେଳେ ଏହାର ପ୍ରଭାବ ପଡୁନାହିଁ, ମୋର ଏକଥାରେ ଯାଏ ଆସେ କ'ଣ, ଯଦି ମୁଁ ଏହାକୁ ଗ୍ରହଣ କରିବି ତ ମୋର ସ୍ୱାସ୍ଥ୍ୟ ଉପରେ ପ୍ରତିକୂଳ ପ୍ରଭାବ ପଡ଼ିବ।

ବାସ୍ତବରେ ଭୁଲ ନଥାଇ ମଧ୍ୟ ବେଳେବେଳେ ଆମକୁ ଅପମାନିତ ହେବାକୁ ପଡ଼ିଥାଏ,

ଆଉ ଯାହାକୁ ଆମେ ନିଜର ଭାବୁ ସେମାନେ ମଧ୍ୟ କୌଣସି କାରଣରୁ କିମ୍ବା ଅହଂ ଭାବରୁ ଆମ ସହିତ ଦୁର୍ବ୍ୟବହାର କରିଥାନ୍ତି, ଆମର ଅନାଦର କରନ୍ତି ଯେଉଁଥିରେ ହୃଦୟକୁ କଷ୍ଟ ହୋଇଥାଏ। ଯେଉଁମାନେ ତାହାକୁ ସହ୍ୟ କରିପାରନ୍ତି ନାହିଁ ଓ ମନିଦନ୍ନିନାଳ ନିଆଁରେ ଜଳନ୍ତି, ଏହାଦ୍ୱାରା କ୍ଷତି ସେହିମାନଙ୍କର ହୋଇଥାଏ।

ଯେତେବେଳେ ଆତ୍ମନିରୀକ୍ଷଣରୁ ଏହା ଜାଣିପାରିବେ କି କୌଣସି ପ୍ରକାରେ ଆମର ଭୁଲ ନାହିଁ, ବରଂ ଲୋକମାନେ ଆମକୁ ଭୁଲ ବୁଝି ଆମର ଅପମାନ କରୁଛନ୍ତି, ଆମର ନିନ୍ଦା କରୁଛନ୍ତି, ଆମର ନିଜ ପରିଜନ ଆମକୁ ଆଦର ସମ୍ମାନ ଦେଉନାହାନ୍ତି, ତେବେ ଏଭଳି କଥାକୁ ନିଜ ହୃଦୟକୁ ନେବା ଉଚିତ ନୁହେଁ, ତାହେଲେ ଆପଣ ପାଇବେ କି ବାସ୍ତବରେ ଆପଣଙ୍କର ମନ ନିର୍ମଳ। ଯଦି ଆପଣ ନିର୍ମଳ ଓ ଆନନ୍ଦ ବାଣୀ ଗ୍ରହଣ କରିବା କାର୍ଯ୍ୟକ୍ରମ ଜାରି ରଖିବେ, ତେବେ କୌଣସି ପ୍ରକାର ସମସ୍ୟା ରହିବ ନାହିଁ। ଏହିପରି ଆଜି ଏବଂ ଆସନ୍ତକାଲି ସବୁବେଳ ପାଇଁ ସୂର୍ଣ୍ଣିମ ହିଁ ହୋଇଯିବ ଏବଂ ଆପଣଙ୍କ ପାଇଁ ଆଶାର ଏକ ନୂଆ କିରଣ ମିଳିଯିବ। ଆପଣ ପ୍ରତିଦିନ ଜୀବନର ମଉଜମସ୍ତିର ଭରପୂର ଲାଭ ଉଠାଇବେ।

18

ଲକ୍ଷ୍ୟ ସହିତ ଆନନ୍ଦର ଲହର ପାଆନ୍ତୁ

'କାର୍ଯ୍ୟ (ଲକ୍ଷ୍ୟ) ବିନା ରହିବା ଈଶ୍ୱରଙ୍କ ନିକଟରେ ଚୋରି ସଦୃଶ। ମୁଁ ଭିତର କିମ୍ବା ବାହାର ଆନନ୍ଦର ଅନ୍ୟ କୌଣସି ରାସ୍ତା ଜାଣେ ନାହିଁ।'

– ମହାତ୍ମା ଗାନ୍ଧୀ

ଲକ୍ଷ୍ୟ ଆମକୁ ହିଁ ପୂରଣ କରିବାକୁ ହେବ, ଏଥିରେ କୌଣସି ସନ୍ଦେହ ନାହିଁ। ଲକ୍ଷ୍ୟକୁ ପାଇବା ସହିତ ଗୋଟିଏ କଥା ନିଶ୍ଚୟ ମନେ ରଖନ୍ତୁ କି ନିଜ ଜୀବନର ଲକ୍ଷ୍ୟ ସହିତ ଆନନ୍ଦର ଲହରକୁ ମଧ୍ୟ ଆସିବାକୁ ଦିଅନ୍ତୁ।

ବାସ୍ତବ ଆନନ୍ଦର ପ୍ରାପ୍ତି ପ୍ରତ୍ୟେକ ମନୁଷ୍ୟର ଲକ୍ଷ୍ୟ, ପରନ୍ତୁ ପ୍ରତ୍ୟହ ଦିନଚର୍ଯ୍ୟାରେ ଅଧିକାଂଶ ବ୍ୟକ୍ତି ଏଭଳି ଫସି ରହିଥାନ୍ତି କି ନା ସେମାନେ ପ୍ରକୃତ ଆନନ୍ଦ ପାଇପାରନ୍ତି ନା ପ୍ରକୃତ ଆନନ୍ଦ କାହାକୁ ପ୍ରଦାନ କରିପାରନ୍ତି। ଯଦି ଆପଣ ପ୍ରକୃତ ଆନନ୍ଦ ଲହରର ବାସ୍ତବିକ ସୁଖ ଦୈନିକ ଦିନଚର୍ଯ୍ୟାରେ ଚାହୁଥାନ୍ତି, ତେବେ ଛୋଟ ଛୋଟ ଭଲ ବିଷୟରେ ଅଗ୍ରସର ହୁଅନ୍ତୁ। ଛୋଟ ଛୋଟ କାର୍ଯ୍ୟ କରିବାରେ ଯେଉଁ ଆନନ୍ଦ ମିଳିଥାଏ, ସେଗୁଡ଼ିକର କଳ୍ପନା ଅନୁଭବ ହିଁ କରିପାରିବେ, କଥାରେ କୁହାଯାଇପାରିବ ନାହିଁ। ସେହିଭଳି ଅନ୍ୟ ଲୋକମାନଙ୍କ ଦ୍ୱାରା କରାଯାଉଥିବା ଛୋଟ ଛୋଟ କାର୍ଯ୍ୟ, ଯେଉଁଥିରୁ ସେମାନଙ୍କୁ ଆନନ୍ଦ ମିଳୁଛି, ସେଗୁଡ଼ିକ ଉପରେ ମଧ ନିଜର ଦୃଷ୍ଟି ରଖନ୍ତୁ, ତେବେ ଆପଣ ଦେଖିବେ କି ଆପଣଙ୍କୁ ଅସୀମ ଆନନ୍ଦ ମିଳୁଛି।

ମୁଁ ପ୍ରତିଦିନ ସକାଳେ ଦେଖେ ଜଣେ ସାଧାରଣ ବ୍ୟକ୍ତି ପ୍ଲାଷ୍ଟିକ ଥଳିରେ ଅଟା ଧରି ବୁଲୁଛି। ଦିନେ ମୁଁ ସେହି ଲୋକର ପିଛା କଲି। କିଛି ସମୟ ପର୍ଯ୍ୟନ୍ତ ତାଙ୍କ ପଛେ ପଛେ ଚାଲିବା ପରେ ମୁଁ ଯେଉଁ ଦୃଶ୍ୟ ଦେଖିଲି, ସେଥିରେ ମୋର ମୁଖମଣ୍ଡଳରେ ଶିହରଣ ଖେଳିଗଲା। ମୋତେ ଏକ ଭିନ୍ନ ପ୍ରକାର ଆନନ୍ଦର ଅନୁଭବ ହେଲା। ସେହି ବ୍ୟକ୍ତି ସକାଳୁ ସକାଳୁ ପ୍ଲାଷ୍ଟିକ ଥଳିରେ ଅଟା ନେଇ ସ୍ଥାନେ ସ୍ଥାନେ ରାସ୍ତା ଉପରେ, ଯେଉଁଠି କିଛି ପିମ୍ପୁଡ଼ି ଥାଆନ୍ତି, ସେମାନଙ୍କୁ ଅଟା ଦେଉଥିଲେ। ଏହା ଅତି ଛୋଟ କଥା, କିନ୍ତୁ ଯେତେବେଳେ ବି ମୁଁ ଏହି କଥାକୁ ମନେପକାଏ ସେତେବେଳେ ଆନନ୍ଦର ଏକ ଲହର ମୋର ସାରା ଶରୀରରେ ଖେଳିଯାଇଥାଏ। ମୁଁ ଏଭଳି

ଛୋଟ ଛୋଟ କାର୍ଯ୍ୟରୁ ପ୍ରେରଣା ନେଇଥାଏ, ଯେଉଁଥିରୁ ମୋତେ ଆନନ୍ଦ ମିଳିଥାଏ। ଅତଏବ ଜୀବନର ଉଦ୍ଦେଶ୍ୟ ମଧ୍ୟ ସାତ୍ତ୍ୱିକ ଆନନ୍ଦ ହିଁ ଅଟେ।

ସେହିପରି ପାଖାପାଖି ପାଞ୍ଚବର୍ଷ ପୂର୍ବେ ତାମିଲନାଡୁର ଏକ ଛୋଟ ସହରରେ ମୁଁ ଓ ମୋର ଧର୍ମପତ୍ନୀ ସଂଧ୍ୟା ସମୟରେ ଏକ ବଡ଼ ମନ୍ଦିର ପାଖରେ ବସି ଇଡ଼ଲି ଓ ବରା ଖାଉଥିଲୁ। ସେହି ସମୟରେ ହୋଟେଲ ବାହାରେ ବସିଥିବା ଜଣେ ଅତି ବୃଦ୍ଧ ବ୍ୟକ୍ତିଙ୍କୁ ମୁଁ ଦେଖିବାକୁ ପାଇଲି। ସେ ହୋଟେଲ ବାହାରେ ବସିଥିଲେ ଓ କିଛି ବି କହୁ ନଥିଲେ, କିନ୍ତୁ ମୋତେ ଲାଗିଲା ଯେମିତି ସିଏ ମୋ ସହିତ ମନକୁ ମନ କଥା ହେଉଛନ୍ତି, ମୁଁ ସେହି ବ୍ୟକ୍ତିଙ୍କୁ ହୋଟେଲ ଭିତରକୁ ଡାକିଲି ଓ ତାଙ୍କ ପାଇଁ ଏକ ବଡ଼ ଦୋସା ଅର୍ଡର କଲି। କଳ୍ପନା କରନ୍ତୁ ଯେତେବେଳେ ସେହି ବ୍ୟକ୍ତି ଉକ୍ତ ଦୋସାକୁ ଖାଉଥିଲେ, ତାଙ୍କ ଆଖିରେ ଚମକ, ଚେହେରାରେ ପ୍ରସନ୍ନତା ଓ ନିରବ ଆଶୀର୍ବାଦ ଯାହା ମୋତେ ପ୍ରାପ୍ତ ହୋଇଥିଲା, ତାହା ଦେଖି ମୋତେ ଆନନ୍ଦ ଅନୁଭବ ହୋଇଥିଲା। ବାସ୍ତବରେ ଚାହିଁଲେ ଆମେ କାହାକୁ ଛୋଟ ସାହାଯ୍ୟ କାହିଁକି ନକରିବା। ଯଦି ନିଃସ୍ୱାର୍ଥ ଭାବରେ କାହାକୁ ସାହାଯ୍ୟ କରିବା ତେବେ ନିଶ୍ଚିତ ଭାବରେ ସେହି କାର୍ଯ୍ୟ ଆମକୁ ଆନନ୍ଦର ଲହର ପ୍ରଦାନ କରିବ।

ମୁଁ ଫରିଦାବାଦର ସରକାରୀ କାର୍ଯ୍ୟାଳୟକୁ କୌଣସି କାର୍ଯ୍ୟରେ ଯାଇଥିଲି। ଯେତେବେଳେ ମୁଁ କାର୍ଯ୍ୟସାରି ପାର୍କିଂରେ ଥିବା ମୋ ଗାଡ଼ିରେ ବସିବାକୁ ଗଲି ତ ଦେଖିଲି ଗୋଟିଏ ଛୋଟ ପରିବାର, ଯେଉଁଥିରେ ଜଣେ ପୁରୁଷ, ଜଣେ ସ୍ତ୍ରୀ ଓ ଗୋଟିଏ ଛୋଟ ଶିଶୁ ଥିଲା, ସେମାନେ କାହା ସହିତ କଥା ହେଉଥିଲେ ଓ ସେମାନଙ୍କ ଆଖିରେ ଲୁହ ଭର୍ତ୍ତି ହୋଇଥିଲା। ସେମାନେ କାନ୍ଦି କାନ୍ଦି କଥା ହେଉଥିଲେ। ପାର୍କିଂବାଲାକୁ ମୁଁ ପାର୍କିଂ ପଇସା ଦେଲି, ଗାଡ଼ି ବାହାର କଲି ଓ ସେହି ଲୋକଙ୍କ ପାଖରେ ପହଞ୍ଚିଲି। ମୁଁ ସେମାନଙ୍କୁ କାନ୍ଦିବାର କାରଣ ପଚାରିବାରୁ ଜଣାପଡ଼ିଲା ସେମାନେ କାହାକୁ ଭେଟିବା ପାଇଁ ଫରିଦାବାଦଠାରୁ ଆଗକୁ ଯାଉଥିଲେ, ରାସ୍ତା ଭୁଲିଗଲେ। ବସ୍‌ବାଲା ସେମାନଙ୍କୁ ଭୁଲରେ ସେଠାରେ ଓହ୍ଲାଇଦେଲା। ସେମାନଙ୍କୁ ବସ୍ ରାସ୍ତା ଜଣା ନଥିଲା କି ସେମାନଙ୍କ ପାଖରେ ଗନ୍ତବ୍ୟସ୍ଥଳକୁ ବସରେ ଯିବା ଲାଗି ପଇସା ନଥିଲା। ମୁଁ ପାଖରେ ଦେଖିଲି କେତେକ ଚତୁର୍ଥ ଶ୍ରେଣୀ କର୍ମଚାରୀ କଥା ହେଉଥିଲେ, ଦେଖ ବିଚରା ରାସ୍ତା ଭୁଲିଗଲେ। ଆରେ ଭାଇ ଅଫିସ ତ ବନ୍ଦ ସମୟ ହେଲାଣି, ଚାନ୍ଦା କରି କେମିତି ହେଲେ ସେମାନଙ୍କୁ ଦୁଇଶହ ଟଙ୍କା ଦେଇଦିଅ। ସେଥିରେ ସେମାନେ ପରିବାର ସହିତ ଆଗ ବସରେ ଯାଇ ନିଜ ଗାଁରେ ପହଞ୍ଚିଯିବେ।

ମୋ ମନକୁ ଧାରଣା ଆସିଲାକି ମୁଁ ନିଜେ ତ ସେହିଂ ଲୋକଙ୍କ ଦୁଃଖଦ କଥା ଶୁଣି ଗାଡ଼ିରେ ବସିଛି, ଆଉ ଆର୍ଥିକ ଦୃଷ୍ଟିରୁ ମୋ ଠାରୁ ଯଥେଷ୍ଟ ଦୁର୍ବଳ ଚତୁର୍ଥ ଶ୍ରେଣୀ କର୍ମଚାରୀଙ୍କର ଏତେ ଦୟା ହେଉଛି ଯେ ସେମାନେ ଚିନ୍ତା କରୁଛନ୍ତି ସମସ୍ତେ ୧୦-୧୫-୨୦ ଟଙ୍କା ଏକାଠି କରି ସେହି ଲୋକଙ୍କୁ ସାହାଯ୍ୟ କରିବେ। ଅଚାନକ ମୋ ମନକୁ ଭାବନା ଆସିଲା ଏହି ସେବା କାର୍ଯ୍ୟ ମୁଁ କାହିଁକି ନ କରିବି। ମୁଁ ପକେଟରୁ ଦୁଇଶହ ଟଙ୍କା ବାହାର କରି ସେହି ଲୋକଙ୍କୁ ଦେଇଦେଲି।

ଏହି କଥାକୁ ଯେତେବେଳେ ମୁଁ ମନେ ପକାଏ ସେତେବେଳେ ମୋ ମନରେ ଆନନ୍ଦର ଲହରି ଉଠିଥାଏ। ବିଶେଷ କରି ମୁଁ ସେହି ଲୋକଙ୍କୁ ସାହାଯ୍ୟ କଲି, ଯାହାଙ୍କୁ ମୁଁ ଜାଣେ ନାହିଁ ଓ ସେମାନେ କେଉଁ ଗାଁକୁ ଯିବେ ମୁଁ ସେମାନଙ୍କୁ ତାହା ମଧ୍ୟ ପଚାରି ନଥିଲି। ଯେତେବେଳେ ଆମେ ନିଃସ୍ୱାର୍ଥ ସେବା ଭାବ ନେଇ କାହାକୁ ସାହାଯ୍ୟ କରୁଛେ, ତାହେଲେ ଆମକୁ ଆନନ୍ଦର ଲହର ସମ୍ପର୍କରେ ପ୍ରକୃତ ଜ୍ଞାନ ମିଳିପାରିବ।

କୋଲକାତାର ବଡ଼ବଜାର ଅଞ୍ଚଳରେ ଗୋଟିଏ ଧନୀ ପରିବାର ରହନ୍ତି। ସେହି ପରିବାରର ମୁଖ୍ୟ ତାଙ୍କର ଜଣେ ଘନିଷ୍ଠ ସମ୍ପର୍କୀୟଙ୍କ ପାଖକୁ ଖରାଦିନମାନଙ୍କରେ ଫ୍ରିଜରୁ ବରଫ ଖଣ୍ଡ ବାହାର କରି ଥର୍ମସରେ ପଠାଇଥାନ୍ତି। ସେ କେତେବର୍ଷ ହେଲାଣି ଏହି କାର୍ଯ୍ୟ କରିଆସୁଛନ୍ତି। ଏହା ତ ଗୋଟିଏ ଛୋଟ କଥା କିନ୍ତୁ ଯେତେବେଳେ ମୁଁ ପ୍ରତ୍ୟକ୍ଷ ଭାବରେ ଏହା ଦେଖିଲି ଆନନ୍ଦ ଅନୁଭବ କଲି କି ଆଜି ମଧ୍ୟ ଏଭଳି ଲୋକ ଅଛନ୍ତି ଯିଏ ନିଃସ୍ୱାର୍ଥପର ସେବା ଭାବ ନେଇ ଅନ୍ୟକୁ ସାହାଯ୍ୟ କରୁଛନ୍ତି। ବାସ୍ତବରେ ଏଭଳି ଭାବରୁ ପ୍ରକୃତ ଆନନ୍ଦ ପ୍ରାପ୍ତି ସମ୍ଭବ ହୋଇଥାଏ। ଗାଗର ଜଣେ ପରିଚାରିକା ଭାବରେ ଏକ ଧନୀ ପରିବାରରେ ଘରର ଛୋଟମୋଟ କାମ କରୁଥିଲା ଓ ବିଶେଷ କରି ସୁଧୀର ଓ ସୁନିଲ ନାମରେ ଦୁଇଜଣ ଶିଶୁଙ୍କର ଲାଳନ ପାଳନ କରିବା ତା ଦାୟିତ୍ୱରେ ଥିଲା। ଦୁଇ ଶିଶୁ ତା ଆଗରେ ହିଁ ବଡ଼ ହୋଇଛନ୍ତି। ଏବେ ସେହି ପିଲାମାନଙ୍କୁ ୧୬-୧୭ ବର୍ଷ ହୋଇଗଲାଣି। ବାସ୍ତବରେ ଗାଗର ଘରର ଜଣେ ମାମୁଲି ଚାକରାଣୀ, ତା'ର ସେହି ପିଲାମାନଙ୍କ ସହିତ ବଡ଼ ଘନିଷ୍ଠତା ରହିଛି। ମୋ ମନରେ ସେଦିନ ଆନନ୍ଦର ଲହର ଖେଳିଯାଇଥିଲା ଯେତେବେଳେ ଦିନେ ମୁଁ ଦେଖିଲି ଗାଗର ଅସୁସ୍ଥ ଥିଲା ଏବଂ ସୁନିଲ ଓ ସୁଧୀର ଦୁଇ ଜଣ ଯାକ ଜ୍ୱରରେ ପୀଡ଼ିତ ଗାଗରକୁ ଖୁବ୍ ତନମନ ଦେଇ ସେବା କରୁଥିଲେ। ଯେଉଁଠି ସୁନିଲ ଗାଗର ମଥାରେ ବାମ୍ ଲଗାଇ ଦେଉଥିଲା ତ ସେଠାରେ ସୁଧୀର ଗାଗରର ପାଦ ଚିପି ଦେଉଥିଲା। ମୁଁ ଏହି ଦୃଶ୍ୟ ଦେଖି ଆଶ୍ଚର୍ଯ୍ୟ ହେଲି। ମନରେ ବିଶ୍ୱାସ ହେଉ ନଥିଲା କି ଯାହା ମୁଁ ଦେଖୁଛି ଏହା କ'ଣ ସତ। ସାଧାରଣତଃ ଧନୀ ପରିବାରର ପିଲାମାନେ ସେମାନଙ୍କ ଚାକର ବାକରଙ୍କୁ ସମ୍ମାନ କରିବା ତ ଜାଣି ନଥାନ୍ତି। ମଣିଷକୁ ମଣିଷ ଭଳି ବ୍ୟବହାର ଦେଖାଇବା ସେହି ପିଲାମାନେ ଶିଖି ବି ନଥାନ୍ତି। ପରନ୍ତୁ ଆଜି ଏଭଳି ମନୋରମ ଦୃଶ୍ୟ ଦେଖି ମନରେ ଆନନ୍ଦର ଲହରୀ ଖେଳିଗଲା। ଆମେ ମଧ୍ୟ କାହିଁକି ଆମ ପରିବାରର ପିଲାମାନଙ୍କୁ ସହାନୁଭୂତି ଓ ପରସେବା ଶିକ୍ଷା ନଦେବା, ଯାହାକୁ ସେମାନେ ନିଜ ଜୀବନରେ ପାଳନ କରିପାରିବେ।

19

ଶାନ୍ତ ବ୍ୟବହାର ଲକ୍ଷ୍ୟ ହାସଲର ସାଧନ

'ଯଦି ଆପଣ ଶାନ୍ତ ରହିବାର ଅଭ୍ୟାସ କରନ୍ତି ତେବେ ନିଶ୍ଚିତ ଭାବରେ ଆପଣ ନିଜର ଲକ୍ଷ୍ୟ ପ୍ରାପ୍ତ ହେବାରେ ସଫଳ ହେବେ।'

ଆମେ ଉତ୍ତେଜିତ ନହୋଇ ଶାନ୍ତ ରହିପାରିବାନି କାହିଁକି ? ଉତ୍ତେଜନାପୂର୍ଣ୍ଣ କଥାରେ କ୍ରୋଧିତ ନ ହେବା ଓ ଶାନ୍ତ ରହିବା ହିଁ ଯୋଗ ତଥା ମହାଯୋଗ ଅଟେ। ଯେତେବେଳେ ବ୍ୟକ୍ତି କ୍ରୋଧ କରିବା ପ୍ରବୃତ୍ତିକୁ ତ୍ୟାଗ କରିଦେବ ଅଥବା ଏହା ଉପରେ ବିଜୟ ହାସଲ କରିନେବ, ତେବେ ତାଙ୍କୁ ଏହି ଦୁନିଆଁ ଯଥେଷ୍ଟ ଅଧିକ ସୁନ୍ଦର, ପ୍ରିୟ ଏବଂ ରୋମାଞ୍ଚକର ପ୍ରତୀତ ହେବ। ଆସନ୍ତୁ, ଆମେ ଶାନ୍ତ ରହିବାର ଏହି ଜ୍ଞାନ ଯୋଗରେ ମନୋନିବେଶ କରିବା ଏବଂ ନିଜେ ହିଁ ଅନୁଭବ କରିବା କି ଆମର ଜୀବନ କେତେ ନିର୍ମଳ ହୋଇଗଲା। ଆମେ ଏହି ଦୁନିଆର ପ୍ରତ୍ୟେକ ବସ୍ତୁରେ ଏକ ଭିନ୍ନ ପ୍ରକାରର ତାଜାପଣ ଓ ପ୍ରଫୁଲ୍ଲତା ପାଇବା। ହଁ, ଆପଣଙ୍କୁ ଶାନ୍ତ ରହିବାର ପ୍ରବୃତ୍ତିକୁ ସଫଳତା ପୂର୍ବକ ଆପଣାଇବା ଲାଗି କୌଣସି ବିଶେଷ ପ୍ରଯତ୍ନ ମଧ କରିବାକୁ ପଡ଼ିବନି।

ଯଦି ଆପଣ ଶାନ୍ତ ରହିବାର ଏହି ପ୍ରବୃତ୍ତିକୁ ଆପଣାଇବାକୁ ଚାହୁଁଛନ୍ତି ତେବେ ସର୍ବପ୍ରଥମ ଗୁରୁତ୍ୱପୂର୍ଣ୍ଣ କଥା ହେଲା, ଆପଣ ଏକାନ୍ତରେ ବସିରହି ଏହି ବିଶ୍ୱାସ ରଖନ୍ତୁ କି ମୋର ଶାନ୍ତ ରହିବାର ଅଛି, ମୋର ଉତ୍ତେଜନା ହେବାର ନାହିଁ। ଅତଏବ ଏକାଗ୍ରଚିତ୍ତ ହୋଇ ଦୃଢ଼ ସଂକଳ୍ପର ସହିତ ଆପଣ ଶାନ୍ତ ରହିବାର ପ୍ରବୃତ୍ତି ଆପଣାଇବାରେ ବିଜୟପ୍ରାପ୍ତ କରିପାରିବେ।

ଯେତେବେଳେ ଆପଣ ଶାନ୍ତ ରହିବାର ମାର୍ଗ ଆପଣାଇବାକୁ ଆରମ୍ଭ କରିବେ ତ ଆପଣଙ୍କୁ ଏହି ଦୁନିଆ କିଛିଟା ଅଲଗା ପ୍ରକାର ତଥା ରଙ୍ଗୀନ ଦେଖାଯିବ ଓ ଆପଣଙ୍କୁ ଅଧିକ ଆନନ୍ଦ ମଧ ଲାଗିବ। ଆପଣଙ୍କୁ ନିଜର ଦୈନନ୍ଦିନ ଜୀବନ ଖୁବ୍ ଆନନ୍ଦମୟ ଲାଗିବ ଏବଂ ଆପଣଙ୍କ ମୁଖମଣ୍ଡଳରେ ନୂଆ ଚମକ ମଧ ଆସିଯିବ। ଆପଣ କାର୍ଯ୍ୟରେ ନୂଆ ଉତ୍ସାହ, ହୃଦୟରେ ନିର୍ମଳତା ଓ ଶୀତଳତାର ଅନୁଭବ କରିପାରିବେ, ହଜମ କ୍ରିୟା ସ୍ୱତଃ ଠିକ୍ ହୋଇଯିବ, ଛୋଟ ମୋଟ ରୋଗ ଆପଣା ଛାଏଁ ଦୂରେଇ ଯିବ। ଏସବୁ କୌଣସି ପରିଶ୍ରମ ବିନା, କୌଣସି ଖର୍ଚ୍ଚ କରିବା ବିନା ଏବଂ କୌଣସି ଉପଚାର ବିନା ସମ୍ଭବ ହୋଇଯିବ। ଶାନ୍ତ ରହିବାର ପ୍ରବୃତ୍ତିକୁ

ବାସ୍ତବିକ ରୂପରେ ହାସଲ କରିବା ପାଇଁ ସବୁଠୁଁ ଗୁରୁତ୍ୱପୂର୍ଣ୍ଣ କଥା ହେଲା ଏହି ଯେ, ଆମେ ନିଜ ଭିତରେ କଠୋର ସଂକଳ୍ପ କରିବା ଯେ ଆମେ ସବୁ ପରିସ୍ଥିତିରେ ଶାନ୍ତ ରହିବା । ଅଶାନ୍ତ ରହିବା, କ୍ରୋଧ କରିବା, ଚିତ୍କାର କରିବା ଏବଂ ବିରକ୍ତି ଭାବ ପ୍ରକାଶ କରିବା ଆଦି କେବଳ ଆମ ମନର ମଇଳାକୁ ପରିପ୍ରକାଶ କରିଥାଏ । ଏହା ଆମର ପରିଚୟରେ ଏକ କଳାଦାଗ ଏବଂ ଆମର ଉଜ୍ଜ୍ୱଳ ଚେହେରା ଉପରେ ଚିନ୍ତାର ରେଖା ସୃଷ୍ଟି କରିଥାଏ । ଆସନ୍ତୁ, ଆଜି ହିଁ ଆମେ ସଂକଳ୍ପ କରିବା କି ଆଜିଠାରୁ ନିଜର ଶାନ୍ତ ଏବଂ ନିର୍ମଳ ସ୍ୱଭାବ ବନାଇବା । ତାହେଲେ ଶାନ୍ତ ରହିବାର ପରୀକ୍ଷାରେ ଆପଣ ଉତ୍ତୀର୍ଣ୍ଣ ହୋଇଯିବେ, ଆପଣଙ୍କ ସ୍ୱଭାବ ଶାନ୍ତ ହୋଇଯିବ ଏବଂ ଆପଣଙ୍କର ପରିଚୟ ମଧ୍ୟ ଅଲଗା ହୋଇଯିବ । ଆପଣ ନିଜକୁ ନୂଆ ରୂପରେ ପାଇବେ ।

ଯଦି ଆପଣ ସମ୍ପୂର୍ଣ୍ଣ ନିଷ୍ଠା ଓ ଆନ୍ତରିକତାର ସହିତ ଶାନ୍ତ ରହିବାର ଏହି ପ୍ରବୃତ୍ତିକୁ ଆପଣାଇବା ଆରମ୍ଭ କରିବେ ତ ଆପଣଙ୍କୁ ନିଶ୍ଚିତ ସଫଳତା ମିଳିବ । ଆପଣଙ୍କର ପାରିବାରିକ, ସାମାଜିକ ଅଥବା ଆଧ୍ୟାତ୍ମିକ ଜୀବନ ସବୁ ମଙ୍ଗଳମୟ ହୋଇଯିବ । ଯଦି କିଛି ସମୟ ବାହାର କରି ଏବଂ ସମ୍ପୂର୍ଣ୍ଣ ସମର୍ପିତ ହୋଇ ଆପଣ ଶାନ୍ତ ରହିବାର ଅଭ୍ୟାସ କରିବେ ତେବେ ସଫଳତା ନିଶ୍ଚୟ ଆପଣଙ୍କ ପାଦ ସ୍ପର୍ଶ କରିବ ତଥା ଆପଣଙ୍କୁ ନିଜର ଜୀବନ ଆହୁରି ଅଧିକ ଆନନ୍ଦମୟ, ମଧୁର ଓ ଉତ୍ସାହପୂର୍ଣ୍ଣ ପ୍ରତୀକ ହେବ । ପ୍ରଥମେ ଯେପର୍ଯ୍ୟନ୍ତ ଆପଣ ଶାନ୍ତ ରହିବାର ପ୍ରକ୍ରିୟାରେ ପୂର୍ଣ୍ଣ ବିଜୟ ହାସଲ କରିନାହାନ୍ତି, ସେ ପର୍ଯ୍ୟନ୍ତ ଆପଣ ପ୍ରତିଦିନ ଏକ ବ୍ୟକ୍ତିଗତ ଡାଇରୀରେ ରାତିରେ ଶୋଇବାକୁ ଯିବା ପୂର୍ବରୁ ସବୁ କଥାକୁ ଲେଖିରଖନ୍ତୁ, ଯାହା ଦିନରେ ଘଟିଯାଇଛି ଏବଂ ଯାହା ଆପଣଙ୍କୁ ଶାନ୍ତ ରହିବାକୁ ଦେଇନାହିଁ, କିଛି ଦିନ ପରେ ଆପଣ ପୁଣି ଥରେ ସେହି ଡାଇରୀକୁ ଏକାନ୍ତରେ ପଢନ୍ତୁ, ଆଉ ସେତେବେଳେ ଆପଣଙ୍କୁ ହସ ଲାଗିବ କି ଆପଣ ଏତେ ଛୋଟ ଛୋଟ କଥାରେ ଶାନ୍ତ ରହିବାର ସ୍ୱଭାବକୁ ଛାଡି ଦେଇଥିଲେ । ଆସନ୍ତୁ, ଏହି ମାନବ ଜୀବନକୁ ଅଧିକ ମଙ୍ଗଳମୟ କରିବା ଲାଗି ଶାନ୍ତ ରହିବାର ପ୍ରକ୍ରିୟା ଆରମ୍ଭ କରିଦେବା । ଆପଣଙ୍କୁ ଏଭଳି କରିବା ଦ୍ୱାରା ଏତେ ଲାଭ ମିଳିବ ଯେ ଆପଣ କଳ୍ପନା ମଧ୍ୟ କରିପାରିବେ ନାହିଁ ।

20

ଜୀବନକୁ ରସମୟ କରି ଲକ୍ଷ୍ୟ ହାସଲ କରନ୍ତୁ

'ଯଦି ଆପଣ ନିଜ ଜୀବନକୁ ରସମୟ ଦେଖିବାକୁ ଚାହାନ୍ତି ତେବେ ନିଜେ ନିଜକୁ ପ୍ରେମ କରିବାକୁ ହେବ, ତେବେ ଆପଣ ନିଜର ଲକ୍ଷ୍ୟ ହାସଲ କରିପାରିବେ।'

ଯେତେବେଳେ ଆପଣ ନିଜର ଲକ୍ଷ୍ୟ ନିର୍ଦ୍ଧାରଣ କରିନେଇଛନ୍ତି ତ ବର୍ତ୍ତମାନ କଥା ହେଉଛି ସେହି ଲକ୍ଷ୍ୟକୁ ଯେତେ ଶୀଘ୍ର ପୂରଣ କରିବାକୁ ହେବ। ଏହାଦ୍ୱାରା ଅନେକ ସମୟରେ ଦେଖାଯାଇଥାଏ କି ଜୀବନ ନୀରସ ଲାଗେ। ଏକଥା ଧ୍ୟାନରେ ରଖନ୍ତୁ କି ଯଦି ଆପଣଙ୍କୁ ଜୀବନ ନୀରସ ଲାଗିବ ତେବେ ଆପଣଙ୍କୁ ଲକ୍ଷ୍ୟ ହାସଲ କରିବାରେ ଅସୁବିଧା ଅନୁଭବ ହେବ। ତେଣୁ ଆପଣ ନିଜ ଜୀବନକୁ ରସମୟ କରିବା ସହିତ ଲକ୍ଷ୍ୟ ପ୍ରାପ୍ତ କରିବା ନେଇ ଚିନ୍ତା କରନ୍ତୁ।

ଯୌବନ ଆସେ ଓ ଚାଲିଯାଏ, ଆମେ ଚାହିଁ ରହିଥାଉ। ଠିକଣା ପାଉନାହୁଁ। ପ୍ରୌଢାବସ୍ଥାରେ ପଦାର୍ପଣ କରିବା ସହିତ ଜୀବନ ନୀରସ ଲାଗିବା ଆରମ୍ଭ କରେ, ତାହେଲେ କାହିଁକି ? ଏହା ତ ଏକ ଜ୍ୱଳନ୍ତ ପ୍ରଶ୍ନ। ସମଗ୍ର ମାନବ ଜାତି ଏହାର ଉତ୍ତର ଖୋଜି ଚାଲିଛି। ଭୋଗର ଜୀବନ ଶେଷରେ କେତେଦିନ ପର୍ଯ୍ୟନ୍ତ ରସମୟ ଜୀବନ ଦେଇପାରିବ ? କେତେଦିନ ପର୍ଯ୍ୟନ୍ତ ଏଭଳି ଜୀବନ ଜିଉଁଥିବା ବ୍ୟକ୍ତି ରସମୟ ଜୀବନର ଆଶା କରିପାରିବ ? ମୋଟରଗାଡି, ବ୍ୟାଙ୍କ ବାଲାନ୍ସ, ଅଳଙ୍କାର, ଜମି-ସମ୍ପତ୍ତି ଇତ୍ୟାଦି ସଞ୍ଚୟ କରିବାରେ ହିଁ ପ୍ରୌଢାବସ୍ଥା ପାର ହୋଇଗଲା। ସଞ୍ଚୟ କରୁ କରୁ ଜୀବନର ଆନନ୍ଦ ନେବା ସମୟ ଭାଗ୍ୟରେ ମିଳିପାରିଲା ନାହିଁ। ଏବେ ଜୀବନ ନୀରସ ଲାଗୁଛି। ଏମିତି କ'ଣ କରାଯାଇ ପାରିବ ଯାହା ଦ୍ୱାରା ଜୀବନ ରସମୟ ହୋଇଯିବ।

ଯଦି ଆପଣ ଜୀବନକୁ ରସମୟ ଦେଖିବାକୁ ଚାହୁଁଛନ୍ତି, ତେବେ ସର୍ବପ୍ରଥମେ ନିଜକୁ ନିଜେ ପ୍ରେମ କରିବାକୁ ହେବ। ଯେତେବେଳେ ଆପଣ ନିଜକୁ ନିଜେ ପ୍ରେମ କରିବେ

ସେତେବେଳେ ଆପଣଙ୍କୁ ଜୀବନ ରସମୟ ଲାଗିବ। ଆଧୁନିକ ମାନବ ଉନ୍ନତି କରିଛି, କିନ୍ତୁ ଏଭଳି କୌଣସି ଔଷଧ ପ୍ରସ୍ତୁତ କରିନାହିଁ ଯାହାକୁ ପିଇଲେ ନୀରସ ଜୀବନ ରସମୟ ହୋଇଯିବ। ଆପଣ ଯେତେବେଳେ ନିଜକୁ ନିଜେ ପ୍ରେମ କରିବାକୁ ଲାଗିବେ ସେତେବେଳେ ଆପଣଙ୍କୁ ଲାଗିବ କି ଆମକୁ ମାନବ ଜୀବନ ଦେଇ ବନ୍ଦନୀୟ ପରମେଶ୍ୱର ଆମ ପ୍ରତି ଅସୀମ କୃପା କରିଛନ୍ତି। ଆମକୁ ଈଶ୍ୱର ଦେଇଥିବା ଏହି କୃପାର ଋଣ ସେତେବେଳେ ପରିଶୋଧ କରିପାରିବା, ଯେତେବେଳେ ପ୍ରତି ମୁହୂର୍ତ୍ତରେ ରସମୟ ଜୀବନ ଆଡେ ଅଧିକ ଅଗ୍ରସର ହେବା। ବାଧାବିଘ୍ନ ଆସୁଛି ଏବଂ ଆସିବ। ପାରିବାରିକ ଶାନ୍ତି-ଅଶାନ୍ତି ଲାଗିଛି ଓ ଆଗକୁ ମଧ୍ୟ ଲାଗି ରହିବ। ଧନ ସମ୍ପତ୍ତିରୁ ଉତ୍ପନ୍ନ ସମସ୍ୟା ଆଗରୁ ଥିଲା ଏବଂ ଆଗକୁ ମଧ୍ୟ ରହିବ, କିନ୍ତୁ ଏଭଳି ବାତାବରଣରେ ମଧ୍ୟ ଆପଣ ଯେତେବେଳେ ନିଜକୁ ନିଜେ ପ୍ରେମ କରିବେ ଏବଂ ନୀରସ ଜୀବନକୁ ରସମୟ କରିବାର ଚେଷ୍ଟାରେ ଲାଗି ରହିବାକୁ ଚାହିଁବେ ତେବେ ଦେଖିବେ କୌଣସି କଠିନ ପରିଶ୍ରମ ବିନା ଜୀବନ ରସମୟ ହୋଇଯାଇଛି।

ଆପଣ ନିଜ ଲୋକଙ୍କ ପାଇଁ, ନିଜ ଘର-ପରିବାରର ଲୋକଙ୍କ ପାଇଁ କିଛି ସମୟ ନିଶ୍ଚୟ ବାହାର କରନ୍ତୁ। ଏହି ସମୟ ସେମାନଙ୍କ ସହିତ ତୀର୍ଥସ୍ଥାନ ଅଥବା ଅନ୍ୟ ଦର୍ଶନୀୟ ସ୍ଥାନ ଭ୍ରମଣରେ ବିତାନ୍ତୁ, ତେବେ ଆପଣ ପାଇବେ କି ଜୀବନରେ ବିରସତା ଶେଷ ହୋଇଯାଇଥିବାର ଜଣାପଡିବ।

ନୀରସ ଜୀବନକୁ ରସମୟ କରିବା ପାଇଁ ଆପଣ ଏହି ସମୟରେ ନିଜକୁ କୌଣସି ଛୋଟମୋଟ ସାମାଜିକ ସେବା କାର୍ଯ୍ୟରେ ଲଗାଇବାରେ ସମୟ ଦିଅନ୍ତୁ ଏବଂ ଏହା ସହିତ କିଛି ଧନ ସମାଜସେବାରେ ମଧ୍ୟ ଲଗାନ୍ତୁ। ଏହାର ଅର୍ଥ କଦାପି ଏହା ନୁହେଁ ଯେ, କେବଳ ସାମାଜିକ କାର୍ଯ୍ୟରେ ଧନ ଲଗାଇବା ଦ୍ୱାରା ନୀରସ ଜୀବନକୁ ରସମୟ କରି ଦିଆଯାଇପାରିବ। ଆପଣ ନିଜ ମହଲରେ, ନିଜ ଆଖପାଖରେ ଅଧିକ ନହେଲେ ବି ଅନ୍ତତଃ ସମାଜସେବାର ଏଭଳି ଛୋଟମୋଟ କାର୍ଯ୍ୟ କରନ୍ତୁ, ଯାହାଦ୍ୱାରା ଗୋଟିଏ ପକ୍ଷ କିମ୍ବା ଗୋଟିଏ ମାସରେ ଜଣେ ଲୋକର ମୁହଁରେ ହସ ଫୁଟାଇ ପାରିବେ। ଆଜ୍ଞା ହଁ, ଅନ୍ୟର ମୁହଁରେ ହସ ଫୁଟାଇବା ଦ୍ୱାରା ଆପଣଙ୍କର ନୀରସ ଜୀବନ ରସମୟ ହୋଇଯିବ। ଏହା ବାସ୍ତବିକତା, ଯାହାକୁ କେବଳ ଆପଣ ଅନୁଭବ କରିପାରିବେ।

ମୋର ସେହି ଦୃଶ୍ୟ ମନେପଡୁଛି, ଯେତେବେଳେ କିଛି ବର୍ଷ ପୂର୍ବରୁ ମୋର ଜଣେ ୫୦ ବର୍ଷୀୟ ଧନୀ ବ୍ୟକ୍ତିଙ୍କ ସହ ଦେଖା ହୋଇଥିଲା। ଯିଏ କି ମନରେ ଦୁଃଖୀ ଥିଲେ। ଏଥିରୁ ତାଙ୍କର ନୀରସ ଜୀବନ ସମ୍ପର୍କରେ ଜଣାପଡିଥିଲା। ଯେତେବେଳେ ମୁଁ ତାଙ୍କୁ କହିଲି, ତୁମେ କିଛି ସେବା କାର୍ଯ୍ୟ ଆରମ୍ଭ କର ଏବଂ ଅନ୍ୟର ମୁହଁରେ ହସ ଆଣିବାକୁ ଚେଷ୍ଟା କର, ଏହି କଥା ତାଙ୍କ ମନକୁ ପାଇଗଲା। ସେ ପାଖରେ ଥିବା ବସ୍ତି ଝୁମ୍ପୁଡି ଅଞ୍ଚଳକୁ ଯାଇ ଗୋଟିଏ ପାନ ଦୋକାନରୁ ପାନ କିଣିଲେ ଓ ସେହି ପାନ ଦୋକାନୀକୁ କହିଲେ, ମୁଁ ପ୍ରତି ରବିବାର ସକାଳ

୯ଟା ବେଳେ ଆପଣଙ୍କ ପାଖକୁ ଆସିବି । ଆପଣ ଏମିତି କୌଣସି ଗରିବ ଲୋକଙ୍କୁ ବାଛିଥିବେ, ଯିଏ ଆର୍ଥିକ ଦୃଷ୍ଟିରୁ ଅଭାବରେ ଥିବ, ରୋଗ କାରଣରୁ ହେଉ କି ପିଲାଙ୍କ ପାଠ ପଢା କିମ୍ବା ଶୀତଦିନରେ ବସ୍ତ୍ର କାରଣରୁ ହେଉ । ସେହି ବ୍ୟକ୍ତି ପ୍ରତ୍ୟେକ ରବିବାର ୯ଟା ବେଳେ ଉକ୍ତ ପାନ ଦୋକାନକୁ ଆସନ୍ତି ଏବଂ ଜଣେ ଗରିବ ଓ ଅସହାୟ ବ୍ୟକ୍ତିଙ୍କୁ ୨୦୦-୩୦୦ ଟଙ୍କା ଆର୍ଥିକ ସହାୟତା ପ୍ରଦାନ କରନ୍ତି ଏବଂ ଏହା ସହିତ ସେହି ଲୋକର ମୁହଁରେ ଖୁସି ଭାବକୁ ଦେଖନ୍ତି । ଏହି ହସ ହିଁ ସେହି ବ୍ୟକ୍ତିଙ୍କ ନୀରସ ଜୀବନକୁ ରସମୟ କରିବାରେ ସକ୍ଷମ ହୋଇଗଲା । ଯଦି ଆପଣଙ୍କୁ ସମୟ ନୀରସ ଲାଗୁଛି ତେବେ କିଛି ସମୟ ବାହାର କରି ମନ୍ଦିର, ମସଜିଦ୍, ଗୁରୁଦ୍ୱାରା, ଆର୍ଯ୍ୟ ସମାଜ କିମ୍ବା ଯେକୌଣସି ଧାର୍ମିକ ସଂସ୍ଥାନରେ ଯୋଗ ଦିଅନ୍ତୁ ଏବଂ ସେଠାରେ ନିଃସ୍ୱାର୍ଥ ସେବା କାର୍ଯ୍ୟ ଆରମ୍ଭ କରିଦିଅନ୍ତୁ । ମୋର ପୂରା ବିଶ୍ୱାସ ଯେ ଏହି ସେବା କାର୍ଯ୍ୟରୁ ଆପଣଙ୍କ ନୀରସ ଜୀବନ ଅତୀତ ହୋଇ ହଜିଯିବ ଏବଂ ଆପଣଙ୍କୁ ରସମୟ ଜୀବନର ଅନୁଭୂତି ମିଳିବାକୁ ଲାଗିବ ।

ବ୍ୟବସାୟରେ ସମ୍ପର୍କୀୟମାନଙ୍କଠାରୁ ଧୋକା, ସମାଜରେ ସହଯୋଗୀମାନଙ୍କଠାରୁ ଧୋକା, ଘର ପରିବାରରେ ନିଜ ଲୋକଙ୍କ ଠାରୁ ଧୋକା ମିଳିବାରେ ଏତେ ଦୁଃଖ ଲାଗେ କି ଆପଣଙ୍କୁ ସମ୍ପୂର୍ଣ୍ଣ ଜୀବନ ହିଁ ନୀରସ ଲାଗିଥାଏ । ଏପରି ସ୍ଥଳେ ଜୀବନକୁ ରସମୟ କରିବା ପାଇଁ ଭୁଲିଯାଆନ୍ତୁ ସେହି କଥାକୁ, ଭୁଲିଯାଆନ୍ତୁ ସେହି ଦିନଗୁଡ଼ିକୁ । ଯେତେବେଳେ କେହି ଆପଣଙ୍କୁ ଛୋଟ ମୋଟ କିମ୍ବା ବଡ ଧୋକା ଦେଇଥିଲା ସେହି ଅତୀତ ବିତିଯାଇସାରିଛି । ଯେପର୍ଯ୍ୟନ୍ତ ସେହି ଅତୀତର ଛାଇକୁ ନିଜ ସହିତ ନେଇ ଚାଲିଥିବେ, ସେ ପର୍ଯ୍ୟନ୍ତ ଆପଣଙ୍କୁ ନିଜ ଜୀବନ ନୀରସ ଲାଗିବ । ଏଭଳି ନୀରସ ଜୀବନକୁ ରସମୟ କରିବା ଲାଗି ଆପଣଙ୍କୁ ପୁରୁଣା କଥାଗୁଡ଼ିକୁ ଭୁଲିଯିବାକୁ ପଡିବ, ଯେଉଁଥିରେ ଧୋକାର କାହାଣୀ ଯୋଡି ହୋଇ ରହିଛି । ଅତୀତର ସେହି ଅନ୍ଧାରୀ ଦିନରୁ ଓହରି ଆସି ଯଦି ଆପଣ କିଛି ସମୟ ପ୍ରଭୁ ସ୍ମରଣ କରିବେ ତେବେ ଜାଣିପାରିବେ, ଜୀବନ ବାସ୍ତବରେ ନୀରସ ନୁହେଁ, ବରଂ ରସମୟ ଏବଂ ମଧୁର ଲାଗିବ । ଅବସ୍ଥା ଯାହା ହୋଇଥାଉ ନା କାହିଁକି, ରସମୟ ଜୀବନ ବନାଇବ ଲାଗି କେବଳ ମାନସିକ ଅବସ୍ଥା ଠିକ୍ ରହିବା ଆବଶ୍ୟକ । ଆପଣ ଯେଉଁ ବୟସର ବ୍ୟକ୍ତି ହୋଇଥାନ୍ତୁ ନା କାହିଁକି, ପରନ୍ତୁ ମାନସିକ ଭାବରେ ଶାନ୍ତ ରହିବା ଦ୍ୱାରା ହିଁ ଆପଣଙ୍କୁ ନିଜ ଜୀବନ ରସମୟ ଲାଗିବ ।

21

ଭୟ ଦୂର କରିବାର ଜାଦୁ

'ଯାହାଠାରେ ହାରିଯିବାର ଭୟ ରହିବ, ସେ ନିଶ୍ଚୟ ହାରିଯିବ ।'

–ନେପୋଲିୟନ ବୋନାପାର୍ଟ

ଯେତେବେଳେ ଆପଣ ସାଦା କାଗଜରେ ନିଜ ଜୀବନର ଲକ୍ଷ୍ୟ ଲେଖିଦେଲେ ତ ଆପଣଙ୍କ ପାଇଁ ସେହି ଲକ୍ଷ୍ୟର ପୃଷ୍ଠା ହିଁ ଆପଣଙ୍କ ରାମାୟଣ, ଆପଣଙ୍କ ଗୀତା ଓ ଆପଣଙ୍କ ହନୁମାନ ଚାଳିଶା ହୋଇଗଲା । ଏହି ଲେଖାଯାଇଥିବା ଲକ୍ଷ୍ୟକୁ ବାରମ୍ବାର ପଢିବା, ମନନ କରିବା ଏବଂ ଲକ୍ଷ୍ୟ ପ୍ରାପ୍ତି ଦିଗରେ ଅଗ୍ରସର ହେବା ହିଁ ଆପଣଙ୍କ ଜୀବନର ଲକ୍ଷ୍ୟ ହୋଇଗଲା । ଏଥିରେ ବେଳେବେଳେ ଭୟ ଆମ ମନ ଭିତରକୁ ପଶିଆସେ ଓ ଯେତେବେଳେ ଭୟ ମନ ଭିତରେ ବସା ବାନ୍ଧିଦିଏ ତ ଆମକୁ ନିଜର ଲକ୍ଷ୍ୟ ପୂରଣ କରିବାରେ ମଧ୍ୟ କଷ୍ଟ ଅନୁଭବ ହୋଇଥାଏ । ବେଳେବେଳେ ଭୟ କାରଣରୁ ଏପରି ଲାଗିଥାଏ କି ଆମେ ଆମ ଲକ୍ଷ୍ୟକୁ ଆଦୌ ପୂରଣ କରିପାରିବା ନାହିଁ । ଏଥିରେ ମାନସିକ କ୍ଲେଶ ହୋଇଥାଏ, ବିରକ୍ତି ଭାବ ଆସିଥାଏ ଓ ମନ ଅପ୍ରସନ୍ନ ହୋଇଯାଇଥାଏ । ବାସ୍ତବରେ ସେହି ସମୟ ଯେତେବେଳେ କୌଣସି ପ୍ରକାର ଭୟ ମନରେ ବସାବାନ୍ଧି ଯାଇଥାଏ, ତାହାକୁ ଦୂର କରିବା ଜରୁରୀ । ତାହେଲେ ନିଜର ଲକ୍ଷ୍ୟକୁ ଆନ୍ତରିକତାର ସହିତ ଓ କଠିନ ପରିଶ୍ରମ ଦ୍ୱାରା ସହଜରେ ପାଇପାରିବେ । ତେଣୁ ସର୍ବଦା ଯେତେବେଳେ ଆପଣଙ୍କୁ ଭୟ ଲାଗୁଛି ତ ଆଦୌ ଚିନ୍ତା କରନ୍ତୁ ନାହିଁ ଏବଂ ଭଗବାନଙ୍କ ଉପରେ ସମସ୍ତ ଭୟ ଓ ଚିନ୍ତାକୁ ଛାଡିଦିଅନ୍ତୁ । ଏହାଦ୍ୱାରା ଆପଣଙ୍କୁ ଲାଗିବ କି ଯେତେବେଳେ ପ୍ରଭୁ ମୋ ସହିତ ଅଛନ୍ତି ତ ମୋର କୌଣସି କଥାକୁ ଭୟ ନାହିଁ, ତାହେଲେ ଆପଣ ନିଜର ଲକ୍ଷ୍ୟ ପାଖରେ ସହଜରେ ପହଞ୍ଚିଯିବେ ।

ମୁଁ ଗୋଟିଏ ଛୋଟ ଗୁଣ୍ଡୁଚିମୂଷାକୁ ରାସ୍ତା ପାର ହେଉଥିବାର ଦେଖିଲି । ସେ ରାସ୍ତା ପାର ହୋଇ ବିଶାଳ ବୃକ୍ଷ ଉପରେ ଚଢିବାକୁ ଲାଗିଲା । ବିଭିନ୍ନ ଡାଳରୁ ଡିଆଁଡିଇଁ କରିବାରେ ଗୁଣ୍ଡୁଚିମୂଷାକୁ ଆଦୌ ଡର ଲାଗୁ ନଥିଲା । କିଛି ସମୟ ପରେ ରାତିରେ ଛାତ ବାରଣ୍ଡାରେ ବୁଲୁଥିଲା ବେଳେ ମୁଁ ଦେଖିଲି ସେହି ଗୁଣ୍ଡୁଚି ମୂଷା ଛାତର ଦ୍ୱାରବନ୍ଧରେ ଛିଡା ହୋଇ ଯାଆଆସ କରୁଥିଲା । କିଛି

ସମୟ ପରେ ଉପରକୁ ଚାଲିଯାଇ ଅଦୃଶ୍ୟ ହୋଇଗଲା ଏବଂ ମୁଁ ଭାବିବାକୁ ଲାଗିଲି ଗୁଣ୍ଡୁଚିମୂଷାର ଏହି ଗତିବିଧିରୁ ମାନବକୁ ଏକ ଶିକ୍ଷା ଦିଆଯାଇପାରିବ କି ଯଦି ଆପଣ କୌଣସି ବି କାର୍ଯ୍ୟ କରୁଛନ୍ତି ତେବେ ଭୟଭୀତ କାହିଁକି ହେଉଛନ୍ତି ? ବିନା ଭୟରେ ନିଜର କାମ କରିଚାଲନ୍ତୁ । ଆମକୁ ଗାନ୍ଧି ମଧ୍ୟ ଆମକୁ ଅଭୟ ଜ୍ଞାନ ହିଁ ଶିଖାଇଛ । ତଥାପି ଆମେ ଅନେକ ସମୟରେ ନିଜକୁ ଭୟଗ୍ରସ୍ତ ଅନୁଭବ କରିଥାଉ ।

ଜଣେ ଭଦ୍ରବ୍ୟକ୍ତି ପାହାଡ଼ି ରାସ୍ତାରେ ଯିବାବେଳେ ଏତେ ଭୟଭୀତ ହୋଇଯାଇଥିଲେ ଯେ, ଯେତେବେଳେ କେବେ ବି ସେ ଗାଡ଼ିରେ ପାହାଡ଼ ଉପରେ ଭ୍ରମଣ କରୁଥିଲେ ତ ସବୁବେଳେ ଚୁପଚାପ କାର୍‌ର ଡୋରକୁ ଦୁଇ ହାତରେ ଧରି ବସୁଥିଲେ । ତାହା ଦ୍ୱାରା ଯାତ୍ରା ସମୟରେ ତାଙ୍କର ହାତ ଗୋଡ଼ ଥଣ୍ଡା ହୋଇଯାଉଥିଲା ଏବଂ ଭୟ କାରଣରୁ ମୁହଁରୁ କଥା ବାହାରୁ ନଥିଲା । ଯଦି ଆପଣ ମନ ଭିତରେ ଭୟକୁ ସ୍ଥାନ ଦେଲେ ତେବେ ଭୟଭୀତ ହିଁ ରହିବେ, ଅନ୍ୟଥା ଭୟ କରିବାର କୌଣସି କାରଣ ନାହିଁ । ଯଦି କୌଣସି ବ୍ୟକ୍ତି ପ୍ରତି ମୁହୂର୍ତ୍ତରେ ଭୟଭୀତ ରହନ୍ତି, ଚିନ୍ତା କରିଚାଲନ୍ତି ତେବେ ତା'ର ପ୍ରତିକୂଳ ପ୍ରଭାବ ତାଙ୍କ ଶରୀର ଉପରେ ହିଁ ପଡ଼ିବ ।

ଆମେ ଚାହିଁବା କି ଭୟକୁ ଦୂର କରିବାର ତରିକା ସବୁବେଳେ ମନେରଖିବା । ଏହି ଭୟକୁ ଦୂର କରିବାର ଉପାୟ ହେଲା କେବଳ ପ୍ରଭୁ ସ୍ମରଣ । ଯଦି ଆମେ ନିତି ପ୍ରତିଦିନ ପ୍ରଭୁଙ୍କ ବିଷୟରେ ଚିନ୍ତନ କରିବା, ବିଚାର କରିବା ଏବଂ ପ୍ରତି ମୁହୂର୍ତ୍ତରେ ପ୍ରଭୁଙ୍କ ମହାନତାକୁ ସ୍ୱୀକାର କରିବା, ତେବେ ଏହି ମାନବ ଜୀବନରେ ଆମକୁ କଦପି ଭୟର ସମ୍ମୁଖୀନ ହେବାକୁ ପଡ଼ିବ ନାହିଁ । ନିଜର କର୍ମ କରିଯାଅ, କର୍ମ ଫଳରେ ଆଶା ରଖନାହିଁ । ଯଦି ଆପଣଙ୍କୁ ଭଗବାନଙ୍କ ଶକ୍ତି ଉପରେ ବିଶ୍ୱାସ ରହିଛି, ତେବେ ଭୟ କଦାପି ପାଖ ପଶିବ ନାହିଁ । ଟିକିଏ ଚିନ୍ତା କରନ୍ତୁ କି ଯାହା କିଛି ଆଜି ହୋଇଗଲା, ତାହା କେବଳ ପ୍ରଭୁଙ୍କ ଇଚ୍ଛାରେ ହିଁ ହେଲା । ଏହି ଚିନ୍ତାଧାରା ଯେପର୍ଯ୍ୟନ୍ତ ମନରେ ରହିଥିବ, ସେ ପର୍ଯ୍ୟନ୍ତ ଭୟ ଆପଣଙ୍କ ପାଖ ମାଡ଼ିବାକୁ ଦେବ ନାହିଁ । ଯେଉଁଦିନ କୌଣସି କାର୍ଯ୍ୟକୁ ସମ୍ପାଦନ କରିବାରେ ଆପଣ ମୁଁ ର ଉପଯୋଗ କରିବେ କି ମୁଁ ଏହା କରିଛି, ମୁଁ ଏହା କରୁଅଛି, ମୋ ଯୋଗୁଁ ହିଁ ଏହା ହେଲା, ତା ହେଲେ ଆପଣ ନିଜକୁ ଭୟର ଦୁନିଆରେ ପାଇବେ ।

ସବୁବେଳେ କେବଳ ପ୍ରଭୁଙ୍କୁ ସ୍ମରଣ କରିଚାଲନ୍ତୁ ଓ ପ୍ରଭୁଙ୍କ ଶକ୍ତି ଉପରେ ପୂର୍ଣ୍ଣ ବିଶ୍ୱାସ ରଖନ୍ତୁ, ତେବେ ଭୟ କଦାପି ଆମକୁ କବଳିତ କରିପାରିବ ନାହିଁ । ଯଦି ଆପଣ ସତ ମନରେ କାର୍ଯ୍ୟ କରିଚାଲିବେ ଓ ଫଳର ଚିନ୍ତା କରିବେ ନାହିଁ ତେବେ ପ୍ରଭୁଙ୍କ କୃପାରୁ ଯେଉଁ ଫଳ ଆପଣଙ୍କୁ ମିଳିବା ଆବଶ୍ୟକ ତାହା ଆପଣଙ୍କୁ ମିଳିବ ଏବଂ ଆପଣ ସବୁବେଳେ ଚିନ୍ତାମୁକ୍ତ ଓ ଭୟମୁକ୍ତ ରହିବେ । ଯଦି ଭୟ କରିବାର ଅଛି ଭୁଲ କାମକୁ ଭୟ କରନ୍ତୁ, କାରଣ ଭୁଲ କାମ କଲେ ପ୍ରଭୁ ମଧ୍ୟ କୌଣସି ସହାୟତା କରି ନଥାନ୍ତି । ପ୍ରଭୁ ପ୍ରତି ମୁହୂର୍ତ୍ତରେ ମୋ ଆଖପାଖରେ ଅଛନ୍ତି, ଆପଣ ଏହି କଥାକୁ, ଯେତେବେଳେ କୌଣସି ଭୟର ସ୍ଥିତି ଆସୁଛି, ଦୋହରାନ୍ତୁ, ତାହେଲେ ଆପଣ ପାଇବେ କି ଆପଣଙ୍କ ଭୟ ବହୁ ଦୂରକୁ ଚାଲିଯିବ ।

22

ଲକ୍ଷ୍ୟପ୍ରାପ୍ତି ପାଇଁ ଝଗଡା ଓ ଈର୍ଷା କାହିଁକି ?

'ଈର୍ଷା ନିଜର ହୀନମନ୍ୟତାରୁ ଜନ୍ମ ନେଇଥାଏ ଏବଂ ତାହା ସେହି ହୀନମନ୍ୟତାକୁ ଦୂର କରେ ନାହିଁ, କେବଳ ଚାପିଦିଏ ।'

– ଜୈନେନ୍ଦ୍ର କୁମାର

ଯେତେବେଳେ ଆପଣ ଲକ୍ଷ୍ୟ ନିର୍ଦ୍ଧାରଣ କରିନେଲେ ଏବଂ ଏହାକୁ ପୂରଣ କରିବାକୁ ଲାଗି ପଡିଲେ ତ ବେଳେବେଳେ ଏହା ଦେଖାଯାଏ କି ଆପଣଙ୍କ ଦୈନନ୍ଦିନ କାର୍ଯ୍ୟକଳାପରେ ଝଗଡା ଓ ଈର୍ଷା ସାଥି ହୋଇଯାଆନ୍ତି । ବିଚାର କରନ୍ତୁ ଲକ୍ଷ୍ୟ ପୂରଣ କରିବା ବହୁତ ଭଲ କଥା, କିନ୍ତୁ ସେହି ଲକ୍ଷ୍ୟକୁ ପାଇବା ପାଇଁ ତାହେଲେ ଝଗଡା ଓ ଈର୍ଷା କାହିଁକି ? ଏହି କଥାକୁ ଯେତେବେଳେ ଆପଣ ଚିନ୍ତା କରିବେ ଆପଣଙ୍କ ମନ ନିର୍ମଳ ହୋଇଯିବ ଏବଂ ଆପଣଙ୍କୁ ପ୍ରଭୁଙ୍କ ଆଶୀର୍ବାଦରୁ ଏହା ଜଣାପଡିବ କି ଲକ୍ଷ୍ୟପ୍ରାପ୍ତି ପାଇଁ ସବୁ କାର୍ଯ୍ୟ କରନ୍ତୁ, କିନ୍ତୁ ଝଗଡା ଓ ଈର୍ଷାଠାରୁ ଦୂରେଇ ରହନ୍ତୁ ।

ଏହା ସର୍ବବିଦିତ କି ଜୀବନ ଏତେ ଛୋଟ ଯେ ଆମେ ତାହାକୁ ଚାହିଁଲେ ମଧ୍ୟ ବଢାଇ ପାରିବା ନାହିଁ । ତଥାପି କ'ଣ ପାଇଁ ମନୁଷ୍ୟ ଈର୍ଷା ଓ ଝଗଡା କରିବା ପ୍ରବୃତ୍ତିରେ ଲାଗି ରହେ । ଜୀବନ ଅମୂଲ୍ୟ ଏହା ସମସ୍ତେ ଜାଣନ୍ତି । ତାହେଲେ କ'ଣ କୌଣସି ସଚେତନ ବ୍ୟକ୍ତି ନିଜର ଅମୂଲ୍ୟ ସମ୍ପଦକୁ ନଷ୍ଟ ହେବାକୁ ଦେଇଥାଏ ? ନା, ତାହେଲେ କ'ଣ ପାଇଁ ଆଜିର ମାନବ ପରସ୍ପର ଭିତରେ ଝଗଡା, ଶତ୍ରୁତାର ଭାବନା ଏବଂ ଈର୍ଷାର ପ୍ରବୃତ୍ତିକୁ ଜାଗ୍ରତ କରି ନିଜର ଅମୃତମୟ ଜୀବନରେ ତିକ୍ତତା ସୃଷ୍ଟି କରେ ।

ସମସ୍ତଙ୍କ ପାଖରେ ସମୟର ଅଭାବ ରହିଛି । ଅଭାବମୟ ଜୀବନ ବିତାଇବାରେ ମଧ୍ୟ ଆଶ୍ଚର୍ଯ୍ୟ ସେତେବେଳେ ଲାଗିଥାଏ, ଯେତେବେଳେ ଆମେ ଦେଖୁ ଏହି ଆନନ୍ଦମୟ ଜୀବନର ଏକ ବଡ ଅଂଶ ଏମିତି ବେକାର ଛୋଟ ଛୋଟ କଥାରେ ଝଗଡା ଓ ଈର୍ଷାରେ ଲାଗିଯାଇଥାଏ । ବୁଦ୍ଧିମାନ ବ୍ୟକ୍ତିଙ୍କୁ ଭାବିବା ଲଗି ଏହା ପ୍ରଶ୍ନ ଯେ କ'ଣ ପାଇଁ ତାହେଲେ ମାନବ କେବଳ

ଭାରତରେ ନୁହେଁ ବରଂ ବିଶ୍ୱର ପ୍ରାୟ ସମସ୍ତ ସମ୍ଭ୍ରାନ୍ତ ଦେଶରେ ନିଜର ଅମୂଲ୍ୟ ଜୀବନ ନଷ୍ଟ କରିବାରେ ଲାଗିଥାନ୍ତି । ଛୋଟ ଛୋଟ କଥାକୁ ନେଇ ଝଗଡା ହେବା କିମ୍ବା ଈର୍ଷା ଉତ୍ପନ୍ନ କରିବା ଦ୍ୱାରା ହିଁ ନିଜର ବହୁମୂଲ୍ୟ ସମୟ ନଷ୍ଟ ହୋଇ ଯାଇଥାଏ । ଦେଶ ଓ ସମାଜର ବିକାଶ ପାଇଁ ଉତ୍ପାଦନ ବଢାଇବା ଆବଶ୍ୟକ, କିନ୍ତୁ ପ୍ରଶ୍ନ ଏହି କି, କ'ଣ ଏହି ନିର୍ମଳ ଜୀବନର ଅଂଶକୁ ପରସ୍ପର ଝଗଡା ଏବଂ ଈର୍ଷା ଉତ୍ପାଦନ ବୃଦ୍ଧିରେ ଲଗାଇବା ? କୌଣସି ବି ବୁଦ୍ଧିମାନ ବ୍ୟକ୍ତି ନିଜ ବିବେକର ଚାବିକୁ ହାତରେ ରଖି ଏଭଳି ବିଚାର ବିମର୍ଶ କରନ୍ତୁ ଏବଂ ଏହାର ନିଷ୍କର୍ଷ ବାହାର କରନ୍ତୁ କି ଅତି ଅଳ୍ପ ଜୀବନକୁ ସତ୍‌ମାର୍ଗରେ ରଖିବାରେ ଭଲ ହେବ ନା ତାହାକୁ ଝଗଡା ଓ ଈର୍ଷାରେ ବିନିଯୋଗ କରିବାରେ । ଜଣେ ବ୍ୟକ୍ତି ଯେକୌଣସି ପାରିବାରିକ-ସାମାଜିକ ପରିବେଶ ସହ ସଂପୃକ୍ତ ଥାଉନା କାହିଁକି, ପରନ୍ତୁ ନିଜର ବିବେକ ଦୃଷ୍ଟିରୁ ଏହା କଦାପି ଭଲ ବୋଲି କହିବ ନାହିଁ କି ସେ ନିଜର ଅମୂଲ୍ୟ ସମୟକୁ ଝଗଡା କି ଈର୍ଷା ପ୍ରବୃତ୍ତିରେ ଲଗାଇବ । ଯେତେବେଳେ ପରିବାରର କେତେକ ସଦସ୍ୟଙ୍କର ଉନ୍ନତି ହୋଇଥାଏ, ଜ୍ଞାତି ଏବଂ ବନ୍ଧୁମାନଙ୍କର ଧନ ବୃଦ୍ଧି ହୋଇଥାଏ, ସାମାଜିକ ଜୀବନରେ ଅନ୍ୟ ଗୋଷ୍ଠୀର ଉନ୍ନତି ହୋଇଥାଏ, ଅନ୍ୟ ବ୍ୟକ୍ତି ପ୍ରତିଷ୍ଠା ପ୍ରାପ୍ତ ହୋଇଥାନ୍ତି, ଯେତେବେଳେ ଆପଣଙ୍କ ମନରେ ଲାଗିଥିବା ଈର୍ଷାର କଣ୍ଟ୍ରୋଲ ସୁଇଚ୍ ତୀବ୍ରତର ହୋଇଯାଇଥାଏ । ଚିନ୍ତା କରନ୍ତୁ, ଏପରି କାହିଁକି ହୁଏ ? ହଁ ଏହା ମଧ୍ୟ ଚିନ୍ତା କରନ୍ତୁ ଏଥିରୁ କ'ଣ ଲାଭ ହେବ ? ବାସ୍ତବିକତା ତ ଏଇଆ ଯେ ଈର୍ଷା ପ୍ରବୃତ୍ତି ରଖୁଥିବା ବ୍ୟକ୍ତିଙ୍କର କେବଳ କ୍ଷତି ହିଁ ହୋଇଥାଏ ।

ପେଟରେ ଅଲସର ଉତ୍ପତ୍ତି ଏବଂ ରକ୍ତ ସ୍ରବଣ ଈର୍ଷାରୁ ହୋଇଥାଏ । ଈର୍ଷା ପ୍ରବୃତ୍ତି ରଖୁଥିବା ପ୍ରତ୍ୟେକ ବ୍ୟକ୍ତି ନିଜ ଅର୍ଜିତ ନିଆଁରେ ଜଳୁଥାନ୍ତି । ସବୁଠୁ ଆଶ୍ଚର୍ଯ୍ୟର କଥା ଏହା ଯେ ଈର୍ଷା କରୁଥିବା ବ୍ୟକ୍ତି ନିଜର ଏହି ପ୍ରବୃତ୍ତିର ଚର୍ଚ୍ଚା କାହା ସହିତ କରିପାରେ ନାହିଁ ଏବଂ ନିଜକୁ ଏକଘରିଆ ମନେକରେ । ଏହି ଅମୂଲ୍ୟ ଜୀବନକୁ ରସମୟ ଏବଂ ଅଧିକ ସୁନ୍ଦର କରିବା ପାଇଁ ଯଦି ଈର୍ଷା ପ୍ରବୃତ୍ତିକୁ ତ୍ୟାଗ କରନ୍ତି ତେବେ ନିଶ୍ଚିତ ଭାବରେ ଆମକୁ ଆନନ୍ଦ ପ୍ରାପ୍ତ ହେବ । ସେତେବେଳେ ମଙ୍ଗଳମୟ ଆନନ୍ଦ, ସ୍ୱାସ୍ଥ୍ୟ ଲାଭ, ଶରୀରରେ ଆଶ୍ଚର୍ଯ୍ୟ ଚମକ ଏବଂ ଉଜ୍ଜ୍ୱଳତାର ଆଭାସ ମିଳିବ । ଦୁର୍ଭାଗ୍ୟ ତ ଏହି କି ଯେଉଁ ବ୍ୟକ୍ତି ଈର୍ଷାଗ୍ରସ୍ତ, ତାଙ୍କର ସେହି ପ୍ରବୃତ୍ତିକୁ ବଦଳାଇବା ପାଇଁ କେହି ହିଁ ନଥାନ୍ତି । ଏପରି ଅବସ୍ଥାରେ ଈର୍ଷା ପ୍ରବୃତ୍ତି ବଢ଼ିଚାଲେ । ଅତଏବ ସବୁଠୁ ଭଲ ଏହା ହେବ, ବ୍ୟକ୍ତି ନିଜ ପାଖରେ ଏକ ଡାଇରୀ ରଖନ୍ତୁ ଓ ସେହି ଡାଇରୀରେ ଯେତେବେଳେ ମନରେ ଈର୍ଷା ପ୍ରବୃତ୍ତି ଜାଗ୍ରତ ହେଉଛି ତାହାର ବର୍ଣ୍ଣନା ଲେଖନ୍ତୁ ଏବଂ ନିଜେ ନିଜର ଆତ୍ମା ଓ ମନ ସହିତ କଥା ହୋଇ ଉକ୍ତ ପ୍ରବୃତ୍ତିକୁ ଦମନ କରିବା ଲାଗି ଚିନ୍ତା କରନ୍ତୁ । ଏପରି କରିବା ଦ୍ୱାରା ଈର୍ଷା ପ୍ରବୃତ୍ତି ଉନ୍ମୂଳନ ହୋଇ ଜୀବନ ଆନନ୍ଦମୟ ହୋଇଯିବ ।

23

ଲକ୍ଷ୍ୟ ପୂରଣ ହେଉନି ତ ଏହା ପ୍ରାରବ୍ଧର ଖେଳ

'ଆକୃତି, କୁଳ, ଶୀଳ, ବିଦ୍ୟା ଏବଂ ଯତ୍ନପୂର୍ବକ କରାଯାଇଥିବା ସେବା କୌଣସି ଫଳ ଦେଇ ନଥାଏ, କିନ୍ତୁ ପ୍ରାରବ୍ଧର ସଞ୍ଚିତ କର୍ମ ସେପରି ଫଳ ଦେଇଥାଏ ଯେମିତି ବୃକ୍ଷ ।'

-ଭର୍ତ୍ତୃହରି

ପ୍ରତ୍ୟେକ ବ୍ୟକ୍ତି ନିଜର ଲକ୍ଷ୍ୟ ପ୍ରାପ୍ତି ଲାଗି ପୂରା ଚେଷ୍ଟା କରିଥାନ୍ତି । ଅନେକ ସମୟରେ ଏହା ଦେଖାଯାଏ କି ସମ୍ପୂର୍ଣ୍ଣ ନିଷ୍ଠାର ସହିତ ଲକ୍ଷ୍ୟ ହାସଲ ଲାଗି ଆମେ କଠିନରୁ କଠିନ ପରିଶ୍ରମ କରୁଛୁ, ଅନେକ ତପସ୍ୟା କରୁଛୁ, ତଥାପି ଆମର ଲକ୍ଷ୍ୟ ପ୍ରାପ୍ତ ହେଉନାହିଁ । ଏପରି ସ୍ଥଳେ ମନରେ କ୍ଷୋଭ କରିବା ପରିବର୍ତ୍ତେ ଚିନ୍ତା କରିବା କି ଏହା କେବଳ ପ୍ରାରବ୍ଧର କାରଣରୁ ହିଁ ହେଉଛି । ଅତଏବ ଯଦି ଆପଣ ଜୀବନରେ ଏହି ମନ୍ତ୍ରକୁ ଗ୍ରହଣ କରିନିଅନ୍ତି ତେବେ ଲାଭରେ ରହିବେ ।

ଆମେ ବ୍ୟବସାୟୀ ହେଉ, ପାରିବାରିକ ହେଉ ଅବା ସାମାଜିକ ହେଉ, ଯେତେବେଳେ କେବେ କୌଣସି ସମସ୍ୟା ଆମ ସାମନାକୁ ଆସିଥାଏ ତ ଆମେ ଚାହିଁବା କି ସେହି ସମସ୍ୟାକୁ ବୁଦ୍ଧି, ବିବେକ ଏବଂ ବିଚାରର ସହିତ ସମ୍ମୁଖୀନ ହେବା । ସମସ୍ୟା ସମାଧାନ କରିବାର ସବୁଠୁ ସହଜ ତରିକା ଏହା କି ଆମେ ପ୍ରାରବ୍ଧର କଥାକୁ ସ୍ୱୀକାର କରିନେବା । ପ୍ରାରବ୍ଧ ଏଭଳି ଏକ ଶବ୍ଦ ଯାହା ଭିତରେ ହଜାର, ଲକ୍ଷ, କୋଟି ଲୋକଙ୍କୁ ସୁଖଶାନ୍ତି ଦେବାର ଶକ୍ତି ରହିଛି । ଯଦି ଆପଣ ଏବଂ ଆମେ କୌଣସି ଭଲ କାମ କରୁଛେ ତେବେ ନିଶ୍ଚିତ ଭାବରେ ଏହି ସତକର୍ମର ଆମ ପ୍ରାରବ୍ଧ ଉପରେ ଭଲ ପ୍ରଭାବ ପଡିବ । ଏହି ପ୍ରଶ୍ନ ଅନେକ ସମୟରେ ମନରେ ଆସିଥାଏ । ବିଶେଷ କରି ସେହି ଲୋକମାନଙ୍କ ମନରେ, ଯେଉଁମାନେ ଲୋକମାନଙ୍କର ସେବା, ଲୋକମାନଙ୍କୁ

ସହାୟତା କରିଥାନ୍ତି, କାହାକୁ ଧୋକା ଦିଅନ୍ତି ନାହିଁ, କାହାକୁ କଷ୍ଟ ଆସିବାକୁ ଦେଇ ନଥାନ୍ତି, କାହା ହୃଦୟରେ ଦୁଃଖ ଦେଇ ନଥାନ୍ତି, ତଥାପି ଲୋକମାନେ ତାଙ୍କୁ କାହିଁକି ଦୁଃଖ ଦିଅନ୍ତି । ଲୋକମାନେ ତାଙ୍କୁ କାହିଁକି ଚିନ୍ତାଗ୍ରସ୍ତ କରାନ୍ତି ? ଏହି ପ୍ରଶ୍ନର ଉତ୍ତର ବାରମ୍ବାର ସେମାନେ ନିଜ ମନକୁ ପଚାରିଥାନ୍ତି । କିନ୍ତୁ ମନ ଉତ୍ତର ଦେଇପାରେ ନାହିଁ ।

ଯେତେବେଳେ ସେହି ବ୍ୟକ୍ତି ଆଧ୍ୟାତ୍ମିକ ଗ୍ରନ୍ଥ ପଢିଥାନ୍ତି, ସେତେବେଳେ ତାଙ୍କ ମନକୁ ଶାନ୍ତି ମିଳିଥାଏ ଓ ସେତେବେଳେ ତାଙ୍କୁ ଜଣାପଡେ କି ତାଙ୍କର ଅତୀତର ପ୍ରାରବ୍ଧ ଖରାପ ଥିଲା । ସେହି କାରଣରୁ ବର୍ତ୍ତମାନ ନିଜେ ଭଲ ହୋଇ, କାହାକୁ ଦୁଃଖ ନଦେଇ ମଧ୍ୟ ସେହି ବ୍ୟକ୍ତି ଚିନ୍ତାଗ୍ରସ୍ତ ରହୁଛନ୍ତି ଏବଂ କଷ୍ଟ ଭୋଗ କରୁଛନ୍ତି ତଥା ଲୋକମାନେ ତାଙ୍କୁ ନିରାଶ କରୁଛନ୍ତି । ଏଭଳି ସ୍ଥିତିରେ ଅନେକ ସମୟରେ ମଣିଷର ମନ ବିଚଳିତ ହୋଇଯାଏ । ସେ କିଂକର୍ତ୍ତବ୍ୟ ବିମୂଢ ହୋଇଯାଏ ଓ ଚିନ୍ତାକରେ ତାହେଲେ ମୁଁ କ'ଣ ପାଇଁ ଭଲ ହେବି, ଭଲ କାମ କାହିଁକି କରିବି ? ଯେତେବେଳେ ଭଲ ରହିଲେ ଭଲ କାମ କଲେ ମଧ୍ୟ ଲୋକମାନେ ମୋ ପ୍ରତି ଭଲ ବ୍ୟବହାର କରୁନାହାନ୍ତି, ତାହେଲେ ଏହି ସତ୍‌କର୍ମ ଏବଂ ସଦାଚରଣରେ କ'ଣ ଲାଭ ? ଏଭଳି ଚିନ୍ତା କେବଳ ନିଜର ଦୁର୍ବଳତା । କାରଣ ଆଜି ଆମେ ଯଦି କାହାର ଭଲ କରିଥିବା କିମ୍ବା ଭଲ କରୁଥିବା ତେବେ ତାହାର ପୁଣ୍ୟ ଆମର ଭବିଷ୍ୟତ ପ୍ରାରବ୍ଧକୁ ଭଲ କରିବ । ଏଥିପାଇଁ ଆମେ ବିଚାରିବା କି ଯଦି ଆଜି ଆମେ କୌଣସି ପ୍ରକାର ବିଷାଦ ମଧ୍ୟରେ ରହୁଛେ ତେବେ ତାହା ଆମର ପ୍ରାରବ୍ଧର ହିଁ ଖେଳ- ତାହାର ପ୍ରତିଫଳ, ଯାହାକୁ ଆମେ ହସି ଖେଳି ବିତାଇ ଦେଇଛୁ ।

ପ୍ରାରବ୍ଧ କାରଣରୁ ଆଜି ଜଣେ ବ୍ୟକ୍ତି ବହୁତ ଧନୀ ହୋଇଥିଲା ବେଳେ ଅନ୍ୟ ଜଣେ ଅତ୍ୟନ୍ତ ଗରିବ । ଏବେ ତ ଆମେ ନିଜର ପୂର୍ବଅର୍ଜିତ ପ୍ରାରବ୍ଧ ଉପରେ କିଛି କରିପାରିବା ନାହିଁ, ପରନ୍ତୁ ଭବିଷ୍ୟତର ପ୍ରାରବ୍ଧକୁ ଭଲ କରିବାକୁ ହେଲେ ସେଥିପାଇଁ ତ ସତକର୍ମ କରିପାରିବା । ଅତଏବ ଆମେ ଅତୀତର ପ୍ରାରବ୍ଧକୁ ଦୋଷ ଦେବା ଉଚିତ ନୁହେଁ । ଭବିଷ୍ୟତର ପ୍ରାରବ୍ଧକୁ ପବିତ୍ରତମ ଓ ଶ୍ରେଷ୍ଠତମ କରିବା ଲାଗି ଉତ୍କୃଷ୍ଟ ସତକର୍ମ କରିଚାଲନ୍ତୁ, ଯାହାଦ୍ୱାରା ପୁରୁଣା ପ୍ରାରବ୍ଧର ଦୋଷ ଏହି ଜନ୍ମରେ ଶେଷ ହୋଇଯିବ ଓ ଭବିଷ୍ୟତ ଲାଗି ଭଲ ପ୍ରାରବ୍ଧର ନିର୍ମାଣ ହେବ ।

ପରିବାରରେ ଅଶାନ୍ତି, ବ୍ୟବସାୟରେ ଅଂଶୀଦାର ଦ୍ୱାରା ଧୋକା, ସାମାଜିକ ସଂଗଠନରେ ନିଜର ବନ୍ଧୁମାନଙ୍କ ଦ୍ୱାରା ବିଶ୍ୱାସଘାତ ଆଦି ସବୁକିଛି କ୍ଷଣଭଙ୍ଗୁର ଦୁନିଆର କଥା । ଆମେ ଏସବୁ ବିଷୟରେ ଜଡିତ ନହୋଇ ନିଜର ପ୍ରାରବ୍ଧ ଉପରେ ଆସ୍ଥା ରଖିବା ଉଚିତ । ଏଭଳି ଆସ୍ଥା ରଖିବା ଦ୍ୱାରା ଆମର ବର୍ତ୍ତମାନ ଓ ଭବିଷ୍ୟତ ନିଶ୍ଚିତ ଭାବରେ ସୁଦୃଢ ହେବ ଏବଂ କୌଣସି ପ୍ରକାର ମାନସିକ ଚିନ୍ତା ଓ ବିବ୍ରତ କରୁଥିବା ଶକ୍ତି ଆମକୁ ହରାଇ ପାରିବ ନାହିଁ । ତେଣୁ ଆମ ଜୀବନରେ ଯଦି କୌଣସି ବିଷାଦ, କୌଣସି ସମସ୍ୟା ଆସେ ତ ଧୈର୍ଯ୍ୟପୂର୍ବକ ଅବିଚଳିତ ଭାବରେ ଆମେ କେବଳ ନିଜର କର୍ତ୍ତବ୍ୟ କରିଚାଲିବା ଉଚିତ, ସତମାର୍ଗରେ ନିରନ୍ତର ଅଗ୍ରସର ହେବା ଆବଶ୍ୟକ । ଯେତେବେଳେ ଆମେ ଏହା କରିବା ତେବେ ଭଲ କାମ କରିବା ଫଳରେ

ଅତୀତର ସଞ୍ଚିତ କର୍ମ ବା ପ୍ରାରବ୍ଧର ପାପ କମିଯିବ।

ମନରେ ଶାନ୍ତି ପ୍ରାରବ୍ଧ ପ୍ରତି ଆସ୍ଥାର ଅନ୍ୟ ନାମ, ଯାହାକୁ ଆମେ ଖୁସିରେ ଗ୍ରହଣ କରୁ କିମ୍ବା ଦୁଃଖରେ ଭୋଗ କରିଥାଉ । ଏହି କର୍ମଯୋଗର ବାର୍ତ୍ତା ଦେବାକୁ ଯାଇ ଭଗବାନ ଶ୍ରୀକୃଷ୍ଣ କହିଛନ୍ତି–

କର୍ମଣ୍ୟେ ବାଧିକାରସ୍ତେ ମା ଫଳେଷୁ କଦାଚନ
ମା କର୍ମଫଳହେତୁର୍ଭୂମା ତେ ସଂଗୋସ୍ତ୍ୱକର୍ମଣି ॥

(ଗୀତା ୨/୪୭)

ଅର୍ଥାତ୍ ହେ ଅର୍ଜୁନ । ତୁମର କର୍ମ କରିବା ଉପରେ ଅଧିକାର ଅଛି । ତା'ର ଫଳ ଉପରେ ନୁହେଁ । ଏଥିପାଇଁ ତୁମେ କର୍ମଫଳରେ ଆଶା ରଖନାହିଁ ଏବଂ କର୍ମ ନକରିବାରେ ମଧ୍ୟ ତୁମର ଆସକ୍ତି ନଦେଉ ।

ଅଭିପ୍ରାୟ ଏହା କି ପ୍ରାଣୀ ମାତ୍ରକେ ପ୍ରାପ୍ତ ସୁଖଦୁଃଖ ଆଦି ଦ୍ୱନ୍ଦ୍ୱାତ୍ମକ ପରିସ୍ଥିତିରେ ଅନୁଦ୍ୱେଗ ଏବଂ ଦୃଢ ସ୍ଥୈର୍ଯ୍ୟଭାବରୁ ନିର୍ଲିପ୍ତ ହୋଇ ନିଷ୍କାମପୂର୍ବକ ଉତ୍ପନ୍ନ ଉତ୍ସାହରେ କଲ୍ୟାଣକାରୀ ସତ୍‌କର୍ମଗୁଡିକୁ ସମ୍ପାଦନ କରିବା ଉଚିତ । ନିଷ୍କାମ କର୍ମଯୋଗର ଆଶ୍ରୟ ଗ୍ରହଣ କରି ପ୍ରାଣୀ ମାତ୍ର ତ୍ରିବିଧ ଦୁଃଖରୁ ମୁକ୍ତ ହୋଇ ଆତ୍ୟନ୍ତିକ ନିବୃତ୍ତି ପରମାତ୍ମାଙ୍କୁ ପ୍ରାପ୍ତ କରିନେଇଥାନ୍ତି ।

24

ଜୀବନ ପ୍ରତି ବିତୃଷ୍ଣା ଆସିଗଲା— ଏମିତି କେବେ ଭାବନ୍ତୁନି

'ପ୍ରତ୍ୟେକ ବ୍ୟକ୍ତିଙ୍କୁ ଭଲ କାର୍ଯ୍ୟ କରିବା ସହ ଶହେ ବର୍ଷ ପର୍ଯ୍ୟନ୍ତ ବଞ୍ଚିବାର ଅଭିଳାଷ ରହିବା ଉଚିତ ।'

–ଈଶୋପନିଷଦ

ଏଥିରେ କୌଣସି ସନ୍ଦେହ ନାହିଁ କି ଲକ୍ଷ୍ୟ ପ୍ରାପ୍ତି ଲାଗି ସମସ୍ତେ ପରିଶ୍ରମ କରିଥାନ୍ତି, କିନ୍ତୁ ପରିଶ୍ରମ ପରେ ମଧ୍ୟ ଲକ୍ଷ୍ୟ ପୂରଣ ନହେଲେ ମନରେ ଅଜବ ପ୍ରକାର ଅସ୍ୱସ୍ତି ଅନୁଭବ ହୋଇଥାଏ । ବେଳେବେଳେ ଲାଗେ ଜୀବନ ପ୍ରତି ବିତୃଷ୍ଣା ଆସିଗଲା, କାରଣ ଆମେ ତ ପରିଶ୍ରମ କଲେ, ତଥାପି ଆମେ ଲକ୍ଷ୍ୟ ହାସଲ କରିପାରିଲେ ନାହିଁ । ମନେ ରଖନ୍ତୁ ଜୀବନ ପ୍ରତି ବିତୃଷ୍ଣା ଆସିଗଲା, ଏଭଳି ସେହି ସମୟ ପର୍ଯ୍ୟନ୍ତ ଭାବନ୍ତୁ ନାହିଁ, ଯେପର୍ଯ୍ୟନ୍ତ ଆପଣଙ୍କର ଲକ୍ଷ୍ୟ ପୂରଣ ନହୋଇଛି ।

ଆପଣଙ୍କୁ ୫୦ ବର୍ଷ ହୋଇଯାଇଛି । ପିଲାମାନଙ୍କର ବିବାହ ହୋଇଯାଇଛି, ପିଲାଏ ବ୍ୟବସାୟ ସମ୍ଭାଳିଲେଣି ଆଉ ଲାଗୁଛି କି ଜୀବନ ତ ପାଇବାକୁ ବସିଲାଣି । ଭାବୁଛନ୍ତି କି ଜୀବନର ଆନନ୍ଦ ପାଇଯାଇଛି, ଜୀବନର ଆନନ୍ଦ ନେଉ ନେଉ ପୂର୍ଣ୍ଣତଃ ସେଥିରେ ଲିପ୍ତ ହୋଇଗଲି କିମ୍ବା ବୋର ହୋଇଗଲି ବା ବିରକ୍ତି ଆସିଗଲା, କ'ଣ କରିବି ? ଏହି ଅବସ୍ଥାରେ ଯେତେବେଳେ ବାରମ୍ବାର ମନରେ ଗୋଟିଏ ହିଁ ଆୱାଜ ଆସିଥାଏ– ଏବେ ତ ଜୀବନରୁ ମନ ଭରିଗଲାଣି । ଏହି ପ୍ରଶ୍ନର ଉତ୍ତର ଦେବା ପୂର୍ବରୁ ଏହା ବିଚାର କରନ୍ତୁ କି ତାହେଲେ ମନରେ ଏହି ଯେଉଁ ଚିନ୍ତାଧାରା ଆସୁଛି ତାହା ଉଚିତ ନା ଅନୁଚିତ ।

ଗୋଟିଏ ପଟେ ଘର ଗୃହସ୍ଥୀ, ଅନ୍ୟପଟରେ ବ୍ୟବସାୟ ଓ ଜଞ୍ଜାଳ । ଏହିସବୁ ଜଞ୍ଜାଳକୁ ସହି ସହି ଆତ୍ମା ହିଁ ସ୍ୱାଦହୀନ ହୋଇଗଲାଣି । ଜୀବନରେ କ'ଣ ପାଇଁ ଆସିଲି ଓ ଜୀବନର ଲକ୍ଷ୍ୟ କ'ଣ ଥିଲା, ତାହା ପୁଣି ଥରେ ଭାବିବାକୁ ସମୟ ହିଁ ମିଳିଲା ନାହିଁ । ଅତୀତକୁ ଝରକା ଦେଇ

ଯେତେବେଳେ ଦେଖିବାକୁ ଚେଷ୍ଟାକରେ ତ ଜାଣିପାରେ ନାହିଁ କେତେବେଳେ ଶିଶୁ ଥିଲି ଆଉ କେତେବେଳେ ଯୁବକ ହେଲି । ଯୌବନ କେତେବେଳେ ଆସିଲା ପୁଣି କେତେବେଳେ ଚାଲିଗଲା ତଥା କେତେବେଳେ ପ୍ରୌଢ଼ାବସ୍ଥାର ଦ୍ୱାରଦେଶରେ ପାଦ ରଖିବାକୁ ପ୍ରସ୍ତୁତ କରିନେଲି । ଦେଖୁ ଦେଖୁ ଲାଗିବ କି ଆପଣ ବୃଦ୍ଧାବସ୍ଥା ମାର୍ଗର ନିକଟତର ହୋଇଗଲେଣି । ନିଜର ଅତୀତକୁ ଗୋଟିଏ ନଜରରେ ଦେଖିଲାବେଳେ କେତେବେଳେ ଖୁସି ତ କେତେବେଳେ ଦୁଃଖ ଅନୁଭବ କରିବେ । ନା ନା, ସତ ତ ଏହା ହେବ କି ଆଜି ପର୍ଯ୍ୟନ୍ତ ଜୀବନରେ ପୁନଃ ଯାହା ପାଇଛେ ତାହା ତ ଅଧିକ ଦୁଃଖ ଓ କିଛିଟା ସୁଖ ଥିଲା । ଯଦି ଏସବୁ ଆପଣଙ୍କ ଜୀବନର ବାସ୍ତବତା ତାହେଲେ କାହିଁକି ଏପରି କିଛି ନକରିବା ଯେ ଆମର ଏହି ଅବଶିଷ୍ଟ ଜୀବନରେ କିଛି ଅଧିକ ଖୁସ୍ ଏବଂ କମ୍ ଦୁଃଖର ସହିତ ଅଗ୍ରସର ହେଲା ଭଳି କାର୍ଯ୍ୟ ହାତକୁ ନେବା ।

ହଁ ଯେତେବେଳେ ଆପଣ ଏହି ଲାଇନଗୁଡ଼ିକୁ ପଢୁଥିବେ ତ ଧ୍ୟାନ ଦେବେ କି ଏଥିରେ ଲେଖାଯାଇଥିବା କଥାକୁ ଯେତେବେଳେ ବି ଆପଣ ସ୍ୱୟଂ ମନନ କରୁଛନ୍ତି ପୂର୍ଣ୍ଣ ସମର୍ପଣ ଏବଂ ସତ୍ ହୃଦୟରେ କରନ୍ତୁ । କିଛି ସମୟ ପାଇଁ ଏହା ବି ଭାବନ୍ତୁ ଯେ, ଗତ ୫୦ ବର୍ଷରେ ଆପଣ କେତେ ବନ୍ଧୁ କରିଛନ୍ତି ? ହୁଏତ ଆପଣଙ୍କର ଉତ୍ତର ହେବ ଅଗଣିତ ବନ୍ଧୁ ସୃଷ୍ଟି କରିଛି ଓ ସେମାନେ ସମସ୍ତେ ଏବେ ବି ଅଛନ୍ତି । କିନ୍ତୁ ପରବର୍ତ୍ତୀ ଦୁଇ ମିନିଟ ପାଇଁ ଟିକିଏ ଏହା ଚିନ୍ତା କରନ୍ତୁ କି ମାତ୍ର ୫ ଜଣ ଏଭଳି ବନ୍ଧୁଙ୍କ ତାଲିକା ପ୍ରସ୍ତୁତ କରିପାରିବେ କି, ଯାହାଙ୍କୁ ହୃଦୟର ସବୁ କଥା କହିପାରିବେ । ପଞ୍ଚମ କ'ଣ ଆପଣଙ୍କୁ ପ୍ରଥମ ନମ୍ବରରେ ମଧ୍ୟ ଏପରି କୌଣସି ମିତ୍ରଙ୍କ ନାଁ ଲେଖିବାରେ ଜଟିଳତା ଅନୁଭବ ହେବ । ଏହା ଅଧିକାଂଶ ବ୍ୟକ୍ତିଙ୍କର ବାସ୍ତବତା । ଯଦି ଆପଣଙ୍କ ସହିତ ମଧ୍ୟ ଏଭଳି କିଛି ହୋଇଥାଏ ତେବେ ବର୍ତ୍ତମାନ ଅନ୍ତତଃ ଭାବନ୍ତୁ କି ହୁଏତ ମୋର ୫ ଜଣ ସେଭଳି ମିତ୍ର ନାହାନ୍ତି, ଯାହାଙ୍କୁ ମୁଁ ହୃଦୟର କଥା କହିପାରିବି, କିନ୍ତୁ କାହିଁକି ମୁଁ ସେଭଳି ଜଣେ ବନ୍ଧୁ ହେବି ନାହିଁ ଯାହା ଦ୍ୱାରା ମୋ ସହ ମିଶୁଥିବା ଲୋକେ ମୋତେ ଉତ୍ତମ ବନ୍ଧୁ ଭାବେ ଗ୍ରହଣ କରିବେ ଏବଂ ନିଜ ହୃଦୟର ସବୁକଥା ବେଧଡ଼କ ମୋତେ କହିପାରିବେ । ଯଦି ଏପରି କିଛି ବିଚାର କରନ୍ତି ତେବେ ଜୀବନରେ ବିତୃଷ୍ଣା ଆସିଗଲା, ଏଭଳି ବିଚାର ଆପଣଙ୍କ ମନରେ କଦାପି ଆସିବ ନାହିଁ ।

ଯଦି ବିଶ୍ୱାସ ଓ ସେବା ଭାବ ସହିତ ତନ-ମନ-ଧନ ଦେଇ ଅସହାୟ ଓ ଦୁର୍ବଳ ବ୍ୟକ୍ତିଙ୍କ ପ୍ରତି ଆମର କିଛି ବି ନଜର ଚାଲିଯାଏ ତେବେ ଜୀବନ କିଛିଟା ଅଧିକ ସୁଖମୟ ଲାଗିବ ଓ ଅଧିକ ସମୟ ପର୍ଯ୍ୟନ୍ତ ବଞ୍ଚିବାର ରାସ୍ତା ଦେଖାଇବ, ସେତେବେଳେ ଆମେ ଆସିବାକୁ ଥିବା ସୁନେଲୀ କାଲିକୁ ସ୍ୱାଗତ କରିବା ପାଇଁ ପ୍ରସ୍ତୁତ ହୋଇଯିବା । ଏହା ଏକ ବାସ୍ତବ ଅନୁଭବ, ଯାହାକୁ ପାଳନ କରି ଆପଣ ଏହାର ମଜା ନେଇପାରିବେ ଓ ସେହି ସମୟ ଦୂର ନୁହେଁ ଯେତେବେଳେ ଆପଣଙ୍କୁ ନିଜ ଜୀବନ ନୂଆ ଯୁବତୀ ବଧୂ ଭଳି ଖୁସି ଲାଗିବ । ଆଜ୍ଞା ହଁ, ଜୀବନ ପ୍ରତି ନୂତନ ପ୍ରେମ ଉଚ୍ଛୁଳି ଉଠିବ ଏବଂ ଯଦି ତୁମେ ଏହି ଆନନ୍ଦକୁ ପାଇନେଲ ତଥା

ଏହା ଅନୁଭବ କରିନେଲ ତ ନିଜର ମିତ୍ର ଏବଂ ସମସ୍ତ ସାଙ୍ଗ-ସମ୍ପର୍କୀୟଙ୍କୁ ମଧ୍ୟ ଏହି ପବିତ୍ର ଗଙ୍ଗାରେ ବୁଡ ପକାଇବା ଲାଗି ନିମନ୍ତ୍ରଣ ଦିଅନ୍ତୁ । ନିଜର ବନ୍ଧୁମାନଙ୍କୁ କୁହନ୍ତୁ କି ସମର୍ପିତ ଭାବ ଦ୍ୱାରା ହିଁ ଆପଣଙ୍କ ଜୀବନରେ ଅଭୂତପୂର୍ବ ପରିବର୍ତ୍ତନ ଆସିଛି । ନିଜର ବନ୍ଧୁମାନଙ୍କୁ ନିଜ ଜୀବନର ଏହି ଅମର ଗାଥା ଶୁଣାନ୍ତୁ, ଯାହାଦ୍ୱାରା ଆପଣଙ୍କ ଜୀବନର ବଗିଚାରେ ଖୁସିର ଲହର ଖେଳିଯିବ । ଜୀବନର ବଗିଚାକୁ ଆନନ୍ଦମୟ କରିବା ଲାଗି ଡେରି କରନ୍ତୁ ନାହିଁ ।

ଆମେ ଏଠାରେ କିଛି ମୁହୂର୍ତ୍ତ ଚର୍ଚ୍ଚା କରିବା କି ପ୍ରତ୍ୟେକ ମନୁଷ୍ୟ କ'ଣ ଏହା ଚିନ୍ତା କରିବା ଉଚିତ କି ମୋର ଜୀବନ ପ୍ରତି ବିତୃଷ୍ଣା ଆସିଗଲା, ମୁଁ ଜୀବନ ପ୍ରତି ବୀତସ୍ପୃହ, ପ୍ରଭୁ ଏବେ ମୋ ପ୍ରତି ଆଉ ସହାୟ ହେଉନାହାନ୍ତି, ଏହିସବୁ ପ୍ରଶ୍ନର ଉତ୍ତର ଆମ ଶାସ୍ତ୍ରମାନଙ୍କରେ ରହିଛି । ଇଶୋପନିଷଦର ଅନ୍ୟ ଏକ ଶ୍ଳୋକରେ ଖୁବ୍ ଭଲ କଥା ସ୍ପଷ୍ଟ ଭାବରେ ଲେଖା ହୋଇଛି ମାନବ ଶହେ ବର୍ଷ ବଞ୍ଚି ରହିବା ନିମନ୍ତେ ଇଚ୍ଛା କରିବା ଉଚିତ ଏବଂ ସାରା ଜୀବନ କର୍ମ କରି ଜୀଇଁବା ଉଚିତ । ଯଦି ଆମେ କେବଳ ଜଞ୍ଜାଳରେ ଲିପ୍ତ ନହୋଇ ସତକର୍ମ କରିବା ସହିତ ଶହେ ବର୍ଷ ବଞ୍ଚିବା ଲାଗି ଇଚ୍ଛା କରିବା, ତେବେ ଏଭଳି ଇଚ୍ଛା କରିବା ସମ୍ପୂର୍ଣ୍ଣ ନ୍ୟାୟସଙ୍ଗତ, ଆମର ଜ୍ଞାନ ପୁସ୍ତିକା ଇଶୋପନିଷଦ ଆମକୁ ଜୀବନର ଏହି ବାସ୍ତବିକତାକୁ ଅବଗତ କରାଉଛି ।

ପ୍ରତ୍ୟେକ ବ୍ୟକ୍ତିଙ୍କୁ ଭଲ କାର୍ଯ୍ୟ କରିବା ସହିତ ଶହେ ବର୍ଷ ପର୍ଯ୍ୟନ୍ତ ବଞ୍ଚି ରହିବାର ଅଭିଳାଷ ରଖିବା ଉଚିତ । ଏହାକୁ ଆମର ଶାସ୍ତ୍ରଗୁଡିକ ସ୍ୱୀକାର କରନ୍ତି ଏବଂ ସେଇଥିପାଇଁ ତ ଶାସ୍ତ୍ରରେ ଲେଖାଯାଇଛି-

ଓଁ ତଚ୍ଚକ୍ଷୁର୍ଦେବହିତଂ ପୁରସ୍ତାଚ୍ଛୁକ୍ରମୁଚ୍ଚରତ ।
ପଶ୍ୟେମ ଶରଦଃ ଶତଂ ଜୀବେମ ଶରଦଃ ଶତଂ ଶ୍ରୃଣୁୟାମ ।।
ଶରଦଃ ଶତଂ ପ୍ରବ୍ରବାମ ଶରଦଃ ଶତମଦୋନାଃ ।
ସ୍ୟାମ ଶରଦଃ ଶତଂ ଭୂୟଶ୍ଚ ଶରଦଃ ଶତାତ୍ ।।

ଉପରୋକ୍ତ ମହାମନ୍ତ୍ର ଏପରି ଅଟେ ଯାହା ଆମକୁ ପ୍ରେରଣା ଦେବ କି ପରମପିତା ପରମେଶ୍ୱରଙ୍କୁ ପ୍ରାର୍ଥନା କରିଚାଲନ୍ତୁ, ହେ ପ୍ରଭୁ ! ଆମେ ଶହେ ବର୍ଷ ପର୍ଯ୍ୟନ୍ତ ଦେଖୁ, ଶହେ ବର୍ଷ ପର୍ଯ୍ୟନ୍ତ ଭଲ କାମ କରି ବଞ୍ଚିରହୁ, ଶହେ ବର୍ଷ ପର୍ଯ୍ୟନ୍ତ ଶୁଣିପାରୁ, ଶହେ ବର୍ଷ ପର୍ଯ୍ୟନ୍ତ କଥା ହେଉ । ଶହେ ବର୍ଷରେ କଦାପି ଗରିବ ଓ ଦୁର୍ବଳ ନହେଉ ଏବଂ ସବୁ ସମୟରେ ଅଧିକରୁ ଅଧିକ ସୁଖ ଭୋଗକରୁ । ଯଦି ଆପଣ ଏହିଭଳି ଚିନ୍ତାଧାରା ରଖିବେ ତେବେ ଜୀବନରେ କେବେବି ବିତୃଷ୍ଣା ଆସିବ ନାହିଁ । ଶାସ୍ତ୍ରରେ ଲେଖାଯାଇଥିବା ଏହି ମନ୍ତ୍ରକୁ ପ୍ରତିଦିନ ଥରେ ଅର୍ଥ ସହିତ ଉଚ୍ଚାରଣ କରିବା ଦ୍ୱାରା ହିଁ ଆମେ ଅସୀମ ଶକ୍ତି ପ୍ରାପ୍ତ ହୋଇଥାଉ ଆଉ ସେତେବେଳେ ଆମେ ଜୀବନକୁ ବିତୃଷ୍ଣାରେ ନୁହେଁ ବରଂ ଖୁସି ଏବଂ ଆନନ୍ଦର ସହିତ ଅତିବାହିତ କରିପାରିବା ।

25

ଶକ୍ତିପାତରୁ ଲକ୍ଷ୍ୟପ୍ରାପ୍ତିରେ ତତ୍ପରତା

'ଯଦି ଶକ୍ତିପାତ ହୋଇଯାଏ ତେବେ ଲକ୍ଷ୍ୟ ପ୍ରାପ୍ତ କରିବାରେ ଏକ ଆଶ୍ଚର୍ଯ୍ୟଜନକ ପ୍ରବାହ ହୋଇଯିବ ଏବଂ ଶୀଘ୍ର ଲକ୍ଷ୍ୟପ୍ରାପ୍ତି ହୋଇଯିବ ।'

ଯଦି ଶକ୍ତିପାତ ହୋଇଯାଏ ତେବେ ନିଶ୍ଚିତ ଭାବରେ ଆମେ ନିଜର ଲକ୍ଷ୍ୟପ୍ରାପ୍ତିରେ ତତ୍ପରତା ଅନୁଭବ କରିବା, କିନ୍ତୁ ସମସ୍ୟା ହେଲା ଶକ୍ତିପାତ ଆମକୁ କିପରି ପ୍ରାପ୍ତ ହେବ । ଏହି କଥାର ଉତ୍ତର ଦେବା ପୂର୍ବରୁ ଗ୍ରହଣ କରନ୍ତୁ କି ଯଦି ଆପଣଙ୍କୁ ଶକ୍ତିପାତ ହୋଇଯାଏ ତେବେ ଲକ୍ଷ୍ୟ ପ୍ରାପ୍ତିର ଧାରାରେ ଆଶ୍ଚର୍ଯ୍ୟ ପ୍ରବାହ ଆସିବ ଓ ସେହି ପ୍ରବାହ ଆପଣଙ୍କୁ ଲକ୍ଷ୍ୟ ପର୍ଯ୍ୟନ୍ତ ଯିବାରେ ସହାୟତା କରିବ ।

ସେହିମାନେ ହେଉଛନ୍ତି ଧନ୍ୟ ଯାହାଙ୍କର ଗୁରୁ ବା ଆଚାର୍ଯ୍ୟ ଆଜି ମଧ୍ୟ ଉପସ୍ଥିତ ରହିଛନ୍ତି, ଯାହା ଫଳରେ କୌଣସି ବି ସମସ୍ୟା ଆସିଲେ ସେମାନେ ନିଜର ଗୁରୁଙ୍କ ପାଖକୁ ଯାଇ ସମସ୍ୟା ସମାଧାନ କରିବାରେ ଗୁରୁଙ୍କ ଶକ୍ତିରୁ ଶକ୍ତିପାତ ପାଇପାରୁଛନ୍ତି । ତେବେ କ'ଣ କରିବେ ସେହି ଲୋକମାନେ ଯାହାଙ୍କର ଗୁରୁ ନାହାନ୍ତି କିମ୍ବା ଆଜି ପର୍ଯ୍ୟନ୍ତ ଯିଏ କାହାକୁ ଗୁରୁ କରିନାହାନ୍ତି ଅଥବା ଏମିତି ବି ଅନେକ ଲୋକ ଅଛନ୍ତି ଯେଉଁମାନେ କୌଣସି ବ୍ୟକ୍ତିଙ୍କୁ ଗୁରୁ କରିଛନ୍ତି, କିନ୍ତୁ ବର୍ତ୍ତମାନର ସମସ୍ୟାରେ କବଳିତ ବ୍ୟକ୍ତିଙ୍କୁ ତାଙ୍କର ଗୁରୁ ଶକ୍ତିପାତ ଦେବା ପାଇଁ ଉପସ୍ଥିତ ନାହାନ୍ତି । ଏଭଳି ବ୍ୟକ୍ତି କ'ଣ କରିବେ, କୁଆଡେ ଯିବେ, କାହାଠାରୁ ଏବଂ କେମିତି ଶକ୍ତିପାତ ପ୍ରାପ୍ତ କରିବେ ? ଏହା ସାଧାରଣ ଲୋକଙ୍କ ପାଇଁ ଏକ ସମସ୍ୟା । କେତେକ ବ୍ୟକ୍ତିଙ୍କର ଗୁରୁ ଥିଲେ, ସେମାନେ ନିଜ ଗୁରୁଙ୍କ ଠାରୁ ଶକ୍ତିପାତ ପ୍ରାପ୍ତ ହୋଇଥିଲେ, ପରନ୍ତୁ ବର୍ତ୍ତମାନ ସେମାନଙ୍କର ଗୁରୁ ବ୍ରହ୍ମଲୀନ ହୋଇଯାଇଛନ୍ତି । ଏବେ ସେମାନେ କେଉଁଠିକୁ ଯିବେ, କାହାଠାରୁ ସେମାନେ ଶକ୍ତିପାତ ନେବେ ଏବଂ ସେମାନେ ଏବେ ପ୍ରଭୁଙ୍କ ପ୍ରସାର ଶକ୍ତିପାତ ମାଧ୍ୟମରେ କେଉଁଠୁ ନେବାକୁ ଯିବେ ? ବର୍ତ୍ତମାନ ସାଂସାରିକ ଜୀବନ ଯାପନ କରୁଥିବା ସେହି ଲୋକମାନେ ପ୍ରତିଦିନର ସମସ୍ୟାଗୁଡିକର ସମାଧାନ କିପରି ପାଇବେ ? ଏପରି ଏକ ଅବ୍ୟର୍ଥ ତରିକା ପ୍ରସ୍ତୁତ ହୋଇଛି ଯେଉଁଥିରୁ ଆଜି ହିଁ ଆପଣ ନିଜ ଗୁରୁଙ୍କର ଶକ୍ତିପାତ ପ୍ରାପ୍ତ ହେବେ । ଯଦି ଆପଣଙ୍କର କେହି

ଗୁରୁ ନାହାନ୍ତି ତେବେ ବି କିଛି କଥା ନାହିଁ । ଏବେ ବ୍ରହ୍ମଲୀନ ଗୁରୁଙ୍କ କୃପାରୁ ଆପଣଙ୍କୁ ଶକ୍ତିପାତ ପ୍ରାପ୍ତ ହେବ । ଏହା ଆମର ଅନୁଭବର କଥା ।

ଶକ୍ତିପାତ ପ୍ରାପ୍ତ ହେବା ଲାଗି ସର୍ବପ୍ରଥମେ ଆପଣ ଶାନ୍ତ ମନରେ ପୂର୍ଣ୍ଣ ଆସ୍ଥାର ସହିତ ନିଜ ଗୁରୁଙ୍କର କୌଣସି ଲେଖା ବା ସନ୍ଦର୍ଭକୁ ମନଦେଇ ପୂର୍ଣ୍ଣ ସମର୍ପଣ ଭାବର ସହିତ ପଢନ୍ତୁ । ପଢିବା ପୂର୍ବରୁ ଆପଣ ମନେ ମନେ ଈଶ୍ୱରଙ୍କୁ ପ୍ରାର୍ଥନା କରନ୍ତୁ କି ମୋର ଅମୁକ ଗୁରୁଙ୍କ ଦ୍ୱାରା ଶକ୍ତିପାତର ଲାଭ ମୋତେ ଆଜି ଏବଂ ଏହି ସମୟରେ ମିଳିଯାଉ । ଯଦି ମନରେ ଏହି ଭାବ ନେଇ ଆପଣ ଗୁରୁଙ୍କ ବାଣୀ, ଗୁରୁଙ୍କ ଲେଖା, ଗୁରୁଙ୍କ ଭଜନ ପଢିବେ ଅଥବା ଶୁଣିବେ ତେବେ ଆପଣଙ୍କୁ ନିଶ୍ଚିତ ଭାବରେ ଶକ୍ତିପାତ ହୋଇଯିବ । ଶକ୍ତିପାତ ପ୍ରାପ୍ତ କରିବା ଲାଗି ଆପଣଙ୍କୁ ସ୍ନାନ କରିବା, ପୂଜାପାଠ କରିବା କିଛି ଜରୁରୀ ନୁହେଁ । ଦୈନିକ ଦିନଚର୍ଯ୍ୟା କରିସାରିବା ପରେ ବସନ୍ତୁ, ତେବେ ବି ଆପଣଙ୍କୁ ଶକ୍ତିପାତ ହେବ । ଜରୁରୀ କଥା ହେଲା ଏହା କି ଯଦି ଆପଣ ଶକ୍ତିପାତ ପ୍ରାପ୍ତ କରିବାକୁ ଚାହୁଁଛନ୍ତି କେବଳ ଉପଯୁକ୍ତ ସମର୍ପଣ ଏବଂ ଦୃଢ ପ୍ରତିଜ୍ଞା ଆବଶ୍ୟକ କି ମୋତେ ମୋ ଗୁରୁଙ୍କ ଠାରୁ ଶକ୍ତିପାତ ପ୍ରାପ୍ତ କରିବାକୁ ହେବ ।

କିଛି ଦିନ ପୂର୍ବରୁ ମୁଁ ଛୁଟି କାଟିବାକୁ ଆଗ୍ରା ଯାଇଥିଲି । ସେଠାରେ ମୁଁ ପଞ୍ଚତାରକା ହୋଟେଲରେ ରହିଥିଲି । ଦିନେ ମୁଁ ବିଛଣାରେ ପଡି ରହି ସ୍ୱାମୀ ବିବେକାନନ୍ଦଙ୍କର ଏକ ଆଧ୍ୟାତ୍ମିକ ଲେଖା ପଢୁଥିଲି । ମୋତେ ସେଥିରେ ଥିବା କିଛି ବାକ୍ୟ ବହୁତ ଭଲ ଲାଗିଲା । ମୁଁ ବିଛଣା ଉପରେ ପଡିରହି ସେହି ପଂକ୍ତିଗୁଡିକୁ ମନନ କରିବାକୁ ଲାଗିଲି । ମୁଁ ଆଖି ବନ୍ଦ କରିଦେଲି କି ଆଖି ମନକୁ ମନ ବନ୍ଦ ହୋଇଗଲା ଜଣାନାହିଁ । ମୁଁ ମନେ ମନେ ସେହି ପଂକ୍ତିଗୁଡିକୁ ଦୋହରାଉଥିଲି । ସେହି ପଂକ୍ତିଗୁଡିକ ମୋର ପ୍ରତି ଲୋମରେ ଭରିଯାଇଥିଲା । ମୋତେ ସ୍ୱାମୀ ବିବେକାନନ୍ଦଙ୍କର ପୂର୍ଣ୍ଣ କୃପା ପ୍ରାପ୍ତ ହୋଇଯାଇଥିଲା ଏବଂ ଏସବୁ ତାଙ୍କର ଲେଖା ଓ ଶକ୍ତିପାତ ଦ୍ୱାରା । ଯେତେବେଳେ ମୁଁ ଆଖି ଖୋଲିଲି ଜାଣିପାରିଲି ମୋର ପ୍ରତ୍ୟେକ ଅଙ୍ଗ ସମ୍ପୂର୍ଣ୍ଣ ଶାନ୍ତ ହୋଇଯାଇଛି । ଆପଣମାନେ ଏହିଭଳି ଶକ୍ତିପାତ ପ୍ରାପ୍ତ କରି ଆନନ୍ଦର ଅନୁଭବ କରିପାରିବେ ।

ଯେଉଁ ଲୋକମାନେ ଆଜି ପର୍ଯ୍ୟନ୍ତ କାହାକୁ ଗୁରୁ କରିନାହାନ୍ତି, ସେମାନେ ମଧ୍ୟ ଉପରୋକ୍ତ ତରିକାରେ ବିନା ଗୁରୁରେ ଯେକୌଣସି ଉତ୍ତମ ଗୁରୁ ଅଥବା ସିଦ୍ଧପୁରୁଷଙ୍କ ଠାରୁ ଶକ୍ତିପାତ ପ୍ରାପ୍ତ କରିପାରିବେ । ଶକ୍ତିପାତ କାରଣରୁ ଆପଣଙ୍କ ଶରୀର ପୂର୍ଣ୍ଣତୟା ନିର୍ମଳ ଓ ଶାନ୍ତ ହୋଇଯିବ । ଆପଣ ଶକ୍ତିପାତ ପରେ ଜଣେ ଦିବ୍ୟପୁରୁଷ ହୋଇଯିବେ ଏବଂ ଏଥିସହିତ ଏକ ଦିବ୍ୟଶକ୍ତି ପାଇବେ, ଯାହା ସହାୟତାରେ ଆପଣ ଦୁନିଆର ଏହି କଷ୍ଟକର ଯାତ୍ରାରେ ଭଲ ଭାବରେ ଜୀବନ ବିତାଇ ପାରିବେ । ଆପଣ ଜଣେ ହିଁ ଗୁରୁଙ୍କ ଠାରୁ ଶକ୍ତିପାତ ଗ୍ରହଣ କରିବେ ଏହା ଜରୁରୀ ନୁହେଁ । ଏକାଧିକ ଗୁରୁ କିମ୍ବା ଭଲ ବିଦ୍ୱାନଙ୍କଠାରୁ ଯେତେବେଳେ ଚାହୁଁଛନ୍ତି ଶକ୍ତିପାତ ଗ୍ରହଣ କରନ୍ତୁ ଓ ଜୀବନର ଆନନ୍ଦ ଲାଭ କରନ୍ତୁ ।

26
କଦାପି ଯୁକ୍ତି କରନ୍ତୁନି

'ଯୁକ୍ତି କରିବା ଦ୍ୱାରା କେବଳ ଅହଂକୁ ତୁଷ୍ଟି ମିଳିଥାଏ, ଲକ୍ଷ୍ୟ ପ୍ରାପ୍ତି ହୁଏ ନାହିଁ। ତେଣୁ ସଚେତନ ଲୋକମାନେ ଯୁକ୍ତିତର୍କରେ ସଂପୃକ୍ତ ହେବା ଉଚିତ ନୁହେଁ।'

ସଚେତନ ପୁରୁଷ କିମ୍ବା ମହିଳା ଲକ୍ଷ୍ୟପ୍ରାପ୍ତି ଲାଗି ପ୍ରତି ପଦକ୍ଷେପରେ ଖୁବ୍ ତତ୍ପରତାର ସହିତ କାର୍ଯ୍ୟ କରିଥାନ୍ତି ଓ ଏହାକୁ ସମ୍ପାଦିତ କରିଥାନ୍ତି। ଗୋଟିଏ କଥା ପ୍ରତି ନିଶ୍ଚିତ ଭାବେ ଧ୍ୟାନ ଦିଅନ୍ତୁ କି ନିଜର ଲକ୍ଷ୍ୟ ପ୍ରାପ୍ତ କରିବା ଲାଗି ପାରୁ ପର୍ଯ୍ୟନ୍ତ କଦାପି ବଚସା ବା ଯୁକ୍ତି କରନ୍ତୁ ନାହିଁ। ଜୀବନର ଯେକୌଣସି ମୋଡ଼ ହେଲେ ବି ବଚସା ନକରିବା ପ୍ରକ୍ରିୟାକୁ ଯଦି ଆପଣ ଗ୍ରହଣ କରିନିଅନ୍ତି ତେବେ ନିଶ୍ଚିତ ସ୍ୱୀକାର କରିବେ ଯେ ଆପଣଙ୍କୁ ନିଜ ଲକ୍ଷ୍ୟପ୍ରାପ୍ତି ଲାଗି ଯଥେଷ୍ଟ ସହାୟତା ମିଳିବ। ବଚସା ସେହି ସମୟରେ ହୋଇଥାଏ ଯେତେବେଳେ ଅନ୍ୟ ବ୍ୟକ୍ତି ଆପଣଙ୍କ ବିଚାରକୁ ମାନି ନଥାନ୍ତି। କିନ୍ତୁ ଆପଣ ନିଜେ ସର୍ବଦା ଏହି ଚିନ୍ତା କରନ୍ତୁ କି ଯଦି ମୁଁ ବଚସା କରିବି ତେବେ କ'ଣ ପାଇବି। ମୋର କେବଳ ଗୋଟିଏ ଧ୍ୟେୟ ଆଉ ତାହା ହେଲା ମୋତେ ମୋର ଲକ୍ଷ୍ୟ ପ୍ରାପ୍ତ କରିବାକୁ ହେବ। ଏଭଳି ସ୍ଥିତିରେ ମୁଁ କଦାପି ଯୁକ୍ତି କରିବିନି। ଯଦି ଆପଣ ଯୁକ୍ତି ନକରିବେ ତେବେ ଆପଣ ପାଇବେ ତ ଏହି ଛୋଟ କଥାରୁ ଆପଣଙ୍କୁ ଲକ୍ଷ୍ୟପ୍ରାପ୍ତି ଲାଗି ସହାୟତା ମିଳିଯାଉଛି।

ଶାଶୂ-ବୋହୂଙ୍କ ମଧ୍ୟରେ ହେଉ କି ପତି-ପତ୍ନୀ ଓ ପିତା-ପୁତ୍ର ମଧ୍ୟରେ ହେଉ, ବଚସା କରିବା ଦ୍ୱାରା କୌଣସି ଲାଭ ହୋଇ ନଥାଏ। ହଁ, ବଚସାର ଗୋଟିଏ ଲାଭ ନିଶ୍ଚୟ ହୋଇଥାଏ, ତାହା ହେଲା ଯୁକ୍ତି କରୁଥିବା ଦୁଇଜଣଙ୍କ ମଧ୍ୟରୁ ଜଣେ ବ୍ୟକ୍ତିର ବିଜୟ ଓ ଅନ୍ୟ ଜଣଙ୍କର ପରାଜୟ ହୋଇଥାଏ। ବଚସା ବା ଯୁକ୍ତିତର୍କରେ ସାମିଲ ହେବା ଦ୍ୱାରା କେବଳ ନିଜର ଅହଂକୁ ଶାନ୍ତି ମିଳିଥାଏ, ଆଉ କିଛି ମିଳେ ନାହିଁ। ତେଣୁ ସଚେତନ ବ୍ୟକ୍ତି କଦାପି ବଚସା କରିବା ଉଚିତ ନୁହେଁ। ଆପଣ ନିଜର ବିଚାରକୁ ଅବଶ୍ୟ ରଖନ୍ତୁ, ପରନ୍ତୁ କଦାପି ବଚସା କରନ୍ତୁ ନାହିଁ। ଯଦି ଆପଣ ବଚସା କରିବା ପ୍ରବୃତ୍ତିକୁ ଛାଡ଼ିଦେବେ ତେବେ ଆପଣଙ୍କୁ ଏଥିରୁ ଅସାଧାରଣ ଲାଭ

ମିଳିବ। ଏପରି କ'ଣ ଜରୁରୀ ଯେ ଆପଣ କାହା ସହିତ ଯୁକ୍ତି କରିବେ ଓ ସେହି ଯୁକ୍ତିତର୍କରେ ଜିତିବାକୁ ଚାହିଁବେ ? କେବଳ ଆପଣଙ୍କ ଭିତରେ ଲୁଚି ରହିଥିବା ଅହଂକୁ କିଛିଟା ଶାନ୍ତି ମିଳିବ, ତାହା ନୁହେଁ, ଏଥିରୁ ଆପଣଙ୍କ ଅହଂକୁ ବଢିବା ଲାଗି ସହାୟତା ମିଳିବ। ଆପଣଙ୍କ ଭିତରେ ଥିବା ଅହଂ ତୃପ୍ତ ହୁଏ। ତେଣୁ କେବଳ ନିଜର ଅହଂକୁ ମଲମ ଲଗାଇବା ଲାଗି ବଚସା ରାସ୍ତାକୁ ବାଛନ୍ତୁ ନାହିଁ। ବଚସା କରିବା ଦ୍ୱାରା ଆପଣଙ୍କର ଓ ଅନ୍ୟ ବ୍ୟକ୍ତିଙ୍କ ମଧ୍ୟରେ ବିବାଦ ହୁଏ, ଯାହାକି ସହଜରେ ସମାଧାନ ହୋଇପାରେ ନାହିଁ।

ଆପଣ ନିଜର ବିଚାରଧାରା ରଖିବାକୁ ଚାହୁଁଛନ୍ତି ତ କେବଳ ତାହା ହିଁ ରଖନ୍ତୁ, ଅନ୍ୟକୁ ତାଙ୍କ ବିଚାରଧାରାରେ ଚଳିବାକୁ ଦିଅନ୍ତୁ। ଆପଣ ଯୁକ୍ତି କରି ନିଜର ବିଚାରଧାରାକୁ ଠିକ୍ ଦର୍ଶାଇବା ଲାଗି ଜବରଦସ୍ତ କରନ୍ତୁ ନାହିଁ। ଏହି ଦୁନିଆରେ ଏଭଳି ଲକ୍ଷ ଲକ୍ଷ କୋଟି କୋଟି ଲୋକ ଅଛନ୍ତି, ଯାହାଙ୍କ ସହିତ ଯୁକ୍ତି କରି ଆପଣ ଜିତିପାରିବେ ନାହିଁ, ଆଉ ଯଦି ବି ଜିତିଯାଆନ୍ତି ତେବେ ଆପଣଙ୍କୁ କୌଣସି ବହୁତ ବଡ଼ ସଫଳତା ମିଳିବ ନାହିଁ। ତେଣୁ ସବୁଠୁ ଭଲ ହେବ ଆପଣ ଯୁକ୍ତି କରିବା ପ୍ରକ୍ରିୟାକୁ ଛାଡ଼ିଦିଅନ୍ତୁ ଏବଂ ନିଜ ଜୀବନର ଆନନ୍ଦ ନିଅନ୍ତୁ। ଯୁକ୍ତିତର୍କ କରି ନିଜର ମୂଲ୍ୟବାନ ସମୟକୁ ବରବାଦ କରନ୍ତୁ ନାହିଁ। ଯଦି ଆପଣ ବଚସା କରିବା ଅଭ୍ୟାସ ଛାଡ଼ିପାରିବେ ନାହିଁ ତେବେ ଆପଣଙ୍କୁ କ୍ଳାନ୍ତ ଅନୁଭବ ହେବ ଏବଂ ଆପଣଙ୍କର ବହୁ ସଂଖ୍ୟାରେ ଶତ୍ରୁ ସୃଷ୍ଟି ହେବେ। ଅତଏବ ନିଜର ସ୍ୱାର୍ଥ ପାଇଁ ଓ ନିଜକୁ ଅହଂଠାରୁ ଦୂରେଇ ରହିବା ଲାଗି ଆପଣ ଯୁକ୍ତି କରିବା ଠାରୁ ଦୂରେଇ ରହିବା ଉଚିତ ଏବଂ ଏଥିରୁ ବଞ୍ଚୁଥିବା ସମୟକୁ ଭଲ କାମରେ ଲଗାଇବା ଉଚିତ। ତାହେଲେ ଦେଖିବେ ଆପଣଙ୍କ ପ୍ରସନ୍ନତା ଓ ଆନନ୍ଦ ଦ୍ୱିଗୁଣିତ ହୋଇଯିବ।

27

କାହାର ଭାବନା ସହିତ ଖେଳନ୍ତୁ ନାହିଁ

'ଯେତେବେଳେ ବି କହୁଛନ୍ତି ମାପିଚୁପି କହନ୍ତୁ ଓ ପ୍ରତି ମୁହୂର୍ତ୍ତରେ ଧ୍ୟାନ ରଖନ୍ତୁ କି କାହାର ଭାବନା ସହ ଖେଳିବା ଉଚିତ ନୁହେଁ, ତାହେଲେ ଆପଣଙ୍କୁ ଶୀଘ୍ର ଲକ୍ଷ୍ୟପ୍ରାପ୍ତି ହୋଇଯିବ।'

ଏମିତି ତ ଆପଣ ସଚେତନ ଅଟନ୍ତି। ଅନ୍ୟ କୌଣସି ବ୍ୟକ୍ତିଙ୍କ ଭାବନା ସହିତ ଖେଳିବା ଚିନ୍ତାଧାରା ଆପଣ ମନରେ ଆଣିବା ଉଚିତ ନୁହେଁ। ଯେତେବେଳେ ଆମେ ଲକ୍ଷ୍ୟପ୍ରାପ୍ତି ଦିଗରେ ଆଗେଇ ଚାଲିଛେ ସେତେବେଳେ ସର୍ବଦା ଏହି କଥାକୁ ଚିନ୍ତା କରିବା ଉଚିତ କି କ'ଣ ଆମେ ଅନ୍ୟ କୌଣସି ବ୍ୟକ୍ତିଙ୍କ ଭାବନା ସହିତ ଖେଳୁନାହେଁ ତ ! ପାଠକ ଏହା ଭାବିବେ କି ମୁଁ ତ କାହାର ଭାବନା ସହିତ ଖେଳିନାହିଁ, ପୁଣି ମୁଁ ଏମିତି କ'ଣ ପାଇଁ ଭାବିବି ? ଆପଣଙ୍କ କଥା ଠିକ୍, କିନ୍ତୁ ବେଳେବେଳେ ଜାଣତରେ କିମ୍ବା ଅଜାଣତରେ ହୋଇପାରେ ଆପଣ କାହାର ଭାବନା ସହ ଖେଳିଥାନ୍ତି। ଏଥିପାଇଁ ଯେତେବେଳେ ଆପଣ କଥା ହେଉଛନ୍ତି ମାପିଚୁପି କଥା ହୁଅନ୍ତୁ ଓ ପ୍ରତି ମୁହୂର୍ତ୍ତରେ ପ୍ରତିଦିନ ଏହି କଥାକୁ ମନରେ ରଖନ୍ତୁ କି ମୋର କେବେ ବି କାହାର ଭାବନା ସହିତ ଖେଳିବାର ନାହିଁ।

ଏହି କଥାକୁ ଧ୍ୟାନରେ ରଖନ୍ତୁ କି ଆମର ମୁଖ୍ୟ ଉଦ୍ଦେଶ୍ୟ ହେଲା ଗୋଟିଏ ଆଉ ତାହାହେଲା ଲକ୍ଷ୍ୟପ୍ରାପ୍ତି। ଏପରି ସ୍ଥଳେ ଯଦି ଆମେ ଜାଣତରେ କିମ୍ବା ଅଜାଣତରେ କାହାର ଭାବନା ସହିତ ଖେଳିଲେ ତେବେ ଆମକୁ ଲକ୍ଷ୍ୟପ୍ରାପ୍ତିରେ ନିଶ୍ଚୟ ବିଳମ୍ବ ହେବ। ଏହି କଥାକୁ ନିଶ୍ଚୟ ଗ୍ରହଣ କରନ୍ତୁ, ତାହେଲେ ଆପଣ ଅନ୍ୟ ଲୋକଙ୍କର ଭାବନା ସହିତ ଖେଳିବା ସମ୍ପର୍କରେ ଚିନ୍ତା କରିବେ ନାହିଁ। ଯଦି ଆପଣଙ୍କୁ କେବେ ଲାଗୁଥାଏ କି ଆପଣଙ୍କର କୌଣସି ବିଚାରଧାରା କାରଣରୁ କାହାର ଭାବନାକୁ ଝଟକା ଲାଗିପାରେ ତାହେଲେ ଟିକିଏ ଚିନ୍ତା କରନ୍ତୁ ଓ ନିଜ କଥା କୁହନ୍ତୁ। ଯେତେବେଳେ ବି କୌଣସି କଥା କହୁଛନ୍ତି ବୁଝି ବିଚାରି କୁହନ୍ତୁ। ଏଭଳି କରିବା ଦ୍ୱାରା ଗୋଟିଏ ପଟେ ତ ଆପଣ ଲୋକପ୍ରିୟ ହେବେ, ଅନ୍ୟପଟରେ ଆପଣ ଅନ୍ୟ କୌଣସି ବ୍ୟକ୍ତିଙ୍କ ଭାବନା ସହିତ ଖେଳିବେ ନାହିଁ ମଧ୍ୟ।

ଯଦି ଆପଣ ଅନ୍ୟମାନଙ୍କ ଅଭିଶାପରୁ ବଞ୍ଚିବାକୁ ଚାହୁଁଥାନ୍ତି ତେବେ କାହାର ଭାବନା ସହିତ ଖେଳ କରନ୍ତୁ ନାହିଁ। ମନ, ବଚନ ଓ କର୍ମରେ କାହାର ଭାବନାକୁ ମଜାରେ ଉଡ଼ାଇଦିଅନ୍ତୁ ନାହିଁ। କାହାର ଭାବନା ଉପରେ ଜଣାଅଜଣାରେ ଏଭଳି ଟିପ୍ପଣୀ ନ କରନ୍ତୁ ଯାହା ସେହି ବ୍ୟକ୍ତିଙ୍କୁ ବିବ୍ରତ କରିବ। ଯଦି ଆପଣ କୌଣସି ବ୍ୟକ୍ତିଙ୍କ ହୃଦୟକୁ ଦୁଃଖ ଦିଅନ୍ତି ଆପଣଙ୍କର ସେହି ବ୍ୟକ୍ତିଙ୍କ ସହ ଯାହାବି ସମ୍ପର୍କ ଥାଉ ନା କାହିଁକି, ତାଙ୍କ ଅନ୍ତରାତ୍ମାରୁ ଯେଉଁ ଅଭିଶାପ ବାହାରିବ, ତାହା ଆପଣଙ୍କ ଖୁସିରେ ଆଜି ନହେଲେ ବି କାଲି ବିଷ ଢାଳିଦେବ। ଟିକିଏ ଚିନ୍ତା କରନ୍ତୁ କି କାହାର ହୃଦୟକୁ ଦୁଃଖ ଦେବାରେ କିମ୍ବା କଠୋର ବା ରୁକ୍ଷ କଥା କହିଦେବାରେ ଆପଣଙ୍କୁ କ'ଣ ମିଳିବ, କିଛି ନାହିଁ। ହଁ, ହୋଇପାରେ କିଛି ମୁହୂର୍ତ୍ତ ପାଇଁ ଆପଣଙ୍କ ଭିତରେ ଥିବା ଅହଂକୁ କିଛିଟା ଶୀତଳତା ପ୍ରାପ୍ତ ହେବ, ପରନ୍ତୁ ଏହି କ୍ଷଣିକ ଶୀତଳତା ଭବିଷ୍ୟତରେ ଏହାଠାରୁ ଅନେକ ଗୁଣ ଅଧିକ କଷ୍ଟ ଦେଇକରି ଯିବ।

ତେଣୁ ପ୍ରତି ମୁହୂର୍ତ୍ତରେ ଭାବନ୍ତୁ ଯେ କାହିଁ ଆପଣ କୌଣସି ବ୍ୟକ୍ତିଙ୍କ ହୃଦୟକୁ ଜାଣତରେ ହେଉ ବା ଅଜାଣତରେ ଦୁଃଖ ଦେଇନାହାନ୍ତି ତ ? ପ୍ରତିଦିନ ରାତିରେ ଶୋଇବା ପୂର୍ବରୁ ତିନି ମିନିଟ୍ ଏହି କଥା ଚିନ୍ତା କରନ୍ତୁ କି ଆଜି ମୁଁ ଜାଣତରେ କିମ୍ବା ଅଜାଣତରେ କାହା ହୃଦୟକୁ ଦୁଃଖ ଦେଇଛି କି ? ଯଦି ଉତ୍ତର ହଁ ମିଳେ ତେବେ ପ୍ରଭୁଙ୍କୁ ପ୍ରାର୍ଥନା କରନ୍ତୁ ମୋତେ ଆଜି ଏଥିରୁ କ୍ଷମା କରିଦିଅନ୍ତୁ। ଆସନ୍ତାକାଲି ମୁଁ ସମ୍ପୂର୍ଣ୍ଣ ଚେଷ୍ଟା କରିବି କି କାହାର ହୃଦୟରେ ଦୁଃଖ ନଦେବା ପାଇଁ। ଟିକିଏ ଚିନ୍ତା କରନ୍ତୁ, ଯଦି ଆପଣ କାହାକୁ କୌଣସି ସହାୟତା କରୁନାହାନ୍ତି କିମ୍ବା କରିପାରୁନାହାନ୍ତି, ତେବେ ଅନ୍ତତଃ ମିଠା କଥା କହି ତ ତାଙ୍କୁ ସୁଖୀ କରିପାରିବେ। ଏମିତିରେ ନିଜ ଆତ୍ମାର କଥା ଶୁଣି ଏହି କଥାକୁ ସର୍ବଦା ଧ୍ୟାନ ରଖନ୍ତୁ କି ମୁଁ କଦାପି କାହାର ଭାବନାକୁ ଆଘାତ ପହଞ୍ଚାଇବା ଲାଗି କୌଣସି କାର୍ଯ୍ୟ କରିବି ନାହିଁ। ଯଦି ଆପଣ ଏହିଭଳି ପ୍ରତିଦିନ ଚିନ୍ତା କରିବେ ତେବେ ଆପଣ ନିଜ ମଧ୍ୟରେ ଏକ ବିଚିତ୍ର ପରିବର୍ତ୍ତନ ଅନୁଭବ କରିବେ। ପରବର୍ତ୍ତୀ କେବଳ ୬ ମାସ ମଧ୍ୟରେ ଆପଣଙ୍କ ଦିବ୍ୟତା ଆହୁରି ବଢିବାରେ ଲାଗିବ ଓ ଦିବ୍ୟପୁରୁଷ ହେବା ଦିଗରେ ଅଗ୍ରସର ହୋଇପାରିବେ।

28

ଜୀବନସାଥୀଙ୍କ ଦେହାନ୍ତ ପରେ କେମିତି ଲକ୍ଷ୍ୟ ପ୍ରାପ୍ତ ହେବେ ?

'ଜୀବନସାଥୀଙ୍କ ବିଚ୍ଛେଦ ପରେ ଉତ୍ତମ ଜୀବନ ବନାଇବା ଲାଗି ସେହି ଭଲ ସମୟକୁ ମନେପକାନ୍ତୁ, ଯେଉଁ ଦିନଗୁଡ଼ିକୁ ଏକାଠି ମିଶି ବିତାଇଥିଲେ ।'

ବେଳେବେଳେ ଏମିତି ହୋଇଥାଏ କି ଆପଣ ଜୀବନର ଲକ୍ଷ୍ୟ ନିର୍ଦ୍ଧାରଣ କରିଛନ୍ତି ଓ ଲକ୍ଷ୍ୟ ପୂରଣ ହେବାକୁ ବସିଛି, କିନ୍ତୁ ଏବେ ପୂରଣ ହୋଇନାହିଁ ଆଉ ଏହି ସମୟରେ ପତି କିମ୍ବା ପତ୍ନୀଙ୍କର ଯଦି ଦେହାନ୍ତ ହୋଇଯାଏ, ଏଭଳି ଅବସ୍ଥା ବହୁତ ଜଟିଳ ହୋଇଯାଇଥାଏ । ସାଧାରଣତଃ ଆମ୍ଭେମାନେ ସେହି ସମୟରେ ନିଜର ଲକ୍ଷ୍ୟକୁ ଭୁଲିଯାଇଥାଉ, କିନ୍ତୁ ଆମକୁ ଲକ୍ଷ୍ୟ ପ୍ରାପ୍ତ କରିବାକୁ ହେବ । ବିଶେଷ କରି ଯଦି ପତି କିମ୍ବା ପତ୍ନୀଙ୍କର ଦେହାନ୍ତ ହୋଇଯାଏ ତ ସ୍ଥିତି ବହୁତ ଖରାପ ହୋଇଯାଇଥାଏ । ଗୋଟିଏ ବାଟ ତ ଏହା ଯେ, ଏହା ପରେ ଅବଶିଷ୍ଟ ଜୀବନରେ ବସି ରୁହ, କାନ୍ଦି ଚାଲ । କାହାକୁ ବା ଶୁଣାଇବେ ନିଜର ଦୁଃଖ କାହାଣୀ ? କିଏ ଆପଣଙ୍କ ଯନ୍ତ୍ରଣାକୁ ଶୁଣିବ, ତାହା ବି ପୁଣି ସବୁଦିନ ? ଏ ପରିସ୍ଥିତିରେ ସେହି ହେଉଛନ୍ତି ବୁଦ୍ଧିମାନ ବ୍ୟକ୍ତି ଯିଏ ସ୍ୱାମୀ କିମ୍ବା ସ୍ତ୍ରୀଙ୍କର ଦେହାବସାନ ପରେ ମଧ୍ୟ ଜୀବନର ଲକ୍ଷ୍ୟକୁ ପୂରଣ କରିବାରେ ପୁନର୍ବାର ଲାଗିପଡନ୍ତି । କିନ୍ତୁ ଜୀବନରେ କିଛିଟା ପରିବର୍ତ୍ତନ ନିଶ୍ଚିତ ଭାବରେ ଆସିଯାଇଥାଏ । ଏଥିପାଇଁ ଏହା ନିଶ୍ଚିତ ଭାବରେ ବୁଝିବାକୁ ହେବ ଯେ, ପତି କିମ୍ବା ପତ୍ନୀଙ୍କ ଦେହାନ୍ତ ପରେ ଜୀବନ କୌଣସି ପ୍ରକାର ଜିଇଁବାକୁ ହେବ, ତାହେଲେ ଆମେ ନିଜର ଲକ୍ଷ୍ୟକୁ ପାଇପାରିବା ।

ପ୍ରତ୍ୟେକ ବ୍ୟକ୍ତିଙ୍କ ଜୀବନରେ ଏଭଳି ଏକ ଦୁଃଖଦ ପରିବର୍ତ୍ତନ ଆସିଥାଏ, ଯେତେବେଳେ ପତି ଅଥବା ପତ୍ନୀଙ୍କର ଦେହାନ୍ତ ହୋଇଯାଇଥାଏ । ଯେତେବେଳେ ଏହି ଘଟଣା ଘଟେ, ସେହି ସମୟରେ ଏପରି ଲାଗେ, ଯେପରି ଆମ ଜୀବନରେ ଗଭୀର ବଜ୍ରପାତ ହୋଇଗଲା । ତାହେଲେ କ'ଣ ପାଇଁ ଏମିତି ଲାଗିଥାଏ ? କାରଣ ହେଲା ଯେତେବେଳେ ଆପଣ ଦଶ-କୋଡିଏ ଚାଳିଶ କିମ୍ବା ପଚାଶ ବର୍ଷ କିମ୍ବା ଏହାଠାରୁ ଅଧିକ ଦୀର୍ଘ ସମୟ ନିଜର ଜୀବନସାଥୀଙ୍କ ସହିତ ବିତାଇଛନ୍ତି ଏବଂ ଯେତେବେଳେ ସେହି ଜୀବନସାଥୀ ଆପଣଙ୍କୁ ଛାଡି ଚାଲିଯିବେ ନିଶ୍ଚିତ ଭାବରେ ଅସହ୍ୟ

ଦୁଃଖ ହେବ । ଏପରି ଅବସ୍ଥାରେ ଯେତେବେଳେ ଆମର ଜୀବନସାଥୀଙ୍କର ବିଚ୍ଛେଦ ହୋଇଯିବ ତ କେମିତି ଜୀବନ ଜୀଇଁବା ? ଏହା ଏକ ଅତି ଜ୍ୱଳନ୍ତ ପ୍ରଶ୍ନ । ମହିଳାମାନେ ଯେଉଁମାନେ ସ୍ୱଭାବତଃ ପୁରୁଷମାନଙ୍କ ଅପେକ୍ଷା ଅଧିକ ଭାବୁକ, ଜୀବନସାଥୀଙ୍କୁ ହରାଇବା ପରେ ସେମାନଙ୍କୁ ଏମିତି ଲାଗିଥାଏ କି ଯେମିତି ସେମାନଙ୍କର ଜୀବନ ମଧ୍ୟ ଏବେ ଶେଷ ହୋଇଯାଇଛି । ଆପଣ ମଧ୍ୟ ନିଜ ଜୀବନସାଥୀଙ୍କ ବିଚ୍ଛେଦ ସମ୍ପର୍କରେ କେବଳ କଳ୍ପନା କରିବା ମାତ୍ରକେ ଚିନ୍ତିତ ହୋଇଯାନ୍ତି, ଦୁଃଖୀ ହୋଇଯାନ୍ତି, କିନ୍ତୁ ନିୟତିର ଯାହା ବିଧାନ, ତାହାକୁ ମାନିବାକୁ ପଡିବ । ଆମର ଜୀବନସାଥୀ, ଯିଏ ଏହି ଦୁନିଆରେ ଆସିଛନ୍ତି, ତାଙ୍କୁ ଆଜି ନୁହେଁ ତ କାଲି ହରାଇବାକୁ ପଡିବ । ଏହା କଷ୍ଟଦାୟକ ହେଲେ ମଧ୍ୟ ସତ୍ୟ ଅଟେ । ଏହା ଅପ୍ରିୟ ସତ୍ୟ ଏବଂ ଏହା ଜୀବନର ବାସ୍ତବିକତା । ଏଠାରେ ପାଞ୍ଚଟି ବିଚାରବିନ୍ଦୁ ଦିଆଯାଇଛି । ଯାହା ସବୁ ବର୍ଗର ଲୋକଙ୍କ ଜୀବନ ଜିଇଁବାରେ ନିଶ୍ଚିତ ଭାବରେ କିଛିଟା ସହାୟକ ହେବ, ବିଶେଷ କରି ସେହି ସମୟରେ ଯେତେବେଳେ ସେମାନଙ୍କ ଜୀବନସାଥୀ ବିଚ୍ଛେଦ ହୋଇଯାଇଥିବେ । ଆସନ୍ତୁ, ଏବେ ଆମେ ସେହି ପାଞ୍ଚଟି ଚିନ୍ତାଧାରା ଉପରେ ଆଲୋଚନା କରିବା, ଯାହାକୁ ପଢି ମୋତେ ଲାଗୁଛି କି ଜୀବନର ସେହି ଭୟାନକ ମୋଡକୁ ମଧ୍ୟ ଆପଣ ଅତିକ୍ରମ କରିଯାଇପାରିବେ–

୧. ନିଜର ଜୀବନସାଥୀଙ୍କ ସହିତ ଅତିବାହିତ କରିଥିବା ଭଲ ସମୟକୁ ମନେପକାନ୍ତୁ । ଆମେରିକାରେ ମଧ୍ୟ ଯେଉଁଠି ପାଶ୍ଚାତ୍ୟ ଜୀବନଶୈଳୀ ଭାରତଠାରୁ ସମ୍ପୂର୍ଣ୍ଣ ଭିନ୍ନ, ତଥାପି ନିଶ୍ଚିତ ଭାବରେ ସେଠାରେ ମଧ୍ୟ ଯେତେବେଳେ ଜଣେ ବ୍ୟକ୍ତି ନିଜର ଜୀବନସାଥୀଙ୍କୁ ହରାନ୍ତି, ତାଙ୍କୁ ଗଭୀର ଦୁଃଖ ହୋଇଥାଏ, ନିଃସଙ୍ଗତା ମଧ୍ୟ ଅନୁଭୂତ ହୋଇଥାଏ । ତେଣୁ ଜୀବନସାଥୀଙ୍କୁ ହରାଇବା ପରେ ଜୀବନକୁ ଭଲ ଭାବରେ ଅତିବାହିତ କରିବାକୁ ହେଲେ ଆପଣ ପ୍ରତିଦିନ ପ୍ରତି ମୁହୂର୍ତ୍ତରେ ସେହି ଉତ୍ତମ ସମୟକୁ ମନେ ପକାନ୍ତୁ, ଯାହାକୁ ଆପଣ ନିଜର ଜୀବନସାଥୀଙ୍କ ସହିତ ଅତିବାହିତ କରିଥିଲେ । ଏପରି ମୁହୂର୍ତ୍ତକୁ ମନେ ପକାଇବା ଦ୍ୱାରା ଆପଣଙ୍କର ଦୁଃଖ ଦୂର ହୋଇଯିବ । ନିଶ୍ଚିତ ଭାବରେ ଦୁଃଖକୁ ତ ସାମନା କରିବାକୁ ହେବ, କିନ୍ତୁ ଯଦି ଆମେ ନିଜର ଜୀବନସାଥୀଙ୍କ ସହ ବିତାଇଥିବା ସୁଖଦ ମୁହୂର୍ତ୍ତ କଥା ମନେ ପକାଇବା ତେବେ ସେହି ଦୁଃଖକୁ ସହିବାରେ ସହାୟତା ମିଳିବ ଓ ଅବଶିଷ୍ଟ ଜୀବନ ବିତାଇବାରେ ସହାୟକ ହେବ । ଆମେରିକାରେ ମଧ୍ୟ ଜୀବନସାଥୀଙ୍କ ବିଚ୍ଛେଦ ହୋଇଗଲେ ପରିସ୍ଥିତି ଆହୁରି ଜଟିଳ ହୋଇଥାଏ । ତାହା ଏଇଥିପାଇଁ ହୋଇଥାଏ କାରଣ ହେଲା ସେଠାରେ ଯୌଥ ପରିବାରର ପ୍ରଚଳନ ନାହିଁ । ଅଧିକାଂଶ ବ୍ୟକ୍ତି ଜୀବନସାଥୀ ବିଚ୍ଛେଦ ପରେ ଘରେ ଏକୁଟିଆ ରହିଯାନ୍ତି ଏବଂ ସେଠାରେ ମଧ୍ୟ ସେମାନଙ୍କୁ ଜୀବନ ବିତାଇବା କଷ୍ଟକର ହୋଇପଡିଥାଏ । ଘର ସମ୍ଭାଳିବାକୁ ତ ଦୌଡିବାକୁ ପଡିବ, କିନ୍ତୁ ସେହି ସମୟରେ ଆମେ ସେହି ମୁହୂର୍ତ୍ତଗୁଡିକୁ ମନେ ପକାଇବା, ଯେଉଁ ଭଲ ମୁହୂର୍ତ୍ତ ଆମେ ନିଜର ଜୀବନସାଥୀଙ୍କ ସହିତ ବିତାଇଛେ, ତାହେଲେ ନିଶ୍ଚିତ ଭାବରେ ଆମର ମାନସିକ ଉତ୍ତେଜନା ରହିବନି, ଜୀବନ ସୁଖମୟ ହୋଇଯିବ ।

୨. ଯଦି ଆମର ଜୀବନସାଥୀ ନାହାନ୍ତି, ଜୀବନ କାଟିହେଉ ନାହିଁ, ବହୁତ କଷ୍ଟରେ ଜୀବନ ବିତୁଛି। ସକାଳୁ ଉଠିବା ମାତ୍ରେ ହିଁ ଲାଗୁଛି ଆଜି ଦିନଟି କେମିତି କଟିବ, କେତେବେଳେ ଦ୍ୱିପ୍ରହର ହେବ ଓ କେତେବେଳେ ସନ୍ଧ୍ୟା ହେବ ? ଏମିତି ହେବା ସ୍ୱାଭାବିକ। ଏଭଳି ସମୟରେ ଯଦି ଆପଣ ପ୍ରତିଦିନ ଯେତିକି ସମୟ ନିଜର ଜୀବନସାଥୀଙ୍କ ସହିତ ବିତାଉଥିଲେ, ତା'ର ଅଧା ସମୟ ପ୍ରତିଦିନ ପ୍ରଭୁଙ୍କ ଚରଣରେ ବିତାଇବେ ତେବେ ଆପଣଙ୍କର ଦିନଚର୍ଯ୍ୟା ମଧ୍ୟ ଭଲ ହୋଇଯିବ, ସମୟ କଟିଯିବ, ଜୀବନସାଥୀଙ୍କ ଠାରୁ ବିଚ୍ଛେଦର ଦୁଃଖ କମ୍ ଅନୁଭୂତ ହେବ। ଏଥିପାଇଁ ଆପଣ ନିଜ ଘର ଅପେକ୍ଷା ଅଧିକ ସମୟ ମନ୍ଦିରରେ କାଟନ୍ତୁ । ଯଦି ଆପଣ ଆଖି ବନ୍ଦ କରି ଦିନକୁ ଦୁଇ ତିନି ଥର ପନ୍ଦର ମିନିଟରୁ ଅଧଘଣ୍ଟା ପର୍ଯ୍ୟନ୍ତ ଜପ କରିବେ ତେବେ ଆପଣଙ୍କୁ ପ୍ରଭୁଙ୍କ ଆଶୀର୍ବାଦରୁ ଏକ ଆତ୍ମିକ ଶକ୍ତି ଓ ଶାନ୍ତି ମିଳିବ।

୩. ସମୟ ଅତିବାହିତ କରିବା ଲାଗି ଆପଣ କୌଣସି ସାମାଜିକ ସଂସ୍ଥା ସହିତ ନିଜକୁ ଜଡିତ କରାନ୍ତୁ। ଏଥିରୁ ଦୁଇଟି ଲାଭ ମିଳିବ– ପ୍ରଥମତଃ ଆପଣଙ୍କର ସମୟ ଭଲରେ କଟିବ ଓ ଦ୍ୱିତୀୟରେ ଆପଣ ସମାଜର ଲୋକମାନଙ୍କୁ କିଛି ଦେଇପାରିବେ। ଉଦାହରଣ ସ୍ୱରୂପ ନୂଆଦିଲ୍ଲୀର ଗ୍ରେଟର କୈଳାସରେ ମହିଳାମାନେ ଗରିବ ପିଲାମାନଙ୍କ ପାଇଁ ଆର୍ଯ୍ୟ ସମାଜ ମନ୍ଦିରରେ ଏକ ଛୋଟ ସ୍କୁଲ ଖୋଲିଛନ୍ତି । ଭଲ ଘରର ମହିଳାମାନେ ନିଜ ଘରୁ ସକାଳୁ ଉକ୍ତ ସ୍କୁଲକୁ ଆସିଥାନ୍ତି। ବେତନ ନେବାର ତ ପ୍ରଶ୍ନ ହିଁ ଉଠୁନି, ବରଂ ପ୍ରତିଦିନ ସେମାନେ ତିନିରୁ ପାଞ୍ଚ ଘଣ୍ଟା ଏହି ସ୍କୁଲର ପିଲାମାନଙ୍କ ପାଇଁ ଦେଇଥାନ୍ତି। ସେମାନେ ପଢାଇଥାନ୍ତି ଓ ଏହା ସହିତ ସ୍କୁଲ ଚଳାଇବା ଲାଗି ଦାନର ବ୍ୟବସ୍ଥା ମଧ୍ୟ କରିଥାନ୍ତି । ଅତଏବ ଜୀବନର ସେହି ମୋଡରେ ଯେତେବେଳେ ଆପଣଙ୍କ ଜୀବନସାଥୀ ଆପଣଙ୍କ ପାଖରେ ନାହାନ୍ତି ତ ଆପଣ ଯେକୌଣସି ସାମାଜିକ କିମ୍ବା ସେବା ସଂସ୍ଥା ସହିତ ସଂପୃକ୍ତ ହୋଇଯାଆନ୍ତୁ । ସେବା ସଂସ୍ଥା ସହିତ ଯୋଡି ହେବା ଦ୍ୱାରା ଆପଣଙ୍କୁ ଆନ୍ତରିକ ଶାନ୍ତି ମଧ୍ୟ ମିଳିବ ଓ ଆପଣଙ୍କ ସମୟ ବି ଭଲରେ ବିତିଯିବ।

୪. ବହୁତ ପଢନ୍ତୁ, ବହୁତ ସମୟ ମନନ କରନ୍ତୁ । ଆପଣ ନିଜର ସମୟକୁ ଭଲ ସାହିତ୍ୟ ପଢିବାରେ ଲଗାନ୍ତୁ । ଯେତେବେଳେ ଘରେ ଆପଣଙ୍କୁ ନିଃସଙ୍ଗତା ବୋଧ ହେଉଛି, ସେହି ସମୟରେ ଘରେ ବସି ରହି ଆପଣ ଭଲ ସାହିତ୍ୟ ଅଧ୍ୟୟନ କରିପାରିବେ। ଯେକୌଣସି ପୁସ୍ତକ କିମ୍ବା ପତ୍ରିକା ପଢନ୍ତୁ ନା କାହିଁକି, ସେଥିରେ ଯେଉଁ କଥା ଭଲ ଲାଗୁଛି, ତାହାକୁ ଏକ କାଗଜରେ ଟିପି ନିଅନ୍ତୁ । ପ୍ରତି ପନ୍ଦର କୋଡିଏ ଦିନରେ ଆପଣ ହାତରେ ଲେଖିଥିବା କଥାକୁ ପଢନ୍ତୁ ଓ ମନନ କରନ୍ତୁ । ଯଦି ସମ୍ଭବ ହେଉଛି କୌଣସି ଲାଇବ୍ରେରୀର ସଦସ୍ୟ ହୋଇଯାଆନ୍ତୁ ଓ ସେଠାକୁ ଯାଇ ନିଜର ସମୟ ବିତାନ୍ତୁ । ଆପଣଙ୍କୁ ନିଶ୍ଚିତ ଭାବରେ ଭଲ ଲାଗିବ।

୫. ଅଧିକ ସ୍ଥାନକୁ ଯାଆନ୍ତୁ, ଅଧିକ ଦେଖନ୍ତୁ । ହଁ ଆଜ୍ଞା, ଏହି ଚିନ୍ତାଧାରାକୁ ଯଦି ଆପଣ ନିଜ ହୃଦୟରେ ସ୍ଥାନ ଦେବେ ତେବେ ମଧ୍ୟ ଆପଣଙ୍କ ଜୀବନ ଜୀବନସାଥୀଙ୍କ ବିଚ୍ଛେଦରେ ଭଲ ଭାବରେ ଚାଲିପାରିବ । ଉଦାହରଣ ସ୍ୱରୂପ, ଆପଣ ମନ୍ଦିରକୁ [illegible] ଯାଆନ୍ତୁ । [illegible] ମନ୍ଦିରକୁ ପ୍ରତ୍ୟହ ଯାଆନ୍ତୁ, କିନ୍ତୁ ଯେଉଁ ମନ୍ଦିର ଆପଣଙ୍କ ଘରଠାରୁ ଦୂରରେ ସେଠାକୁ ମଧ୍ୟ ବେଳେବେଳେ ଯାଆନ୍ତୁ । ଯଦି ଆପଣ ଏହି ଅଭ୍ୟାସ କରିବେ, ତେବେ ଆପଣଙ୍କୁ ଭଲ ଲାଗିବ । ସକାଳେ ଓ ସନ୍ଧ୍ୟାରେ ଆପଣ ପାର୍କ ଆଡେ ବୁଲିଯାଆନ୍ତୁ । ଏହାଦ୍ୱାରା ଆପଣଙ୍କର ହଜମ ମଧ୍ୟ ଭଲ ହେବ ଏବଂ ମନକୁ ମଧ୍ୟ ଖୋଲା ବାତାବରଣ ମିଳିବ । ଆପଣଙ୍କ ଘରେ ଯେଉଁ ଟିଭି ରହିଛି, ତା'ର ଉପଯୋଗ କରନ୍ତୁ । ଦିନ ମଧ୍ୟରେ ଦୁଇଥର ସକାଳେ ଓ ସନ୍ଧ୍ୟାରେ ଅନ୍ତତଃ ଅଧଘଣ୍ଟା ଲେଖାଏଁ ସମ୍ବାଦ କାର୍ଯ୍ୟକ୍ରମ ଦେଖନ୍ତୁ ଏବଂ ବାକି ସମୟ ଆଧ୍ୟାତ୍ମିକ ଚାନେଲ କିମ୍ବା ଅନ୍ୟ ଯେଉଁ ଚାନେଲ ଆପଣଙ୍କୁ ପସନ୍ଦ ଲାଗୁଛି, ତା'ର ଲାଭ ଉଠାନ୍ତୁ । ଯଦି ଆପଣଙ୍କର ଫିଲ୍ମ ଦେଖିବାର ସଉକ ଥାଏ, ତେବେ ଫିଲ୍ମ କ୍ଲବର ମେମ୍ବର ହୋଇଯାନ୍ତୁ ଯିଏ ଆପଣଙ୍କୁ ଘରେ ବସି ନୂଆ ଫିଲ୍ମ ଦେଖିବାର ସୁଯୋଗ ଦେବେ । ଯଦି ଆପଣଙ୍କର ତାସ ଖେଳରେ ରୁଚି ରହିଛି ତେବେ ଆପଣଙ୍କର ବନ୍ଧୁମାନଙ୍କ ସହ କିମ୍ବା ବାନ୍ଧବୀମାନଙ୍କ ସହିତ ତାସ ଖେଳ କାର୍ଯ୍ୟକ୍ରମ ବିନା ପଇସାରେ ନିଶ୍ଚୟ କରନ୍ତୁ । ପଡୋଶୀରେ ଅଳ୍ପଦୂରରେ ରହୁଥିବା କିଛି ବନ୍ଧୁ ବନାନ୍ତୁ । ସେହି ବନ୍ଧୁ କିମ୍ବା ବାନ୍ଧବୀଙ୍କ ଘରକୁ ଯା'ଆସ କରନ୍ତୁ, ଯାହାଦ୍ୱାରା ଆପଣଙ୍କ ସମୟ ଭଲରେ କଟିଯିବ । ଭାଗବତ ଭଳି ଧାର୍ମିକ ଅନୁଷ୍ଠାନ ଯେତେବେଳେ ଆୟୋଜନ ହେଉଛି, ସେଥିରେ ମଧ୍ୟ ଭାଗ ନିଅନ୍ତୁ । ଏଥିରେ ଆପଣଙ୍କର ଦୁଃଖ ଦୂର ହୋଇଯିବ ।

ମୋର ସମ୍ପୂର୍ଣ୍ଣ ଭରସା ରହିଛି ଯେ ଆପଣ ଉପରୋକ୍ତ କଥାକୁ ଧ୍ୟାନରେ ରଖିବେ ତ ଜୀବନର ସେହି ମୋଡରେ, ଯେତେବେଳେ ଜୀବନସାଥୀ ନଥିବେ, ଆପଣ ଶେଷ ଜୀବନକୁ ଭଲ ଭାବରେ ଜିଇଁବାରେ ସକ୍ଷମ ହୋଇପାରିବେ । ପରିବାରର ଅନ୍ୟ ସଦସ୍ୟ, ସମ୍ପର୍କୀୟ ଏବଂ ପିଲାମାନଙ୍କ ସହିତ ଅଧିକ ସମୟ ବିତାଇବାକୁ ଚେଷ୍ଟା କରନ୍ତୁ । ଆଜ୍ଞା ହଁ, ଆପଣ ଚେଷ୍ଟା ହିଁ କରିପାରିବେ କାରଣ ଯେଉଁ ମାହୋଲରେ ଆମେ ରହି ଆସୁଛେ, ହୁଏତ ପିଲାମାନେ ଆପଣଙ୍କ ପାଖକୁ ଯଥେଷ୍ଟ ଆସୁ ନଥିବେ । ତେଣୁ ଚେଷ୍ଟା କଲେ, ଆପଣ ନିଜ ସମୟ ସେମାନଙ୍କ ସହ ବିତାଇ ପାରିବେ ।

ଯଦି ଆପଣଙ୍କ ପାଖରେ କୌଣସି ଭଲ ଚିନ୍ତାଧାରା ରହିଛି ଯାହା ଜୀବନସାଥୀ ବିଚ୍ଛେଦ ପରେ କୌଣସି ପ୍ରକାରେ ଜୀବନ ଭଲରେ କାଟିବାରେ ସହାୟକ ହୋଇପାରିବ, ତେବେ ଆପଣ ଲେଖକଙ୍କ ପାଖକୁ ପତ୍ର ଦ୍ୱାରା ନିଜର ମତାମତ ଲେଖନ୍ତୁ । ଏହା ମଧ୍ୟ ଜଣାନ୍ତୁ, ଉପରୋକ୍ତ ବିଚାରବିନ୍ଦୁ ଆପଣଙ୍କୁ କିପରି ଲାଗିଲା । ଲେଖକଙ୍କ ସହିତ ଯୋଗାଯୋଗ କରିବାର ଠିକଣା ହେଲା- ସୁଭାଷ ଲଖୋଟିୟା, ଏସ-୨୨୮, ଗ୍ରେଟର କୈଳାସ, ଭାଗ-୨, ନୂଆଦିଲ୍ଲୀ-୧୧୦୦୪୮, ମୋବାଇଲ-୦୯୮୧୦୦୦୧୬୬୫ ।

29

ଆଧ୍ୟାତ୍ମିକତାକୁ ମଧ୍ୟ ଲକ୍ଷ୍ୟ ସହିତ ରଖନ୍ତୁ

'ଯଦି ଲକ୍ଷ୍ୟ ସହିତ ଆଧ୍ୟାତ୍ମିକତାର ପୁଟ ଲାଗିଯାଏ, ତେବେ ଜୀବନ ଆନନ୍ଦମୟ ହୋଇଯାଏ ଏବଂ ଲକ୍ଷ୍ୟପ୍ରାପ୍ତି ମଧ୍ୟ ଶୀଘ୍ର ହୋଇଥାଏ ।'

ଏହା ତ ଆପଣ ବୁଝିଗଲେ କି ଜୀବନରେ ନିଜେ ନିର୍ଦ୍ଧାରିତ କରିଥିବା ଲକ୍ଷ୍ୟକୁ ପାଇବା ଲାଗି ଚେଷ୍ଟା ଅବ୍ୟାହତ ରଖିବାକୁ ହେବ । ପ୍ରଭୁଙ୍କ ଆଶୀର୍ବାଦ ସହିତ ନିଜ ଲକ୍ଷ୍ୟ ପୂରଣ କାର୍ଯ୍ୟରେ ଲାଗି ଯାଆନ୍ତୁ, ସଫଳତା ନିଶ୍ଚୟ ମିଳିବ । ଏକଥା ସତ୍ୟ ଯେ ଯଦି ଆପଣ ଆଧ୍ୟାତ୍ମିକତାର ଜୀବନ ଧାରଣ କରନ୍ତି ତେବେ ଆପଣଙ୍କୁ ନିଜର ଲକ୍ଷ୍ୟ ପ୍ରାପ୍ତି ବହୁତ ସହଜ ହେବ । ଅତଏବ ଏହି ଅଧ୍ୟାୟରେ ଆମେ ବିଭିନ୍ନ ପ୍ରସଙ୍ଗରେ ଆଲୋଚନା କରୁଛୁ ଯେଉଁଥିରୁ ଆପଣଙ୍କୁ ଏକଥା ଭଲ ଭାବରେ ହୃଦବୋଧ ହୋଇଯିବ କି ଆଧ୍ୟାତ୍ମିକତାକୁ ଯଦି ଲକ୍ଷ୍ୟ ସହିତ ନେଇ କରି ଚାଲିବା, ତେବେ ଏଥିରେ ଆପଣଙ୍କ ଭଲ ହିଁ ହେବ, କ୍ଷତି ନୁହେଁ ।

ଆପଣଙ୍କ ଗୁରୁ ମଧ୍ୟ ଅନ୍ତର ମଧ୍ୟରେ ବିଦ୍ୟମାନ ଅଛନ୍ତି । ଉପରେ ଚମଡା ରହିଛି, ଆଭ୍ୟନ୍ତର ଶରୀର ରୂପକ ଜେଲ୍‌ର ଶିକୁଳିରେ ବନ୍ଦ ରହିଛି । ବିଚାରର ମନ୍ଥନରେ ବ୍ୟତିବ୍ୟସ୍ତ ହୋଇଯାଇଛନ୍ତି । ବିଚଳିତ ହୋଇପଡୁଛନ୍ତି ତ କ'ଣ ପାଇଁ ସେଥିରୁ ମୁକ୍ତ ନହେବେ ? ଉପାୟ ସରଳ ଏବଂ ଅବ୍ୟର୍ଥ ମଧ୍ୟ, କିନ୍ତୁ ବାସ୍ତବିକ ଅତ୍ୟଧିକ ଆଗ୍ରହ ଏବଂ ତୀବ୍ରତମ ଇଚ୍ଛାର ଆବଶ୍ୟକତା ରହିଛି । ତାହେଲେ ଆପଣ ନିଜର ଅନ୍ତରାତ୍ମା ସହିତ କଥା ହୋଇପାରିବେ । ହେ ମାନବ! ତୁମେ ଚେତନଶୀଳ ହୁଅ, ନିଜର ଶାନ୍ତି ଏବଂ ସୁଖ ପାଇଁ ଅନ୍ତରାତ୍ମାର ଆହ୍ୱାନକୁ ଶୁଣିନିଅ, କାରଣ ଦୀର୍ଘ ସମୟ ହେଲା ତୁମେ ତାହାକୁ ନଶୁଣି ମଉଜ ମସ୍ତିରେ ବୁଡିରହି ଦୁନିଆରେ ଘୂରି ବୁଲୁଛ । ଏହା ମଧ୍ୟ ତୁମେ ଭୁଲ ନାହିଁ ଯେ ଅନ୍ତରାତ୍ମାର ଆହ୍ୱାନ ସତ୍ୟ, ଶିବ ଏବଂ ସୁନ୍ଦର ଅଟେ । ତାହାର ଆପଣଙ୍କ ସୁଖ, ସମ୍ପତ୍ତି, ନାମ, ଖ୍ୟାତି, ଧନ, ଆଭୂଷଣ ଇତ୍ୟାଦି ସହିତ କୌଣସି ସମ୍ପର୍କ ନାହିଁ । ଟିକିଏ ଚିନ୍ତା କରନ୍ତୁ କି, ଏହା ହେଉଛି ଆପଣଙ୍କ ଅନ୍ତରାତ୍ମା, ଯାହା ଆପଣଙ୍କୁ ସଠିକ ଜୀବନ ଜିଇଁବାରେ ସହାୟତା କରୁଅଛି ଏବଂ ତାହା ପୁଣି ବିନା କୌଣସି କାରଣରେ ।

ଯେତେବେଳେ କେବେ ବି ଆପଣଙ୍କୁ ନିଜ ଜୀବନରେ ଏଭଳି ସ୍ଥିତି ଅନୁଭବ ହେଉଛି କି କୌଣସି ସମସ୍ୟାରେ ନିଜର ନିକଟ ସମ୍ପର୍କୀୟ, ପରିଚିତ କିମ୍ବା ବନ୍ଧୁଙ୍କ ସହ ବିଚାର ବିମର୍ଶ କରିବେ, କିନ୍ତୁ ବାସ୍ତବିକ ପ୍ରକୃତ ବନ୍ଧୁ, ପ୍ରକୃତ ଉପଦେଷ୍ଟା ତ ଆଜିର ଦୁନିଆରେ ବିରଳ ଏଭଳି ସ୍ଥିତିରେ ନିଜ ଅନ୍ତରାତ୍ମାର ସହାୟତା ନିଅନ୍ତୁ । ଅତଏବ ଏକାଗ୍ରଚିତ୍ତ ହୋଇ ନିଜ ଅନ୍ତରାତ୍ମା ସହିତ କଥାବାର୍ତ୍ତା ହେବା ପ୍ରକ୍ରିୟା ଆରମ୍ଭ କରନ୍ତୁ । ସେହି ସମୟରେ ଅନ୍ତରାତ୍ମାର କଥା ଆପଣଙ୍କୁ ଶୁଣାଯିବ । ଏହା ପରେ ତାହା ଆପଣଙ୍କର ବିଭିନ୍ନ ସମସ୍ୟାକୁ ସମାଧାନ କରିବାରେ ସହାୟତା କରିବାରେ ଲାଗିବ । ଏଥିରେ ସାବଧାନତା ଅବଲମ୍ବନ କରିବାକୁ ହେବ କି ଅନ୍ତରାତ୍ମା ସହ କଥା ହେଲାବେଳେ ଅନ୍ୟ କୌଣସି ବାଧା ପଡିବାକୁ ଦିଅନ୍ତୁ ନାହିଁ, ଅନ୍ୟଥା ଆପଣଙ୍କ ବାର୍ତ୍ତାର ନିରବଚ୍ଛିନ୍ନତା ବ୍ୟାହତ ହୋଇଯିବ ।

ଆଧ୍ୟାତ୍ମିକତାକୁ ଧ୍ୟାନରେ ରଖି କଳ୍ପନା କରନ୍ତୁ କି ଆପଣଙ୍କୁ ପ୍ରଥମ ଦେଖାରେ ହିଁ ପ୍ରେମ ହୋଇଗଲା । ଆପଣଙ୍କୁ ଏହି କଥା ଅଡୁଆ ଲାଗୁଥିବ, କିନ୍ତୁ ପ୍ରଥମ ଦେଖାରେ ଯଦି ପ୍ରେମ ହୋଇଯାଏ ତ ତାହା ମଧ୍ୟ ଆଧ୍ୟାତ୍ମିକତାର ରୂପ । ନିଜର ଲକ୍ଷ୍ୟ ସହିତ ଏହି କଥାକୁ ମଧ୍ୟ ଧ୍ୟାନରେ ରଖନ୍ତୁ ଏବଂ ଜୀବନର ମଜା ପାଆନ୍ତୁ ।

ନିଜର ଯୁବା ବୟସର ସେହି ମୁହୂର୍ତ୍ତକୁ ମନେ ପକାନ୍ତୁ, ଯାହାର ଝଲକ ଆଜି ମଧ୍ୟ ଆପଣଙ୍କ ମାନସପଟ୍ଟରେ ତାଜା ରହିଛି । ସେହି କ୍ଷଣ, ଯେତେବେଳେ ଗୋଟିଏ ଦେଖାରେ ଆପଣଙ୍କୁ ପ୍ରେମ ହୋଇଗଲା । ଏହା ତ କେବଳ ଏକ ଅନୁଭବର କଥା ଯାହାର ଅଲିଭା ଦାଗ ସାରା ଜୀବନ ମନ ଭିତରେ ରହିଥିବ । ବାସ୍, ଏମିତି ଲୋକ ଅଛନ୍ତି, ଯିଏ ସେହି ସମୟକୁ ହାତଛଡା କରିଦେଇଛନ୍ତି, ଯେତେବେଳେ ସେ ପ୍ରଥମ ଦେଖାରେ ପ୍ରେମ ହୋଇଯିବା ଚାହୁଁଥିଲେ । ସେମାନଙ୍କ ପାଇଁ ଆଜି ମଧ୍ୟ ଏକ ଅବ୍ୟର୍ଥ ଉପାୟ ରହିଛି । ଯାହାଦ୍ୱାରା ପ୍ରଥମ ଦେଖାରେ ହିଁ ତାଙ୍କୁ ଆଜି ବି ପ୍ରେମ ହୋଇଯିବ ଆଉ ଏଭଳି ପ୍ରେମ ଯାହା ବର୍ଷ ପରେ ବର୍ଷ ମନକୁ ଆସୁଥିବ ।

ଏବେ ଆସନ୍ତୁ, ବାସ୍ତବିକ ଜୀବନରେ ସେହି ପ୍ରକ୍ରିୟା ଉପରେ ଆଲୋଚନା କରିବା, ଯେତେବେଳେ ଆପଣଙ୍କୁ ପ୍ରଥମ ଦେଖାରେ ହିଁ ପ୍ରେମ ହୋଇଯାଇଥିଲା । ଆପଣ ଧନୀ ବ୍ୟକ୍ତି ହୋଇଥାନ୍ତୁ କି ମଧ୍ୟବିତ୍ତ ପରିବାରରେ ଜନ୍ମ ହୋଇଥାନ୍ତୁ କିମ୍ବା ଗରିବ ପରିବାରରେ, ଆପଣ ଯୁବକ ହୋଇଥାନ୍ତୁ କି ବୃଦ୍ଧ, ସେଥିରେ କିଛି ଯାଏଆସେ ନାହିଁ । ଜରୁରୀ ହେଉଛି ଏହା କି କ'ଣ ଆପଣ ପ୍ରଥମ ନଜରରେ ହିଁ ପ୍ରେମର ଅନୁଭବ କରିବା ଲାଗି ପ୍ରସ୍ତୁତ କି ? ଆଜ୍ଞା ହଁ, ପ୍ରଥମ ଦେଖାରେ ପ୍ରେମ ଏକ ଅନୁଭବ, ଏକ ବାସ୍ତବିକତା, ଏକ ଚିରସ୍ମରଣୀୟ ଅଭିବ୍ୟକ୍ତି ଯାହାକୁ

କେବଳ ଅନୁଭବ କରାଯାଇପାରିବ । ଯଦି ଆପଣ ଅନୁଭବ କରିବାକୁ ଚାହାନ୍ତି ତେବେ ଆପଣଙ୍କୁ କେବଳ ଏତିକି କରିବାକୁ ପଡିବ; କୌଣସି ହସ୍ପିଟାଲ, କୌଣସି ଅସହାୟ ଲୋକମାନେ ରହୁଥିବା ସ୍ଥାନ କିମ୍ବା ଆଶ୍ରମ ଯେଉଁଠି ଆପଣଙ୍କୁ ଯେଭଳି ବ୍ୟକ୍ତି ମିଳିବେ ଯାହାଙ୍କ ପରିବାରର କୌଣସି ସଦସ୍ୟ ସେମାନଙ୍କର ଯତ୍ନ ନେଉ ନଥିବେ, ସେଠାକୁ ଯାଆନ୍ତୁ ।

ରୋଗାକ୍ରାନ୍ତ ଅବସ୍ଥାରେ, ବୃଦ୍ଧାବସ୍ଥା ସମୟରେ ଓ ଦୁଃଖ ଦୁର୍ଦ୍ଦଶା ମଧ୍ୟରେ ରହିଥିବା ଲୋକମାନଙ୍କ ଗହଣରେ ଯେତେବେଳେ ଆପଣ ନିଜକୁ ପାଇବେ ସେହି ଲୋକମାନଙ୍କ ସହ ସାକ୍ଷାତ କଲାବେଳେ ଆପଣଙ୍କୁ ପ୍ରଥମ ଦେଖାରେ ହିଁ ପ୍ରେମ ହୋଇଯିବ । ଏହା ହେଉଛି ବାସ୍ତବିକ ପ୍ରଥମ ଦେଖାରେ ହିଁ ପ୍ରେମର କାହାଣୀ । ଏଭଳି ପ୍ରେମର କାହାଣୀ ଅଲିଭା, ଅଦ୍ୱିତୀୟ, ଚିରସ୍ମରଣୀୟ । ଯଦି ଆପଣ ଏହାର ଆନନ୍ଦ ନେବାକୁ ଚାହାନ୍ତି ତାହେଲେ ଗରିବ, ଅସହାୟ, ନିର୍ଦ୍ଧନ ବ୍ୟକ୍ତିମାନଙ୍କ ସେବାରେ ଲାଗିଯାଆନ୍ତୁ । ବେଶୀ ନାହିଁ, ଯଦି ଜଣେ ବ୍ୟକ୍ତିର ମୁହଁରେ ଆପଣ ହସ ଫୁଟାଇ ପାରିଲେ ତେବେ ଆପଣଙ୍କ ଜୀବନ ସାର୍ଥକ ହୋଇଯିବ ଓ ଆପଣ ଅନୁଭବ କରିବେ କି ଆପଣଙ୍କୁ ପ୍ରଥମ ଥରରେ ପ୍ରେମ ହୋଇଗଲା । ଆଜ୍ଞା ହଁ, ଯେଉଁ ବ୍ୟକ୍ତିଙ୍କର ଆପଣ ନିଃସ୍ୱାର୍ଥ ସେବା କରୁଛନ୍ତି, ସେହି ବ୍ୟକ୍ତିଙ୍କ ସହ ଆପଣଙ୍କର ଆଖି ମିଶିବାରେ ହିଁ ପ୍ରେମ ହୋଇଯିବ ଏବଂ ସେହି ପ୍ରେମର କାହାଣୀ ସାରା ଜୀବନ ଅଲିଭା ରହିବ ।

ଯେ କୌଣସି ସମୟରେ ଆପଣ ଶାନ୍ତ ଓ ଏକାନ୍ତ ସ୍ଥାନରେ ବସି ରହି ସେହି ମୁହୂର୍ତ୍ତର କଳ୍ପନା କରନ୍ତୁ, ଯେତେବେଳେ ଆପଣ କୌଣସି ବ୍ୟକ୍ତିଙ୍କୁ ସହାୟତା କରିଥିଲେ । ଆପଣଙ୍କୁ ସେହି ପ୍ରଥମ କ୍ଷଣରେ ଯେଉଁ ପ୍ରେମ ହୋଇଥିଲା, ତାହାର ଅନୁଭୂତି ହେବ ଓ ଆପଣଙ୍କ ସାରା ଦେହରେ ଆଶ୍ଚର୍ଯ୍ୟ ପ୍ରକାରର ଶିହରଣ ହେବାକୁ ଲାଗିବ । ଯଦି ଆପଣ କିଛି କରିପାରୁ ନାହାନ୍ତି ତେବେ ଅନ୍ତତଃ ଅସହାୟ ବ୍ୟକ୍ତିମାନଙ୍କୁ ପ୍ରେମଭରା ହସ ସହିତ ଅଭିବାଦନ କରନ୍ତୁ, ସେମାନଙ୍କର ଦୁଃଖର କାହାଣୀ ଶୁଣନ୍ତୁ, ସେମାନଙ୍କ ସହ କିଛି ସମୟ ବିତାନ୍ତୁ । ଯଦି ଆପଣ କୌଣସି ପଇସା ଖର୍ଚ୍ଚ ନକରି ମଧ୍ୟ ହସ୍ପିଟାଲରେ ଅସହାୟ ବ୍ୟକ୍ତିଙ୍କ ସହ କଥା ହେବେ କିମ୍ବା ବୃଦ୍ଧାଶ୍ରମ ଯାଇ ବୃଦ୍ଧବୃଦ୍ଧାଙ୍କ ସହ କଥାବାର୍ତ୍ତା କରିବେ କିମ୍ବା ସେମାନଙ୍କୁ ସହାୟତା କରିବେ ତେବେ ଆପଣ ପାଇବେ କି ଆପଣଙ୍କୁ ସେମାନଙ୍କ ସହ ପ୍ରଥମ ଦେଖାରେ ପ୍ରେମ ହୋଇଯାଇଛି । ଏହି ପ୍ରେମ ଆପଣଙ୍କୁ ନିଜ ଜୀବନରେ ଏକ ନୂଆ ସ୍ଫୂର୍ତ୍ତି ଦେବ, ଏକ ନୂଆ ଆନନ୍ଦ ଦେବ ଏବଂ ବ୍ୟବହାରିକ ରୂପରେ ଆଧ୍ୟାତ୍ମ ଆଡକୁ ନେଇଯିବ ।

ସ୍ୱାମୀ ବିବେକାନନ୍ଦ ମଧ୍ୟ ଅନେକ ଥର କହିଛନ୍ତି ଆପଣ ଯଦି କୌଣସି ଅସହାୟ ବ୍ୟକ୍ତିଙ୍କର

ସେବା କରନ୍ତି, ସହାୟତା କରନ୍ତି, ସେହି ବ୍ୟକ୍ତିଙ୍କଠାରେ ଆପଣ ଭଗବାନଙ୍କୁ ଦେଖିପାରିବେ। ତେଣୁ ନିଶ୍ଚିତ ଭାବରେ ଆପଣ ଜାଣିପାରିବେ ଆମର ଏହି ଛୋଟ ଛୋଟ ସହାୟତାର ପ୍ରବୃତ୍ତିରୁ ପ୍ରଥମ ଦେଖାରେ ଅନ୍ୟ ବ୍ୟକ୍ତିଙ୍କ ସହ ପ୍ରେମ ହୋଇଯିବ, ଯାହାର ଅଲିଭା ଦାଗ ଭବିଷ୍ୟତକୁ ରହିଯିବ। ତେଣୁ ଆଧାତ୍ମିକ ଆନନ୍ଦ ପାଇବା ଲାଗି ଆପଣ ଯଦି ଅସହାୟ ବ୍ୟକ୍ତିଙ୍କୁ ଖୁସି ଦିଅନ୍ତି, କିଛିଟା ସହାୟତା କରନ୍ତି ତେବେ ଆପଣ ନିଜ ଭିତରେ ପ୍ରେମର ଏଭଳି ଏକ ଝଲକ ପାଇବେ ଯାହା ଚିରସ୍ମରଣୀୟ ରହିବ।

ଯଦି ଆପଣ ଲକ୍ଷ୍ୟ ସହିତ ଆଧାତ୍ମିକତାର ପୁଟ ଲଗାଇ ଚାଲିବେ ତେବେ ଜୀବନରେ ବେଳେବେଳେ ଆପଣଙ୍କୁ ମଧୁର ଉଚ୍ଛ୍ୱାସ ଅନୁଭବ ହେବ। ଯଦି ଲକ୍ଷ୍ୟ ପ୍ରାପ୍ତି ସମୟରେ ଆପଣ ଏଭଳି ମଧୁର ଉଚ୍ଛ୍ୱାସ ଅନୁଭବ କରନ୍ତି ତେବେ ଆପଣଙ୍କୁ କେବେ କେବେ ଆନନ୍ଦ ମିଳିବ ଏବଂ ଆଧାତ୍ମିକତା ମଧ୍ୟ ଅନୁଭବ ହେବ। କିଛି ମାସ ପୂର୍ବରୁ ଆମର ନୂଆ ଗାଡି ହ୍ୟୁଣ୍ଡାଇ ଏକ୍ସେଣ୍ଟ ଆସିଥିଲା । କିନ୍ତୁ ଦୁର୍ଭାଗ୍ୟର କଥା ମାତ୍ର ଏକ ସପ୍ତାହ ଭିତରେ ଆମ ଘର ବାହାରୁ ସେହି ଗାଡି ଚୋରି ହୋଇଗଲା । ଯାହା ଭାବୁଥିଲୁ ତାହା ହିଁ ହେଲା, ଗାଡିର ପତ୍ତା ମିଳିଲା ନାହିଁ । ଏବେ ଇନ୍ସ୍ୟୁରାନ୍ସ କମ୍ପାନୀ ଆଇନ କାର୍ଯ୍ୟକାରୀ କରିବା ସମୟ ଆସିଗଲା । ଯେତେବେଳେ ଆଇନ କାନୁନର ସବୁ କାର୍ଯ୍ୟ ଶେଷ ହୋଇଗଲା ଏବେ କେବଳ ଗୋଟିଏ କାମ ବାକି ରହିଲା, ତାହା ଥିଲା ଗାଡିର କାଗଜକୁ ଇନ୍ସ୍ୟୁରାନ୍ସ କମ୍ପାନୀ ନାମରେ କରାଇବା । ତେଣୁ ମୁଁ ଓ ମୋର ପିତା ଗାଡି ପଞ୍ଜୀକରଣ କାର୍ଯ୍ୟାଳୟକୁ ଗଲୁ ଓ ସେଠାରେ ତୃତୀୟ ମହଲାରେ ଥିବା କାର୍ଯ୍ୟାଳୟରେ କାଗଜପତ୍ର କାମ ସାରି ଫେରିଲୁ । ସିଡିରେ ଓହ୍ଲାଇଲା ବେଳେ ମୁଁ ଦେଖିଲି ଜଣେ ମହିଳା ଗୋଟିଏ ହାତରେ ବ୍ୟାଗ ଧରି ଓ ଅନ୍ୟ ହାତରେ ସିଡିର ରେଲିଂକୁ ଧରି ଉପରକୁ ଉଠୁଥିଲେ । ଏହି ଦୃଶ୍ୟକୁ ଦେଖି ମୋ ମନକୁ ଏକ ଆଶ୍ଚର୍ଯ୍ୟ ଝଟକା ଲାଗିଲା । ମୋତେ ଲାଗିଲା ଏହି ବୃଦ୍ଧାବସ୍ଥାରେ ଶାରୀରିକ ଦୁର୍ବଳତା ସତ୍ତ୍ୱେ ଉକ୍ତ ମହିଳାଙ୍କୁ ସାହାଯ୍ୟ କରିବା ଲାଗି ତାଙ୍କ ସହିତ ପରିବାରର କୌଣସି ସଦସ୍ୟ ଆସିନାହାନ୍ତି । ଏହି ଚିନ୍ତାଧାରା ଆସିବା ପରେ ମୁଁ ପୁଣିଥରେ ସେହି ମହିଳାଙ୍କ ଆଡକୁ ଚାହିଁଲି ଓ କହିଲି, ମାଆ ! ମୁଁ ଆପଣଙ୍କ ହାତ ଧରି ଆପଣଙ୍କୁ ଉପର ମହଲାରେ ପହଞ୍ଚାଇଦେବି ? ଏକ ସେକେଣ୍ଡ ପର୍ଯ୍ୟନ୍ତ ସେହି ମହିଳା ମୋ ମୁହଁକୁ ଚାହିଁ ରହିଲେ, ତାଙ୍କୁ ବୋଧହୁଏ ଏପରି ସାହାଯ୍ୟ ଦେବା ଲୋକ ଉପରେ ବିଶ୍ୱାସ ନଥିଲା। ଠିକ୍ ଅଛି, ସେହି ମହିଳା ସନ୍ତୋଷଭରା ଆଖିରେ ଚାହିଁ ରହି କହିଲେ ନା, ସେ ଚାଲିଯିବେ। ତାଙ୍କୁ କୌଣସି କଷ୍ଟ ହେଉନାହିଁ। ପୁଣି ସେ ସିଢ଼ିରେ ଭରା ଦେଇ ଗୋଟିଏ ହାତରେ ବ୍ୟାଗ ଧରି ଓ ଅନ୍ୟ ହାତରେ ସିଢ଼ିକୁ ଧରି ଅଧିକ ସ୍ଫୁର୍ତ୍ତିର ସହିତ ଉପରକୁ ଚଢିଚାଲିଲେ। ମୋତେ ଲାଗିଲା ବୋଧହୁଏ ତାଙ୍କୁ ଏହି

କଥାରେ ଖୁସି ଲାଗିଲା କି ଆଜିର ଭୌତିକବାଦ ଦୁନିଆରେ ଯେଉଁଠି ପତ୍ନୀ ମଧ ସହାୟତା କରିବାକୁ ପଛଘୁଞ୍ଚା ଦେଉଛି, ସେଠାରେ ଜଣେ ଅପରିଚିତ ବ୍ୟକ୍ତି ସହାୟତା ଦେବାକୁ କହିଲେ। ମୋତେ ଲାଗିଲା କି ଏହି କଥାକୁ ଧ୍ୟାନ କରୁ କରୁ ତାଙ୍କର ଉତ୍ସାହ ବଢିଗଲା ଏବଂ ସେ ଆଗକୁ ଆଗେଇଗଲେ।

ମୁଁ ସିଢିରୁ ତଳକୁ ଓହ୍ଲାଇ ସାରିଥିଲି ଏବଂ ପାର୍କିଂରେ ଛିଡ଼ା ହୋଇଥିବା ଗାଡ଼ିରେ ବସିବା ଲାଗି ପ୍ରସ୍ତୁତ ହେଉଥିଲି। ହଠାତ ମୋ କଣ୍ଠରେ ଏକ ବିଚିତ୍ର ତଥା ମଧୁର ବାଷ୍ପରୁଦ୍ଧ ଅବସ୍ଥା ଅନୁଭବ କଲି। ଆପଣମାନେ ସମସ୍ତେ ମଧ ଦୈନନ୍ଦିନ ଜୀବନରେ ବାଷ୍ପରୁଦ୍ଧ ଅନୁଭବ କରିଥିବେ କିନ୍ତୁ ମଧୁର ବାଷ୍ପରୁଦ୍ଧ ଅବସ୍ଥା ହୁଏତ ଅନୁଭବ କରି ନଥିବେ। ଆଜ୍ଞା ହଁ, ନିଃସ୍ୱାର୍ଥ ଭାବର ସହିତ ଯଦି ଆମେ ତନ ମନ ଅଥବା ଧନ ଦ୍ୱାରା କୌଣସି ଅପରିଚିତକୁ ସହାୟତା କରିବା କିମ୍ବା କେବଳ ସହାୟତା କରିବା ନେଇ ଚିନ୍ତା କରିବା ତେବେ ଆପଣ ନିଜେ ଏହି ମଧୁର ବାଷ୍ପରୁଦ୍ଧ ଅନୁଭବ କରିପାରିବେ। ମଧୁର ବାଷ୍ପରୁଦ୍ଧ କାରଣରୁ ଆପଣଙ୍କ ଗଳାରେ ଏକପ୍ରକାର ଗଦଗଦ୍ ହୋଇଯିବ। ଏଭଳି ଗଦ୍‌ଗଦ୍ ଯାହା ବାଷ୍ପରୁଦ୍ଧ ସମୟରେ ହୋଇଥାଏ କିନ୍ତୁ ତଫାତ କେବଳ ଏହା କି କଣ୍ଠ ବାଷ୍ପରୁଦ୍ଧ ସମୟରେ ଆମ ଗଳାରେ ଯେଉଁ ଗଦ୍‌ଗଦ୍ ଅନୁଭବ ହୁଏ ତାହା ଆମର ସୁଖ ଅନୁଭବକୁ ଛଡ଼ାଇନେଇଥାଏ। ଏକ ଆଧ୍ୟାତ୍ମିକ ମଧୁର ଗଦ୍‌ଗଦ୍ ଭାବର ଅନୁଭୂତି ସେତିକି ବେଳେ ହୋଇଥାଏ, ଯେତେବେଳେ ଆପଣ ନିଃସ୍ୱାର୍ଥପର ଭାବରେ ଉତ୍ତମ ସଂକଳ୍ପ କରନ୍ତି କିମ୍ବା କରିବାର ଚିନ୍ତା କରନ୍ତି।

ମଧୁର ବାଷ୍ପରୁଦ୍ଧ ଅବସ୍ଥାର ଅନ୍ୟ ଏକ ରହସ୍ୟପୂର୍ଣ୍ଣ କଥା ହେଲା ଏହାର ସ୍ମୃତି ସ୍ଥାୟୀ ଅଟେ। ଆଜ୍ଞା ହଁ, ଭବିଷ୍ୟତରେ ଯେତେବେଳେ ବି ଆପଣଙ୍କର ମନ ଅଶାନ୍ତ, ଦୁଃଖ କିମ୍ବା ବିଚଳିତ ରୁହେ, ସେତେବେଳେ ଆପଣ ତୁରନ୍ତ ସେହି ଦିନକୁ ମନେପକାନ୍ତୁ, ଯେତେବେଳେ ଆପଣଙ୍କୁ ମଧୁର ଗଦ୍‌ଗଦ୍ ଭାବ ଅନୁଭବ ହୋଇଥିଲା। ଶକ୍ତିପାତ ପରିକଳ୍ପନା ଅନୁଯାୟୀ ସେହି ମଧୁର ଅନୁଭୂତିରୁ ଆପଣଙ୍କୁ ଶକ୍ତିପାତ ହୋଇଯିବ ଏବଂ ଦୁଃଖୀ ମନକୁ ଏକ ନୂଆ ଆନନ୍ଦ, ସ୍ଫୂର୍ତ୍ତି ଓ ଶାନ୍ତି ମିଳିଯିବ। ଏହା ଏକ ଆଧ୍ୟାତ୍ମିକ ଅନୁଭୂତି, ଯାହା ଏଇଥିପାଇଁ ଲେଖାଯାଉଛି, ପାଠକ ଏଥିରୁ ଆଧ୍ୟାତ୍ମିକ ଅନୁଭୂତିର ଲାଭ ଉଠାଇପାରିବେ।

ମୋର ମନେପଡୁଛି ନେପାଳର କେସିନୋ ଯିବା ଲାଗି ଜଣେ ବ୍ୟକ୍ତି ପ୍ରସ୍ତୁତି ଚଳାଇଥାନ୍ତି। ତେବେ ସେ ପ୍ରସ୍ତୁତି ପାଇଁ କେବଳ କପଡ଼ା ବାନ୍ଧିବା କାର୍ଯ୍ୟ କରୁନଥିଲେ, ବରଂ ସେ ତାଙ୍କ ଆଟାଚିରେ ଟଙ୍କା ଭର୍ତ୍ତି କରିଥିଲେ ଯେମିତି ନେପାଳର କେସିନୋ ଯାଇ ବହୁତ ଖେଳ କରିବେ,

ମଉଜମସ୍ତି ଓ ଆନନ୍ଦ କରିପାରିବେ। ଅନ୍ୟ ପକ୍ଷରେ ଆଉ ଜଣେ ବ୍ୟକ୍ତି ଆନନ୍ଦ ପାଇବା ଲାଗି ବିଦେଶ ଯାତ୍ରା କରୁଥାନ୍ତି ଓ ତୃତୀୟ ବ୍ୟକ୍ତି ଜଣକ ଖୁସି ପାଇଁ ବ୍ଲାକରେ ଟିକେଟ କିଣି ସିନେମା ହଲରେ ସିନେମା ଦେଖୁଥାନ୍ତି। ସେହିପରି ଚତୁର୍ଥ ବ୍ୟକ୍ତି ଜଣକ ନିଜ ଘରେ ସାଙ୍ଗମାନଙ୍କ ସହିତ ତାସ ଖେଳ କାର୍ଯ୍ୟକ୍ରମ ପ୍ରସ୍ତୁତ କରିଥାନ୍ତି, ଯେମିତି ସେଥିରୁ ଭରପୂର ଆନନ୍ଦ ମିଳିପାରିବ। ଏହି ଚାରିଜଣଙ୍କର ମୁଖ୍ୟ ଉଦ୍ଦେଶ୍ୟ ତଥା ଲକ୍ଷ୍ୟ ହେଲା ଗୋଟିଏ, ସେମାନେ ଆନନ୍ଦର ଅନୁଭବ ପାଇବାକୁ ଚାହାନ୍ତି। କିଛି ସମୟ ପରେ ନେପାଳର କେସିନୋରେ ଖେଳି ନିଜର ସମସ୍ତ ଟଙ୍କା ହରାଇ ପ୍ରଥମ ବ୍ୟକ୍ତି ପୁଣି ଦିଲ୍ଲୀ ଚାଲିଆସିଲେ। ଦ୍ଵିତୀୟ ବ୍ୟକ୍ତି ଜଣକ ଦୀର୍ଘ ବିଦେଶ ଭ୍ରମଣ ଶେଷ କରି ପୁଣି ଭାରତ ଫେରିଲେ। ସେହିପରି ରାତି ପାହି ସକାଳ ହେଉ ହେଉ ଚତୁର୍ଥ ବ୍ୟକ୍ତିଙ୍କ ସହ ଖେଳୁଥିବା ସବୁ ସାଙ୍ଗ ଘରକୁ ଚାଲିଗଲେ ଓ ସେ ନିଜ ପ୍ରକୋଷ୍ଠକୁ ଯାଇ ଦୈନନ୍ଦିନ କାର୍ଯ୍ୟରେ ଲାଗିପଡ଼ିଲେ।

ପ୍ରତ୍ୟେକ ବ୍ୟକ୍ତି ନିଜ ନିଜ ବାଟରେ ଆନନ୍ଦ ନେଲେ, ଆନନ୍ଦର ଅନୁଭବ କଲେ, କିନ୍ତୁ ଏଠାରେ ପ୍ରଶ୍ନ ଉଠୁଛି ସେମାନଙ୍କ ଲାଗି ଏହି ଆନନ୍ଦ ଅନୁଭବ କେତେ ସମୟ ପର୍ଯ୍ୟନ୍ତ ଥିଲା। ଏହା ତ ଥିଲା କେବଳ କ୍ଷଣିକ ଆନନ୍ଦ। ଯଦି ମନୁଷ୍ୟ ବାସ୍ତବ ଆନନ୍ଦର ଅନୁଭୂତି ପାଇବାର ଅଛି,ଯେଉଁ ଆନନ୍ଦର ମଧୁମୟ ସ୍ମୃତି ସବୁଦିନ ପାଇଁ ମନେରହିବ ତାହେଲେ ତାଙ୍କୁ ତନ୍ମୟ ହୋଇ ସତ୍ ହୃଦୟରେ ପ୍ରଭୁ ସ୍ମରଣ କରିବା ଆବଶ୍ୟକ। ଯଦି ଆପଣ ପ୍ରଫୁଲ୍ଲିତ ମନରେ ପ୍ରଭୁଙ୍କୁ ସ୍ମରଣ କରିବେ ସେଥିରୁ ଆପଣ ଯେଉଁ ଆନନ୍ଦର ଅନୁଭୂତି ପାଇବେ, ସେହି ଅନୁଭୂତିର କଳ୍ପନା ଆପଣ କୌଣସି ପ୍ରକାର ଆନନ୍ଦରୁ କରିପାରିବେ ନାହିଁ।

ପ୍ରଭୁ ସ୍ମରଣରୁ ପ୍ରାପ୍ତ ଆନନ୍ଦ ହେଉଛି ଏକ ବାସ୍ତବ ଆନନ୍ଦ, ଅଲୌକିକ ଆନନ୍ଦ ଏବଂ ଚିରସ୍ମରଣୀୟ ରହିବା ଭଳି ଆନନ୍ଦ। ଯଦି ଆପଣଙ୍କ ଘରେ ଭଗବାନଙ୍କର ଅଲଗା ମନ୍ଦିର ରହିଛି ତେବେ ଆପଣ ସହରର ବ୍ୟସ୍ତ ଜୀବନରୁ କିଛି ସମୟ ବାହାର କରି ଘରେ ନିର୍ମାଣ ହୋଇଥିବା ମନ୍ଦିରରେ ପ୍ରଭୁଙ୍କୁ ସ୍ମରଣ କରନ୍ତୁ। ପ୍ରଭୁଙ୍କ ନାଁ ଜପ କରନ୍ତୁ ଓ ପ୍ରଭୁଙ୍କ ସହିତ ସତ୍ ମନରେ କଥା ହେବା ଲାଗି ପ୍ରୟାସ କରନ୍ତୁ। ଆପଣ ଜାଣିପାରିବେ ଆପଣଙ୍କର ଜଟିଳ ପ୍ରଶ୍ନର ଉତ୍ତର ମଧ୍ୟ ଏହି କଥାବାର୍ତ୍ତା ବେଳେ ସ୍ୱତଃ ଭଗବାନଙ୍କ କୃପାରୁ ଆପଣଙ୍କ ପାଖରେ ପହଞ୍ଚିଯିବ। ପ୍ରଭୁଙ୍କ ସହିତ ସତ୍ ମନରେ କଥା ହେବା ସମୟରେ ଯଦି ଆପଣଙ୍କ ଆଖିରୁ ଅଶ୍ରୁଧାରା ବହିଆସେ, ସେତେବେଳେ ଆପଣ ଉକ୍ତ ଆନନ୍ଦର ଅନୁଭବ କରିବେ, ଯେଉଁ ଆନନ୍ଦକୁ ଭାଷାରେ ବର୍ଣ୍ଣନା କରାଯାଇ ପାରିବନି, କେବଳ ଅନୁଭବ କରାଯାଇପାରିବ।

ଆପଣଙ୍କ ପାଖରେ ସମସ୍ତ ବୌଦ୍ଧିକ ସୁବିଧା ଅଛି, ତଥାପି ଆପଣଙ୍କୁ ଅସୀମ ଆନନ୍ଦ ପ୍ରାପ୍ତ ହୋଇପାରୁନାହିଁ। ତିନିଘଣ୍ଟା ସିନେମା ଶୋ' ଦେଖିବା ପରେ କିମ୍ବା କିଛି ଘଣ୍ଟା ନାଚଗୀତ ପରେ ମଧ୍ୟ ଆପଣଙ୍କୁ ଆନନ୍ଦ ମିଳୁନାହିଁ, ଯେଉଁଥିରୁ ଏହା ଭଲ ଭାବେ ପ୍ରମାଣିତ ହେଉଛି କି ଆନନ୍ଦ କେବଳ ପଇସା କିମ୍ବା ମନୋରଞ୍ଜନରୁ ମିଳି ନଥାଏ। ଯଦି ଆପଣ ବାସ୍ତବ ଆନନ୍ଦ ପାଇବାକୁ ଚାହାନ୍ତି, ତେବେ ଆପଣଙ୍କୁ ସୁଖସୁବିଧା ଛାଡ଼ିବାର ଆବଶ୍ୟକତା ନାହିଁ। କେବଳ ଆବଶ୍ୟକ ସେହି ବ୍ୟକ୍ତିଙ୍କୁ ଖୋଜି ବାହାର କରିବା, ଯାହାଙ୍କ ସହ ଆମର କୌଣସି ସମ୍ପର୍କ ନାହିଁ, ଯାହାଙ୍କ ସହିତ ଆମର ଭେଟ କିମ୍ବା ଦେଖାସାକ୍ଷାତ ହୋଇନାହିଁ। ଯଦି ସେହି ବ୍ୟକ୍ତିଙ୍କୁ ତନ-ମନ-ଧନ ଦେଇ କୌଣସି ପ୍ରକାର ସହାୟତା କରିବେ ତାହେଲେ ଆପଣ ଜାଣିପାରିବେ କି ତାଙ୍କୁ ସହାୟତା କରିବା ପରେ ଆପଣଙ୍କ ମନରେ ଯେଉଁ ଅଦ୍ୱିତୀୟ ଆନନ୍ଦର ଅନୁଭୂତି ହେବ, ତାହାକୁ ଆପଣ ବର୍ଣ୍ଣନା କରିପାରିବେ ନାହିଁ। ଏହା ତ କେବଳ ଏକ ଅନୁଭୂତି ଯାହାକୁ କେବଳ ଅନୁଭବ କରାଯାଇପାରିବ। ଏହି ଅନୁଭୂତିକୁ ଆପଣ ଏବଂ ଆମେ ସମସ୍ତେ ଅନୁଭବ କରିପାରିବା। ବେଳେବେଳେ ଏଭଳି ଲୋକଙ୍କ ସହିତ ମିଶିବା ଲାଗି ଉଦ୍ୟମ କରିବା ଆବଶ୍ୟକ, ଯିଏ ଗରିବ ହୋଇଥିବେ, ଅସହାୟ ହୋଇଥିବେ ଓ ଯାହାଙ୍କର ଦୁଃଖ ଶୁଣିବା ଲାଗି ଏହି ଦୁନିଆଁରେ କେହି ନଥିବେ। ଯଦି ଆପଣ ସେହିଭଳି ଲୋକଙ୍କୁ ଭେଟିବେ ଓ ତାଙ୍କ ସମସ୍ୟା ସମାଧାନ କରିଦେବେ ତେବେ ସେଥିରୁ ଆପଣଙ୍କ ମନକୁ ଯେଉଁ ବାସ୍ତବିକ ଆନନ୍ଦର ଅନୁଭୂତି ହେବ, ତାହାର କଳ୍ପନା ଆପଣ କେବଳ ଅନୁଭବ ଦ୍ୱାରା ହିଁ କରିପାରିବେ।

ଯେଉଁ ବ୍ୟକ୍ତିଙ୍କର ଲକ୍ଷ୍ୟପ୍ରାପ୍ତିର ଆଗ୍ରହ ରହିଛି, ସେମାନେ ସବୁବେଳେ ନିଜର ଲକ୍ଷ୍ୟ ଦିଗରେ ନଜର ରଖିବେ, କିନ୍ତୁ ଏଥିସହିତ ଆଧ୍ୟାତ୍ମିକତାକୁ ମଧ୍ୟ ଛାଡ଼ିବେ ନାହିଁ। ଯେତେବେଳେ ଆମେ ଆଧ୍ୟାତ୍ମିକତାର କଥା କହୁଛେ ସେତେବେଳେ ମୋର ଏକ ସ୍ମୃତି ମନକୁ ଆସୁଛି, ଯେଉଁଠି ମୋତେ ମନ୍ଦିରରେ ମଧ୍ୟ ଆଧ୍ୟାତ୍ମିକତାର ଆନନ୍ଦ ମିଳିଥିଲା। ୨୦୦୪ ଜାନୁଆରୀ ୪ ତାରିଖ ସଂଧ୍ୟାରେ ନୂଆଦିଲ୍ଲୀର ହରେକୃଷ୍ଣ ହରେରାମ ମନ୍ଦିରରେ ରାଜସ୍ଥାନ କ୍ଲବର କବି ସମ୍ମିଳନୀ ଥିଲା। ମୁଁ ଓ ମୋର ଧର୍ମପତ୍ନୀ ସେହି କାର୍ଯ୍ୟକ୍ରମରେ ପହଞ୍ଚିଲୁ। କାର୍ଯ୍ୟକ୍ରମ ଶେଷ ହେବା ପରେ ଆମେ ଚିନ୍ତା କଲୁ ଯେତେବେଳେ ଆସିଛୁ ମନ୍ଦିର ମଧ୍ୟ ଦର୍ଶନ କରିଦେଇଯିବା। ମନ୍ଦିର ଖୁବ୍ ସୁନ୍ଦର ଭାବେ ସଜାଯାଇଥିଲା, ଫୁଆରା ଓ ଆଲୋକମାଳାରେ ମନ୍ଦିର ଆହୁରି ସୁନ୍ଦର ଲାଗୁଥିଲା। ଦର୍ଶନ କରିସାରି ଆମେ ଗାଡ଼ିରେ ବସିଲୁ। ମୋର ଧର୍ମପତ୍ନୀ ମୋତେ କହିଲେ, ମୋର ଇଚ୍ଛା ହେଉଛି ଆମେ ଘରକୁ ଯାଇ ଆମ ଚାକର ଚାକରାଣୀଙ୍କୁ ମନ୍ଦିର ଦର୍ଶନ କରାଇବାକୁ ଆଣିବା, ମୁଁ ତାଙ୍କ କଥାକୁ ଖୁସିରେ ସ୍ୱୀକାର କରିନେଲି।

ଆମେ ଘରେ ପହଞ୍ଚିଲୁ ଏବଂ ଘର କାମ କରୁଥିବା ଚାକର-ଚାକରାଣୀମାନଙ୍କୁ କାମ ଯେଉଁଠି ଅଛି ସେଇଠି ଛାଡ଼ି ଗାଡ଼ିରେ ବସ, ମନ୍ଦିର ଦର୍ଶନ କରିବାକୁ ଯିବା ବୋଲି କହିଲୁ। ମୁଁ ଡ୍ରାଇଭର ଓ ଧର୍ମପତ୍ନୀଙ୍କୁ କହିଲି ତୁମେ ସେମାନଙ୍କୁ ଦର୍ଶନ କରାଇ ଆଣ। ମୋ ପତ୍ନୀଙ୍କର ଆଗହ ଥିଲା ମୁଁ ମଧ୍ୟ ସାଙ୍ଗରେ ଯାଏ। ଏବେ ଆମେ ସମସ୍ତେ ପୁନର୍ବାର ନୂଆଦିଲ୍ଲୀର ଇଷ୍ଟ ଅଫ କୈଳାସଠାରେ ଥିବା ଇସ୍କନ ମନ୍ଦିର ଅଭିମୁଖେ ପ୍ରସ୍ଥାନ କଲୁ। ଯେତେବେଳେ ମୁଁ ଚାକରମାନଙ୍କୁ ମନ୍ଦିରରେ ଦର୍ଶନ କରାଇଲି ସେତେବେଳେ ସେମାନଙ୍କ ମୁଖମଣ୍ଡଳରେ ଅଦ୍ଭୁତ ଝଲକ ଅନୁଭବ ହୋଇଥିଲା। ସେମାନଙ୍କ ମୁହଁର ପ୍ରସନ୍ନତାକୁ ଦେଖି ଆମକୁ ମଧ୍ୟ ଖୁବ୍ ଆନନ୍ଦ ଲାଗିଥିଲା କି ଆମେ ଆମ ଚାକର ଚାକରାଣୀଙ୍କୁ ମନ୍ଦିର ଦର୍ଶନ କରାଇଦେବାରେ ହିଁ ସେମାନେ କେତେ ଆନନ୍ଦ ଓ ପ୍ରସନ୍ନତା ପ୍ରାପ୍ତ ହେଉଛନ୍ତି। ମନ୍ଦିର ପରିସରରେ ଏକ ମିଠା ଦୋକାନ ଥିଲା। ସେହି ଦୋକାନକୁ ଆମେ ସବୁ ଚାକର ଚାକରାଣୀଙ୍କୁ ନେଇଗଲୁ ଓ ସେମାନଙ୍କୁ ସେମାନଙ୍କ ମନପସନ୍ଦର ମିଠା ଖାଇବା ଲାଗି କହିଲୁ। ଆମ କଥା ଶୁଣି ସେମାନେ ଖୁସି ହୋଇଗଲେ। ସମସ୍ତେ ନିଜ ନିଜ ଇଚ୍ଛାରେ ମିଠା ଖାଇଲେ। ସେମାନଙ୍କର ମିଠା ଖାଇବା ଦେଖି ଆମ ମନ ମଧ୍ୟ ମିଠା ହୋଇଯାଇଥିଲା ଓ ଆମକୁ ଲାଗୁଥିଲା କି ଏବେ ଆମେ ମିଠା ନଖାଇ ମଧ୍ୟ ମିଠା ଖାଉଛୁ।

ଏହି ସ୍ମୃତିକୁ ଲେଖିବାର ତାତ୍ପର୍ଯ୍ୟ କେବଳ ଏତିକି ଯେ, ଯଦି ଆପଣ ମଧ୍ୟ ନିଜର ଚାକରମାନଙ୍କୁ ଛୋଟମୋଟ ଖୁସି ଦେବାକୁ ଚାହୁଁଛନ୍ତି ତେବେ ସେଥିରେ ଯଥେଷ୍ଟ ଖୁସି ଏବଂ ଆଧାତ୍ମିକ ଆନନ୍ଦ ଆପଣଙ୍କ ଦ୍ୱାରକୁ ଆସିଯିବ। ଚିନ୍ତା କରନ୍ତୁ, ଏତେ ଛୋଟ କାମରେ ଯଦି ଏତେ ଅଧିକ ପ୍ରସନ୍ନତା ଆପଣଙ୍କୁ ମିଳିବ ତେବେ ଆପଣ ବାରମ୍ବାର ଏଭଳି କାର୍ଯ୍ୟ କରିବାକୁ କ'ଣ ପାଇଁ ନ ଚାହିଁବେ ? ଆଧ୍ୟାତ୍ମିକ ଆନନ୍ଦର ଏକ ଝଲକ ପ୍ରଭୁ କୃପାରୁ ବିନା ପରିଶ୍ରମରେ ଆମେ ପାଇଗଲେ। ଆମେ ଚିନ୍ତା କରିବା କି ବେଳେବେଳେ ଆମେ ଆମର ସେବା କରୁଥିବା କର୍ମଚାରୀମାନଙ୍କୁ ଖୁସି ଦେବା ଭଳି କାର୍ଯ୍ୟକ୍ରମରେ ସମ୍ମିଳିତ କରାଇବା, ଯାହା ଫଳରେ ସେମାନେ ଯେଉଁ ଆନନ୍ଦ ପାଇବେ ତା'ର ଅନୁଭୂତିରେ ଆମେ ଆନନ୍ଦିତ ହୋଇପାରିବା।

ଆପଣଙ୍କୁ ଉତ୍ତମ ଲୋକମାନଙ୍କ ସହ ସତ୍‌ସଙ୍ଗରୁ ଖୁସି ମିଳିଥାଏ ଏବଂ ଏଥିସହିତ ନିଜର ଲକ୍ଷ୍ୟ ପର୍ଯ୍ୟନ୍ତ ପହଞ୍ଚିବା ଲାଗି ପ୍ରେରଣା ମଧ୍ୟ ମିଳିଥାଏ। ମଦର ଟେରେସାଙ୍କ ସହିତ ବିତାଇଥିବା ଗୋଟିଏ ସଂଧ୍ୟାର କଥା ମୋର ମନେପଡୁଛି, ଯାହା ୧୬ ଅକ୍ଟୋବର ୧୯୭୯ର ଘଟଣା। କୋଲକାତାର ରାଜଭବନରେ ଦୀପାବଳି ମିଳନ ସମାରୋହ ଆୟୋଜନ କରାଯାଇଥିଲା। ଏହି ଆୟୋଜନକୁ ମୋତେ ଓ ମୋର ପିତାମାତାଙ୍କୁ ଆମନ୍ତ୍ରଣ କରାଯାଇଥିଲା। ଭବ୍ୟ ସମାରୋହ ଥିଲା, ଖୁବ୍ ଗହଳ ଚହଳ ଲାଗିଥିଲା। ଆଲୋକସଜ୍ଜା ଏବଂ ଆସୁଥିବା ଅତିଥିମାନଙ୍କର ପୋଷାକକୁ

ଦେଖି ଆଖି ଝଲସି ଉଠୁଥିଲା। ହଠାତ୍ ମୁଁ ଦୂରରୁ ମଦର ଟେରେସାଙ୍କୁ ଦେଖିଲି। ଇଚ୍ଛା ତ ହେଉଥିଲା ତାଙ୍କ ପାଖକୁ ଯାଇ ଭେଟିବାକୁ, କିନ୍ତୁ ହଠାତ୍ ବିଚାର ଆସିଲା, ସେ ବହୁତ ବ୍ୟସ୍ତ ହୋଇପଡ଼ିବେ କାରଣ ତାଙ୍କୁ ଭେଟିବା ଲାଗି ଶହଶହ ଲୋକ ଆତୁର ହେବେ। ଏପରି ସ୍ଥଳେ ମୁଁ ତାଙ୍କ ପାଖକୁ ଯାଇ ଭେଟିବି ତ କେମିତି ଭେଟିବି ? ମୁଁ ବଡ଼ ଧୈର୍ଯ୍ୟର ସହିତ ମଦର ଟେରେସାଙ୍କ ପାଖକୁ ଯାଇ ଛିଡ଼ାହେଲି। ପ୍ରଥମେ ତ ମୁଁ ତ୍ୟାଗ ଓ ସେବାର ସେହି ମୂର୍ତ୍ତିକୁ ଏକ ଲୟରେ ଚାହିଁ ରହିଲି, ଯାହାଙ୍କର କେବଳ ନାଁ ମୁଁ ଆଜି ପର୍ଯ୍ୟନ୍ତ ଶୁଣିଥିଲି। ମୁଁ ତାଙ୍କର ଶାନ୍ତ ସରଳ ଚେହେରା ଏବଂ ସର୍ବଦା ମୁହଁରେ ଫୁଟିଉଠୁଥିବା ହସକୁ ଅପଲକ ନୟନରେ ଦେଖୁଥିଲି। ଯେତେବେଳେ ଭିଡ଼ ଟିକେ କମିଗଲା ମୁଁ ମଦର ଟେରେସାଙ୍କ ପାଖକୁ ଗଲି ଓ ଅଭିବାଦନ ଜଣାଇବା ପରେ ତାଙ୍କୁ ଅନୁରୋଧ କଲି, କ'ଣ ସେ ମୋତେ ତାଙ୍କ ହାସ୍ତାକ୍ଷର ଦେଇପାରିବେ। ମୋର ପ୍ରଶ୍ନ ନ ସରୁଣୁ ସେ ଅତି ଉତ୍ସାହର ସହିତ କହିଲେ, ହଁ ହଁ ଦେଇପାରିବିନି କାହିଁକି, କିନ୍ତୁ ମୁଁ ନିଜର ଅଟୋଗ୍ରାଫ ବୁକ୍ ତ ନେଇ ହିଁ ନଥିଲି। ଭାବିଲି ଏବେ କ'ଣ କରିବି, ସଙ୍ଗେ ସଙ୍ଗେ ମନକୁ ବିଚାର ଆସିଲା ଓ ମୁଁ ପୁଣି ମଦର ଟେରେସାକୁ ଅନୁରୋଧ କଲି କ'ଣ ଆପଣ ମୋର ବ୍ୟବସାୟିକ କାର୍ଡ ପଛପଟେ ହସ୍ତାକ୍ଷରର ଅଟୋଗ୍ରାଫ ଦେବାର କଷ୍ଟ କରିବେ। ସେ ତତକ୍ଷଣାତ୍ ମୋ କଥାକୁ ସହର୍ଷ ସ୍ୱୀକାର କରିନେଲେ ଏବଂ କଲମ ନେଇ ସ୍ୱାକ୍ଷର କରିବାକୁ ଲାଗିଲେ। ସମୟର ଲାଭ ଉଠାଇବାକୁ ଯାଇ ମୁଁ ମଦର ଟେରେସାଙ୍କୁ କହିଲି ମୁଁ ବହୁତ କୃତଜ୍ଞ ହେବି ଯଦି ଆପଣ ଦୁଇଧାଡ଼ି କିଛି ଲେଖିଦିଅନ୍ତି। ସେହି ତତ୍ପରତାର ସହିତ ମଦର ଟେରେସା ଉକ୍ତ କାର୍ଡରେ ଇଂରାଜୀରେ ଲେଖିଲେ, 'ଅନ୍ୟମାନଙ୍କୁ ସେହିଭଳି ପ୍ରେମ କର ଯେମିତି ଭଗବାନ ତୁମକୁ ପ୍ରେମ କରୁଛନ୍ତି। ଭଗବାନ ତୁମକୁ ଆର୍ଶୀବାଦ ଦିଅନ୍ତୁ'- ମଦର ଟେରେସା

ମୁଁ ଆଜିକୁ ପାଖାପାଖି ଚବିଶ ବର୍ଷ ପୂର୍ବେ ମଦର ଟେରେସାଙ୍କ ଦ୍ୱାରା ଦିଆଯାଇଥିବା ହସ୍ତାକ୍ଷରଯୁକ୍ତ ସେହି କାର୍ଡକୁ ସାଇତି ରଖିଛି। ମୋର ସାମାଜିକ ଜୀବନରେ ମଦର ଟେରେସାଙ୍କର ସେହି ଛୋଟ ସନ୍ଦେଶ ମୋ ମାନସପଟରେ ଆଙ୍କି ହୋଇଯାଇଛି, ଯାହାକୁ ମୁଁ ସେବାକାର୍ଯ୍ୟ କଲାବେଳେ ପ୍ରତି ମୁହୂର୍ତ୍ତରେ ଧ୍ୟାନରେ ରଖିଥାଏ। ଆଜି ମଧ୍ୟ ଯେତେବେଳେ ମୁଁ ମଦର ଟେରେସାଙ୍କ ସହ ପ୍ରଥମ ସାକ୍ଷାତକୁ ମନେ ପକାଏ ମୋ ଆଖି ସାମନାକୁ ତୁରନ୍ତ ତାଙ୍କର ସରଳତା, ସ୍ନେହପୂର୍ଣ୍ଣ ହସ ଏବଂ ଆତ୍ମୀୟତା ଭାବ ଆସିଯାଏ।

ଏହା ପରେ ତ ମଦର ଟେରେସାଙ୍କୁ ଭେଟିବାର ଅବସର ଯେପର୍ଯ୍ୟନ୍ତ ମୁଁ କୋଲକାତାରେ ରହିଥିଲି, ସେ ପର୍ଯ୍ୟନ୍ତ ମିଳୁଥିଲା। ମଦର ଟେରେସାଙ୍କ ସଂସ୍ଥା ମିଶନାରୀ ଅଫ ଚ୍ୟାରିଟୀ କାର୍ଯ୍ୟାଳୟର ଠିକ୍ ସାମନାରେ ଆୟକର ବିଭାଗ ଅଫିସ ଥିଲା, ଯେଉଁଠିକୁ ମୋତେ ପ୍ରାୟତଃ

ଯିବାକୁ ପଡୁଥିଲା । ପ୍ରଥମ ସାକ୍ଷାତକାରର କିଛିଦିନ ପରେ ମୁଁ ମଦର ଟେରେସାଙ୍କୁ ପୁଣି ଭେଟିବାକୁ ମନସ୍ଥ କଲି । ମୁଁ ତାଙ୍କ କାର୍ଯ୍ୟାଳୟକୁ ଗଲି, ସେଠାରେ ଯେଉଁ ସିଷ୍ଟର ଥିଲେ ତାଙ୍କୁ କହିଲି - ମୁଁ କିଛିଦିନ ପୂର୍ବେ ମଦର ଟେରେସାଙ୍କୁ ରାଜଭବନରେ ସାକ୍ଷାତ କରିଥିଲି ଏବଂ ଆଜି କେବଳ ତାଙ୍କୁ ହାଲୋ କରିବା ଲାଗି ଆସିଛି । ମୁଁ ଭାବିଲି ସେ କ'ଣ ମଦର ଟେରେସାଙ୍କୁ ଡାକିଦେବେ ଏବଂ ଏକ ଛୋଟିଆ ସାକ୍ଷାତ କ'ଣ ତାଙ୍କର ମନେଥିବ ? କିନ୍ତୁ ଯେତେବେଳେ ମାତ୍ର ତିନି ମିନିଟ ପରେ ମୁଁ ଦେଖିଲି ମଦର ଟେରେସା ମୋ ସମ୍ମୁଖରେ ଛିଡ଼ା ହୋଇଛନ୍ତି, ସେତେବେଳେ ଆଖିକୁ ବିଶ୍ୱାସ କରିପାରିଲିନି । ସେ ସେହିଭଳି ପ୍ରେମଭରା, ଶାନ୍ତ ତଥା ଆତ୍ମୀୟତା ପ୍ରଦାନ କରିବା ମୁଦ୍ରାରେ ଆସିଲେ ଏବଂ ମୋତେ ଖୁବ୍ ଆତ୍ମୀୟତା ଓ ଖୁସିର ସହିତ ଭେଟିଲେ ।

ମଦର ଟେରେସା ସେହି ସାକ୍ଷାତ ବେଳେ ମୋତେ କହିଲେ କି ସେ ଚାହାନ୍ତି ମୁଁ ସେହି ପିଲାମାନଙ୍କୁ କୌଣସି କାମଧନ୍ଦାରେ ଲଗାଇଦିଏ, ଯେଉଁ ପିଲାମାନଙ୍କୁ ସେ ଲାଳନପାଳନ କରୁଥିଲେ । ମୁଁ ଖୁସିର ସହିତ ତାଙ୍କୁ ସ୍ୱୀକୃତି ଦେଲି ଓ କହିଲି, ମଦର ଟେରେସା ! ମୁଁ ଏହି ପିଲାମାନଙ୍କୁ ଚାକିରିରେ ଲଗାଇବା ଲାଗି ନିଶ୍ଚୟ କିଛି ନା କିଛି କରିବି । ତାଙ୍କ କହିବା ଅନୁଯାୟୀ ମୁଁ ପାର୍କ ଷ୍ଟ୍ରିଟ ପାଖରେ ତାଙ୍କ ସଂସ୍ଥା ଦ୍ୱାରା ଚାଲୁଥିବା ସେଣ୍ଟରକୁ ଗଲି ଓ ସେଠାରେ ରହୁଥିବା ଲୋକମାନଙ୍କ ସହିତ କଥାବାର୍ତ୍ତା ହେଲି । ତା' ପରେ ସେହି ପିଲାମାନଙ୍କ ଲାଗି ଚାକିରି ଖୋଜିବାରେ ସହାୟତା କଲି ଓ କେତେକଙ୍କୁ ଚାକିରିରେ ମଧ୍ୟ ଲଗାଇଦେଲି । ପରେ ଯେତେବେଳେ ବି ମୁଁ ମଦର ଟେରେସାଙ୍କୁ ଭେଟିଛି ସବୁବେଳେ ମୋତେ ସେ ଏହା ପଚାରିଥାନ୍ତି, ସେହି ପିଲାମାନଙ୍କୁ ଚାକିରିରେ ଲଗାଇବା ନେଇ ଆପଣ କ'ଣ କରୁଛନ୍ତି । ସରଳତା, ଆତ୍ମୀୟତା ଓ ନିଃସ୍ୱାର୍ଥ ସେବା ଭାବନା ବିଜଡ଼ିତ ମଦର ଟେରେସାଙ୍କୁ ଭେଟିବା ଅନେକ ବର୍ଷ ହୋଇଗଲାଣି, କିନ୍ତୁ ଆଜି ବି ମୁଁ ଯେତେବେଳେ ଆଖି ବନ୍ଦକରି ବସିଯାଏ ତ ତାଙ୍କର ମିଠାକଥା ଓ ବାତ୍ସଲ୍ୟଭରା ବ୍ୟକ୍ତିତ୍ୱ ମୋର ମାନସପଟକୁ ଚାଲିଆସେ । ମଦର ଟେରେସା ଅମର ରହନ୍ତୁ ଓ ମଦର ଟେରେସାଙ୍କ ସହିତ ମୋର ପ୍ରଥମ ସାକ୍ଷାତ ଅମର ରହୁ ।

ଯେତେବେଳେ ଆପଣ ଲକ୍ଷ୍ୟପ୍ରାପ୍ତ କରି ଆଗକୁ ବଢୁଥାନ୍ତି ତ ଲାଗିଥାଏ କି ଆପଣଙ୍କ ଜୀବନର ବ୍ୟାଙ୍କ ବାଲାନ୍ସ ବଢ଼ିଚାଲିଛି । ବଢ଼ିବନି କାହିଁକି, ବିଶେଷ କରି ଆପଣ ଯେତେବେଳେ ନିଜର ଲକ୍ଷ୍ୟ ପୂରଣ କରିପାରିବେ, ନିଶ୍ଚିତ ଭାବରେ ଆପଣଙ୍କ ଜୀବନର ବ୍ୟାଙ୍କ ଆକାଉଣ୍ଟର ବାଲାନ୍ସ ମଧ୍ୟ ବଢ଼ିଯିବ । ପୁଣି ଏଠାରେ ମୁଁ ଏଭଳି ଏକ ବ୍ୟାଙ୍କ ଆକାଉଣ୍ଟର କଥା କହିବାକୁ ଚାହୁଁଛି, ଯାହାକୁ ବ୍ୟାଙ୍କକୁ ଯାଇ ଖୋଲାଯାଏନି, ବରଂ ଭଗବାନଙ୍କ ଚରଣକୁ ଯାଇ ଖୋଲା ଯାଇଥାଏ । ଅତଏବ ଆପଣ ମଧ୍ୟ ଏଠାରେ ଭଗବାନଙ୍କ ପାଖରେ ବ୍ୟାଙ୍କ ଆକାଉଣ୍ଟ ଖୋଲନ୍ତୁ ।

ଏହି କଥା ଶୁଣି ଆଶ୍ଚର୍ଯ୍ୟ ହେଉଛନ୍ତି କି ଭଗବାନଙ୍କର ଏଠାରେ ବ୍ୟାଙ୍କ ଆକାଉଣ୍ଟ କିପରି ଖୋଲିବେ, ପରନ୍ତୁ ବାସ୍ତବିକ କଥା ହେଲା ଆପଣ କୁଆଡ଼େ ନଯାଇ ଘରେ ବସି ପ୍ରଭୁଙ୍କ ପାଖରେ ଏକ ବ୍ୟାଙ୍କ ଆକାଉଣ୍ଟ ଖୋଲିପାରିବେ। ଏହି ବ୍ୟାଙ୍କ ଆକାଉଣ୍ଟ ଖୋଲିବା ପାଇଁ ଆପଣଙ୍କୁ ଟଙ୍କା ମଧ୍ୟ ଖର୍ଚ୍ଚ କରିବାକୁ ପଡ଼ିବନି। ବିନା ଟଙ୍କାରେ ଯଦି ବ୍ୟାଙ୍କ ଆକାଉଣ୍ଟ ଖୋଲିଯିବ ତେବେ ଆଜି ହିଁ କ'ଣ ପାଇଁ ଆମେ ପ୍ରଭୁଙ୍କ ବ୍ୟାଙ୍କରେ ନିଜର ଆକାଉଣ୍ଟ ନ ଖୋଲିବା। ଆଜ୍ଞା ହଁ, ଖଣ୍ଡେ କାଗଜ ନେଇ ଏହାକୁ ଚାରୋଟି ସ୍ତମ୍ଭରେ ଭାଗ କରନ୍ତୁ। ପ୍ରଥମେ ତାରିଖ, ବିବରଣୀ, ଜମା, ଖର୍ଚ୍ଚ ଓ ଶେଷରେ ବାକି ଲେଖନ୍ତୁ। ଏବେ ଆପଣଙ୍କ ଏହି ବ୍ୟାଙ୍କ ଆକାଉଣ୍ଟ କାର୍ଯ୍ୟ କରିବା ଲାଗି ଚାଲୁ ହୋଇଗଲା। ଯେତେବେଳେ ଆପଣ କୌଣସି ଭଲ କାମ କରୁଛନ୍ତି, ତାହାର ବିବରଣୀ ଏହି ବ୍ୟାଙ୍କ ଆକାଉଣ୍ଟର ପାସବୁକ୍‌ରେ ଲେଖନ୍ତୁ ଓ ଜମା ପାଇଁ ଉଦ୍ଦିଷ୍ଟ କଲମରେ ଆପଣ କରିଥିବା ଭଲ କାମଗୁଡ଼ିକୁ ଲେଖନ୍ତୁ। ସେହିପରି ଆପଣ ଯେଉଁ ଖରାପ କାମ କରୁଛନ୍ତି, କାହାର ଆତ୍ମାକୁ ଦୁଃଖ ଦେଉଛନ୍ତି, କାହାକୁ ଲୁଟୁଛନ୍ତି, କାହାକୁ ଠକୁଛନ୍ତି ବା ଅନ୍ୟ କୌଣସି ଭୁଲ କାମ କରୁଛନ୍ତି ତାହାକୁ ମଧ୍ୟ ଏହି ବ୍ୟାଙ୍କର ଖର୍ଚ୍ଚ ଖାତାରେ ଲେଖନ୍ତୁ। ଏହା ହେଲା ପ୍ରଭୁଙ୍କ ପାଖରେ ଆପଣଙ୍କର ବ୍ୟାଙ୍କ ଆକାଉଣ୍ଟ।

ସୁପ୍ରସିଦ୍ଧ ଆଧ୍ୟାତ୍ମିକ ବକ୍ତା ଶ୍ରୀପରମହଂସ ଯୋଗାନନ୍ଦ ମଧ ଏହି କଥା କହିଥାନ୍ତି କି ଆପଣ ଆଜି ହିଁ ନିଜର ବ୍ୟାଙ୍କ ଆକାଉଣ୍ଟ ଭଗବାନଙ୍କ ପାଖରେ ଖୋଲନ୍ତୁ। ଦୟାକରି ଏହା ଧ୍ୟାନ ରଖନ୍ତୁ କି ଆମ ଜୀବନ କେବଳ ପ୍ରଭୁଙ୍କ କୃପାରୁ ହିଁ ବଞ୍ଚି ରହିଛି। ଅତଏବ ବ୍ୟାଙ୍କ ଆକାଉଣ୍ଟକୁ ମାସକୁ ଅନ୍ତତଃ ଥରେ ନିଶ୍ଚୟ ଲେଖନ୍ତୁ ଏବଂ ବର୍ଷ ଶେଷରେ ଦେଖନ୍ତୁ ଆପଣ କେତେ ଜମା କରିଛନ୍ତି ଓ କେତେ ଖର୍ଚ୍ଚ କରିଛନ୍ତି। ଯଦି ଆପଣଙ୍କୁ ଏହି ବିଚାର ପସନ୍ଦ ଆସୁଛି ତେବେ ନିଜର ପ୍ରିୟ ବନ୍ଧୁ ଓ ସମ୍ପର୍କୀୟମାନଙ୍କୁ ମଧ ପ୍ରେରଣା ଦିଅନ୍ତୁ ଓ ସେମାନେ ବି ପ୍ରଭୁଙ୍କ ପାଖରେ ନିଜର ବ୍ୟାଙ୍କ ଆକାଉଣ୍ଟ ଖୋଲିବେ ଏବଂ ବର୍ଷକୁ ଅନ୍ତତଃ ଥରେ ନିଜକୁ ଆତ୍ମସମୀକ୍ଷା କରିବେ।

ଲକ୍ଷ୍ୟ ପୂରଣ କରିବା ଲାଗି ଆପଣ ବେଳେବେଳେ ଅଲଗା ଅଲଗା କାମ କରିଥାନ୍ତି, ସବୁବେଳେ ପ୍ରଯତ୍ନଶୀଳ ରହିଥାନ୍ତି ଓ ଚାଲୁ ଚାଲୁ ହଠାତ୍ କୌଣସି ଆଧ୍ୟାତ୍ମିକ ଅନୁଭବ ଏବଂ ଆନନ୍ଦ ଆସିଯାଏ ତ ସେହି ଆନନ୍ଦକୁ ମଧ ଛାଡନ୍ତୁ ନାହିଁ। ଯଦି ଆଧ୍ୟାତ୍ମିକ ଆନନ୍ଦ ଜୀବନରେ ଆସିଯିବ ତେବେ ଆପଣଙ୍କ ଲକ୍ଷ୍ୟ ପ୍ରତି ରୁଚି ଆହୁରି ଅଧିକ ହୋଇଯିବ।

ମୋର କିଛି ବର୍ଷ ତଳର କଥା ମନେପଡୁଛି। ମୋର ସକାଳର କାର୍ଯ୍ୟକ୍ରମ ଥିଲା ସକାଳୁ ଉଠିବା, ନିତ୍ୟକର୍ମ ସାରିବା ଓ ଗାଡି ଷ୍ଟାର୍ଟ କରି କ୍ଷୀର ଆଣିବାକୁ ଯିବା। ଗତ ଛଅମାସ ଧରି ଏହା

ନିୟମିତ କାର୍ଯ୍ୟରେ ପରିଣତ ହୋଇଯାଇଥିଲା । କିନ୍ତୁ ଯେତେବେଳେ ପେଟ୍ରୋଲ ଦାମ ବହୁତ ବଢିଗଲା ସେତେବେଳେ ଚିନ୍ତା କଲି ସକାଳୁ କ୍ଷୀର ଆଣିବା ପାଇଁ ଚାକରକୁ କ'ଣ ପାଇଁ ପଠା ନଯିବ । ଏହାଦ୍ୱାରା ମୋର ସମୟ ବଞ୍ଚିବ ଆଉ ଏଥିସହିତ ପଇସା ବି ବଞ୍ଚିବ । ସେହି ବ୍ୟବସ୍ଥା ହେଲା ଓ ଚାକର ସାଇକେଲ ନେଇ କ୍ଷୀର ଆଣିବାକୁ ଯିବାକୁ ଲାଗିଲା । ଦିଲ୍ଲୀରେ ଶୀତ ଋତୁ ଆରମ୍ଭ ହୋଇଯାଇଥିଲା । ଆଉ ଯେତେବେଳେ ଚାକରକୁ କ୍ଷୀର ଆଣିବା ଲାଗି ବାଲତି ଦିଆଗଲା ସେ କହିଲା, ସାହେବ, ଆଜି ତ ବହୁତ ଜୋରରେ ଥଣ୍ଡା ହେଉଛି ଓ ପବନ ମଧ୍ୟ ଜୋରରେ ବହୁଛି । ମୁଁ ତୁରନ୍ତ ତା ହାତରୁ ବାଲତି ନେଇଗଲି ଓ କହିଲି କିଛି କଥା ନାହିଁ, ତୁମେ ଏଠାରେ ରୁହ, ମୁଁ କ୍ଷୀର ନେଇ ଆସିବି ।

ମୁଁ କାର ଚଳାଇ କ୍ଷୀରବାଲା ପାଖକୁ ଗଲି । କ୍ଷୀରବାଲା ମୋତେ କ୍ଷୀର ଦେଲା । ଏବେ ଘରକୁ ଫେରିବା ସମୟ ଥିଲା । ରାସ୍ତାରେ ଗାଜର ଓ ମଟର ବହୁତ ତାଜା ଦେଖାଯିବାରୁ ଭାବିଲି ଋତୁ ଅନୁଯାୟୀ ତାଜା ପରିବା ଭଲ ରହିବ । ତେଣୁ ମୁଁ ମଟର ଓ ଗାଜର ନେଇଆସିଲି । ଏହି ସମୟରେ ଏକ ପୋଲିସ ଗାଡି ଆସିଲା ଓ ପରିବାବାଲା ଦୋକାନ ପାଖରେ ଅଟକିଲା । ଜଣେ ପୋଲିସ ଗାଜର ଦାମ୍ ପଚାରିଲା । ମୁଁ ମନେ ମନେ ଭାବୁଥିଲି, ଏହି ଦୁଷ୍ଟ ପୋଲିସବାଲା ବିଚାରା ଗରିବ ପରିବାବାଲାଠାରୁ ମାଗଣାରେ କିଲେ ଦୁଇକିଲୋ ଗାଜର ଓ ମଟର ନେଇଯିବ ଓ ଦଣ୍ଡର ଭୟ ଦେଖାଇ ଗାଳିଗୁଲଜ ମଧ୍ୟ କରିବ । କିନ୍ତୁ ଯେତେବେଳେ ଦେଖିଲି ପୋଲିସବାଲା ଗାଜର କିଣି ପର୍ସରୁ ପଇସା ବାହାର କରି ସବ୍‌ଜିବାଲାକୁ ଦେଲା ସେତେବେଳେ ମୋତେ ସୁଖଦ ଆଶ୍ଚର୍ଯ୍ୟ ଲାଗିଲା । ମୁଁ ଗାଡି ଷ୍ଟାର୍ଟ କରି ଚାଲିଯିବାର ଥିଲେ ମଧ୍ୟ ଅଟକିଲି । ମୁଁ ପୋଲିସ ପାଖକୁ ଗଲି ଓ ତାଙ୍କ କାନ୍ଧରେ ହାତ ରଖି ଆତ୍ମୀୟତାର ସହିତ କହିଲି, ଆଜି ବାସ୍ତବରେ ମୁଁ ଖୁସିରେ ଆଶ୍ଚର୍ଯ୍ୟ ହେଉଛି କି ଆପଣ ପୋଲିସବାଲା ପୁଣି ପଇସା ଦେଇ ପରିବା କିଣୁଛନ୍ତି । କିନ୍ତୁ ଆମ୍ଭମାନଙ୍କର ଧାରଣା ଏହା ରହିଛି କି ପୋଲିସବାଲା ଆସି ଦୁଇ ଚାରି ପାହାର ଲଗାଇବ ଓ ବିଚାରା ଗରିବ ପରିବାବାଲାଠାରୁ ମାଗଣାରେ ପରିବା ନେଇଯିବ । ପରେ ମୁଁ ପୋଲିସକୁ ଧନ୍ୟବାଦ ଦେଇ କହିଲି ମୋର ଏହା ଧାରଣା ଯେ ଯିଏ କେହି ଭଲ କାମ କରୁଛନ୍ତି ତାଙ୍କର ନିଶ୍ଚୟ ପ୍ରଶଂସା କରିବା ଉଚିତ । ପୋଲିସ କର୍ମଚାରୀ ମଧ୍ୟ ଧନ୍ୟବାଦ ଦେଇ ଗାଡି ଚଲାଇ ଚାଲିଗଲେ ଓ ମୁଁ ତାଙ୍କୁ ଚାହିଁ ରହିଥିଲି । ମୋ ମନ ଭିତରେ ଏଭଳି ଏକ ଅଲିଭା ଛାପ ରହିଗଲା ଯେ ପୋଲିସବାଲା ଏମିତି ବି ଅଛନ୍ତି, ଯାହାଙ୍କଠାରେ କେବଳ ଭୟଭୀତ କରାଇବା ଗୁଣ ନାହିଁ ବରଂ ମାନବତା ଗୁଣ ମଧ୍ୟ ପୂର୍ଣ୍ଣ ହୋଇଛି ।

ମୁଁ ଗାଡିର ଆଗ ସିଟରେ ଦଶ ବାର ହଳ ମୋଜା ରଖିଥିଲି ଯାହାକୁ ମୁଁ ଅଭାବୀ ଲୋକଙ୍କୁ

ବାଣ୍ଟିପାରିବି । ସର୍ବପ୍ରଥମେ ହଲେ ମୋଜା ସେହି ଗରିବ ପରିବାବାଲାଙ୍କୁ ଦେଲି ଯିଏ କି ଥଣ୍ଡାରେ ଚପଲ ପିନ୍ଧି ଥରୁଥିଲେ । ମୁଁ କହିଲି ତୁମେ ମୋଜା ପିନ୍ଧିବ ? କିଛି ସେକେଣ୍ଡ ପାଇଁ ସେ ବିଚାରା କିଛି କହିପାରିଲେ ନାହିଁ । ମୋତେ ଲାଗିଲା, ତାଙ୍କୁ ଲାଗୁଥିବ କି ତାଙ୍କୁ ଏତେ ଆତ୍ମୀୟତାର ସହିତ କଥା କହିବା ଲୋକ କେତେ ଜଣ ଅଛନ୍ତି ? ଯେତେବେଳେ ମୁଁ ପରିବାବାଲାଙ୍କୁ ମୋଜା ଦେଲି ସେ ସବୁ କାମ ଛାଡି ତୁରନ୍ତ ସେହି ନୂଆ ମୋଜା ପିନ୍ଧିନେଲେ । ତାଙ୍କ ମୁହଁରେ ପ୍ରସନ୍ନତାର ଝଲକ ରହିଥିଲା । ମୁଁ ଗାଡି ପାଖରେ ପହଞ୍ଚିଲା ପରେ ରାସ୍ତାରେ ଜଣେ ରିକ୍ସାଚାଳକ ଖାଲିପାଦରେ ସାଇକେଲ ରିକ୍ସା ଚଳାଇ ଆସୁଥିବାର ଦେଖିଲି । ରିକ୍ସାଚାଳକ ପାଖରେ ମଧ ମୋଜା ନଥିଲା । ମୁଁ ତାଙ୍କୁ ମୋଜା ଦେଲି ଏବଂ ସେହି ରାସ୍ତାରେ ଆସୁଥିବା ଅନ୍ୟ ରିକ୍ସାଚାଳକମାନଙ୍କୁ ମଧ ମୋଜା ବାଣ୍ଟିଲି ।

ରାସ୍ତାର ଗୋଟିଏ କୋଣରେ ମୁଁ ଦେଖିଲି ଜଣେ ୩୫ ବର୍ଷର ଯୁବକ ଗେରୁଆ ବସ୍ତ୍ର ପିନ୍ଧି ଥରୁଛନ୍ତି । ତାଙ୍କ ପାଖରେ ତାଙ୍କର ୧୦ କିମ୍ବା ୧୨ ବର୍ଷର ଝିଅ ମଧ ଅଛି । ବାପ ଝିଅ ଚୁପଚାପ ବସିଛନ୍ତି । ମୁଁ ସେମାନଙ୍କ ପାଖକୁ ଯାଇ ପଚାରିଲି ଏତେ ଥଣ୍ଡାରେ ତୁମେ ପୋଷାକ ବି ପିନ୍ଧିନାହଁ କି କମ୍ବଳ ଘୋଡି ହୋଇନାହଁ । ପିଲାକୁ ପଢାଉଛ ନା ନାହିଁ ? ସେ ଉତ୍ତର ଦେଲେ ତାଙ୍କ ପତ୍ନୀ ଅନ୍ଧ ଏବଂ ଆଉ ଦୁଇଟି ଛୋଟ ପିଲା ଅଛନ୍ତି । କମ୍ବଳ ପାଇଁ ପଇସା କାହିଁ, ପୁଣି ପଢାଇବାର ପ୍ରଶ୍ନ ଉଠୁଛି କେଉଁଠୁ ? ମୋର ଇଚ୍ଛା ହେଉଥିଲା ତୁରନ୍ତ ବଜାର ଯାଇ ଦୁଇଟି କମ୍ବଳ ଆଣି ସେମାନଙ୍କୁ ଭେଟି ଦେବି, କିନ୍ତୁ କ'ଣ ବା କରିପାରିବି, ନାଚାର ଥିଲି । ସକାଳ ୮ଟା ସମୟ ଥିଲା । ଦୋକାନ ତ ଖୋଲି ନଥିଲା । ମୁଁ ସେହି ଯୁବକଙ୍କ ହାତରେ ୨୦୦ ଟଙ୍କା ଦେଲି ଓ କହିଲି ଆଜି ତୁମେ ନିଶ୍ଚୟ ଦୁଇଟି କମ୍ବଳ କିଣିନେବ । ହଁ ଏହି ପଇସାକୁ ମଦ ପାଣିରେ ବରବାଦ କରିବ ନାହିଁ । ପାଖରେ ଚା' ଦୋକାନ ଥିଲା । କିଛି ଲୋକ ଏକାଠି ହୋଇ ଦେଖୁଥିଲେ ଓ ତାଙ୍କୁ ପଇସା ନଦେବାକୁ ମଧ କହୁଥିଲେ, ସେ ଲୋକ ସେହିପରି । ମୁଁ ସେମାନଙ୍କ କଥାକୁ ଧ୍ୟାନ ନଦେଇ ସେହି ଲୋକକୁ ନିଶ୍ଚୟ ଭଲ କମ୍ବଳ କିଣିବା ପାଇଁ କହିଲି ।

ମୋ ମତରେ ଯଦି ଆମେ ୧୦ ଜାଗାରେ ଦାନ ଧର୍ମ କରୁ ତ ସେଥିରୁ ଦୁଇ ଚାରି ଜଣ ଆମର ଆତ୍ମୀୟତାର ଅନୁଚିତ ଲାଭ ଉଠାଇ ଆମକୁ ଧୋକା ଦିଅନ୍ତି ତଥା କମ୍ବଳ ଆଦି ପାଇଁ ଦିଆଯାଇଥିବା ପଇସାକୁ ମଦ ପିଇବାରେ ଲଗାନ୍ତି ତେବେ ବି ଆମେ ଦାନ ଦେବା ବନ୍ଦ କରିଦେବା ଉଚିତ ନୁହେଁ । ଏଭଳି ଶିକ୍ଷା ସୁପ୍ରସିଦ୍ଧ ସାହିତ୍ୟିକ ଲିୟୋ ଟଲଷ୍ଟୟ ମଧ ଦେଇଥିଲେ । ଏବେ ମୁଁ ଆଗକୁ ବଢିଲି ଓ ଲାଲ୍ ବତି ପାଖରେ ଗାଡି ରଖିଲି । ମୁଁ ସାମନାରେ ଦେଖିଲି ଜଣେ ଲୋକ ଯାହାଙ୍କର ପାଦ ନାହିଁ ନିଜର ଚାରିଚକିଆ ଗାଡିରେ ଭିକ ମାଗିବା ଲାଗି ମୋ ପାଖକୁ ଆସୁଛନ୍ତି ।

ମୋ ଗାଡିରେ ଗୋଟିଏ ବିଦେଶୀ ଚକୋଲେଟ ରଖିଥିଲି, ଯାହାକୁ ମୁଁ ୟୁରୋପ ଗସ୍ତରୁ ଆଣିଥିଲି ଓ ଭାବିଥିଲି ଗାଡି ଚଳାଇଲା ବେଳେ ତାକୁ ବହୁତ ଖୁସିରେ ଖାଇବି, କିନ୍ତୁ ଯେତେବେଳେ ସେହି ଲୋକ ମୋ ପାଖକୁ ଆସିଲା ତ ମୁଁ ଅଚାନକ ସେହି ଇମ୍ପୋର୍ଟେଡ ଚକୋଲେଟକୁ ତା ହାତରେ ଦେଇଦେଲି । ତାଙ୍କର ଚେହେରା ଦେଖିବାର ଥିଲା, ମୋ ମୁହଁକୁ ମଧ୍ୟ । କାରଣ ତା ମୁହଁରେ ପ୍ରସନ୍ନତାକୁ ଦେଖି ମୋତେ ବହୁତ ଆନନ୍ଦ ଲାଗିଥିଲା ।

ଏବେ ମୁଁ ଘରକୁ ଫେରୁଥିଲାବେଳେ ହଠାତ୍ ମୋ ଗଳାର ନିମ୍ନ ଭାଗରେ ଏକ ଆଶ୍ଚର୍ଯ୍ୟ ତଥା ଅନନ୍ୟ ସ୍ୱାଦର ଅନୁଭବ ହେଲା। ଏଭଳି ସ୍ୱାଦ ଯାହା କି ମୁଁ କେବେ କଳ୍ପନା ମଧ୍ୟ କରିପାରିବିନି। ଗୋଟିଏ ପଟେ ମୋତେ କଲରା ଓ ନିମ ଆଦିର ସ୍ୱାଦ ଜଣାପଡୁଥିଲା ଓ ଅନ୍ୟ ପଟେ ରାବିଡି, ମାଲପୁଆ ଓ ସରବତର ସ୍ୱାଦ ମଧ୍ୟ ହେଉଥିଲା । କିନ୍ତୁ ମୋତେ ହଠାତ୍ ଯେମିତି ବିଚିତ୍ର ସ୍ୱାଦର ଅନୁଭୂତି ହେଲା ତାହାର ମୁଁ ବର୍ଣ୍ଣନା କରିପାରୁ ନାହିଁ । ମୋତେ ଅଚାନକ ଲାଗିଲା କି ଏଭଳି ଛୋଟ ଛୋଟ ଆଧ୍ୟାତ୍ମିକ ଓ ସେବା କାର୍ଯ୍ୟ କରିବାରେ ଯଦି ପ୍ରଭୁଙ୍କର କୃପା ହୋଇଯାଏ ତାହେଲେ ଏଭଳି ଅଦ୍ୱିତୀୟ ଅବର୍ଣ୍ଣନୀୟ ସ୍ୱାଦର ଅନୁଭୂତି ଗଳାର ନିମ୍ନ ଭାଗରେ ହୋଇଥାଏ । ଏହା ମୋର ବ୍ୟକ୍ତିଗତ ଅନୁଭବ ଯାହା ମୁଁ ଅନେକ ଥର କରିଛି । ଏହା ଲେଖିବାର ଏକମାତ୍ର ତାତ୍ପର୍ଯ୍ୟ ହେଲା ପାଠକ ସେବା ଭାବ ରଖନ୍ତୁ ଓ ଆଧ୍ୟାତ୍ମିକ କାର୍ଯ୍ୟ, ତାହା ଛୋଟ ହେଉ ବା ବଡ, କରିଚାଲନ୍ତୁ ଏବଂ ପ୍ରଭୁଙ୍କ ଅସୀମ କୃପାର ପ୍ରସାଦ ଏହିଭଳି ଅଦ୍ୱିତୀୟ ପାନୀୟ ଦ୍ରବ୍ୟ ରୂପରେ ଗ୍ରହଣ କରନ୍ତୁ, ଯାହାକୁ ବର୍ଣ୍ଣନା କରାଯାଇ ପାରିବନି, କେବଳ ଅନୁଭବ କରିହେବ । ମୋତେ ଏମିତି ଲାଗୁଥିଲା ଯେପରି ପ୍ରଭୁଙ୍କ ଦ୍ୱାରା ସିଧା ମୋ ମୁହଁରେ ଚରଣାମୃତ ପ୍ରବେଶ କରାଯାଇଛି। ଆପଣ ମଧ୍ୟ ସଂକଳ୍ପ କରନ୍ତୁ ଓ ନିଃସ୍ୱାର୍ଥ ସେବା କାର୍ଯ୍ୟ, ତାହା ଛୋଟ ହେଉ କି ବଡ, ଆରମ୍ଭ କରନ୍ତୁ। ଆପଣ ଅଦ୍ୱିତୀୟ ଆନନ୍ଦ ଓ ଆଧ୍ୟାତ୍ମିକ ପ୍ରସନ୍ନତା ଅନୁଭବ କରିବେ।

ନିଜର ଲକ୍ଷ୍ୟକୁ ପୂରଣ କରିବା ଲାଗି ବେଳେବେଳେ ଆପଣ ଆଧ୍ୟାତ୍ମିକ ନିଦର ସହାୟତା ମଧ୍ୟ ନିଅନ୍ତୁ। ତେବେ ଆପଣଙ୍କୁ ଆନନ୍ଦ ମିଳିବା ସହିତ ଲକ୍ଷ୍ୟପ୍ରାପ୍ତିର କାର୍ଯ୍ୟଧାରାରେ ସହାୟତା ମଧ୍ୟ ମିଳିବ। ତେଣୁ ଆପଣ ମଧ୍ୟ ଏହି ଆଧ୍ୟାତ୍ମିକ ନିଦର ସହାୟତା ନିଅନ୍ତୁ । ଯେତେବେଳେ ନିଦ ଯାଉଛନ୍ତି ତ ଉଦ୍ଦେଶ୍ୟ ହେଉଛି ଏହା ଯେ ଆମେ ଶୋଇକରି ଉଠିବା ପରେ ପୁନର୍ବାର ନିଜକୁ ସ୍ଫୂର୍ତ୍ତି ଅନୁଭବ କରିବା ଏବଂ ଆମର କ୍ଷୟ ହୋଇଥିବା ଶକ୍ତି ଆମକୁ ପୁନଃ ପ୍ରାପ୍ତ ହେବ। କେତେକ ଲୋକ ଦୀର୍ଘ ସମୟ ଶୋଇଥାନ୍ତି, ଯେମିତି ସେମାନେ ଅଧିକ ସ୍ଫୂର୍ତ୍ତି ଓ ଆନନ୍ଦ ଅନୁଭବ କରିବେ । ଅନେକ ସମୟରେ ଏହା ମଧ୍ୟ ଦେଖାଯାଏ ଦୀର୍ଘସମୟ ଭଲ ନିଦରେ ଶୋଇବା ପରେ ମଧ୍ୟ ବ୍ୟକ୍ତିକୁ ସ୍ଫୂର୍ତ୍ତି ବା ସଚେତନତା ଅନୁଭୂତ ହୋଇ ନଥାଏ।

ଯଦି ଆପଣ ନିଦର ଭରପୂର ଆନନ୍ଦ ନେବାକୁ ଚାହାଁନ୍ତି ଓ କମ୍ ସମୟ ଶୋଇବା ପରେ ମଧ୍ୟ ସତେଜତା ଅନୁଭବ କରିବାକୁ ଚାହାନ୍ତି ତେବେ ଆପଣ ଆଧ୍ୟାତ୍ମିକ ନିଦର ଆନନ୍ଦ ନେବା ଉଚିତ। ପରନ୍ତୁ ପ୍ରଶ୍ନ ଉଠୁଥିବ ଆଧ୍ୟାତ୍ମିକ ନିଦ କ'ଣ ଦୃଷ୍ଟାତ୍ମା ? ଏହି ଆଧ୍ୟାତ୍ମିକ ନିଦର ଆନନ୍ଦ ନେବାରେ ଆପଣ କମ୍ ସମୟ ଶୋଇ ବି ଯଥେଷ୍ଟ ସତେଜ ଅନୁଭବ କରିବେ ଓ ଶରୀରରେ କ୍ଲାନ୍ତି ମଧ୍ୟ ଅନୁଭବ ହେବ ନାହିଁ। ସାଧାରଣତଃ କୌଣସି ଲୋକଙ୍କୁ ଯଦି କୁହାଯାଏ ଆପଣ କମ୍ ସମୟ ଶୁଅନ୍ତୁ ଓ ଯଥେଷ୍ଟ ସତେଜତା ଅନୁଭବ କରନ୍ତୁ ତାହେଲେ ଏଭଳି କଥାରେ ସେହି ବ୍ୟକ୍ତି ହସିବେ, କିନ୍ତୁ ବାସ୍ତବିକତା ହେଲା ଏହା ଯେ ଯଦି ଆପଣ ଆଧ୍ୟାତ୍ମିକ ନିଦର ସଠିକ ଆନନ୍ଦ ନିଅନ୍ତି ତ କମ୍ ନିଦରେ ମଧ୍ୟ ଅଧିକ ତାଜାପଣ ଅନୁଭବ କରିବେ।

ଆସନ୍ତୁ, ଏବେ ଆମେ ପ୍ରସ୍ତୁତି କରିବା ଆଧ୍ୟାତ୍ମିକ ନିଦ କିପରି ନେବାକୁ ହେବ ? ସର୍ବପ୍ରଥମେ ମନ ଓ ମସ୍ତିଷ୍କକୁ ଶାନ୍ତ ରଖି ଆଖି ବନ୍ଦକରି ବିଛଣାରେ ପଡିଯାଆନ୍ତୁ। ଆଖି ବହୁତ ଜୋରରେ ବନ୍ଦ ହୋଇନାହିଁ। ସାମାନ୍ୟ ଭାବରେ ବନ୍ଦ ହୋଇଛି। ଏବେ ଆପଣ ସେହି ଭଗବାନଙ୍କ ନାମକୁ ମନେ ପକାନ୍ତୁ, ଯେଉଁ ନାମ ପ୍ରତି ଆପଣଙ୍କର ବିଶ୍ୱାସ ରହିଛି। ଏବେ ଆପଣ ଆଧ୍ୟାତ୍ମିକ ନିଦରେ ଶୋଇବା ଲାଗି ପୂର୍ଣ୍ଣ ପ୍ରସ୍ତୁତ ହୋଇଗଲେ। ମସ୍ତିଷ୍କ ଭିତରୁ ସବୁ ପ୍ରକାର ବିଚାରକୁ ଆପଣ ଦୂରେଇ ଦିଅନ୍ତୁ। ଭଲ-ମନ୍ଦ ବିଚାର, କାମ କାର୍ଯ୍ୟ ଆଦି ସମ୍ପର୍କିତ ବିଚାର କିମ୍ବା ଘରୋଇ ସମସ୍ୟା ସମ୍ବନ୍ଧୀୟ ବିଚାର, ସବୁ କିଛିକୁ ନିଜ ମନରୁ ହଟାଇ ଦିଅନ୍ତୁ। ଚିନ୍ତା କରନ୍ତୁ ନାହିଁ, ଯଦି କିଛି ସମୟ ପାଇଁ ମନକୁ ବିଚାର ଆସୁଛି ତେବେ ତାକୁ ଆସିବାକୁ ଏବଂ ଯିବାକୁ ଦିଅନ୍ତୁ। ଏହି ପ୍ରକ୍ରିୟାକୁ ଆଧ୍ୟାତ୍ମିକ ନିଦ କୁହାଯାଏ।

ଅଭ୍ୟାସ କରିବା ପରେ ଭବିଷ୍ୟତରେ ଆପଣ ଆଧ୍ୟାତ୍ମିକ ନିଦ ସମୟରେ ନିଜର ଆତ୍ମା ସହିତ ମଧ୍ୟ କଥା ହୋଇପାରିବେ। ଏହି ଆଧ୍ୟାତ୍ମିକ ନିଦ ସମୟରେ ଆତ୍ମା ସହିତ କଥା ହେଉ ହେଉ ଆପଣଙ୍କୁ ଅନେକ ଥର ଏଭଳି ସମସ୍ୟାର ସମାଧାନ ମିଳିଯିବ, ଯାହା ସମ୍ପର୍କରେ ଆପଣ କିଛିଦିନ ହେଲା ଚିନ୍ତିତ ଥିଲେ। ଆଧ୍ୟାତ୍ମିକ ନିଦର ଏତେ ଲାଭ ରହିଛି। ଆମ ଦେଶର ପୁରାତନ ସାଧୁସନ୍ଥମାନେ ସବୁବେଳେ ଆଧ୍ୟାତ୍ମିକ ନିଦର ପ୍ରୟୋଗ କରୁଥିଲେ ଏବଂ ଏହା ସେମାନଙ୍କୁ ସମାଧି ପର୍ଯ୍ୟନ୍ତ ନେଇଯାଉଥିଲା। ସାଧାରଣ ମନୁଷ୍ୟ ଆଧ୍ୟାତ୍ମିକ ନିଦ ଦ୍ୱାରା ନିଜର ମନକୁ ଶାନ୍ତ କରିପାରିବ ଓ ସତେଜତା ଅନୁଭବ କରିପାରିବ। ଧ୍ୟାନ ରଖନ୍ତୁ କି ଯଦି ଆପଣ ଆଧ୍ୟାତ୍ମିକ ନିଦର ଭରପୂର ଆନନ୍ଦ ନେବାର ଅଛି ତେବେ ଆଖି ବନ୍ଦ କରି ବିଛଣାରେ ପଡିବା ପରେ ନିଜର ଇଷ୍ଟ ଦେବତାଙ୍କୁ ସ୍ମରଣ କରନ୍ତୁ। ସେହି ସମୟରେ ଆଖି ଖୋଲନ୍ତୁ ନାହିଁ, ମୁହଁ ମଧ୍ୟ ବନ୍ଦ ରଖନ୍ତୁ ତଥା ମୁହଁ ବନ୍ଦ କରିବା ପରେ ଜୋରରେ ଶବ୍ଦ କରନ୍ତୁ। ଏହିପରି ଏବେ ଆପଣ ନିଜର ଇଷ୍ଟଦେବଙ୍କ

ନାମ ଆଖି ବନ୍ଦ ରଖି ମୁହଁରେ ଶବ୍ଦ ନକରି ନେଇଯାଆନ୍ତୁ । ଏହି ପ୍ରକ୍ରିୟା ଏକ ପ୍ରକାର ମାନସିକ ଜପ ଭଳି । ଏକ ଅବସ୍ଥାରେ ଆପଣଙ୍କ ମସ୍ତିଷ୍କ ସମ୍ପୂର୍ଣ୍ଣ ଶାନ୍ତ ହୋଇଯିବ ଓ ଆପଣ ନିଜକୁ ନିଜେ କଥା ହେଉଥିବାର ଦେଖିପାରିବେ । ଯେତେବେଳେ ଆପଣ ଆଧାତ୍ମିକ ନିଦ ଯିବେ ତ ଆପଣ ଆଧାତ୍ମିକ ପ୍ରସନ୍ନତା ଓ ଆନନ୍ଦ ଅନୁଭବ କରିବେ । ଆଧାତ୍ମିକ ନିଦ ୧୦ରୁ ୧୫ ମିନିଟରେ କୌଣସି ବ୍ୟକ୍ତିର ଥକାପଣକୁ ସମ୍ପୂର୍ଣ୍ଣ ଦୂର କରିପାରେ । ତେଣୁ ପରିଶ୍ରମୀ ବ୍ୟକ୍ତି ଯାହାଙ୍କୁ ସମୟକୁ ମର୍ଯ୍ୟାଦା ଦେଇ କାମ କରିବାକୁ ହୋଇଥାଏ, ସେମାନେ ଆଧାତ୍ମିକ ନିଦ ଯିବା ଉଚିତ ଏବଂ ବାରମ୍ବାର ଉଦ୍ୟମ କରିବା ଦ୍ୱାରା ଆଧାତ୍ମିକ ନିଦର ଆନନ୍ଦ କୌଣସି ସମସ୍ୟା ବିନା ନିଅନ୍ତୁ ।

ଗୋଟିଏ କଥା ନିଶ୍ଚିତ ହେଲା କି ଯଦି ଆପଣ ଲକ୍ଷ୍ୟ ସହିତ ଆଧାତ୍ମିକତାର ପୋଷାକ ପିନ୍ଧିନିଅନ୍ତି ତେବେ ଆପଣଙ୍କ ଜୀବନରେ ଆନନ୍ଦ ହିଁ ଆନନ୍ଦ ମିଳିବ । ବେଳେବେଳେ ଆପଣଙ୍କୁ ଏମିତି ଲାଗିବ କି ଆପଣ ସ୍ୱୟଂ ମହାତ୍ମା । ଆପଣଙ୍କୁ ଏହି ଅନୁଭୂତି ସେତିକିବେଳେ ହେବ, ଯେତେବେଳେ ଆପଣ ଆଧାତ୍ମିକତାକୁ ସବୁବେଳେ ନିଜ ସହିତ ଯୋଡିଦେବେ, ଲକ୍ଷ୍ୟ ପୂରଣ ସମୟରେ ମଧ୍ୟ । ଭାରତୀୟ ଧର୍ମରେ ମହାତ୍ମା, ସନ୍ଥ, ଜ୍ଞାନୀ, ଗୁରୁ ଆଦି ଶବ୍ଦ ଉଚ୍ଚ ମର୍ଯ୍ୟାଦାବୋଧର ପ୍ରତୀକ । ମହାତ୍ମା ସେହି ଯାହାଙ୍କ ଚିତ୍ତର ସମସ୍ତ ବୃତ୍ତି ଶାନ୍ତ ହୋଇଯାଇଛି ସବୁପ୍ରକାର ସଂକଳ୍ପ ଯାହାଙ୍କ ହୃଦୟରୁ ଦୂର ହୋଇଯାଇଛି ତଥା କେବଳ ସେହି ଚୈତନ୍ୟ ଆତ୍ମା ପ୍ରତି ବିଶ୍ୱାସ ରହିଛି । ଯାହାଙ୍କ ସଂକଳ୍ପ ଶେଷ ହୋଇଛି, କିଛି କରିବାର ବାସନା ରହିଛି, ଯାହାଙ୍କର ଅହଙ୍କାର ରହିଛି ଯାହାଙ୍କ ମନ ସର୍ବଦା ଉଦ୍‌ବେଳିତ ଓ ଚିନ୍ତିତ, ଯାହାଙ୍କ ଠାରେ ସ୍ୱର୍ଗ ଓ ମୋକ୍ଷର ମଧ୍ୟ କାମନା ରହିଛି, ଯିଏ ଭଲ-ମନ୍ଦ ମଧ୍ୟରେ ପାର୍ଥକ୍ୟ ଦେଖନ୍ତି, ଯାହାଙ୍କ ଠାରେ ଜୀବ-ବ୍ରହ୍ମ ଓ ସୃଷ୍ଟିରେ ଭିନ୍ନତା ଦେଖାଇ ଦିଆଯାଇଥାଏ, ସେ ଜ୍ଞାନୀ ନୁହଁନ୍ତି କି ମହାତ୍ମା ନୁହଁନ୍ତି । ଭସ୍ମ ବୋଳିହେଲେ, ନଗ୍ନ ହୋଇଗଲେ, ଗୈରିକ ବସ୍ତ୍ର ପିନ୍ଧିଲେ କେହି ମହାତ୍ମା ହୋଇଯାନ୍ତି ନାହିଁ । ଯିଏ ସଂକଳ୍ପ ରହିତ ହୋଇ ଆତ୍ମଜ୍ଞାନ ପ୍ରାପ୍ତ ହୋଇଥାନ୍ତି, ସେ ହେଉଛନ୍ତି ମହାତ୍ମା । ସେଥିପାଇଁ ମୋହ, ସଂସାର ଓ ମୁକ୍ତି ପର୍ଯ୍ୟନ୍ତ ବି କୌଣସି ସ୍ଥାନ ନାହିଁ । ଏସବୁ ତାଙ୍କ ପାଇଁ ବ୍ୟର୍ଥ ହୋଇଯାଇଛି । ଏଗୁଡିକ ମନର ପ୍ରବୃତ୍ତି ଅଟେ । ଯଦି ମନ ନରହେ ତେବେ ଏଗୁଡିକର ଅସ୍ତିତ୍ୱ ମଧ୍ୟ ରହିବ ନାହିଁ ।

30

ହସି ହସି ଲକ୍ଷ୍ୟ ପ୍ରାପ୍ତ କରନ୍ତୁ

'ମନୁଷ୍ୟଙ୍କୁ ଏହି ସାବଧାନତା ଅବଲମ୍ବନ କରିବା ଉଚିତ କି ସେ ଏତେ ଅଧିକ ବୁଦ୍ଧିମାନ ନହେଉ ଯେପରି ହସିବା ଭଳି ମହାନ ଖୁସିରୁ ବଞ୍ଚିତ ରହିଯିବ।'

-ଥୋମାସ ଆଲ୍‌ଭା ଏଡିସନ

ଆପଣ ଜୀବନର ଲକ୍ଷ୍ୟ ନିର୍ଦ୍ଧାରଣ କରିନେଇଛନ୍ତି । ଏବେ ଆପଣଙ୍କର କାମ ହେଲା ସେହି ଲକ୍ଷ୍ୟକୁ ପ୍ରାପ୍ତ କରିବା ଲାଗି ନିରନ୍ତର ଚେଷ୍ଟା ଜାରି ରଖିବା । ଏପରି ମଧ୍ୟ ହେବା ଉଚିତ ନୁହେଁ ଯେ ଆପଣ ଲକ୍ଷ୍ୟ ପ୍ରାପ୍ତ କରିବା ସମୟରେ ଖୁବ୍ 'ବୋର୍' ବ୍ୟକ୍ତି ହୋଇଯିବେ ଓ ହସିବା ବି ଭୁଲିଯିବେ, ସବୁବେଳେ ଅବସନ୍ନ ଦେଖାଯିବେ ଓ ସର୍ବଦା ମୁହଁରେ ବିବ୍ରତ ଭାବ ରହିବ । ଏଭଳି ବ୍ୟକ୍ତିଙ୍କୁ କେହି ଭଲ ପାଆନ୍ତି ନାହିଁ । ଏଭଳି ଲୋକଙ୍କୁ କେହି ବନ୍ଧୁ କରନ୍ତି ନାହିଁ। ଏଭଳି ବ୍ୟକ୍ତିଙ୍କ ସାଙ୍ଗରେ ରହିବା ପାଇଁ ମଧ୍ୟ କେହି ଚାହିଁ ନଥାନ୍ତି। ଅତଏବ ହସଭରା ଜୀବନ ଆପଣ ଚାହୁଁଥିଲେ ଆଗେଇ ଆସନ୍ତୁ। ଲକ୍ଷ୍ୟ ମଧ୍ୟ ପ୍ରାପ୍ତ ହୋଇଯିବ, ଏଥିସହିତ ଉକ୍ତ କଥାକୁ ମଧ୍ୟ ନିଶ୍ଚୟ ଧ୍ୟାନ ରଖନ୍ତୁ ଓ ଆପଣ ସର୍ବଦା ହସିଚାଲନ୍ତୁ । ହସିବା ଭୁଲନ୍ତୁ ନାହିଁ।

କିଛି ଦିନ ପୂର୍ବରୁ ମୁଁ ଏ ସମ୍ପର୍କରେ ଜଣେ ବ୍ୟକ୍ତିଙ୍କ ଚିନ୍ତାଧାରା ଚଳାବୁଲା କରୁଥିଲା ବେଳେ ପଢି ନେଇଥିଲି। ସେହି ଚିନ୍ତାଧାରା ଏହିପରି ଥିଲା- ମିତ୍ର ତୁମେ କ'ଣ ପାଇଁ ହସୁନାହଁ ? ଆକାଶ ଚନ୍ଦ୍ରର ତିଳକ ଲଗାଇ ହସୁଛି। ପୃଥିବୀ ତା'ର ବକ୍ଷରେ ବୃକ୍ଷଲତା ସଜେଇ ହସୁଛି । ପର୍ବତ ଶିଖରରେ ବରଫ ଚିକମିକ ବଧୂ ଭଳି ହସୁଛି । ସମୁଦ୍ର ଜଳରାଶିରେ ଲହଡି ହସି ହସି ଲୋଟିଯାଉଛନ୍ତି। ସୂର୍ଯ୍ୟ ଚନ୍ଦ୍ର ଉଭୟ ଦୌଡାଦୌଡି ଖେଳ ଖେଳିବା ସହିତ ହସି ଚାଲିଛନ୍ତି । ତାରାଗୁଡିକ ଆଖି ମିଞ୍ଜିମିଞ୍ଜି କରି ହସୁଛନ୍ତି । ବାଦଲ ଉଚ୍ଚ ସ୍ୱରରେ ହସି ଆହ୍ୱାନ ଦେଉଛି । ବିଜୁଳି ବାଦଲ ନୌକାରେ ସବାର ହୋଇ ନିଜ ହସକୁ ଲୁଚାଇ ପାରୁନି । ବର୍ଷା ବୁନ୍ଦାଗୁଡିକ ଛମଛମ ନୃତ୍ୟ କରୁଛନ୍ତି । ଇନ୍ଦ୍ରଧନୁ ରଙ୍ଗୀନ ପଟିର ପୋଷାକ ପିନ୍ଧି ହସୁଛି । ପବନ ଫୁଲରୁ ସୁଗନ୍ଧକୁ ଚୋରାଇ ନେଇ ହସି ହସି ମଜା ନେଉଛନ୍ତି ଓ ସେଗୁଡିକୁ ବାହୁରେ ଭରି ଉଚ୍ଚ ସ୍ୱରରେ

ହସି ଚାଲିଛନ୍ତି । ଚଳଚଞ୍ଚଳ ନଦୀ ହସି ହସି କଳକଳ ନାଦରେ ବହିଯିବାରେ ଆନନ୍ଦ ପାଉଛି । ଜଙ୍ଗଲର ଝରଣା ସଜୋରେ ହସି ହସି ଉଚ୍ଛୁଳି ଉଠୁଥିବା ପ୍ରତୀତ ହେଉଛି । ପକ୍ଷୀମାନେ ଉଡି ଉଡି ସେମାନଙ୍କର ଖୁସିକୁ ଜାହିର କରୁଛନ୍ତି ।

ଅନ୍ୟପକ୍ଷରେ ମନୁଷ୍ୟ କ'ଣ ପାଇଁ ନିଜର ଝାଉଳା ମନକୁ ନେଇ ଘୂରି ବୁଲୁଛି ଜଣାନାହିଁ । ମଜା ଆଉ ଖୁସିକୁ ଖୋଜୁ ଖୋଜୁ ଖୁସି ତା ଠାରୁ ଦୂରେଇ ଯାଉଛି । କିଏ କୂଳରେ ଛିଡାହୋଇ ଓ କଣ୍ଟାକୁ ଡରି ଲମ୍ବା ଲମ୍ବା ନିଶ୍ୱାସ ନେଉଥିବା ଅଟ୍ଟାଳିକାକୁ ଗାଳି ଦେଉଛି । କାହାକୁ ଆସନ୍ତା କାଲିର ଚିନ୍ତା ଘାରିଯାଇଛି । ଡରରେ ଅଧା ଜୀବନ ଚାଲିଗଲାଣି, ବାକି ଅଧା ଜୀବନ କାନ୍ଦି କାନ୍ଦି ଅଭାବ ଭିତରେ ବିତି ଚାଲିଛି । କାହାର ସମୟ ପୁଣି ଏତେ ସମସ୍ୟାବହୁଳ ଯେ ଦିନରେ ମଧ୍ୟ ତାରା ଦେଖାଯାଉଛି । ସେ ବାସ୍ତବିକ ଦୁନିଆ ପ୍ରତି ବୀତସ୍ପୃହ ହୋଇ ଦୁଃଖରେ ବସିଛି । ଭଗବାନଙ୍କୁ ଗାଳି ଦେଇ, ଦୋଷ ଦେଇ ସମୟ ବିତାଉଛି । କିଏ ହୃଦୟର ଯନ୍ତ୍ରଣାକୁ ହାତରେ ଧରି ଶିକାରୀର ନିଷ୍ଠୁରତା ଉପରେ ଗଜଲ ଗାଉଛି । କାହାର ହୃଦୟକୁ ପ୍ରେମିକାର ପ୍ରତାରଣା ଚିରି ରଖିଦେଇଛି । କ୍ଷତାକ୍ତ ହୃଦୟକୁ ନେଇ ମୋହବତକୁ ଧିକ୍କାର କରିବା ଲାଗି ନିଜକୁ ନିଜେ କଷ୍ଟ ଦେଉଛି । କୌଣସି ମଜା ନେବା ପାଇଁ ମନ କରୁଥିଲାବେଳେ ମଜା କିଣିବା ପାଇଁ ପଇସା ନାହିଁ । ମଜା ନେବାର ଅଗ୍ନି ତାକୁ ଭସ୍ମ କରିବାକୁ ଚେଷ୍ଟା କରୁଛି । କାହାଠାରେ ଦୁନିଆକୁ ସୁଧାରିବାର ପାଗଳାମୀ ସବାର ହୋଇଛି ଓ ହାତ ମେଲେଇ ଚକ୍ରି ଭଳି ଘୂରି ବୁଲୁଛି । କାହାକୁ ରୋଗ କବଳିତ କରିନେଇଛି । ନିଜକୁ ବଞ୍ଚାଇବା ପାଇଁ ବିଚାରା ଦେବଦୂତ ଡାକ୍ତର ଭାଇମାନଙ୍କ ଶରଣ ନେବା ଲାଗି ଚିନ୍ତା କରୁଛି । ଲାଗୁଛି କି କାହାକୁ ବି ପ୍ରେମ କରିବା ଲାଗି ଫୁରସତ ନାହିଁ । କିଏ ମହିଳାଙ୍କ ନଖରାମିରେ ବିବ୍ରତ ତ କିଏ ସ୍ୱାମୀଙ୍କ ପାଇଁ ବିଚଳିତ, ପୁଣି କିଏ ସରକାରଙ୍କ ନୀତିରେ ନାରାଜ । କିଏ ସାହୁକାରର ଜୁଲମରେ ମର୍ମାହତ ତ କିଏ ସମାଜର ବନ୍ଧନରେ ବନ୍ଧା ପଡିଛି । କିଏ ମିଥ୍ୟା ପ୍ରତିଶ୍ରୁତିରେ ଠକି ଯାଇଛି ତ ପୁଣି କିଏ ସମୟର ଚୋଟରେ ବିଚଳିତ । କିଏ ପଇସା ଅଭାବରୁ ହଇରାଣ ହେଉଛି ତ କୌଣସି ଯୁବକ ଚରିତ୍ରକୁ ନେଇ ଅନୁତାପ କରୁଛି, ପୁଣି କିଏ ନୂଆ ନୂଆ ଫେସନ ଉପରେ ଆଗ୍ରହ ରଖୁଛି । ଉଦ୍ଦେଶ୍ୟ ଏହା କି କାହା ପାଖରେ ଅଭିଯୋଗ ତ କାହା ପାଖରେ ଆପତ୍ତି, କାହା ପାଖରେ ଦୁଃଖ ତ କାହା ପାଖରେ ଅଭାବ ହିଁ ଅଭାବ । ହସିବାର ଶକ୍ତି ଯେମିତି କାହା ପାଖରେ ନାହିଁ ।

ସାରା ସୃଷ୍ଟିରେ ମନୁଷ୍ୟ ଏପରି ଏକ ପ୍ରାଣୀ ଯାହାକୁ ହସିବାର ଗିଫ୍ଟ ମିଳିଛି । କାନ୍ଦିବା ତ ପକ୍ଷୀମାନଙ୍କୁ ଆସେ । ଛେଳି ବୋବାଇଥାଏ, ମାଛଗୁଡିକ ଦୁଃଖୀ ହୋଇଥାନ୍ତି, ହେଲେ ସେମାନଙ୍କ ମଧ୍ୟରୁ କାହା ପାଖରେ ହସିବା ଶକ୍ତି ନାହିଁ । ମନୁଷ୍ୟ ହେଉଛି ଏଭଳି ଜୀବ, ଯିଏ ବାହୁ ପ୍ରସାରଣ କରି ହସିପାରେ, ହେଲେ ଜଣାନାହିଁ କ'ଣ ପାଇଁ ସେ ହସିବା ଭୁଲିଯାଏ । ଆଜିକାଲି କିଛି ଲୋକଙ୍କର ଚିନ୍ତା, ବ୍ୟସ୍ତତା ଅଭ୍ୟାସ ଓ କହିବେ ଏହା ବିନା ଗୁଜରାଣ କିପରି ମେଣ୍ଟିବ ? ନିଜେ ଚିନ୍ତା ନକଲେ ଘରର ସଦସ୍ୟମାନେ ଚିନ୍ତା କରିବେ । ଏବେ ଯାହା ହେଉନାହିଁ ତ ଅତୀତକୁ

ମନେ ପକାଇ କାନ୍ଦିବେ । ଅବସର ବିନୋଦନ ସ୍ଥଳକୁ ଦୁଃଖାଭିଭୂତ ଝାଉଁଳା ମୁହଁ ନେଇ ଯିବେ । ଖୁସିର ସ୍ୱର ସହିତ ଦୁଃଖର ରାଗ ମିଳାଇବେ । ଉତ୍କଣ୍ଠାର ସହିତ ଚାଲିଥିବା ନାଚରେ ଅଭିଯୋଗର ରାଗ ବଜାଇବେ । ଅବସର ସମୟରେ ବ୍ୟସ୍ତ ବିବ୍ରତକୁ ଡାକି ଆଣିବେ । ବିବାହ ସମୟରେ କାହାର ମୃତ୍ୟୁ କଥା ଭାବିବେ । କେତେବେଳେ ସନ୍ଦେହ ଭ୍ରମ କାରଣରୁ ଝଗଡା ତ ପୁଣି ପ୍ରେମ କରିବା ପାଇଁ ସର୍ତ୍ତ ରଖିବେ । କେତେବେଳେ ନିଜର ଖ୍ୟାତି ପାଇଁ ନିଜକୁ ଓଭର ଏକ୍ସପର୍ଟ କରିବେ ତ ପୁଣି ବସି ରହି କାନ୍ଦିବେ । ପ୍ରକୃତି ତ ଆମ ପ୍ରତି ହସୁଥିବ, ଅଯଥାରେ ନିଜକୁ ନିଜେ ଦୁଃଖୀ କରି ଆଶାର ତେଜାବକୁ ମୁହଁରେ ଢାଳି, ଦୁଃଖରେ ନିଜର ମନକୁ କଳା କରି, ହୃଦୟକୁ ଯନ୍ତ୍ରଣା ଦେଇ ସାରା ଜୀବନ ଲୁହ ବୁହାଇ ଚାଲିଛେ । ହେ ମନୁଷ୍ୟ, ତୁ କାହିଁକି ହସୁନାହୁଁ ?

ହସିବା ମଧ୍ୟ ଏକ ପ୍ରକାର ପୁଣ୍ୟ । ଖୁସି ମିଜାଜରେ ରହୁଥିବା ମନୁଷ୍ୟ ସେହି ସୂର୍ଯ୍ୟଙ୍କ ଭଳି, ଯାହାଙ୍କ କିରଣ ହୃଦୟର ଦୁଃଖରୂପକ ଅନ୍ଧକାରକୁ ଦୂର କରିଥାଏ । ପ୍ରସନ୍ନ ବଦନ ବ୍ୟକ୍ତି ସେହି ଝରଣା ଭଳି ଯାହାର ଶୀତଳ ଛିଟା କେବଳ ଅନ୍ୟକୁ ବାହାରୁ ଫାଇଦା ଦେଇଥାଏ ତାହା ନୁହେଁ, ନିଜକୁ ନିଜେ ମଧ୍ୟ ଲାଭ ଦେଇଥାଏ । ହସିବା ଦ୍ୱାରା ମୁହଁର ରଙ୍ଗ ତଥା ଲାଳିମା ଆସିଯାଇଥାଏ ଓ ମନ ସୁସ୍ଥ ରହିଥାଏ । ହସିବାରେ ପଇସା ଖର୍ଚ୍ଚ କରିବାକୁ ମଧ୍ୟ ପଡେନି । ଏହା ତ ମାଗଣାରେ ମିଳିଥାଏ । ଭଗବାନ ଆମକୁ ଖୁସି ରହିବା ପାଇଁ ବହୁତ କିଛି ଦେଇଛନ୍ତି । ତେବେ ଆମେ ଏକ ଭୁଲ୍ କରିଥାଉ କି ନିଜର ସୁଖକୁ ନିଜ ଅଧୀନରେ ନରଖି ନିଜର ସୁଖର ଆଧାର କୌଣସି ଖରାପ ଲୋକ, କୌଣସି ଜିନିଷ କିମ୍ବା କୌଣସି କଥା ଉପରେ ରଖିଥାଉ । ସେହି ଅନ୍ୟ ଉପରେ ଆମର ନିୟନ୍ତ୍ରଣ ମଧ୍ୟ ରହିପାରେ ନାହିଁ । କ'ଣ ସେ ଆମକୁ ଖୁସି ରଖିବା ପାଇଁ ବାଧ୍ୟ ? ଯେଉଁ ପ୍ରକାର ଏବଂ ଯେତେ ସୁଖ ଆମେ ଚାହୁଁଛେ, ସେତେ ଏବଂ ସେହିଭଳି ସୁଖ ସେ କିପରି ଦେବେ ? ସେ ଆମକୁ ଖୁସି ରଖିବା ପାଇଁ କାହିଁକି ନିଜକୁ ସଙ୍କୁଚିତ କରିବେ ବା ପରବାୟ କରିବେ ? ଯଦି ଆମେ ଆମର ସୁଖକୁ ନିଜ ଅଧୀନରେ ରଖିବା ତେବେ ଆମକୁ କାନ୍ଦିବାର ଆବଶ୍ୟକ ପଡ଼ିବ ନାହିଁ । ଏହି କଥା ଶୁଣିବା ପାଇଁ ନୁହେଁ କାର୍ଯ୍ୟକାରୀ କରିବା ପାଇଁ ଉଦ୍ଦିଷ୍ଟ । ଏହାକୁ ଶୁଣି ଏବଂ ବୁଝି ତୁମେ କ'ଣ ପାଇଁ ଅରେ ହସୁନାହଁ ?

ଅତଏବ ଯେତେବେଳେ ବି ଆପଣ ନିଜର ଲକ୍ଷ୍ୟକୁ ପୂରଣ କରିବା ଲାଗି ଅଗ୍ରସର ହେଉଛନ୍ତି, ସବୁ କାର୍ଯ୍ୟ କରିଚାଲିଛନ୍ତି, କଠିନ ପରିଶ୍ରମ କରୁଛନ୍ତି ତ ହସିବା କେବେ ଭୁଲନ୍ତୁ ନାହିଁ । ହୋଇପାରେ ଦୈନନ୍ଦିନ ଜୀବନରେ ଆପଣ ନିଜର ଲକ୍ଷ୍ୟ ପ୍ରାପ୍ତିର ଜବରଦସ୍ତ ପ୍ରବାହରେ ବୁଡ଼ି ରହିଛନ୍ତି ଓ ସେହି ସମୟରେ ସାରା ଦିନରେ ହୁଏତ ହସ ଭୁଲିଯାଇଛନ୍ତି । ଏଭଳି ସ୍ଥିତିରେ ଏହା ଭଲ ହେବ ପ୍ରତ୍ୟହ ସକାଳେ ଦିନଚର୍ଯ୍ୟା ଶେଷ କରିବା ପରେ ଆପଣ ବସିରହି ୩ରୁ ୫ ମିନିଟ ପର୍ଯ୍ୟନ୍ତ ଜୋରରେ ହସନ୍ତୁ । ଏହି କଥାକୁ ଧ୍ୟାନରେ ରଖନ୍ତୁ କି ଯଦି ଆପଣ ହସିବେ ତେବେ ଆପଣଙ୍କର ବ୍ୟକ୍ତିତ୍ୱ ଭିନ୍ନ ପ୍ରକାର ହୋଇଯିବ । ଆପଣଙ୍କ ମୁହଁରେ ଚମକ ଓ ଉଜ୍ଜ୍ୱଳତା ଆସିଯିବ । କେବଳ ସେତିକି ନୁହେଁ, ଭେଟୁଥିବା ବ୍ୟକ୍ତିଙ୍କୁ ମଧ୍ୟ ଆପଣ ପ୍ରିୟ ମଣିଷ ଭଳି

ଲାଗିବେ। ତେଣୁ ହସିବା ଛାଡନ୍ତୁ ନାହିଁ, ବରଂ ହସିବାର ପ୍ରକ୍ରିୟାକୁ ବଢାଇ ଦିଅନ୍ତୁ। ଏହା ଭଲ ହେବ କି ଆପଣ ସକାଳୁ ସକାଳୁ ନିଜର ନିତ୍ୟକର୍ମ ସାରି ୫ ମିନିଟ ବସି ରହି ଜୋରରେ ଖିଲିଖିଲି ହସନ୍ତୁ।

ବେଳେବେଳେ ମନରେ ଏହି ବିଚାର ଆସେ କି ଯଦି ମୁଁ ବହୁତ ଜୋରରେ ହସି ଚାଲିବି ତ ପାଖଆଖରେ ଥିବା ଲୋକ, ପଡୋଶୀ କିମ୍ବା ମୋ ଘରର ସମ୍ପର୍କୀୟ ସମସ୍ତେ ଭାବିବେ ମୁଁ କ'ଣ ପାଗଳ ହୋଇଗଲି ? ଏହାଦ୍ୱାରା କୁଣ୍ଠାଭାବ ଆସିଥାଏ ଓ ହସିବା ପ୍ରକ୍ରିୟାରେ ବିରାମ ଲାଗିଯାଏ। ଏପରିସ୍ଥଳେ କ'ଣ କରିବେ ? ମୁଁ ଏହାର ମଧ୍ୟ ଏକ ଭଲ ଉପଚାର ଚିନ୍ତା କରିଛି। ଯେତେବେଳେ ଆପଣ ହସିବାକୁ ଭାବୁଛନ୍ତି ଓ ଆପଣ ଏକୁଟିଆ ଅଛନ୍ତି, ଆପଣଙ୍କ ସହିତ କେହି ହସିବା ପାଇଁ ନାହାନ୍ତି, ତାହେଲେ ପ୍ରକୋଷ୍ଠକୁ ବନ୍ଦ କରିଦେଇ ଗୀତ କ୍ୟାସେଟ ଜୋରରେ ବଜାନ୍ତୁ। ଗୀତ ଜୋରରେ ବାଜି ଚାଲିବା ସହିତ ଆପଣ ଜୋରରେ ମନଖୋଲା ହସି ଚାଲିବେ। ଆପଣ ନିଜେ ଏକଥା ଅନୁଭବ କରନ୍ତୁ କି ଯଦି ଆପଣ ପ୍ରତ୍ୟହ ପାଞ୍ଚ ମିନିଟ ଜୋରରେ ହସିବେ ତେବେ ଆପଣଙ୍କ ଶରୀର ହାଲକା ହୋଇଯିବ। ଯେତେବେଳେ ଆପଣ ନିଜ ଭିତରେ ପ୍ରଫୁଲ୍ଲତା ଅନୁଭବ କରିବେ, ତାହେଲେ କ'ଣ ପାଇଁ ଆପଣ ଏବଂ ଆମେ ଦୈନନ୍ଦିନ ଦିନଚର୍ଯ୍ୟାରେ ଲକ୍ଷ୍ୟପ୍ରାପ୍ତି ସହିତ ହସିବା ପ୍ରକ୍ରିୟାକୁ ଜାରି ରଖି ସର୍ବଦା ତତ୍ପର ନ ରହିବା।

31

ଚିନ୍ତାଗ୍ରସ୍ତ ଏବେ ନୁହେଁ କି କେବେ ନୁହେଁ

'ଯେତେବେଳେ ଆପଣଙ୍କ ମସ୍ତିଷ୍କକୁ ଚିନ୍ତା ଆସୁଛି ସର୍ବପ୍ରଥମେ ଗୋଟିଏ ଗ୍ଲାସ ସାଦା ପାଣି ଶାନ୍ତିରେ ପିଇ ନିଅନ୍ତୁ।'

ଲକ୍ଷ୍ୟ ହାସଲ କରିବାକୁ ଚାହୁଁଥିବା ବ୍ୟକ୍ତି କଦାପି ଚିନ୍ତାଗ୍ରସ୍ତ ହେବା ଉଚିତ ନୁହେଁ। ଏକଥା ସତ୍ୟ ଯେ ଜୀବନର ପ୍ରତିଟି ମୋଡ଼ରେ ଚିନ୍ତା ରହିଛି, କିନ୍ତୁ ଯଦି ଆମେ ଚିନ୍ତାକୁ ମୁଣ୍ଡରେ ସ୍ଥାନ ଦେବା ତେବେ ଲକ୍ଷ୍ୟପ୍ରାପ୍ତିରେ ନିଶ୍ଚିତ ଭାବରେ ବାଧା ସୃଷ୍ଟି ହେବ। ତେଣୁ କଦାପି ଚିନ୍ତା କରନ୍ତୁ ନାହିଁ। ଯଦି କରିବାର ଅଛି ତ କେବଳ ଚିନ୍ତନ କରନ୍ତୁ, ଚିନ୍ତା କରନ୍ତୁ ନାହିଁ। ସଫଳ ବ୍ୟକ୍ତି ଲକ୍ଷ୍ୟପ୍ରାପ୍ତି ଲାଗି ଚିନ୍ତାକୁ ଦୂରେଇ ରଖନ୍ତି ଓ କେବେ ଭୁଲରେ ମଧ୍ୟ ତାହାକୁ ଦେଖନ୍ତି ନାହିଁ। ଲକ୍ଷ୍ୟପ୍ରାପ୍ତି ଲାଗି ନିଜର ଚିନ୍ତାରୂପକ କାର୍ଯ୍ୟକୁ କୋଠରୀରେ ବନ୍ଦ କରି ରଖିଦିଅନ୍ତୁ ଓ ତାହା ଉପରେ ନଜର ପକାନ୍ତୁ ନାହିଁ। କେତେକ ବ୍ୟକ୍ତି ଏପରି ଭାବୁଥିବେ, ଚିନ୍ତା ଯାହାକୁ ହୋଇଥାଏ ସେ ତା'ର ଭାଷା ଜାଣିଥାଏ, ଅନ୍ୟମାନେ କ'ଣ ବୁଝିବେ ଆମେ କେତେ ଚିନ୍ତାରେ ରହିଛେ। କଥା ତ ଠିକ୍, କିନ୍ତୁ ଏହା ଭାବନ୍ତୁ ତ, ଯଦି ଆପଣ ଚିନ୍ତାଗ୍ରସ୍ତ ରହିବେ ତେବେ ଲକ୍ଷ୍ୟ ପ୍ରାପ୍ତି ସ୍ତରରେ ପହଞ୍ଚିବା ଲାଗି ବହୁତ କିଛି କଠିନ ସମସ୍ୟାର ସାମନା କରିବାକୁ ପଡିବ। ମସ୍ତିଷ୍କ ଚିନ୍ତାଗ୍ରସ୍ତ ରହିବା କାରଣରୁ ବିକୃତ ହୋଇଯିବ। ତାହା ଭଲ ଭାବରେ କାର୍ଯ୍ୟ କରିପାରିବ ନାହିଁ। ତେଣୁ ଚିନ୍ତାରହିତ କାର୍ଯ୍ୟ କରିବାରେ ହିଁ ନିଜର ଲକ୍ଷ୍ୟ ପର୍ଯ୍ୟନ୍ତ ସଫଳତାର ସହିତ ପହଞ୍ଚି ପାରିବେ।

ଯେତେବେଳେ ଆପଣଙ୍କ ମସ୍ତିଷ୍କକୁ ଚିନ୍ତା ଆସୁଛି ସେତେବେଳେ ସର୍ବପ୍ରଥମେ ଗୋଟିଏ ଗ୍ଲାସ ସାଦା ପାଣି ଶାନ୍ତିରେ ପିଇଦିଅନ୍ତୁ। ଏହାପରେ ବସିପଡି ଗୋଟିଏ ସାଦା କାଗଜରେ ସେହି ସବୁ କଥା ଲେଖନ୍ତୁ ଯାହାକୁ ନେଇ ଆପଣଙ୍କର ଚିନ୍ତା ହେଉଛି। ଏବେ ଚିନ୍ତା ହେବାର ଯେଉଁସବୁ କାରଣ ଆପଣ ଲେଖିଛନ୍ତି, ତାହା ଉପରେ ଦୃଷ୍ଟି ପକାନ୍ତୁ। ସମ୍ଭବତଃ ଏବେ ଆପଣଙ୍କୁ ନିଜର ଚିନ୍ତା ବାସ୍ତବିକତାରୁ ଦୂରେଇ ଯିବା ଭଳି ଲାଗିବ। ଅତଏବ ଚିନ୍ତାକୁ ଦୂର କରିବା ପ୍ରକ୍ରିୟା ଆପଣେଇବାର ଚେଷ୍ଟା କରନ୍ତୁ। ଚିନ୍ତନ ଓ ମନନ କରିବା ଦ୍ୱାରା ଆପଣଙ୍କର ସବୁ ସମସ୍ୟାର

ସମାଧାନ ବାହାରିବ । ଏକଥା ଭଲ ଭାବରେ ଜାଣିରଖନ୍ତୁ ଯେ ଯେତେବେଳେ ସବୁ ସମସ୍ୟାର ନିଦାନ ହୋଇଯିବ ତ ନିଜର ସମସ୍ୟାକୁ ପ୍ରଭୁଙ୍କ ଦରବାରରେ ସମର୍ପିତ କରିଦେଇ ତାହାର ସମାଧାନରେ ଲାଗିଯାଆନ୍ତୁ । ଏହାଦ୍ୱାରା ଆପଣଙ୍କ ଚିନ୍ତା ଆପଣା ଛାଏଁ ନଷ୍ଟ ହୋଇଯିବ ।

ଲକ୍ଷ୍ୟ ପ୍ରାପ୍ତି ହିଁ ଆମର ଏକମାତ୍ର ସଂକଳ୍ପ । ଆମକୁ ଶୀଘ୍ର ଆମର ଲକ୍ଷ୍ୟ ମିଳିଯାଉ ଏହା ସମସ୍ତଙ୍କର ଆଶା ହୋଇଥାଏ । ଏହିସବୁ ଆଶା ପୂରଣ କରିବାକୁ ହେଲେ ସବୁବେଳ ପାଇଁ ଚିନ୍ତାକୁ ବନ୍ଦ କରିବାକୁ ହେବ । ଏପରି ଭାବିବା ଉଚିତ ନୁହେଁ କି ମୁଁ ଚିନ୍ତାକୁ ଦୂରେଇ ପାରୁନାହିଁ । ଭଗବାନ ଆପଣଙ୍କ ମନ ଭିତରେ ଏତେ ଶକ୍ତି ଦେଇଛନ୍ତି ଯେ ଆପଣ ନିଜେ ନିଜର ଇଚ୍ଛାଶକ୍ତି ବଳରେ ନିଜର ଚିନ୍ତାକୁ ଦୂର କରିପାରିବେ । ତେଣୁ ପ୍ରଭୁଙ୍କ ଆଶୀର୍ବାଦ ସହିତ ଏହି କଥା ପ୍ରତିଜ୍ଞା କରନ୍ତୁ କି ମୋତେ ମୋ ଲକ୍ଷ୍ୟ ପୂରଣ କରିବାର ଅଛି । ଏହା ଦ୍ୱାରା ଆପଣଙ୍କ ଚିନ୍ତା ଦୂରେଇଯିବ । ଚିନ୍ତାକୁ ଦୂର କରିବାର ସବୁଠୁ ସିଧା ତଥା ସୁଗମ ବିଚାରବିନ୍ଦୁ ହେଲା ଏହା ଯେ ଯେଉଁ କାର୍ଯ୍ୟରୁ ଚିନ୍ତା ହେଉଛି ସେଗୁଡ଼ିକୁ ଗୋଟି ଗୋଟି କରି କାଗଜରେ ଲେଖନ୍ତୁ । ଏହାପରେ ସେଥିରୁ ଗୋଟିଏ ଗୋଟିଏ ସମସ୍ୟାର ସମାଧାନ ଲାଗି ଅଗ୍ରସର ହୁଅନ୍ତୁ । ଏଥିରେ ଆପଣଙ୍କୁ ନିଜର ଲକ୍ଷ୍ୟପ୍ରାପ୍ତିରେ ସଫଳତା ମିଳିଯିବ ଓ ଆପଣଙ୍କ ଚିନ୍ତା ମଧ ଧୀରେ ଧୀରେ ଶେଷ ହୋଇଯିବ ।

32

ଭାବନ୍ତୁ ଓ ହୃଦୟ ସହିତ କଥା ହୁଅନ୍ତୁ

'ଯେଉଁ କଥା ହୃଦୟ ସହିତ ହୋଇଥାଏ, ସେଥିରେ ସତ୍ୟତା ରହିଥାଏ ଓ ତାହା ଲକ୍ଷ୍ୟପ୍ରାପ୍ତି କରାଇଥାଏ ।'

-ସାତବାହନ

ଅନେକ ସମୟରେ ଲକ୍ଷ୍ୟ ପ୍ରାପ୍ତିର କିରଣ ଏତେ ପ୍ରଖର ହୋଇଥାଏ ଯେ ସକାଳ, ଦ୍ୱିପ୍ରହର, ସନ୍ଧ୍ୟା ଓ ପୁଣି ସକାଳ ଆମେ କେବଳ ଲକ୍ଷ୍ୟ ଦିଗରେ ହିଁ ଚାହିଁ ରହିଥାଉ । ଯେଉଁ ଲକ୍ଷ୍ୟ ଆମେ ନିର୍ଦ୍ଧାରିତ କରିଛେ ତାକୁ ପାଇବା ପାଇଁ କାର୍ଯ୍ୟଧାରାରେ ଲାଗିଯାଇଥାଉ । ଏହି ସମୟରେ ଆପଣଙ୍କୁ ଭାବିବା ଲାଗି ସମୟ ବାହାର କରିବା ଜରୁରୀ । ତେଣୁ ଆପଣ ନିଜର ଦୈନନ୍ଦିନ କାର୍ଯ୍ୟକ୍ରମରୁ କିଛି ସମୟ ବାହାର କରନ୍ତୁ, ଯେତେବେଳେ ଆପଣ ନିଜ ହୃଦୟ ସହିତ କଥା ହୋଇପାରିବେ । କିଛି ସମୟ ମନୁଷ୍ୟ ଏକାନ୍ତରେ ବସିରହି ଆତ୍ମା ସହିତ କିଛି କଥାବାର୍ତ୍ତା କରିନେବା ଦ୍ୱାରା ମନ ହାଲୁକା ହୋଇଯାଏ, ମନରେ ସ୍ଫୂର୍ତ୍ତି ଆସିଯାଏ ଏବଂ ଲକ୍ଷ୍ୟ ପ୍ରାପ୍ତି ପାଇଁ ଆହୁରି ଚେତନା ଜାଗ୍ରତ ହୋଇଯାଇଥାଏ । ଅତଏବ କିଛି ଭାବିବା ପାଇଁ ସମୟ ବାହାର କରିବା ବାସ୍ତବରେ ବହୁତ ଜରୁରୀ, ଯାହାଦ୍ୱାରା ଜୀବନ ସ୍ୱର୍ଣ୍ଣିମ ଏବଂ ଆନନ୍ଦମୟ ହୋଇଯାଏ ।

କୌଣସି କଥାକୁ ଭୟ କରନ୍ତୁ ନାହିଁ । ସର୍ବଦା ଲକ୍ଷ୍ୟକୁ ପୂରଣ କରିବା ଲାଗି କିଛି ନା କିଛି ନୂଆ ଚିନ୍ତା କରନ୍ତୁ । ଲଗାତାର ୨୪ ଘଣ୍ଟା କେବଳ ଲକ୍ଷ୍ୟକୁ ପୂରଣ କରିବା ସମ୍ପର୍କରେ ଚିନ୍ତା କରନ୍ତୁ ନାହିଁ, ପରନ୍ତୁ ସମୟ ବାହାର କରି ନିଜ ଲକ୍ଷ୍ୟର ଚିନ୍ତନ କରନ୍ତୁ । ଯେତେବେଳେ ମନୁଷ୍ୟ ଚିନ୍ତନ କରିଥାଏ ତ ପ୍ରଭୁଙ୍କ ଆଶୀର୍ବାଦରୁ ଆପେ ଆପେ ଅନେକ କିଛି କାର୍ଯ୍ୟ ତା'ର ଅନ୍ତର୍ମନରେ ହୋଇଚାଲେ, ଯାହା ତାକୁ ସହାୟତା କରିଥାଏ ଅଧିକ କିଛି ଚିନ୍ତା କରିବା ସମ୍ପର୍କରେ, କିଛି ନୂଆ ବିଚାର ସମ୍ପର୍କରେ, କିଛି ନୂଆ କରିବା ସମ୍ପର୍କରେ । ତେଣୁ ଆପଣ ମଧ୍ୟ ଲକ୍ଷ୍ୟପ୍ରାପ୍ତିର ବିଚାରବିନ୍ଦୁରେ କିଛି ଭଲ ଚିନ୍ତା ଯଦି ଚାହୁଁଆନ୍ତି ଏବଂ ସେ ବାବଦରେ କିଛି ନୂଆ କଥା ବିଚାର କରିବେ ତେବେ ଭାବିବା ଜରୁରୀ କି ଆପଣ କିଛି ସମୟ ବାହାର କରନ୍ତୁ, ଯାହା ଫଳରେ ଏକାନ୍ତରେ ଚିନ୍ତନ କରିପାରିବେ, ମନନ କରିପାରିବେ ଓ ହୃଦୟ ସହିତ କଥା ହୋଇପାରିବେ ।

ଘର କିମ୍ବା କାର୍ଯ୍ୟାଳୟରେ ଏଭଳି ସୁଯୋଗ ମିଳୁନାହିଁ ହୃଦୟରୁ କଥାହେବା ପାଇଁ ତେବେ ଏଥିରେ ହତାଶ ହେବାର ଆବଶ୍ୟକତା ନାହିଁ। ଆଖପାଖରେ ଥିବା ପାର୍କକୁ ଚାଲିଯାଆନ୍ତୁ ଓ ଶାନ୍ତିରେ ଗୋଟିଏ ସ୍ଥାନରେ ବସନ୍ତୁ। ଏବେ ପାଞ୍ଚ ମିନିଟ ପରେ ନିଜର ଭାବିବା କାର୍ଯ୍ୟକ୍ରମ ଆରମ୍ଭ କରଦିଅନ୍ତୁ। ଆଉ ଯେତେବେଳେ ପାର୍କରେ ବସିବାର କାର୍ଯ୍ୟକ୍ରମ ପ୍ରସ୍ତୁତ କରନ୍ତି ନିଜ ସମୟ ଏକାନ୍ତରେ ବସନ୍ତୁ ବା ପିଠି ବୁଲାଇ ବସନ୍ତୁ, ତାହେଲେ ଯା'ଆସ କରୁଥିବା ଲୋକମାନଙ୍କ ଉପରେ ଆପଣଙ୍କ ନଜର ପଡ଼ିବନି ଓ ଆପଣ ଏକାଗ୍ରଚିତ୍ତ ହୋଇ ନିଜ ହୃଦୟ ସହ କିଛି ନା କିଛି କଥା ହୋଇପାରିବେ। ଅତଏବ ସମୟ ବାହାର କରିବା ଜରୁରୀ କିଛି ନୂଆ ଭାବନା ପାଇଁ। ଏଭଳି ବ୍ୟକ୍ତି ଯିଏ ନିଜର ଲକ୍ଷ୍ୟକୁ ଉଚ୍ଚତମ ଶିଖରକୁ ନେଇଯାଇ ସଫଳ ହେବାକୁ ଚାହାନ୍ତି, ତାଙ୍କ ପାଇଁ ଚିନ୍ତନ କରିବାର ସମୟ ଜରୁରୀ। ତେଣୁ ନିଜର ଭାବନାକୁ ବଢ଼ାଇ ଲକ୍ଷ୍ୟକୁ ପୂରା କରିବା ସହିତ ଏହି ସମୟରେ ଆପଣ ନିଜର ହୃଦୟ ସହିତ କଥା ହୁଅନ୍ତୁ। ଶାନ୍ତ ହୋଇ ଏକାଗ୍ରଚିତ୍ତରେ ବସିରହି କିଛି ନୂଆ ଚିନ୍ତା କରନ୍ତୁ। ଯଦି ଆପଣ ନୂଆ ଚିନ୍ତାଧାରା ପ୍ରସ୍ତୁତ କରିବେ ତେବେ ଆପଣଙ୍କର ଲକ୍ଷ୍ୟ ପୂରଣ ତ୍ୱରାନ୍ୱିତ ହୋଇଯିବ। ତେଣୁ କିଛି ସମୟ ବାହାର କରିବା ଜରୁରୀ। ଯାହାଦ୍ୱାରା ଆପଣ କିଛି ନୂଆ ଚିନ୍ତା କରିପାରିବେ ଓ ନିଜ ହୃଦୟ ସହିତ କାମ ସମ୍ପର୍କରେ କଥା ହୋଇପାରିବେ।

ଏକାନ୍ତରେ ବସିରହି ନିଜ ହୃଦୟ ସହିତ କଥା ହେବା ଏବଂ ମସ୍ତିଷ୍କରେ କିଛି ଚିନ୍ତା କରିବା ପ୍ରକ୍ରିୟାର ଅଧଘଣ୍ଟା ପରେ ଆପଣଙ୍କୁ ଲାଗିବ ଯେମିତି ଆପଣ ଏକ ବିଚିତ୍ର ପରୀଲୋକରେ ପହଞ୍ଚିଛନ୍ତି। ଏଠାରେ କେବଳ ଅସୀମ ଶାନ୍ତି ରହିଛି ଓ ନୂଆ ବିଚାର ଉତ୍ପନ୍ନ ହେବାର ଫ୍ୟାକ୍ଟ୍ରି ଆପଣଙ୍କୁ ନିଜ ମସ୍ତିଷ୍କରେ ଥିଲା ଭଳି ଲାଗିବ। ପ୍ରତ୍ୟେକ ବ୍ୟକ୍ତି ନୂଆ ବିଚାରର ଉତ୍ପାଦନ କ୍ଷେତ୍ର କରିପାରିବେ ଓ ନିଜ ହୃଦୟ ସହିତ କଥା ହୋଇପାରିବେ। ଏହା କରିବା ଦ୍ୱାରା ସେମାନଙ୍କୁ ଯେଉଁ ଆନନ୍ଦ ମିଳିବ, ତାହାର ବର୍ଣ୍ଣନା ଶବ୍ଦରେ କରିବା ସମ୍ଭବ ନୁହେଁ। ତାହାର କେବଳ ଅନୁଭବ ହିଁ କରାଯାଇପାରିବ, ତାହେଲେ କାହିଁକି ଆଜି ହିଁ ଆପଣ ଏହି ଅନୁଭବକୁ ରୂପ ଦେବେ ନାହିଁ। କିଛି ସମୟ ବାହାର କରି କିଛି ନୂଆ ଭାବିବା ପାଇଁ ସମୟ ଦିଅନ୍ତୁ ଓ ନିଜ ହୃଦୟ ସହିତ କଥା ହୁଅନ୍ତୁ। ମନ ଭିତରେ ଥିବା ଅନେକ ମଳିନତା, ଜୀବନର ଅନେକ ସମସ୍ୟାର ଗୋଟିଏ ଉତ୍ତର, ତାହା ହେଲା ନିଜ ହୃଦୟ ସହିତ ନିଜେ କଥା ହେବା।

ଏହି କାର୍ଯ୍ୟକ୍ରମ କୌଣସି ପ୍ରକାରେ ବନ୍ଦ କରନ୍ତୁ ନାହିଁ ଆଉ ବେଧଡ଼କ କୌଣସି ଚିନ୍ତା ନ କରି ଏବେଠାରୁ ଏହି କାର୍ଯ୍ୟକ୍ରମକୁ ବାସ୍ତବ ରୂପ ଦିଆଯାଇପାରେ। ଯଦି ଆପଣ ଟ୍ରେନ କିମ୍ବା ବିମାନରେ ଯାତ୍ରା କରୁଛନ୍ତି ଓ ଚୁପଚାପ ବସିଛନ୍ତି, ଏହି ସମୟରେ ଶାନ୍ତିରେ ନିଜର ମସ୍ତିଷ୍କକୁ ଏକାଗ୍ର ରଖି, ସାତ୍ତ୍ୱିକ ଚିନ୍ତନ କରିବା ସହିତ ନିଜ ହୃଦୟ ସହ କଥା ହୋଇ ଜୀବନର ମଜା ଉଠାଇପାରିବେ।

33

ଆଇଡ଼ି ସର୍ବଦା ପାଖରେ ରଖନ୍ତୁ

'ଯେଉଁ ବ୍ୟକ୍ତି ଲକ୍ଷ୍ୟପ୍ରାପ୍ତି ପାଇଁ ଉତ୍ସୁକ, ସେ ସବୁବେଳେ ନିଜ ପାଖରେ ଆଇଡି ଅର୍ଥାତ୍ ଆଇଡିୟାଜ ଡାଇରୀ ନିଶ୍ଚୟ ରଖିବା ଆବଶ୍ୟକ ।'

ଯେତେବେଳେ ଆମେ ଆଇଡି କଥା କହୁଛୁ ସମ୍ଭବତଃ ଆପଣ ଭାବୁଥିବେ କି ଆମେ ନିଜର ଆଇଡି ଅର୍ଥାତ୍ ଆଇଡେଣ୍ଟିଟୀ କାର୍ଡ ସବୁବେଳେ ପାଖରେ ରଖିବା ଉଚିତ । ମୋର ଭାବନା ଏହି ଆଇଡି ସମ୍ପର୍କରେ ନୁହେଁ, ବରଂ ମୋର ଯେଉଁ ଆଇଡି ସାଙ୍ଗରେ ରଖିବାର ଫର୍ମୁଲା ଅଛି, ତାହା ଏଭଳି, ଯାହା ଆପଣଙ୍କୁ ନିଜର ଲକ୍ଷ୍ୟ ନିକଟକୁ ନେଇଯିବ। ଏହି ଫର୍ମୁଲା ହେଲା ଆଇଡି ଅର୍ଥାତ ଆଇଡିୟାଜ ଡାଇରୀ। ଆଜ୍ଞା ହଁ, ମସ୍ତିଷ୍କରେ ଭଗବାନ ମଧ୍ୟ ଏହିଭଳି ଫ୍ୟାକ୍ଟ୍ରି ବନାଇଛନ୍ତି ଯେ, ୨୪ ଘଣ୍ଟାରେ ଆମ ମସ୍ତିଷ୍କକୁ ପଚାଶ କଥା ଆସିଥାଏ, ବାହାରିଥାଏ ଓ ଚାଲିଯାଇଯାଏ । କିନ୍ତୁ ବହୁତ ଶୀଘ୍ର ତାହା ଲୁପ୍ତ ହୋଇଯାଇଥାଏ। ଆମେ ଏବେ କୌଣସି କଥା ଚିନ୍ତା କରୁଛେ, ତାହା ଚିନ୍ତା କରୁ କରୁ ମସ୍ତିଷ୍କକୁ ଦୁଇ ଚାରୋଟି ନୂଆ ଆଇଡିଆ ଆସୁଛି ଆଉ ଆମେ ଯଦି କିଛି ସମୟ ବସି ରହୁଛେ ଅନ୍ୟ କିଛି କଥା ମସ୍ତିଷ୍କକୁ ଚାଲିଆସୁଛି । ମସ୍ତିଷ୍କକୁ କୌଣସି ନୂଆ ଆଇଡିଆ ଆସିଗଲା, କିନ୍ତୁ ପରଦିନ ସକାଳେ ଆମେ ଚିନ୍ତା କରିବା କାଲି ସକାଳେ ମସ୍ତିଷ୍କକୁ ଆସିଥିବା ଆଇଡିଆକୁ କ୍ରିୟାନ୍ୱିତ କରିବା, ମନନ କରିବା ଓ ଲକ୍ଷ୍ୟକୁ ପୂରଣ କରିବାରେ ସହାୟତା ନେବା ତେବେ ଆମେ ପାଇବା କି ଗତକାଲି ଯେଉଁ ଆଇଡିଆ ଆସିଥିଲା ତା'ର ୯୦ ପ୍ରତିଶତ ଲୁପ୍ତ ହୋଇଯାଇଛି। ତେଣୁ ସଫଳ ବ୍ୟକ୍ତି ଯାହାଙ୍କର ଉଦ୍ଦେଶ୍ୟ ଲକ୍ଷ୍ୟପ୍ରାପ୍ତି, ସେ ପ୍ରତି ମୁହୂର୍ତ୍ତରେ ନିଜ ପାଖରେ ଆଇଡି ଅର୍ଥାତ୍ ଆଇଡିଆଜ ଡାଇରୀ ରଖିଥାନ୍ତି। ଉକ୍ତ ଆଇଡିଆଜ ଡାଇରୀ ପାଖରେ ରଖିବାର ଲାଭ ହେଲା ଏଇଆ ଯେ, ଯେତେବେଳେ ବି ଆପଣଙ୍କ ମନକୁ କୌଣସି ବିଚାରବିନ୍ଦୁ ଆସିବ ଆପଣ ତୁରନ୍ତ ସେହି କଥାକୁ ଆଇଡିଆଜ ଡାଇରୀରେ ଲେଖିନେବେ।

ଯଦି ଆପଣ ନିଜର ଲକ୍ଷ୍ୟ ସମ୍ପର୍କରେ କିଛି ଚିନ୍ତା କରୁଛନ୍ତି, ବୁଲିଲାବେଳେ ହେଉ କି ବସିରହି ଟିଭି ଦେଖୁ ଦେଖୁ କୌଣସି ଆଇଡିଆ ଆପଣଙ୍କ ମନକୁ ଆସିଗଲା ତେବେ ତୁରନ୍ତ

ନିଃସଙ୍କୋଚରେ ଆପଣ ସେହି ଆଇଡିଆକୁ ଆଇଡିୟାଜ ଡାଇରୀରେ ଲେଖିନିଅନ୍ତୁ। ଏପରି କରିବା ଦ୍ୱାରା ଆପଣଙ୍କ ବିଚାର ଦୂର ହୋଇଯିବ ନାହିଁ ଏବଂ ଆପଣଙ୍କର ଲକ୍ଷ୍ୟପ୍ରାପ୍ତିର ସ୍ୱପ୍ନକୁ ସାକାର କରିବାରେ ସହାୟତା ମିଳିବ।

ଯେଉଁ ବ୍ୟକ୍ତି ବ୍ୟାପାର ଅଥବା ବ୍ୟବସାୟରେ କାର୍ଯ୍ୟରତ, ତାଙ୍କ ପାଇଁ ଏ ଆଇଡିଆଜ ଡାଇରୀ ବାସ୍ତବରେ ବହୁତ ଲାଭଦାୟକ କଥା । ଯଦି ଆପଣ ବ୍ୟାପାର ଏବଂ ବ୍ୟବସାୟ ବିଷୟ ନେଇ କାହାକୁ ଭେଟିବାକୁ ଯାଉଥାନ୍ତି ଓ ଏଥିପାଇଁ ଆପଣ ସମସ୍ତ ପ୍ରସ୍ତୁତି କରିନେଇଛନ୍ତି, ବିଚାରବିନ୍ଦୁ ଲେଖିବା କାର୍ଯ୍ୟ ସାରିଦେଇଛନ୍ତି କିନ୍ତୁ ରାସ୍ତାରେ ଯେତେବେଳେ ଯାତ୍ରା କରୁଛନ୍ତି ସେତେବେଳେ ଆପଣଙ୍କ ମସ୍ତିଷ୍କକୁ ଆଉ ଦୁଇ ଚାରୋଟି କଥା ଆସିଲା ଯାହା ସେହି ବ୍ୟବସାୟିକ ଆଲୋଚନାରେ ଆପଣଙ୍କୁ କହିବାକୁ ହେବ, ତା ହେଲେ ତୁରନ୍ତ ସେହି କଥାକୁ ଉକ୍ତ ଆଇଡିୟାଜ ଡାଇରୀରେ ଲେଖିନିଅନ୍ତୁ। ବୈଜ୍ଞାନିକ ଦୃଷ୍ଟିରୁ ଯଦି ଆପଣ ଆଇଡିୟାଜ ଡାଇରୀରେ କୌଣସି ଆଇଡିଆ କି କିଛି କଥା କିମ୍ବା ବିଚାରବିନ୍ଦୁ ଲେଖି ଦେଇଛନ୍ତି ଓ ତାହାକୁ ପୁନର୍ବାର ପଢିନାହାନ୍ତି ଓ ଦୋହରାଇ ନାହାନ୍ତି ତଥାପି ତାହା ଅନେକ ସମୟ ପର୍ଯ୍ୟନ୍ତ ଆପଣଙ୍କ ମାନସପଟ୍ଟରେ ଅଙ୍କିତ ହୋଇ ରହିଯିବ। ତେଣୁ ଯେତେବେଳେ ବି କୌଣସି ବିଚାରବିନ୍ଦୁ ଆସୁଛି, ନିଜ ବ୍ୟାଗରୁ ଆଇଡିଆଜ ଡାଇରୀ ଅର୍ଥାତ୍ ଆଇଡି ବାହାର କରି ଲେଖିନିଅନ୍ତୁ। ବେଳେବେଳେ ଏହି ଆଇଡିଆଜ ଡାଇରୀକୁ ଦେଖିନେବା ଉଚିତ। ଏହାର ମନନ କରିବା ଆବଶ୍ୟକ, ଫାଲତୁ କାର୍ଯ୍ୟକୁ ଦୂରେଇ ଦେବା ଉଚିତ ଏବଂ ଯାହା ଅତି ଗୁରୁତ୍ୱପୂର୍ଣ୍ଣ କାର୍ଯ୍ୟର କଥା, ସେଗୁଡ଼ିକୁ ଭଲ ଭାବରେ ଲେଖିନେବା ଆବଶ୍ୟକ । ଆଇଡିଆଜ ଡାଇରୀ ଆପଣଙ୍କର ଏଭଳି ବନ୍ଧୁ ହୋଇଯିବ ଯାହା ସୁଚାରୁ ଭାବରେ ଲକ୍ଷ୍ୟପ୍ରାପ୍ତି ଦିଗରେ ଆଗେଇଯିବାରେ ସାହାଯ୍ୟ କରିବ ଓ ଏଥିସହିତ ଏଭଳି କେତେକ ବିଚାରବିନ୍ଦୁ ଦେବ ଯାହା ବ୍ୟବସାୟ କ୍ଷେତ୍ରରେ ଜୀବନର ଯାତ୍ରାରେ ଅଭିବୃଦ୍ଧି ହେବ। ତେଣୁ ସବୁବେଳେ ଆଇଡି ନିଜ ପାଖରେ ରଖନ୍ତୁ।

34

ଆପଣଙ୍କ ଲକ୍ଷ୍ୟ ଉପରେ ଡେଲି ଡାଇରୀର ନଜର

'ଡେଲି ଡାଇରୀ ପ୍ରତିଦିନର ଦିନଚର୍ଯ୍ୟାକୁ ସୁବ୍ୟବସ୍ଥିତ କରିବା ସହିତ ଉତ୍ତରୋତ୍ତର ଲକ୍ଷ୍ୟକୁ ଆହୁରି ଆଗେଇ ନେଇଥାଏ ।'

ଯେତେବେଳେ ଆପଣ ଜୀବନର ଲକ୍ଷ୍ୟ ନିର୍ଦ୍ଧାରଣ କରିନେଲେ, ନିଜ ଲକ୍ଷ୍ୟ ସମ୍ପର୍କିତ ସମ୍ପୂର୍ଣ୍ଣ ପୃଷ୍ଠଭୂମି ପ୍ରସ୍ତୁତ କରିନେଲେ ତ ବର୍ତ୍ତମାନ ସମୟ ହେଉଛି କେବଳ ସେହି ଲକ୍ଷ୍ୟକୁ ନିଷ୍ପାଦନ କରିବା । ଅତଏବ ଭଲ ହେବ ଆପଣ ଡେଲି ଡାଇରୀ ଲେଖିବା ଅଭ୍ୟାସ କରନ୍ତୁ। ଡେଲି ଡାଇରୀ ଆପଣଙ୍କର ଅଧାପକ ଭଳି କାର୍ଯ୍ୟ କରିବ ଏବଂ ଆପଣଙ୍କ ଲକ୍ଷ୍ୟ ପୂରଣ କରିବାରେ ସହାୟତା କରିବ। ଡେଲି ଡାଇରୀର ଦୁଇଟି ବିଶେଷତ୍ୱ ରହିଛି- ପ୍ରଥମତଃ ଡେଲି ଡାଇରୀରେ ଆପଣ ପ୍ରତ୍ୟହ ନିଜର ସାରାଦିନ କାର୍ଯ୍ୟର ବିବରଣୀ ଲେଖିଥାଆନ୍ତି ଅର୍ଥାତ୍ ଆପଣଙ୍କୁ କେଉଁ କାର୍ଯ୍ୟ କେତେବେଳେ କରିବାର ଅଛି ତାହା ଉଲ୍ଲେଖ କରିଥାନ୍ତି। କେତେବେଳେ କେଉଁଠିକୁ ଯିବେ, ଆପଣଙ୍କ କୌଣସି ମିଟିଂ ରହିଛି, କିଏ ଆପଣଙ୍କୁ ଭେଟିବାକୁ ଆସିବେ, ସନ୍ଧ୍ୟାରେ ରାତ୍ର ଭୋଜନ ପାଇଁ କେଉଁଠିକୁ ଯିବାର ଅଛି କି ନାହିଁ, ବିବାହୋତ୍ସବ ଆଦି କାର୍ଯ୍ୟକ୍ରମରେ କେବେ ଯିବାକୁ ହେବ ଏସବୁ କଥା ଡେଲି ଡାଇରୀରେ ଲେଖାଯାଇଥାଏ। ଫଳରେ ଆପଣ ଜରୁରୀ କାର୍ଯ୍ୟକୁ ଭୁଲିଯିବେ ନାହିଁ।

କେତେକ ଲୋକଙ୍କର ଅଭ୍ୟାସ ହେଲା ସେମାନେ ଡେଲି ଡାଇରୀରେ କିଛି ବି ଲେଖନ୍ତି ନାହିଁ ଓ ସବୁ ଲେଖା ସେମାନଙ୍କ ମସ୍ତିଷ୍କରେ ହିଁ ରହିଥାଏ। ଏଭଳି ଲୋକ ଚିନ୍ତାଗ୍ରସ୍ତ ରହିଥାନ୍ତି ଓ ଅନେକ ସମୟରେ ଏହା ଦେଖାଯାଏ କି ସେଭଳି ବ୍ୟକ୍ତି ଯିଏ ଡେଲି ଡାଇରୀ ରଖି ନଥାନ୍ତି ଓ କେଳେବେଳେ କ'ଣ କରିବାର ଅଛି ଲେଖି ନଥାନ୍ତି, ସେମାନେ ବହୁ ସମୟରେ ନିଜର ଆପଏଣ୍ଟମେଣ୍ଟ ଭୁଲିଯାଇଥାନ୍ତି। କଳ୍ପନା କରନ୍ତୁ ତ ଆପଣଙ୍କୁ ନିଜର ବ୍ୟାପାର ବା ବ୍ୟବସାୟ

କାରବାର ନେଇ କୌଣସି ବ୍ୟକ୍ତିଙ୍କୁ କାଲି ସକାଳ ଠିକ୍ ସାଢେ ଏଗାରଟା ବେଳେ ଭେଟିବାର ଅଛି। ଆପଣ ତାଙ୍କୁ ସମ୍ମତି ଜଣାଇଛନ୍ତି। କାମ ଆପଣଙ୍କର, ଦାୟିତ୍ୱ ଆପଣଙ୍କର, ଆପଣଙ୍କ ପାଇଁ ଭେଟିବା ଜରୁରୀ। କିନ୍ତୁ ଯେତେବେଳେ କାଲି ଆସିଲା ସେଦିନ ସାଢେ ଏଗାରଟା ବେଳେ ଆପଣ ତାଙ୍କ ପାଖରେ ପହଞ୍ଚିଲେ ନାହିଁ, କାରଣ ଆଗରୁ ଲେଖିବା କଥା ଆପଣ ଡାଇରୀରେ ଲେଖି ନଥିଲେ, ଏହାକୁ କେବଳ ମସ୍ତିଷ୍କରେ ଲେଖିଥିଲେ ଓ ସେ କଥାକୁ ଭୁଲିଗଲେ। ଏପରିସ୍ଥଳେ ଆପଣଙ୍କର ବ୍ୟାପାର ଅଥବା ବ୍ୟବସାୟରେ କ୍ଷତି ହେବ। ଏଥିସହିତ ବିଶ୍ୱାସ ଉପରେ ମଧ୍ୟ ପ୍ରଭାବ ପଡ଼ିବ। ଉକ୍ତ ବ୍ୟକ୍ତି ଅନୁଭବ କରିବେ ବାସ୍ତବରେ ଆପଣଙ୍କର ବ୍ୟବସାୟ କରିବାର ଇଚ୍ଛା ନାହିଁ, ତେଣୁ ଡେଲି ଡାଇରୀ ସବୁବେଳେ ପାଖରେ ରଖନ୍ତୁ ଓ ନିଜର ଆପଏଣ୍ଟମେଣ୍ଟକୁ ସେହି ଡେଲି ଡାଇରୀରେ ଲେଖି ରଖନ୍ତୁ। ସେହିଭଳି ମନେ କରନ୍ତୁ ଆପଣ କୌଣସି ଲୋକଙ୍କୁ ସମୟ ଦେଇଛନ୍ତି କି ମୋତେ ଆଜି ସଂଧ୍ୟା ୪ଟାବେଳେ ଦେଖା କରିବ ଆଉ ଯେତେବେଳେ ସେହି ଲୋକ ଆପଣଙ୍କୁ ଭେଟିବା ଲାଗି ବହୁତ ଦୂରରୁ ଆସି ଆପଣଙ୍କ କାର୍ଯ୍ୟାଳୟରେ ପହଞ୍ଚିଲେ କିମ୍ବା ଆପଣଙ୍କ ସହର ବାହାରୁ ଆସି ଆପଣଙ୍କ କାର୍ଯ୍ୟାଳୟରେ ଠିକ୍ ସଂଧ୍ୟା ୪ଟାରେ ପହଞ୍ଚିଲେ, ସେଠାରେ ଆପଣ ଉପସ୍ଥିତ ନଥିବେ, କାରଣ ଆପଣଙ୍କର ଅନ୍ୟ କୌଣସି ମିଟିଂ ଯିବାର ଥିବ। ଏପରିସ୍ଥଳେ ଆପଣଙ୍କର ଭାବମୂର୍ତ୍ତି ଖରାପ ହେବ ଓ ବ୍ୟବସାୟରେ କ୍ଷତି ମଧ୍ୟ ହେବ। ତେଣୁ ସବୁବେଳେ ନିଜ କାର୍ଯ୍ୟଗୁଡ଼ିକୁ ମସ୍ତିଷ୍କରେ ଲେଖି ରଖନ୍ତୁ ନାହିଁ। ମସ୍ତିଷ୍କରେ ନିଜର ଆପଏଣ୍ଟମେଣ୍ଟ ଲେଖିବା କାର୍ଯ୍ୟ ଛାଡନ୍ତୁ, ସବୁବେଳେ ଡେଲି ଡାଇରୀରେ ଆପଏଣ୍ଟମେଣ୍ଟ ଲେଖନ୍ତୁ। ଡେଲି ଡାଇରୀରେ ଆପଏଣ୍ଟମେଣ୍ଟ ଲେଖିବାର ସବୁଠୁ ବଡ଼ ଲାଭ ହେଲା ଆପଣଙ୍କ ମସ୍ତିଷ୍କ ଉପରେ ଚାପ ପଡ଼ିବ ନାହିଁ।

ଡେଲି ଡାଇରୀରେ ଆପଏଣ୍ଟମେଣ୍ଟ ଲେଖିବା ବ୍ୟତୀତ ଅନ୍ୟ ଏକ ଡେଲି ଡାଇରୀ ରହିଛି, ତାହା ହେଲା ରାତିରେ ଶୋଇବା ସମୟରେ ନିଜର ଡାଇରୀ ଲେଖିବା। ଏହି ଡାଇରୀରେ ଆପଣ ସାରା ଦିନ ଭିତରେ କରିଥିବା ଗୁରୁତ୍ୱପୂର୍ଣ୍ଣ କାର୍ଯ୍ୟକୁ ଉଲ୍ଲେଖ କରନ୍ତୁ। ଲେଖିବା ସହିତ ବେଳେବେଳେ ଏହି ଡେଲିଡାଇରୀକୁ ପଢନ୍ତୁ ଓ ମନନ କରନ୍ତୁ। ଡାଇରୀ ଲେଖିବାର ଅଭ୍ୟାସ ଆପଣଙ୍କୁ ଆଶ୍ଚର୍ଯ୍ୟ ପ୍ରକାର ଖୁସି ଦେବ ଏବଂ ଏପରି ଲାଗିବ ଯେମିତି ଆପଣ କୌଣସି ବନ୍ଧୁ ସହିତ ଦୋସ୍ତଙ୍କ ସହିତ କଥା ହେଉଛନ୍ତି। ଏହି କାରଣରୁ ରାଷ୍ଟ୍ରପିତା ମହାତ୍ମା ଗାନ୍ଧି ପ୍ରତିଦିନ ଡାଇରୀ ଲେଖୁଥିଲେ ଏବଂ ସମସ୍ତଙ୍କୁ ଏଭଳି କରିବା ଲାଗି ପରାମର୍ଶ ମଧ୍ୟ ଦେଉଥିଲେ।

35

ନିଜକୁ କାହାଠାରୁ କମ୍ ଭାବନ୍ତୁନି

'ଲକ୍ଷ୍ୟପ୍ରାପ୍ତି ଲାଗି ନିଜକୁ କାହାଠାରୁ କମ୍ ବିଚାରନ୍ତୁ ନାହିଁ ଓ ନିଜର ଦୁର୍ବଳତା କାହା ଆଗରେ ପ୍ରକାଶ କରନ୍ତୁ ନାହିଁ।'

ଆପଣ ନିଜକୁ ଜୀବନର କୌଣସି ସ୍ଥିତିରେ ନ୍ୟୂନ ଅନୁଭବ କରିଥାନ୍ତି। ଆପଣଙ୍କୁ ଏମିତି ଲାଗିଥାଏ ଯେପରି ଆପଣଙ୍କଠାରେ କିଛି କରିବାର ଶକ୍ତି ହିଁ ନାହିଁ। ଆପଣଙ୍କ ଚାରିପଟୁ ନିରାଶାର ବାଦଲ ଘୋଟିଆସିଲା ଭଳି ଲାଗେ। ଏଭଳି ସ୍ଥିତିରେ ଆପଣ ନିଜକୁ କାହାଠାରୁ ନ୍ୟୂନ ମନେ କରିବା ଉଚିତ ନୁହେଁ। ଯଦି ଆପଣ ନ୍ୟୂନ ମନେକରିବା ଆରମ୍ଭ କରିଦିଅନ୍ତି, ତାହେଲେ ନିଜର ଲକ୍ଷ୍ୟ ପାଖରେ ପହଞ୍ଚିବାରେ ବିଫଳ ହୋଇଯିବେ। ତେଣୁ ଆପଣ ନିଜକୁ କେବେ ବି କାହାଠାରୁ କମ୍ ଭାବନ୍ତୁନି।

ଯଦି ଆପଣଙ୍କ କଥାକୁ କେହି ଶୁଣୁ ନାହିଁ, ତେବେ ଆପଣ ନିଜ ମନ ସହିତ କଥା ହୁଅନ୍ତୁ ଆଉ ଆପଣଙ୍କୁ ଯଦି ଲାଗୁଛି ଆପଣ ଅନ୍ୟ ବ୍ୟକ୍ତିଠାରୁ କମ୍ ତେବେ ଏଠାରେ ପ୍ରଶ୍ନ ଉଠିବ କ'ଣ କରାଯିବ ? ଏପରିସ୍ଥଳେ ଆପଣ ସର୍ବଦା ନିଜର ଦୁର୍ବଳତା ଉପରେ ନଜର ଦିଅନ୍ତୁ ଓ ସେଗୁଡ଼ିକୁ ଦୂର କରିବାର ପ୍ରକ୍ରିୟା ଆପଣାନ୍ତୁ। ଯେଉଁ କାର୍ଯ୍ୟରେ ବି ଆପଣଙ୍କର ଦୁର୍ବଳତା ରହିଛି ସେଗୁଡ଼ିକୁ ଦୂର କରିବା ଲାଗି ବାରମ୍ବାର କଠୋର ପରିଶ୍ରମ କରି ନିଜକୁ ନିଜେ ଦୁର୍ବଳ ଭାବିବା ପ୍ରକ୍ରିୟାଠାରୁ ଦୂରେଇ ରଖନ୍ତୁ।

ଯଦି ଆପଣଙ୍କ ମନରେ ସାମାନ୍ୟ ନିରାଶା ବି ଆସିଯାଏ ଓ ନିଜକୁ ନିଜେ କମ୍‌ଜୋର୍ ଅନୁଭବ କରିବା ଆରମ୍ଭ କରିଦିଅନ୍ତି ତେବେ ଧ୍ୟାନ ରଖନ୍ତୁ ଆପଣଙ୍କ ସହ ମିଶୁଥିବା ଦୋସ୍ତ, ସାଙ୍ଗସାଥୀ ଓ ବ୍ୟାପାର ତଥା ବ୍ୟବସାୟ ସହ ସଂପୃକ୍ତ ସାଥୀଗଣ, ସମସ୍ତେ ଆପଣଙ୍କଠାରୁ ଦୂରେଇବାକୁ ଲାଗିବେ। ତେଣୁ ନିଜ ମନର ମଳିନତା, ନିଜ ମନର ଦୁର୍ବଳତାକୁ କେବେ ବି କାହା ଆଗରେ ପରିପ୍ରକାଶ କରନ୍ତୁ ନାହିଁ।

ଆମ ଶାସ୍ତ୍ରମାନଙ୍କରେ ମଧ୍ୟ ଏଭଳି କଥା କୁହାଯାଇଛି। ତେଣୁ ଏହି କଥା ପ୍ରତି ପୂର୍ଣ୍ଣ ବିଶ୍ୱାସ

ରଖି ସର୍ବଦା ନିରନ୍ତର ପ୍ରୟାସ କରନ୍ତୁ କି ଆପଣ ନିଜକୁ କାହାଠାରୁ ନ୍ୟୁନ ମନେ କରିବେନି । ଯେତେବେଳେ ଆମେ ନିଜକୁ କମ୍ ନ ବିଚାରିବା କଥା କହୁଛେ ତ ତାହାର ଉଦ୍ଦେଶ୍ୟ ନୁହେଁ ଯେ ଆମେ ଗର୍ବୀ। ଆମେ ଚାହୁଁ କି ଆମେ ସମ୍ମାନର ସହିତ ରହିବା, ଅନ୍ୟ କୌଣସି ବ୍ୟକ୍ତିଙ୍କ ପାଖୁ ନିଜକୁ କମ୍‌ଜୋର ଭାବିବା ନାହିଁ । ଯଦ୍ୟପି ଯଦି ଆପଣଙ୍କ ହୃଦୟ ଓ ମନରେ ଦୁର୍ବଳତା ଛାଇଯାଇଛି ଆପଣ ନିଜକୁ ଖୁବ୍ ହାଲକା, ଦୁର୍ବଳ ବ୍ୟକ୍ତି ଅନୁଭବ କରୁଛନ୍ତି, ତେବେ ଆପଣ କିଛି ଲମ୍ବା ସମୟ ବାହାର କରି ସ୍ୱାମୀ ବିବେକାନନ୍ଦଙ୍କ ପୁସ୍ତକ ପଢନ୍ତୁ। ଏହି ପୁସ୍ତକଗୁଡିକୁ ପଢିବା ଦ୍ୱାରା ଆପଣଙ୍କ ଭିତରେ ଆଶ୍ଚର୍ଯ୍ୟ ପ୍ରକାରର ଶକ୍ତି ଆସିଯିବ ଓ ଆପଣଙ୍କ ମସ୍ତିଷ୍କ ମଧ୍ୟରେ ପ୍ରଚୁର ମାତ୍ରାରେ ଉତ୍ସାହ ସଂଚାର ହେବ। କେବଳ ସେତିକି ନୁହେଁ, ଆପଣ ନିଜକୁ ନିଜେ ଅସହାୟ ଅଥବା ଦୁର୍ବଳ ଅନୁଭବ କରିବେ ନାହିଁ।

ଭାବନ୍ତୁ ତ ଦେଖି, ଯଦି ଆପଣ ନିଜକୁ ନିଜେ ଦୁର୍ବଳ ଅନୁଭବ କରନ୍ତି ଓ ଏହି କଥା ଆପଣଙ୍କ ହାବଭାବ ଓ ଚାଲିଚଳନରୁ ଅନ୍ୟ ବ୍ୟକ୍ତିଙ୍କୁ ଜଣାପଡିଯାଏ ତେବେ ଜୀବନରେ ଏଭଳି ଲୋକ ଆସିବେ, ଯେଉଁମାନେ ଦୁର୍ବଳତାରୁ ଲାଭ ଉଠାଇବାକୁ ଯାଇ ଆପଣଙ୍କୁ ନିଜର ଲକ୍ଷ୍ୟ ପୂରଣ ଦିଗରୁ ହଟାଇଦେବେ। ତେଣୁ ଆପଣ କଦାପି ନିଜକୁ କମ୍‌ଜୋର ଭାବନ୍ତୁ ନାହିଁ। ଏକଥା ସବୁବେଳେ ମନେରଖନ୍ତୁ କି ଯେଉଁ କଥା ଆପଣଙ୍କୁ କମ୍‌ଜୋର କରିଦେଉଛି, କ'ଣ ତାହା ବାସ୍ତବରେ ଠିକ୍ ନା କେବଳ ଆପଣଙ୍କ ମନର ଡର ? ଯଦି ଆପଣଙ୍କୁ ଲାଗିବ ଏକଥା ଠିକ୍, ତେବେ ଏପରି ସ୍ଥିତିରେ ଆପଣଙ୍କଠାରେ ଯାହା ଦୁର୍ବଳତା ବା କମ୍ ରହିଛି ସେଗୁଡିକୁ ଦୂର କରିବା ଲାଗି କଠିନ ପରିଶ୍ରମ କରନ୍ତୁ। ଏହାଦ୍ୱାରା ଆପଣଙ୍କ ଶକ୍ତି ବଢିଯିବ ଓ ଆପଣ ନିଜକୁ ନିଜେ କାହାଠାରୁ ନ୍ୟୁନ ମନେକରିବେ ନାହିଁ।

36

ଲକ୍ଷ୍ୟପ୍ରାପ୍ତି ଲାଗି ରାତ୍ରରେ ପ୍ରଭୁ ପ୍ରାର୍ଥନା

'ହୃଦୟର ସତ୍‌ପ୍ରାର୍ଥନାରୁ ଆମକୁ ସଠିକ୍ କର୍ତ୍ତବ୍ୟର ଠିକଣା ମିଳିଥାଏ। ଶେଷରେ କର୍ତ୍ତବ୍ୟ କରିବା ହିଁ ପ୍ରାର୍ଥନା ହୋଇଯାଏ।'

-ମହାତ୍ମା ଗାନ୍ଧୀ

ଯେତେବେଳେ ଆପଣଙ୍କ ଦିନଚର୍ଯ୍ୟା ଶେଷ ହୋଇଯାଏ ଓ ରାତିରେ ଶୋଇବା ପାଇଁ ଆପଣ ପ୍ରସ୍ତୁତ ହେଉଥାନ୍ତି, ସେତେବେଳେ ପାଞ୍ଚ ମିନିଟ୍ ସମୟ ବାହାର କରି ପ୍ରଭୁଙ୍କୁ ଧନ୍ୟବାଦ ଦେବା କାର୍ଯ୍ୟକ୍ରମ ଆପଣାଇ ନିଅନ୍ତୁ। ଆଜ୍ଞା ହଁ, ସାରା ଦିନ ପ୍ରଭୁ ଆପଣଙ୍କ ଉପରେ ଯେଉଁ କୃପା କରିଛନ୍ତି ତାକୁ ଦୁଇ ମିନିଟ୍ ପାଇଁ ସ୍ମରଣ କରନ୍ତୁ। ପରବର୍ତ୍ତୀ ଦୁଇ ତିନି ମିନିଟ୍ ପ୍ରଭୁଙ୍କୁ ଧନ୍ୟବାଦ ଦିଅନ୍ତୁ କି ଆଜି ସେ ଆପଣଙ୍କ ଜୀବନରେ ସ୍ୱର୍ଣ୍ଣିମ ଦିନ ବନାଇଛନ୍ତି ଏବଂ ପ୍ରଭୁଙ୍କୁ ଏହା ମଧ୍ୟ ପ୍ରାର୍ଥନା କରନ୍ତୁ କି ମୋର ଆଗାମୀ ଦିନ ମଧ୍ୟ ଏହିପରି ଭଲରେ ବିତିଯାଉ। ପ୍ରଭୁ ପ୍ରାର୍ଥନା ସହିତ ଯଦି ଆପଣ କିଛି ଭଲ ମନ୍ତ୍ର ଉଚ୍ଚାରଣ କରି ଶୋଇବେ ତେବେ ରାତିରେ ଆପଣଙ୍କୁ ଭଲ ନିଦ ମଧ୍ୟ ହେବ ଏବଂ ଲକ୍ଷ୍ୟ ପ୍ରାପ୍ତି ଲାଗି ଆପଣଙ୍କର ଯେଉଁ ଚିନ୍ତା ରହିଛି ତାହା ଆହୁରି ମଜବୁତ ହୋଇଯିବ। ତେଣୁ ରାତିରେ ପ୍ରଭୁକୃପାର ଗୁଣଗାନ କରନ୍ତୁ ଓ ଲକ୍ଷ୍ୟ ପ୍ରାପ୍ତିରେ ସହାୟତା ପାଆନ୍ତୁ।

ଶୟନ କକ୍ଷକୁ ଯିବା ପରେ ରାତିର ନିଦ୍ରାରେ ଶୋଇଯିବା ପୂର୍ବରୁ ଯଦି ଆପଣ ମାତ୍ର ୫ ମିନିଟ୍ ପ୍ରଭୁଙ୍କୁ ଧନ୍ୟବାଦ ଓ ଗୁଣଗାନରେ ଲଗାନ୍ତି ତେବେ ନିଶ୍ଚିତ ଭାବରେ ଆପଣଙ୍କୁ ଭଲ ନିଦ ଆସିବ ଓ ଆପଣ ନିଜକୁ ଚିନ୍ତାମୁକ୍ତ ଅନୁଭବ କରିବେ। ଏହି କାର୍ଯ୍ୟକ୍ରମକୁ ପ୍ରତିଦିନ ଆପଣଙ୍କ ଜୀବନର ଅଂଶବିଶେଷ କରିଦିଅନ୍ତି ତ ଆପଣଙ୍କର ଲାଭ ହିଁ ହେବ। ଅତଏବ ଆପଣ ପ୍ରତ୍ୟହ ୫ ମିନିଟ୍ ସମୟ ବାହାର କରନ୍ତୁ ଓ ଶୋଇବା ପୂର୍ବରୁ ପ୍ରଭୁଙ୍କୁ ଧନ୍ୟବାଦ ଦିଅନ୍ତୁ ତଥା ଗୋଟିଏ କିମ୍ବା ଦୁଇଟି ମନ୍ତ୍ର ମଧ୍ୟ ଭଲ ଭାବରେ ଜପ କରନ୍ତୁ। ଆପଣଙ୍କ ସୁବିଧା ପାଇଁ କେତେକ

ମନ୍ତ୍ର ନିମ୍ନରେ ଦିଆଯାଇଛି । ଯାହା ଆମର ଶାସ୍ତ୍ରରୁ ଉଦ୍ଧୃତ ହୋଇଛି । ଏହି ମନ୍ତ୍ରକୁ ଜପ କରିବାରେ ଏବଂ ବର୍ଷକୁ ୫୦-୧୦୦ ଥର ଏହି ମନ୍ତ୍ରକୁ ବୋଲିବାରେ ଆପଣଙ୍କୁ ଅନନ୍ୟ ଶକ୍ତି ମିଳିବ ତଥା ଆପଣଙ୍କ ଲକ୍ଷ୍ୟକୁ ପୂରଣ କରିବାରେ ସହାୟତା ମିଳିବ । ମନ୍ତ୍ରକୁ ମନେ ରଖିବା ମଧ୍ୟ ଜରୁରୀ ନୁହେଁ । ମନ୍ତ୍ରକୁ କାଗଜରେ ଲେଖି ପଢିନିଅନ୍ତୁ ଏବଂ ଏଥିସହତ ମନ୍ତ୍ରର ବ୍ୟାଖ୍ୟାକୁ ମଧ୍ୟ ପଢନ୍ତୁ । ତାହେଲେ ଆପଣଙ୍କୁ ଆନନ୍ଦ ପ୍ରାପ୍ତି ହେବ, ଭଲ ଲାଗିବ ଏବଂ ଲକ୍ଷ୍ୟ ପୂରଣ ହେଲା ଭଳି ଲାଗିବ । ଏହି ମନ୍ତ୍ରଗୁଡିକ ନିମ୍ନରେ ଉଲ୍ଲେଖ କରାଯାଉଛି-

ଭଦ୍ରଂ କର୍ଣ୍ଣେଭିଃ ଶୃଣୁୟାମ ଦେବାଃ ।

ଆମେ କଲ୍ୟାଣମୟୀ ବାଣୀ ଶୁଣିବା ।

ସ୍ୱସ୍ତି ପନ୍ଥାମନୁଚରେମ ।

ଆମେ କଲ୍ୟାଣ ମାର୍ଗର ପଥିକ ହେବା ।

ତମ୍ନେ ମନଃ ଶିବ ସଂକଳ୍ପମସ୍ତୁ ।

ମୋର ମନ ଶୁଭ ସଂକଳ୍ପରେ ପୂର୍ଣ୍ଣ ।

ମିତ୍ରସ୍ୟ ଚକ୍ଷୁଷା ସମୀକ୍ଷାମହେ ।

ଆମେ ସମସ୍ତଙ୍କୁ ମିତ୍ର ଦୃଷ୍ଟିରେ ଦେଖିବା ।

ମଧୁମତୀଂ ବାଚମୁଦେୟମ ।

ମୁଁ ମଧୁର କଥା କହିବି ।

ପ୍ରିୟଂ ମା କୃଣୁ ଦେବେଷୁ ।

ହେ ପ୍ରଭୁ ମୋତେ ସତପୁରୁଷମାନଙ୍କର ପ୍ରିୟ କରାନ୍ତୁ ।

ବୟଂ ସ୍ୟାମ ପତୟୋ ରଚିଣାମ୍ ।

ଆମେ ବିବିଧ ଐଶ୍ୱର୍ଯ୍ୟର ଅଧିପତି ହେଉ ।

ସର୍ବା ଆଶା ମମ ମିତ୍ରଂ ଭବନ୍ତୁ ।

ସମସ୍ତେ ଆମର ମିତ୍ର ହୁଅନ୍ତୁ ।

ସଂଗଚ୍ଛଧ୍ୱମ୍, ସଂବଦଧ୍ୱମ୍, ସଂ ବୋ ମନାଂସି ଜାନତାମ୍ ।

ଆମେ ଏକାଠି ଚାଲିବା, ଏକ ସ୍ୱରରେ କହିବା ଏବଂ ଆମର ବିଚାର ଏକ ହେବ ବା ଆମ

ସମସ୍ତଙ୍କର ମନ ସମାନ ହେଉ ।

ପୁମାନ୍ ପୁମାଂସଂ ପରିପାତୁ ବିଶ୍ୱତଃ ।

ମନୁଷ୍ୟମାନଙ୍କର ପ୍ରଥମ କର୍ତ୍ତବ୍ୟ ହେଉଛି ସେମାନେ ନିଷ୍ଛଳ ଭାବ ସହିତ ଅନ୍ୟର ଭାବନାକୁ ସମ୍ମାନ କରିବା ସହ ପରସ୍ପରକୁ ରକ୍ଷା କରନ୍ତୁ ଓ ସେମାନଙ୍କ ଉନ୍ନତିରେ ସହାୟକ ହୁଅନ୍ତୁ ।

ମନୁର୍ଭବ ଜନୟା ଦୈବ୍ୟାମ୍ ଜନମ ।

ମନୁଷ୍ୟ ହୁଅନ୍ତୁ ତଥା ଦିବ୍ୟତାଯୁକ୍ତ ମାନବତା ଗୁଣ ଆପଣାନ୍ତୁ ।

ଅଜ୍ୟୋଷ୍ଠା ସୋ ଅକନିଷ୍ଠା ଏନେ, ସଂ ଭ୍ରାତରୋ ବାବୃଧ ସୌଭାୟ ।

ଆମର ମଧ୍ୟ କେହି ବଡ଼ ନାହିଁ, କେହି ଛୋଟ ନାହିଁ, ଆମେ ସବୁ ଭାଇ ଭାଇ ଏବଂ ଉତ୍ତମ ଐଶ୍ୱର୍ଯ୍ୟ ପାଇଁ ସ୍ନେହର ବନ୍ଧନରେ ଆବଦ୍ଧ ଅଟୁ ।

ସର୍ବଭୂତହିତେ ରତାଃ ।

ସମସ୍ତଙ୍କର ଉନ୍ନତିକୁ ନିଜର ଉନ୍ନତି ବିଚାରନ୍ତୁ ।

37

ଲକ୍ଷ୍ୟପ୍ରାପ୍ତି ଲାଗି ଚାଣକ୍ୟ ସୂତ୍ର

'ନିଜ ଉପରେ ନିୟନ୍ତ୍ରଣ ରଖିଥିବା ବ୍ୟକ୍ତି ସମସ୍ତ ଅର୍ଥରେ ପରିପୂର୍ଣ୍ଣ ହୋଇଥାନ୍ତି।'

-ଆଚାର୍ଯ୍ୟ ଚାଣକ୍ୟ

ଚାଣକ୍ୟ ନୀତିର ପଠନ, ଚିନ୍ତନ ଓ ମନନ କରିବା ଦ୍ୱାରା ଆପଣଙ୍କର ଲକ୍ଷ୍ୟପ୍ରାପ୍ତି ଉଦ୍ଦେଶ୍ୟକୁ ନିଶ୍ଚୟ ସଫଳତା ମିଳିବ। ଅତଏବ ଯଦି ଆପଣଙ୍କୁ ନିଜ ଲକ୍ଷ୍ୟ ସଫଳତାର ସହିତ ପ୍ରାପ୍ତ କରିବାକୁ ଅଛି ତେବେ ବେଳେବେଳେ ଚାଣକ୍ୟ ନୀତିକୁ ପଢନ୍ତୁ ଏବଂ ପଢିସାରିବା ପରେ ତାହାକୁ ନିଜର ବ୍ୟାବହାରିକ ଜୀବନରେ ମନନ କରନ୍ତୁ। ନିମ୍ନଲିଖିତ କେତେକ ପ୍ରିୟ ସୂତ୍ର ପ୍ରସ୍ତୁତ କରାଯାଇଛି, ଯାହା ପାଠକମାନଙ୍କୁ ଭଲ ଲାଗିବ-

ସୁଖସ୍ୟ ମୂଳଂ ଧର୍ମଃ।

ସୁଖର ମୂଳ ହେଉଛି ଧର୍ମ।

ଧର୍ମସ୍ୟ ମୂଳମର୍ଥଃ।

ଧର୍ମର ମୂଳ ହେଲା ଅର୍ଥ।

ଅର୍ଥସ୍ୟ ମୂଳଂ ରାଜ୍ୟମ।

ଅର୍ଥର ମୂଳ ରାଜ୍ୟ ଅଟେ।

ରାଜ୍ୟମୂଳମିନ୍ଦ୍ରୀୟଜୟଃ।

ରାଜ୍ୟର ମୂଳ ଇନ୍ଦ୍ରିୟ ଜୟ।

ଇନ୍ଦ୍ରିୟ ଜୟସ୍ୟ ମୂଳଂ ବିନୟଃ।

ଇନ୍ଦ୍ରିୟ ଜୟର ମୂଳ ବିନୟ ନମ୍ରତା।

ବିନୟସ୍ୟ ମୂଳଂ ବୃଦ୍ଧୋପସେବା ।

ବିନୟର ମୂଳ ହେଉଛି ବୃଦ୍ଧମାନଙ୍କ ସେବା କରିବା ।

ବୃଦ୍ଧସେବାୟା ବିଜ୍ଞାନମ୍ ।

ବୃଦ୍ଧମାନଙ୍କ ସେବାର ମୂଳ ବିଜ୍ଞାନ ଅଟେ ।

ବିଜ୍ଞାନେନାତ୍ମାନଂ ସମ୍ପାଦୟେତ ।

ମନୁଷ୍ୟ ନିଜକୁ ନିଜେ ବିଜ୍ଞାନସମ୍ପନ୍ନ କରିବା ଓ ଆତ୍ମୋନ୍ନତି କରିବା ଉଚିତ ।

ସମ୍ପାଦିତାତ୍ମା ଜିତାତ୍ମା ଭବତି ।

ଯେଉଁ ପୁରୁଷ ବିଜ୍ଞାନରେ ସମ୍ପନ୍ନ ହୋଇଥାନ୍ତି, ସେ ନିଜକୁ ମଧ୍ୟ ଜିତିପାରନ୍ତି ।

ଜିତାତ୍ମା ସର୍ବାର୍ଥୈଃ ସଂଯୁଜ୍ୟେତ ।

ନିଜ ଉପରେ ନିୟନ୍ତ୍ରଣ ରଖିଥିବା ମନୁଷ୍ୟ ସମସ୍ତ ଅର୍ଥରେ ସମ୍ପନ୍ନ ହୋଇଥାଏ ।

ଆପତ୍ସ୍ୟୁ ସ୍ନେହସଂଯୁକ୍ତଂ ମିତ୍ରମ ।

ଯେଉଁ ବ୍ୟକ୍ତି ବିପଦ ବେଳେ ସ୍ନେହର ସହିତ ନିଜର ସାଥ ଦେଇଥାଏ ସେ ହିଁ ମିତ୍ର ।

ଦାନଂ ଧର୍ମଃ ।

ଦାନ କରିବା ଧର୍ମ ଅଟେ ।

ରାଜ୍ଞଂ ପ୍ରତିକୂଳଂ ନାଚରେତ୍ ।

ରାଜାଙ୍କର କଦାପି ବିରୁଦ୍ଧାଚରଣ କର ନାହିଁ ।

ଆତ୍ମାୟତ୍ତୌ ବୃଦ୍ଧି ବିନାଶୋ ।

ଉତ୍ଥାନ ଓ ବିନାଶ ଦୁଇଟି ଯାକ ନିଜ ହାତରେ ରହିଛି ।

ଆତ୍ମଛିଦ୍ରଂ ନ ପ୍ରକାଶୟେତ୍ ।

ନିଜର ଦୋଷ କିମ୍ବା ଦୁର୍ବଳତା କଦାପି ପ୍ରକାଶ କରିବା ଉଚିତ ନୁହେଁ ।

ଶତ୍ରୁଂ ଜୟତି ସୁବୃତ୍ତତା ।

ସଦ୍‌ବ୍ୟବହାରରେ ଶତ୍ରୁକୁ ମଧ୍ୟ ଜିତାଯାଇପାରେ ।

କଦାପି ପୁରୁଷଂ ନାବମନ୍ୟେତ ।

କୌଣସି ପୁରୁଷଙ୍କୁ କଦାପି ତିରସ୍କାର କରିବା ଉଚିତ ନୁହେଁ ।

ନ ଦୁର୍ଜନୈଃ ସହ ସଂସର୍ଗଃ କର୍ତ୍ତବ୍ୟଃ ।

ଦୁର୍ଜନ ସହିତ ସମ୍ପର୍କ କରିବା ଉଚିତ ନୁହେଁ ।

ଜୀର୍ଣ୍ଣଭୋଜିନଂ ବ୍ୟାଧିର୍ନୋପସର୍ପତି ।

ଖାଦ୍ୟ ହଜମ ହୋଇଯିବା ପରେ ଯେଉଁମାନେ ଭୋଜନ କରନ୍ତି, ସେମାନଙ୍କୁ କୌଣସି ରୋଗ ହୋଇନଥାଏ ।

ମିତଭୋଜନଂ ସ୍ୱାସ୍ଥ୍ୟମ୍ ।

ସ୍ୱଳ୍ପ ଭୋଜନ କରିବା ସ୍ୱାସ୍ଥ୍ୟର ଲକ୍ଷଣ ଅଟେ ।

ମୂର୍ଖେଷୁ ବିବାଦୋ ନ କର୍ତ୍ତବ୍ୟଃ ।

ମୂର୍ଖମାନଙ୍କ ସହ ବିବାଦ କରିବା ଉଚିତ ନୁହେଁ ।

ନାସ୍ତ୍ୟହଂକାର ସମଃ ଶତ୍ରୁଃ ।

ଅହଂକାରଠାରୁ ଅନ୍ୟ କୌଣସି ବଡ ଶତ୍ରୁ ନାହିଁ ।

ସଂସଦି ଶତ୍ରୁଂ ନ ପରିକ୍ରୋଶେତ୍ ।

ସଭାରେ ଶତ୍ରୁର ନିନ୍ଦା କରିବା ଉଚିତ ନୁହେଁ ।

ପାତ୍ରାନୁରୂପଂ ଦାନମ୍ ।

ପାତ୍ର ଅନୁସାରେ ଦାନ ଦେବା ଉଚିତ ।

ଅତ୍ୟୁପଚାରଃ ଶଂକି ତବ୍ୟଃ ।

ଅତ୍ୟଧିକ ଆଦର ଶଙ୍କାର କାରଣ ହୋଇଥାଏ ।

ସର୍ବ ଜୟତ୍ୟ କ୍ରୋଧଃ ।

କ୍ରୋଧ କରୁ ନଥିବା ବ୍ୟକ୍ତିଙ୍କର ସବୁଠି ବିଜୟ ହୋଇଥାଏ ।

ରାଜପୁରୁଷୈଃ ସମ୍ବନ୍ଧଂ କୁର୍ଯ୍ୟାତ୍ ।

ରାଜପୁରୁଷମାନଙ୍କ ସହ ସମ୍ପର୍କ ରଖିବା ଉଚିତ ।

ପ୍ରିୟ ବାଦିନୋ ନ ଶତ୍ରୁଃ ।

ପ୍ରିୟ ବଚନ କହୁଥିବା ବ୍ୟକ୍ତିର୍ କେହି ଶତ୍ରୁ ନଥାନ୍ତି ।

ନିଶାନ୍ତେ କାର୍ଯ୍ୟ ଚିନ୍ତୟେତ୍ ।

ନିତ୍ୟ ପ୍ରାତଃକାଳରେ ନିଜ କାର୍ଯ୍ୟ ସମ୍ପର୍କରେ ବିଚାର କରିବା ଉଚିତ ।

ଆତ୍ମା ନ ସ୍ତୋତବ୍ୟଃ ।

ନିଜ ମୁହଁରେ ନିଜର ପ୍ରଶଂସା କରିବା ଉଚିତ ନୁହେଁ ।

ସ୍ତ୍ରୀଣାଂ ନ ଭର୍ତୁଃ ପରଂ ଦୈବତମ୍ ।

ସ୍ତ୍ରୀଙ୍କ ପାଇଁ ସ୍ୱାମୀଠାରୁ ବଡ କୌଣସି ଦେବତା ନାହିଁ ।

ମାଂସଭକ୍ଷଣମଯୁକ୍ତଂ ସର୍ବେଷାମ୍ ।

ମାଂସ ଭକ୍ଷଣ ସମସ୍ତଙ୍କ ପାଇଁ ଅନୁଚିତ୍ ।

ଉପରୋକ୍ତ ସୂତ୍ର ହିଁ ନୁହେଁ, ସମ୍ପୂର୍ଣ୍ଣ ଚାଣକ୍ୟ ନୀତିର ସିଦ୍ଧାନ୍ତ ଆଜି ମଧ୍ୟ ଏତେ ପ୍ରାସଙ୍ଗିକ ରହିଛି, ଯାହା ଅତୀତରେ ଥିଲା । ଜୀବନ ବଞ୍ଚିବାର କଳା ଓ ବିଶେଷ କରି ନିବେଶ କରିବା ସମ୍ପର୍କରେ ମଧ୍ୟ ଚାଣକ୍ୟ ନୀତିରେ ଅନ୍ୟୂନ ୧୦-୧୫ ବହୁତ ଭଲ ସୂତ୍ର ଦିଆଯାଇଛି, ଯାହା ଆଜି ମଧ୍ୟ ପାଠକଙ୍କୁ ନିବେଶ ସମ୍ପର୍କିତ ମାମଲାରେ ସହାୟତା କରିବ ।

୩୪

ଲକ୍ଷ୍ୟପ୍ରାପ୍ତି ଲାଗି ବିବେକ ଓ ସଂଯମ

'ଲକ୍ଷ୍ୟପ୍ରାପ୍ତି ଲାଗି ଚଞ୍ଚଳ ମନର ହସ୍ତୀକୁ ସଂଯମ ଓ ବିବେକର ଅଙ୍କୁଶରେ ରଖିବା ଆବଶ୍ୟକ ।'

-ସ୍ୱାମୀ ରାମକୃଷ୍ଣ ପରମହଂସ

ସଫଳତା ପୂର୍ବକ ଲକ୍ଷ୍ୟପ୍ରାପ୍ତିର ଯାତ୍ରାରେ ବିବେକ ଓ ସଂଯମର ଶକ୍ତି ବଡ ସହାୟତା କରିଥାଏ । ତେଣୁ ସର୍ବଦା ନିଜର ବିବେକ ସହିତ କାମ କରନ୍ତୁ ଓ ଏହି ପ୍ରକ୍ରିୟାକୁ ନିତି ପ୍ରତିଦିନ ବଢାଇ ଚାଲନ୍ତୁ । ଏଭଳି କରିବା ଦ୍ୱାରା ଲକ୍ଷ୍ୟପ୍ରାପ୍ତିର କାର୍ଯ୍ୟରେ ନିଶ୍ଚିତ ରୂପରେ ସଫଳତା ମିଳିବ। ବେଳେବେଳେ ଆତ୍ମନିରୀକ୍ଷଣ କରନ୍ତୁ କି କ'ଣ ଆମେ ବିବେକର ସହିତ ସବୁ କାର୍ଯ୍ୟ କରୁଛୁ ନା ନାହିଁ । ସେହିପରି ସଂଯମ ଶକ୍ତିକୁ ନିତି ପ୍ରତିଦିନ ବଢାଇବା ଆବଶ୍ୟକ । ଯଦି ଆପଣ ସଂଯମରେ ରହିବେ ତେବେ ଅନେକ ଛୋଟ ମୋଟ ସମସ୍ୟା ଆପଣା ଛାଏଁ ସମାଧାନ ହୋଇଯିବ ।

ମୋର ଜଣେ ଉଦ୍ୟୋଗପତିଙ୍କ ଘରର ସତ୍ୟ ଘଟଣା ମନେପଡୁଛି । ଘରେ ବାପ ପୁଅ ଓ ଅନ୍ୟ ସଦସ୍ୟ ଥିଲେ । ବାପାଙ୍କ ବୟସ ୭୦ ବର୍ଷ ଅତିକ୍ରମ କରିସାରିଥିଲା । ତଥାପି ସେ ବହୁତ ସୁସ୍ଥ ଥିଲେ କାରଣ ସେ ପ୍ରତ୍ୟହ ସଂଯମରେ ରହୁଥିଲେ, ବିବେକର ସହିତ କାର୍ଯ୍ୟ କରୁଥିଲେ ଓ ଦୈନନ୍ଦିନ ଦିନଚର୍ଯ୍ୟା ସମ୍ପାଦନ କରୁଥିଲେ । କିନ୍ତୁ ତାଙ୍କର ପୁଅ ଭିନ୍ନ ପ୍ରକାର ଥିଲେ, ଯାହାଙ୍କର ବୟସ ୫୦ ବର୍ଷ । ସଂଯମ ଶବ୍ଦ ତାଙ୍କ ଡିକ୍ସନାରୀରେ ନଥିଲା । ପୁଅର ସବୁବେଳେ ଗ୍ୟାସ ସମସ୍ୟା ରହୁଥିଲା, କିନ୍ତୁ ବିଚାରା ପୁତ୍ର ଏହା ବୁଝିପାରୁ ନଥିଲେ କ'ଣ ପାଇଁ ତାଙ୍କର ଗ୍ୟାସ ସମସ୍ୟା ରହୁଛି । ଯେତେବେଳେ ବାପ ପୁଅ ଏକାଠି ଡାଇନିଂ ଟେବୁଲରେ ଏକ ପ୍ରକାର ଖାଦ୍ୟ ଖାଉଥିଲେ ତ ପିତା ସ୍ମାର୍ଟ ଏବଂ ପୁଅ ମାନ୍ଦା କ'ଣ ପାଇଁ ?

ଦିନେ ପୁଅ ମୋ ପାଖକୁ ଆସି ତାଙ୍କର ଗ୍ୟାସ ସମସ୍ୟାର ସମାଧାନ କେମିତି ହୋଇପାରିବ ତା'ର ଉପାୟ ବତାଇବା ପାଇଁ କହିଲେ, ନଚେତ ସେ ଜୀବନରେ ଆନନ୍ଦ ନେଇପାରିବ ନାହିଁ। ଖାଲି ସେତିକି ନୁହେଁ । ସେ ନିଜ ଜୀବନର ଯେଉଁ ଲକ୍ଷ୍ୟ ନିର୍ଦ୍ଧାରଣ କରିଥିଲେ, ସେହି ଲକ୍ଷ୍ୟ

ପୂର୍ତ୍ତିରେ ମଧ୍ୟ ସମସ୍ୟା ଲାଗି ରହିଥିଲା । ମୁଁ ମଧ୍ୟ ଏଥିରେ କିଛିଟା ବିଚଳିତ ହୋଇଗଲି, କାରଣ ମୋତେ ଏକଥା ବୁଝାପଡିଲାନି କି ଯେତେବେଳେ ବାପ ପୁଅ ଏକ ପ୍ରକାର ଖାଦ୍ୟ ଖାଉଛନ୍ତି ତ ବାପାଙ୍କୁ ଗ୍ୟାସ ସମସ୍ୟା ନାହିଁ, କେବଳ ପୁଅର ଗ୍ୟାସ ସମସ୍ୟା କ'ଣ ପାଇଁ ? ଅନେକ ସମୟ ପର୍ଯ୍ୟନ୍ତ ପୁଅ ସହିତ ଆଲୋଚନା କରିବା ପରେ ଜାଣିବାକୁ ପାଇଲି ଯେ ପୁଅ ସଂଯମତା ଆଦୌ ପାଳନ କରୁନଥିଲା । ଉଦାହରଣ ସ୍ୱରୂପ ଯଦି ବିବାହ ମିଠାର ଗୋଟିଏ ଡବା ଆସୁଥିଲା ତେବେ ପିତା ଗୋଟିଏ ମିଠାଇ ଖାଉଥିଲେ, ତେଣୁ ତାଙ୍କର କିଛି ସମସ୍ୟା ହେଉ ନଥିଲା । ଅନ୍ୟ ପକ୍ଷରେ ପୁଅ ଏକାବେଳକେ ଦୁଇଟି ମିଠାଇ ଖାଇବା ପରେ ପୁଣି ଦୁଇଟି ମିଠାଇ ଖାଇ ଦେଉଥିଲା । ହଁ ଖାଦ୍ୟ ଖାଇବା ପରେ ହାତ ଧୋଇବା ପୂର୍ବରୁ ପୁଣି ଆଉ ଦୁଇଟି ମିଠାଇ ଖାଇଦେଉଥିଲା । ତାହେଲେ ଏହା ତ ଅସଂଯମର କଥା । ଯେତେବେଳେ ଆମେ ଖାଦ୍ୟପେୟରେ ଓ ଜୀବନର ଅନ୍ୟ ଆଚରଣରେ ସଂଯମତା ରକ୍ଷା କରିବା ନାହିଁ ତେବେ ଆମକୁ ସମସ୍ୟାର ସମ୍ମୁଖୀନ ହେବାକୁ ହିଁ ପଡିବ, ତାହା ଶାରୀରିକ ହେଉ ବା ମାନସିକ କିମ୍ବା ଯେ କୌଣସି ପ୍ରକାର ସମସ୍ୟା ହେଉ । ଏହା ପରେ ମୁଁ ଜାଣିବାକୁ ପାଇଲି କି ପୁଅ ଯେତେବେଳେ ଖାଦ୍ୟ ଖାଉଥିଲା ତ ଏହାକୁ ଚୋବାଇ କରି ଖାଉ ନଥିଲା । ତରବର ହୋଇ ଖାଇଦେଉଥିଲା ଓ ଖାଇବା ବେଳେ ପାଣି ପିଉଥିଲା ଓ ଏହି ସମୟରେ ଗୋଟିଏ ଦୁଇଟି ଟେଲିଫୋନ କଲ୍ ଆସିଲେ ଏହାକୁ ଶୁଣୁଥିଲା ।

ମୁଁ ସେହି ବ୍ୟକ୍ତିଙ୍କୁ କହିଲି, ଆପଣଙ୍କ ପେଟରେ ଦେଖାଦେଇଥିବା ଗ୍ୟାସ ସମସ୍ୟାର କାରଣ ହେଲା ଅନିୟମିତ ଜୀବନଶୈଳୀ । ମୁଁ ଏହା ମଧ୍ୟ କହିଲି, ଯଦି ଆପଣ ଆଜି ବି ମିଠାଇ ଖାଇବେ ତେବେ କିଛି ସମସ୍ୟା ନାହିଁ କିନ୍ତୁ ସଂଯମରେ ଖାଆନ୍ତୁ ଓ ଖାଦ୍ୟକୁ ଚୋବାଇ ଖାଆନ୍ତୁ, ତାହେଲେ ଖାଦ୍ୟ ସହଜରେ ହଜମ ହୋଇଯିବ । ଶେଷରେ ମୁଁ ତାଙ୍କୁ ପରାମର୍ଶ ଦେଲି, ଖାଇବା ସମୟରେ ଚିନ୍ତା କରିବା ଭଳି କୌଣସି କାର୍ଯ୍ୟ କରନାହିଁ । ଖାଇବା ସମୟରେ ଯେଉଁ ଟେଲିଫୋନ ମୋବାଇଲ ଆଦି ବାଜୁଛି, ତାହାକୁ ବନ୍ଦ କରିଦିଅ । ତାହେଲେ ଆରାମରେ ଖାଦ୍ୟ ଖାଇପାରିବ । ମୁଁ ତାଙ୍କୁ ଆହୁରି କହିଲି, ଖାଇ ସାରିବା ପରେ ବଜ୍ରାସନରେ ଅନ୍ତତଃ ପାଞ୍ଚ ମିନିଟ ବସିଯାନ୍ତୁ । ଆପଣଙ୍କର ଗ୍ୟାସ ସୃଷ୍ଟି ହେବା ପ୍ରକ୍ରିୟା ବନ୍ଦ ହୋଇଯିବ । ଗୋଟିଏ ମାସ ପରେ ସେହି ବ୍ୟକ୍ତି ଯେତେବେଳେ ମୋର ଭେଟ ହେଲେ, ସେ କହିଲେ କି ଏବେ ତାଙ୍କର ଗ୍ୟାସର କୌଣସି ଚିନ୍ତା ନାହିଁ । କାରଣ ସେ ଜୀବନର ପ୍ରତି ମୋଡରେ ସଂଯମତାର ସହିତ କାର୍ଯ୍ୟ କରୁଛନ୍ତି ଓ ଖାଦ୍ୟ ଖାଇବାରେ ମଧ୍ୟ ସଂଯମତା ରକ୍ଷା କରୁଛନ୍ତି ।

ଯଦି ଆପଣ ମଧ୍ୟ ନିଜ ଜୀବନର ଲକ୍ଷ୍ୟପ୍ରାପ୍ତି ଉଦ୍ଦେଶ୍ୟରେ ସଂଯମ ଓ ବିବେକକୁ ସାଥିରେ ନେଇ ଚାଲିବେ ତେବେ ଆପଣ ଶୀଘ୍ର ନିଜର ଲକ୍ଷ୍ୟପ୍ରାପ୍ତି କରିପାରିବେ । ସେହିପରି ମୋତେ ଆଉ ଜଣେ ବ୍ୟକ୍ତି ଭେଟିଥିଲେ, ଯାହାଙ୍କର ଖାଇବା ପରେ ଜ୍ୱଳନ ହେଉଥିଲା ଓ ବେଳେବେଳେ

ଏମିତି ଲାଗୁଥିଲା ବୋଧହୁଏ ହାର୍ଟ ଆଟାକ ହୋଇଗଲା । ଏପରି ସ୍ଥିତିରେ ପରିବାର ସଦସ୍ୟ ଡାକ୍ତରଙ୍କ ପାଖକୁ ଦୌଡୁଥିଲେ। ଇସିଜି କରାଉଥିଲେ ଓ ଇସିଜିରେ ସବୁ ଠିକ୍ ଅଛି ଜାଣିବା ପରେ ଖୁସି ହୋଇଯାଉଥିଲେ । କୌଣସି ପ୍ରକାର ସମସ୍ୟା ନଥିଲା। କିନ୍ତୁ ପରେ ତାଙ୍କର ଜୀବନଶୈଳୀ ଉପରେ ତୀକ୍ଷ୍ଣ ନଜର ରଖିବା ପରେ ଏହା ଜଣାପଡିଲା କି ବାସ୍ତବରେ ସେ ସଂଯମତାର ସହିତ କାର୍ଯ୍ୟ କରୁ ନଥିଲେ। ବହୁତ ଧାଁଦଉଡ କରୁଥିଲେ। କୌଣସି କାର୍ଯ୍ୟକୁ ଶାନ୍ତିରେ କରିବା ବଦଳରେ ସେହି କାର୍ଯ୍ୟ ହେବା ନହେବା ନେଇ ଟେନସନରେ ରହୁଥିଲେ। ଏହା ଦ୍ୱାରା ତାଙ୍କର ପାଚନ ଶକ୍ତି ଦୁର୍ବଳ ହୋଇଯାଇଥିଲା । ଶରୀରରେ ବିଶେଷ କରି ଛାତିରେ ଜ୍ୱଳନ ଅନୁଭବ ହେଉଥିଲା। ଯଦି ଏପରି ଅବସ୍ଥା ହେବ ତା ହେଲେ କାର୍ଯ୍ୟ କମ୍ ହେବ ଓ ଲକ୍ଷ୍ୟପ୍ରାପ୍ତିର ଚିହ୍ନବର୍ଣ୍ଣ ମଧ୍ୟ ଦେଖାଯିବ ନାହିଁ।

ଯଦି ଆପଣ ଲକ୍ଷ୍ୟପ୍ରାପ୍ତି ଲାଗି ସଚେତନ ତେବେ ନିଶ୍ଚିତ ଭାବରେ ବିବେକ ଓ ସଂଯମତାର ସହିତ କାର୍ଯ୍ୟ କରନ୍ତୁ। ସବୁବେଳେ ଖାଇବା ସମୟରେ ଚିନ୍ତାକୁ ଦୂରେଇ ରଖନ୍ତୁ ଓ ଯେଉଁ ସମୟରେ ଯେଉଁ କାମ କରିବା କଥା ସେହି କାମକୁ ସେହି ସମୟରେ ନିଷ୍ପାଦନ କରନ୍ତୁ । ବାକି କାମର ଚିନ୍ତା ସେହି ସମୟରେ କରନ୍ତୁ ନାହିଁ। ଏଭଳି କରିବା ଦ୍ୱାରା ଆପଣଙ୍କର ଲାଭ ହେବ ଓ ଜୀବନର ଲକ୍ଷ୍ୟ ଶୀଘ୍ର ପୂରଣ ହେବା ଦେଖିବାକୁ ମିଳିବ।

39

ସକାରାତ୍ମକ ଭାବନା ସହିତ ଲକ୍ଷ୍ୟପ୍ରାପ୍ତି

'ମନୁଷ୍ୟର ଭାବନା ଯେପରି ହୋଇଥାଏ, ସେହିଭଳି ତାଙ୍କର କାର୍ଯ୍ୟ ମଧ୍ୟ ହୋଇଥାଏ ।'

-ମହର୍ଷି ଅରବିନ୍ଦ

ଯଦି ଆପଣ ସକାରାତ୍ମକ ଚିନ୍ତାଧାରା ରଖିବେ, ତେବେ ଆପଣ ନିଜକୁ ଲକ୍ଷ୍ୟପ୍ରାପ୍ତି ଦ୍ୱାରର ନିକଟତର କରାଇପାରିବେ । ତେଣୁ ସର୍ବଦା ଜୀବନରେ ସକାରାତ୍ମକ ଭାବନା ରଖନ୍ତୁ । ନକାରାତ୍ମକ ଭାବନା ଦ୍ୱାରା ଜୀବନରେ କିଛି ଲାଭ ହୋଇ ନଥାଏ । ତେଣୁ ସକାରାତ୍ମକ ଚିନ୍ତାଧାରାକୁ ଜୀବନର ଅଭିନ୍ନ ଅଙ୍ଗ ବନାଇ ନିଅନ୍ତୁ । ଆଜିକାଲି ତ ସର୍ବେକ୍ଷଣରୁ ଏହା ମଧ୍ୟ ସ୍ପଷ୍ଟ ହୋଇଗଲାଣି ଯେ ଯେଉଁ ବ୍ୟକ୍ତି ନିୟମିତ ଭାବରେ ମନ୍ଦିର, ମସଜିଦ, ଗୁରୁଦ୍ୱାରା, ଚର୍ଚ୍ଚ କିମ୍ବା ଅନ୍ୟ ଧାର୍ମିକ ସ୍ଥଳ ଯାଆନ୍ତି, ସେ ବିଶେଷ କିଛି ରୋଗରେ ପଡ଼ି ନଥାନ୍ତି ଏବଂ ତାଙ୍କର ସ୍ୱାସ୍ଥ୍ୟ ଭଲ ରହିଥାଏ । ଏହିପରି ଆଜି ଧର୍ମୀୟ ସ୍ଥଳ ଚିକିତ୍ସାଳୟ ଭାବରେ ଆମର ଚିକିତ୍ସକ ହୋଇଯାଇଛି, ଯେଉଁଠି କୌଣସି ଖର୍ଚ୍ଚ କରିବାକୁ ପଡ଼ି ନଥାଏ । ଯଦି ଆମେ ସକାରାତ୍ମକ ଭାବନା ରଖିବା ତେବେ ତାହାର ଲାଭ ଆମକୁ ପ୍ରତ୍ୟକ୍ଷ ଅଥବା ପରୋକ୍ଷ ଭାବରେ ନିଶ୍ଚୟ ମିଳିବ । ସର୍ବଦା ସକାରାତ୍ମକ ଚିନ୍ତାଧାରା ରଖନ୍ତୁ ଓ ନିଜ ଚିନ୍ତନକୁ ପ୍ରଭୁଙ୍କ ପ୍ରତି କେନ୍ଦ୍ରିତ କରି ନିଜର ଦୈନନ୍ଦିନ କାର୍ଯ୍ୟକ୍ରମ କରି ଚାଲନ୍ତୁ ।

ଯଦି ଆମର ଚିନ୍ତାଧାରା ସକାରାତ୍ମକ ନ ହୁଏ ତେବେ ଆମର ତନ-ମନ ଓ ଧନକୁ ବଡ଼ କ୍ଷତି ପହଞ୍ଚାଇଥାଏ । ଚିନ୍ତା କରନ୍ତୁ ତ ଯଦି ସକାରାତ୍ମକ ଭାବନା ଅଭାବରୁ ଶରୀର ରୋଗାକ୍ରାନ୍ତ ହୋଇଯାଏ ତେବେ ଆପଣ ନିଜର ଲକ୍ଷ୍ୟପ୍ରାପ୍ତି ନେଇ କ'ଣ ଭାବିବେ । ତେଣୁ ନିଜ ମନରେ ସବୁବେଳେ ସକାରାତ୍ମକ ଭାବନା ହିଁ ରଖନ୍ତୁ ଓ ଏହି କଥାକୁ ବିଶ୍ୱାସ କରନ୍ତୁ ଯେ ସକାରାତ୍ମକ ଚିନ୍ତାଧାରା ହିଁ ମୋ ଜୀବନର ଅଭିନ୍ନ ଅଙ୍ଗ, ଯାହା ସବୁବେଳେ ରହିବ । ନିଜ ଭାବନାରୁ ଜୀବନକୁ

କମଜୋର୍ ହେବାକୁ ଦିଅନ୍ତୁ ନାହିଁ, କାରଣ ଏଭଳି ଭାବନା ଦ୍ୱାରା ଆପଣଙ୍କ ଲକ୍ଷ୍ୟଭ୍ରଷ୍ଟ ହୋଇପାରେ । ତେଣୁ ଲକ୍ଷ୍ୟ ଉପରେ ନଜର ରଖି ସର୍ବଦା ସକାରାତ୍ମକ ଚିନ୍ତା କରିବେ ତ ଏଥିରୁ ମାନସିକ ଲାଭ ମିଳିବ । କିଛିଦିନ ପୂର୍ବରୁ ମୁଁ ନିମ୍ନଲିଖିତ ପଂକ୍ତିଗୁଡ଼ିକୁ ଏକ ଆଧାତ୍ମିକ ପତ୍ରିକାରୁ ପଢିଥିଲି ଓ ସେହି ପଂକ୍ତିଗୁଡ଼ିକ ମୋର ମାନସପଟ୍ଟରେ ଅଙ୍କି ହୋଇଯାଇଥିଲା । ସେହି ପଂକ୍ତିଗୁଡ଼ିକୁ ଉଦ୍ଧୃତ କରୁଛି, ଯାହାଦ୍ୱାରା ପାଠକମାନେ ମଧ୍ୟ ଉକ୍ତ ପଂକ୍ତିରୁ ଲାଭ ନେଇପାରିବେ-

ନିଜ ହୃଦୟକୁ ଦୁର୍ବଳ ହେବାକୁ ଦିଅନ୍ତୁ ନାହିଁ, ବରଂ ସାଗର ଭଳି ବିଶାଳ ଓ ଗଭୀର ହୁଅନ୍ତୁ ଏବଂ ସେମାନଙ୍କୁ ଆଶୀର୍ବାଦ ଦିଅନ୍ତୁ, ଯେଉଁମାନେ ତୁମକୁ କେବଳ ଅଭିଶାପ ଦେଉଛନ୍ତି । ପୃଥିବୀ ଭଳି ଉଦାର ତଥା ଶାନ୍ତ ହୁଅନ୍ତୁ ଏବଂ ମନୁଷ୍ୟର ହୃଦୟରେ ଥିବା ମଇଳାକୁ ସ୍ୱାସ୍ଥ୍ୟ ଓ ସୌନ୍ଦର୍ଯ୍ୟରେ ବଦଳାଇ ଦିଅନ୍ତୁ । ବାୟୁ ଭଳି ସ୍ୱାଧୀନ ଓ ନମନୀୟ ହୁଅନ୍ତୁ । ଯେଉଁ ତରବାରୀ ତୁମକୁ ଆହତ କରିବାକୁ ଚାହୁଁଥିବ, ତାହା ଶେଷରେ ନିଜର ଚମକ ହରାଇବ ଓ ସେଥିରେ କଳଙ୍କି ଲାଗିଯିବ । ଯେଉଁ ବାହୁ ତୁମର ଅହିତ କରିବା ଚାହୁଥିବ, ତାହା ଶେଷରେ ଥକିପଡ଼ି ଅଟକି ଯିବ । ସଂସାର ତୁମକୁ ଆପଣାଇ ନପାରେ, କାରଣ ତାହା ତୁମକୁ ଜାଣେ ନାହିଁ, ଏଇଥିପାଇଁ ତାହା ତୁମର ସ୍ୱାଗତ କ୍ରୋଧିତ ଢଙ୍ଗରେ କରିବ । କିନ୍ତୁ ତୁମେ ସଂସାରକୁ ଆପଣାଇ ପାରିବ, କାରଣ ତୁମେ ସଂସାରକୁ ଜାଣିଛ । ଅତଏବ ତୁମେ ତା'ର କ୍ରୋଧକୁ ସହୃଦୟତା ଦ୍ୱାରା ଶାନ୍ତ କରିବାକୁ ହେବ ଏବଂ ତା'ର ଦ୍ୱେଷଭରା ଅଭିଯୋଗକୁ ପ୍ରେମପୂର୍ଣ୍ଣ ଦିବ୍ୟଜ୍ଞାନରେ ବୁଡ଼ାଇଦେବାକୁ ହେବ କାରଣ ବିଜୟ ଶେଷରେ ଦିବ୍ୟଜ୍ଞାନର ହିଁ ହେବ ।

ସକାରାତ୍ମକ ଚିନ୍ତାଧାରା ହିଁ ଆପଣଙ୍କୁ ଲକ୍ଷ୍ୟର ଖୁବ୍ ନିକଟତର କରାଇଥାଏ । ଏହି ବିଚାରଧାରା ଆଜିର ନୁହେଁ ପୁରାତନ କାଳର ଏବଂ ଆଗାମୀ ଦିନରେ ମଧ୍ୟ ରହିବ । ମୋର ମନେପଡୁଛି ନେତାଜୀ ସୁଭାଷ ଚନ୍ଦ୍ର ବୋଷ ସ୍ୱାମୀ ବିବେକାନନ୍ଦଙ୍କ କାର୍ଯ୍ୟରେ ବହୁତ ପ୍ରଭାବିତ ହୋଇଥିଲେ । ଏଥିପାଇଁ ସୁଭାଷ ଚନ୍ଦ୍ର ବୋଷ ସ୍ୱୀକାର କରିଥିଲେ କି ଯେଉଁଠି ଜୀବନର ଲକ୍ଷ୍ୟ ସ୍ପଷ୍ଟ ହୋଇଯାଏ, ସେଠାରେ ସବୁ କିଛି ଗୌଣ ହୋଇପଡ଼େ । ନେତାଜୀ ସୁଭାଷ ଚନ୍ଦ୍ର ବୋଷଙ୍କ ସମୟ ଖୁବ୍ ଝଡ଼ଝଞ୍ଜାପୂର୍ଣ୍ଣ ଥିଲା । ସେ ସକାରାତ୍ମକ ଚିନ୍ତାଧାରା କାରଣରୁ ହିଁ ଏହା ନିଶ୍ଚିତ କରିନେଇଥିଲେ କି ସେ ବିବେକାନନ୍ଦଙ୍କ ମାର୍ଗରେ ଚାଲିବେ ଓ ରାଷ୍ଟ୍ର ନିର୍ମାଣରେ ଲାଗିଯିବେ ।

ଯେତେବେଳେ ସକାରାତ୍ମକ ବିଚାର ସମ୍ପର୍କରେ ଆଲୋଚନା କରୁଛନ୍ତି ସେହି ସମୟରେ କେବଳ ପଇସାକୁ ଗୁରୁତ୍ୱ ଦେବା ପୂର୍ଣ୍ଣତଃ ନ୍ୟାୟସଙ୍ଗତ ନୁହେଁ । ପଇସା ସମ୍ପର୍କରେ ନିମ୍ନ ସୂତ୍ର ପାଠକମାନଙ୍କ ଜୀବନକୁ ବାସ୍ତବିକତା ଆଡ଼କୁ ନେଇଯିବ- ପଇସା ମୂର୍ଖ ଲୋକ କମାଉଛି ତ

ଏହା ଚମତ୍କାର। ପଇସା ମଣିଷକୁ ମୂର୍ଖ କରିଦିଏ ତ ଏହା ଦୟନୀୟତା। ବଡ଼ ହେବାକୁ ହେଲେ ଅନ୍ୟମାନଙ୍କୁ ଦୁଃଖୀ କରିବାକୁ ପଡ଼େ। ମହାନ ହେବାକୁ ହେଲେ ନିଜକୁ ଦୁଃଖ ସହିବାକୁ ପଡ଼ିଥାଏ। ଜୀବନ ବଞ୍ଚିବାର ଦୁଇଟି ଉପାୟ ରହିଛି, ଯାହା ପସନ୍ଦ ହେଉଛି ତାହାକୁ ହାସଲ କର କିମ୍ବା ଯାହା ହାସଲ ହେଉଛି, ତାହାକୁ ପସନ୍ଦ କର।

ଅତଏବ ଜୀବନର ଲକ୍ଷ୍ୟ ପ୍ରାପ୍ତିର ଉଦ୍ଦେଶ୍ୟକୁ ପାଇବା ଲାଗି ସର୍ବଦା ସକାରାତ୍ମକ ଚିନ୍ତାଧାରାର ହିଁ ସହାୟତା ନିଅନ୍ତୁ। ପ୍ରତିବନ୍ଧକ ଆସୁଛି ତ ଆସିବାକୁ ଦିଅନ୍ତୁ। ସେସବୁର ଚିନ୍ତା କରନ୍ତୁ ନାହିଁ, ପରବାୟ କରନ୍ତୁ ନାହିଁ ଏବଂ ନିଜ କାର୍ଯ୍ୟରେ ଦୃଢ ଭାବରେ ଲାଗି ରହନ୍ତୁ, ତେବେ ନିଶ୍ଚିତ ଭାବେ ଆପଣ ପାଇବେ କି ଜୀବନର ଲକ୍ଷ୍ୟ ସାକାର ହୋଇଯାଇଛି।

କିଛି ଦିନ ତଳେ ମୁଁ ହିନ୍ଦୁସ୍ତାନ ଖବରକାଗଜର ୨୭ ଜାନୁଆରୀ, ୨୦୧୧ ସଂଖ୍ୟାର ଏକ ସତ୍ୟ ଘଟଣା ପଢିଥିଲି। ଏହି ଘଟଣା ଏକ ଜିନିୟସ ଶିଶୁର। ଏହି ଘଟଣା ନିଶ୍ଚିତ ଭାବରେ ଆମର ପାଠକମାନଙ୍କୁ ପ୍ରଭାବିତ କରିବ। ଏହି ବିଚାରରୁ ଉକ୍ତ ସତ୍ୟ ଘଟଣାକୁ ତା'ର ଲେଖକଙ୍କ ଭାଷାରେ ପ୍ରସ୍ତୁତ କରାଯାଇଛି-

'ବନ୍ଧୁଗଣ, ମୋର ନାମ ତଥାଗତ। ମୋର କାହାଣୀ ୯ ସେପ୍ଟେମ୍ବର, ୧୯୮୭ରୁ ଆରମ୍ଭ ହୋଇଛି, କାରଣ ମୁଁ ସେହିଦିନ ଜନ୍ମ ହୋଇଥିଲି। ଯେତେବେଳେ ମୋତେ ୬ ବର୍ଷ ହୋଇଥିଲା ସେତେବେଳେ ମସ୍ତିଷ୍କରୁ ଗଣିତର କାଲ୍‌କୁଲେସନ ବହୁତ ଶୀଘ୍ର କରୁଥିଲି, ତାହା ପୁଣି ବିନା କାଗଜ କଲମରେ। ଏହା ଫଳରେ ମୁଁ ମ୍ୟାଥମେଟିକାଲ ୱିଜ କିଡ଼ ଗଣିତରେ ନିପୁଣ ଶିଶୁ ଭାବରେ ଫେମସ ହୋଇଗଲି। ମୋ ସମ୍ପର୍କରେ ସ୍ଥାନୀୟ ଗଣମାଧ୍ୟମରେ ୧୪ ଫେବୃଆରୀ, ୧୯୯୪ରେ ପ୍ରଥମ ଖବର ଛପାଯାଇଥିଲା ଓ ପରେ ୨୮ ମେ', ୧୯୯୪ରେ ଏକ ରାଷ୍ଟ୍ରୀୟ ଖବରକାଗଜରେ ଖବର ପ୍ରକାଶ ପାଇଥିଲା। ମୋତେ ତତ୍କାଳୀନ ମୁଖ୍ୟମନ୍ତ୍ରୀ ଶ୍ରୀ ଲାଲୁ ପ୍ରସାଦ ଯାଦବ ନିଜ ଘରକୁ ଡକାଇଥିଲେ ଏବଂ ନଗଦ ପୁରସ୍କାର ସମେତ ଗୋଟିଏ କମ୍ପ୍ୟୁଟର ଦେବାକୁ ମଧ୍ୟ ଘୋଷଣା କରିଥିଲେ।

ଏହାପରେ ସୁଲଭ ଇଣ୍ଟରନ୍ୟାସନାଲ ସୋସିଆଲ ସର୍ଭିସ ଅର୍ଗାନାଇଜେସନର ସଂସ୍ଥାପକ ଡ. ବିନ୍ଦେଶ୍ୱର ପାଠକ ମୋତେ ଦିଲ୍ଲୀରେ ଯାଇ ରହିବା ଲାଗି ଆର୍ଥିକ ସାହାଯ୍ୟ କରିଥିଲେ ଯାହାଦ୍ୱାରା ମୁଁ ଉଚ୍ଚଶିକ୍ଷା ଓ ସୁଯୋଗ ପାଇପାରିଲି। ନିଶ୍ଚିତ ଭାବରେ ଜଣେ ଛଅବର୍ଷର ଶିଶୁ ପାଇଁ ଏତେସବୁ ଖୁସିକୁ ଶବ୍ଦରେ ପ୍ରକାଶ କରିବା ବହୁତ କଷ୍ଟକର।

ମୋର ଷଷ୍ଠ ବାର୍ଥ ଡେ ଗିଫ୍ଟରେ ପାପା ମୋତେ ପ୍ର. ଷ୍ଟିଫନ ହକିଙ୍ଗସଙ୍କ ଦ୍ୱାରା ସାଇନ୍

ଉପରେ ଲେଖାଯାଇଥିବା ବେଷ୍ଟ ସେଲିଂ ବୁକ୍ 'ଏ ବ୍ରିଫ ହିଷ୍ଟ୍ରୀ ଅଫ ଟାଇମ୍' ଦେଇଥିଲେ। ପାପା ମୋତେ ଏହି ପୁସ୍ତକ ଏଇଥିପାଇଁ ଦେଇଥିଲେ କାରଣ ମୁଁ ବ୍ରହ୍ମାଣ୍ଡ, ପୃଥିବୀ ଓ ତାରାଗୁଡ଼ିକ ସମ୍ପର୍କରେ ଜାଣିବା ଲାଗି ଉତ୍ସୁକ ଥିଲି। ମୁଁ ସେହି ପୁସ୍ତକକୁ ତିନି ଦିନ ଭିତରେ ପଢିନେଲି କିନ୍ତୁ ସେହି ବୁକ୍ ପଢିବା ପରେ ମୋର ଉତ୍ସୁକତା କମିବା ପରିବର୍ତ୍ତେ ଆହୁରି ବଢିଗଲା। ମୋର ପ୍ରଶ୍ନ ଆହୁରି ଅଧିକ ଗଭୀର ହୋଇଗଲା।

ମୁଁ ମୋ ସ୍କୁଲ ପଢା ପ୍ରତି ଧ୍ୟାନ ଦେଇପାରୁ ନଥିଲି। ମୁଁ ଚାହୁଁଥିଲି କୌଣସି ଓରିଜିନାଲ ରିସର୍ଚ୍ଚ କରିବି, କିନ୍ତୁ ସ୍କୁଲର ପାଠପଢା ଏଥିରେ ସବୁଠୁ ବଡ଼ ପ୍ରୋବ୍ଲେମ ଥିଲା। ମୋ ପାଇଁ ସ୍କୁଲ ବହୁତ ବୋରିଂ ହୋଇଯାଇଥିଲା, ଏଥିପାଇଁ ମୁଁ ଡିସାଇଡ଼ କଲି କି ମୁଁ ଯେତେ ଶୀଘ୍ର ସମ୍ଭବ, ନିଜର ସ୍କୁଲିଂ ଶେଷ କରିବି।

ମୁଁ ସ୍କୁଲରେ ତ ଅଧିକ ଦିନ ପଢିନାହିଁ, କିନ୍ତୁ ଯେତିକି ଦିନ ବି ପଢିଛି, ତାହାକୁ ବହୁତ ଉପଭୋଗ କରିଛି। ମୁଁ ଦିଲ୍ଲୀ ହୋଲି ହାର୍ଟ ପବ୍ଲିକ ସ୍କୁଲରୁ ଷଷ୍ଠ ଶ୍ରେଣୀ ପଢା ଶେଷ କଲି, କିନ୍ତୁ ସେହି ସମୟରେ ମୋତେ ପ୍ରଥମ ଥର ଅନୁଭବ ହେଲା କି ମୁଁ ଏବେ ଅଣ୍ଡରଏଜ। ପ୍ରକୃତ ନିୟମ ଅନୁଯାୟୀ ଆଠବର୍ଷର ବାଳକ ଷଷ୍ଠ କ୍ଲାସ ଏକଜାମ୍ ଦେଇପାରିବ ନାହିଁ। ମୋ ଏକଜାମ୍‌ରେ ବହୁତ ଭଲ ହୋଇଥିଲେ ହେଁ ଯେତେବେଳେ ରେଜଲ୍ଟ ବାହାରିଲା ସେଥିରେ ମୋତେ କୌଣସି ସ୍ଥାନ ମିଳିନଥିଲା। ପରେ ସ୍କୁଲର ଟିଚରମାନେ ମୋତେ ଜଣାଇଦେଲେ କି ମୁଁ କ୍ଲାସରେ ନୁହେଁ ବରଂ ପୂରା ସ୍କୁଲରେ ଟପ୍ ହୋଇଥିଲି, କିନ୍ତୁ ଅଣ୍ଡରଏଜ୍ ହୋଇଥିବା କାରଣରୁ ମୋତେ ଆଗକୁ ପଢିବା ପାଇଁ ପଠାଯାଇ ପାରିଲା ନାହିଁ। ମୁଁ ସେହି ସ୍କୁଲକୁ ଛାଡ଼ି ଅନ୍ୟ ସ୍କୁଲରେ ଏହି ସର୍ତ୍ତ ଉପରେ ଜଏନ କଲି କି ମୋତେ ସରକାରଙ୍କଠାରୁ ଏଜ୍ ରିଲାକ୍ସେସନ ନେବାକୁ ପଡ଼ିବ।

ମୁଁ ଘରେ ପଢିବା ଆରମ୍ଭ କରିଦେଲି, କିନ୍ତୁ ମନରେ ଆଶଙ୍କା ରହୁଥିଲା କ'ଣ ମୋତେ ଏଜ୍ କାରଣରୁ ତଳ କ୍ଲାସକୁ ଯିବାକୁ ପଡ଼ିବ। ସେହି ସମୟରେ ମୋତେ ଦିଲ୍ଲୀ ଗଭର୍ଣ୍ଣରଙ୍କ ଲେଟର ମିଳିଲା, ଯେଉଁଥିରେ ମୋତେ ଏଜ୍ ରିଲାକ୍ସେସନ ଦିଆଯାଇଥିଲା। ମୋର ଖୁସିର ସୀମା ରହିଲା ନାହିଁ। ମୁଁ ନିଜର ଅଗ୍ରୀମ ପଢା ଆରମ୍ଭ କରିଦେଲି, କିନ୍ତୁ ମୁଁ ସେଲ୍ଫ ଷ୍ଟଡିଜ ମାଧ୍ୟମରେ କ୍ଲାସ ୭,୮,୯ ଓ ୧୦ର ଅଧିକାଂଶ ପାର୍ଟ ପଢି ନେଇଥିଲି। ମୁଁ ଆଉଥରେ କ୍ଲାସ ୭ ର ପାଠପଢା କରିବାକୁ ଚାହୁଁ ନଥିଲି। ମୁଁ ମୋର ହୃଦୟର କଥା ପାପାଙ୍କୁ କହିଲି। ପାପା ସିବିଏସଇ ସହ ଯୋଗାଯୋଗ କରି ଏହି କଥା ପାଇଁ ସୁପାରିଶ କଲେ କି ଜଣେ ନଅ ବର୍ଷର ବାଳକକୁ କ୍ଲାସ ୧୦ର ଏକଜାମ୍ ଦେବାର ଅନୁମତି ମିଳୁ।

ସିବିଏସଇ ଓ ମୋ ସ୍କୁଲ ଏହି କଥାକୁ ଗ୍ରହଣ କରିବାକୁ ରାଜି ନଥିଲେ। ଯେଉଁଥିପାଇଁ ମୋତେ ଦିଲ୍ଲୀ ହାଇକୋର୍ଟର ଦ୍ୱାରସ୍ଥ ହେବାକୁ ପଡ଼ିଲା ଏବଂ କୋର୍ଟ ମୋ ଫେଭରରେ ଏଭଳି ରାୟ ଶୁଣାଇଲେ, ଯାହା ଦ୍ୱାରା ଇଣ୍ଟରନ୍ୟାସନାଲ ମିଡ଼ିଆ ବି ଆକର୍ଷିତ ହେଲେ। ଏହାକୁ ଆପଣ କହିପାରନ୍ତି କି ତଥାଗତକୁ କୋର୍ଟ ତଥାସ୍ତୁ ଆର୍ଶୀବାଦ ଦେଲେ। ଏଥିରେ ସବୁଠୁ ବଡ଼ ସହଯୋଗ ମୋ ପାପାଙ୍କର ରହିଥିଲା, ଯାହାଙ୍କ ପ୍ରୟାସ ବିନା ଏସବୁ ହେବା ସମ୍ଭବ ନଥିଲା।

ଏହି ବୟସକୁ ମୁଁ କିପରି ଲେଖିବି, ଜାଣିପାରୁନାହିଁ, କାରଣ ନା ଏହା ମୋର ବାଲ୍ୟାବସ୍ଥା ଥିଲା ନା ଯୁବାବସ୍ଥା। ମୁଁ ମୋର ସ୍କୁଲ ପାଠପଢା ଶେଷ କରିଦେଇଥିଲି, ତଥାପି ମୁଁ ସେତେବେଳେ ଦଶବର୍ଷର ବି ହୋଇ ନଥିଲି। ମୁଁ ଶୀଘ୍ର ଶୀଘ୍ର ମୋର ଏକାଡେମିକ ଶିକ୍ଷା ଶେଷ କରି ରିସର୍ଚ୍ଚ ଆରମ୍ଭ କରିବା ଚାହୁଁଥିଲି। ମୁଁ ଉଚ୍ଚଶିକ୍ଷା ଲାଗି ପାଟନା ୟୁନିଭର୍ସିଟିରେ ଜଏନ କଲି। ମୁଁ ସିଧା ବିଏସସି ଫାଇନାଲ ଏକଜାମ ଦେବାକୁ ଚାହୁଁଥିଲି। ପ୍ରଫେସରମାନେ ଗୋଟିଏ ଇଣ୍ଟରଭ୍ୟୁ କରିବା ପରେ ଫାଷ୍ଟ ଇଅର ଏକଜାମ୍ ଦେବା ପାଇଁ ପରମିଶନ ମିଳିଗଲା, କିନ୍ତୁ ବିଏସସିର ତିନିବର୍ଷର ପରୀକ୍ଷା ଗୋଟିଏ ବର୍ଷରେ ଦେବାର ରୁଲ୍ ନଥିଲା। ପାଟନା ହାଇକୋର୍ଟ ଏଥିପାଇଁ ମୋତେ ଅନୁମତି ଦେଲେ, ଯେଉଁଥିପାଇଁ ମୁଁ ସର୍ବଦା କୃତଜ୍ଞ ରହିବି। ୧୦ ବର୍ଷ ବୟସରେ ବିଏସସି ହେବାର ରେକର୍ଡ କଲି। ମୁଁ ଜାନୁଆରୀ ୧୯୯୯ରେ ଏମଏସସିରେ ଆଡ଼ମିସନ ନେଲି ଏବଂ ଅଗଷ୍ଟ ୧୯୯୯ରେ ଏହାର ଫାଇନାଲ ପେପର ବି ଦେଇଦେଲି। ଏହା ମଧ୍ୟ ୱାର୍ଲ୍ଡରେକର୍ଡ ହେଲା, ଯେଉଁଥିପାଇଁ ମୁଁ ବିହାରର ତତକାଳୀନ ଗଭର୍ଣ୍ଣର ଶ୍ରୀ ବି.ଏମ.ଲାଲଜୀଙ୍କ ଠାରେ କୃତଜ୍ଞ, ଯିଏ ମୋତେ ଏଥିପାଇଁ ଅନୁମତି ଦେଇଥିଲେ। ମୁଁ ଆଶ୍ଚର୍ଯ୍ୟଚକିତ ହେଉଥିଲି କି ୧୧ ବର୍ଷ ବୟସରେ ଏମଏସସି ? କିନ୍ତୁ ବହୁତ ଭଲ ଲାଗୁଥିଲା, କାରଣ ଏସବୁ ମୋ ଦ୍ୱାରା ହିଁ ହୋଇଥିଲା। ଏହାପରେ ମୁଁ ନେଟ ପରୀକ୍ଷା ବି ପାସ୍ କଲି, ଯାହା ମୋର ପ୍ରଥମ ନ୍ୟାସନାଲ ଏକଜାମ ଥିଲା। ଏଥିରେ ମଧ୍ୟ ମୋର ବୟସକୁ ନେଇ ସମସ୍ୟା ଥିଲା, କିନ୍ତୁ ଭାରତ ସରକାରଙ୍କ ମାନବ ସମ୍ବଳ ବିକାଶ ମନ୍ତ୍ରଣାଳୟଙ୍କ ସ୍ପେଶାଲ ପରମିଶନ କୃପାରୁ ଏହି ରାସ୍ତା ମଧ୍ୟ ସହଜ ହୋଇଗଲା। ଏହାପରେ ଡିପାର୍ଟମେଣ୍ଟ ଅଫ ସାଇନ୍ସ ଆଣ୍ଡ ଟେକନୋଲୋଜି (ଡିଏସଟି)ରୁ ମୋତେ ଏକ ଆମନ୍ତ୍ରଣ ମିଳିଲା, ଯେଉଁଥିରେ ମୋତେ ଜର୍ମାନୀ ଯାଇ ନୋବେଲ ପୁରସ୍କାର ବିଜେତାମାନଙ୍କ ମିଟିଂରେ ୟଙ୍ଗ ସାଇଣ୍ଟିଷ୍ଟ ଟିମ୍‌ରେ ସାମିଲ କରାଯାଇଥିଲା।

ଯେତେବେଳେ ମୁଁ ଜର୍ମାନୀରୁ ଫେରିଲି ତ ଜୀବନର ସବୁଠୁ ଖରାପ ଦିନର ସମ୍ମୁଖୀନ ହେବାକୁ ପଡ଼ିଲା। ୮ ଅଗଷ୍ଟ, ୨୦୦୧ରେ ସବୁ ନ୍ୟୁଜପେପରରେ ଖବର ପ୍ରକାଶ ପାଇଲା କି

ମୁଁ ଜାଲିଆତି କରିଛି । ଡିଏସଟି ଏହି କଥାକୁ ସ୍ୱୀକାର କଲା ଯେ ମୋର ସାର୍ଟିଫିକେଟ ଯାଞ୍ଚ ନ କରି ମୋତେ ଜର୍ମାନୀ ପଠାଇବା ଏକ ବଡ଼ ଭୁଲ ଥିଲା । ଯେଉଁ ଲୋକମାନେ ମୋର ସଫଳତା କାମନା କରୁଥିଲେ, ଏବେ ସେହିମାନେ ହିଁ ମୋତେ ଘୃଣା କରିବାକୁ ଲାଗିଲେ, କିନ୍ତୁ ଏହି କାହାଣୀର ମୋଡ଼ ସେତେବେଳେ ଆସିଲା, ଯେତେବେଳେ ଦୁଇଦିନ ପରେ ଡିଏସଟି ପ୍ରେସ ରିଲିଜ ଜାରି କରି କହିଲା ଏହା ଏଭଳି କୌଣସି ଷ୍ଟେଟମେଣ୍ଟ ଦେଇନାହିଁ ଓ ମୋତେ ଜର୍ମାନୀ ପଠାଇବା କୌଣସି ଭୁଲ ନିଷ୍ପତ୍ତି ନଥିଲା । ଏହି ବିବାଦ କାରଣରୁ ମୁଁ ଉକ୍ତ ବର୍ଷ ପିଏଚଡ଼ିରେ ଆଡ଼ମିସନ୍ କରିପାରିଲି ନାହିଁ, କିନ୍ତୁ ଅଗଷ୍ଟ ୨୦୦୨ରେ ମୁଁ ଗେଟ ଏଗଜାମ୍ ପାସ କରି ଇଣ୍ଡିଆନ୍ ଇନଷ୍ଟିଚ୍ୟୁଟ ଅଫ ସାଇନ୍ସରେ ପ୍ରବେଶ କଲି । ସେଠାରେ ମୁଁ ଫାଷ୍ଟ ଇୟର ସହିତ ଚାରିଟି ଆଡ଼ଭାନ୍ସ କୋର୍ସ ମଧ୍ୟ କଲି । ମୋର ଯେଉଁ ପରିଚୟ ଜର୍ମାନୀ ଟ୍ରିପ୍ କାରଣରୁ ମଳିନ ହୋଇଯାଇଥିଲା ତାହା ପୁଣି ଥରେ ଆଇଆଇଏସସି-ପିଏଚଡ଼ିରେ ଆଡମିଶନ ପରେ ଫେରିଆସିଲା । ଆଇଆଇଏସସିରେ ନାମଲେଖା ପରେ ଏକଥା ସ୍ପଷ୍ଟ ପ୍ରମାଣିତ ହୋଇଗଲା ଯେ ମୁଁ ଜାଲ୍ ନୁହେଁ ।

କେତେକ ଫିଜିକାଲ ପ୍ରୋବ୍ଲେମ ଯୋଗୁ ମୋତେ ମୋର ପାଠପଢ଼ାକୁ ୪ ମାସ ପାଇଁ ବନ୍ଦ କରିବାକୁ ପଡ଼ିଲା, କିନ୍ତୁ ଶୀଘ୍ର ଆରୋଗ୍ୟ ହୋଇ ମୁଁ ଅଗଷ୍ଟ,୨୦୦୪ରେ ସିନିୟର ରିସର୍ଚ୍ଚ ଫେଲୋସିପର ପରୀକ୍ଷା ପାସ୍ କରିଗଲି । ଏବେ ମୁଁ ମୁମ୍ବାଇ ଆଇଆଇଟିରେ ପ୍ରଫେସର ରହିଛି ।'

ତଥାଗତ ଅବତାର ତୁଳସୀଙ୍କର ଉପରୋକ୍ତ ସତ୍ୟ ଏବଂ ଉତ୍ତମ ଘଟଣା ଆମର ସମସ୍ତ ପାଠକଙ୍କୁ ଜବରଦସ୍ତ ପ୍ରେରଣା ଦେବ ଓ ଏଥିସହିତ ଆଗାମୀ ନୂଆ ପିଢି ପାଇଁ ମଧ୍ୟ ପ୍ରେରଣାର ସ୍ରୋତ ହେବ । ଆପଣ ଏବଂ ଆମେ, ଆମର ପିଲାମାନେ ଓ ନାତି ନାତୁଣୀମାନଙ୍କୁ ମଧ୍ୟ ଉପରୋକ୍ତ ଜିନିୟସଙ୍କ କାହାଣୀ ଶୁଣାଇ ସେମାନଙ୍କୁ ନିଜ ଜୀବନର ଲକ୍ଷ୍ୟ ନିର୍ଦ୍ଧାରଣରେ ସାହାଯ୍ୟ କରନ୍ତୁ, ଏହା ମୋର ଚିନ୍ତାଧାରା ।

40

ଲକ୍ଷ୍ୟପ୍ରାପ୍ତି ଉଦ୍ଦେଶ୍ୟରେ କିଛି ଅନ୍ୟ କଥା

'ସେହି ବ୍ୟକ୍ତି ପାଇଁ କିଛି ବି ଅସମ୍ଭବ ନୁହେଁ, ଯିଏ ନିଜ ଜୀବନର ଲକ୍ଷ୍ୟ ନିର୍ଦ୍ଧାରଣ କରିଛି ଓ ଦୃଢ଼ତାର ସହିତ ତାକୁ ପ୍ରାପ୍ତ କରିବା ଲାଗି ଉଦ୍ୟମ କରୁଛି। ଏହା ହେଉଛି ସଫଳତାର ନିୟମ।'

-ମୌରାବୀ

ଲକ୍ଷ୍ୟକୁ ସଫଳ କରିବା ଲାଗି ନିଶ୍ଚୟ ଯୋଗର ସହାୟତା ନିଅନ୍ତୁ। ଯୋଗ ଦ୍ୱାରା ମାନସିକ ଏବଂ ବୌଦ୍ଧିକ ବିକାଶ ନିଶ୍ଚୟ ହୋଇଥାଏ। ଯଦି ପ୍ରତିଦିନ ଯୋଗ କରିଚାଲିବେ ତେବେ ନିରୋଗୀ ରହିବେ, ସୁସ୍ଥ ରହିବେ। ଯେତେବେଳେ ସୁସ୍ଥ ରହିବେ ତ ଲକ୍ଷ୍ୟପ୍ରାପ୍ତି ଲାଗି କରୁଥିବା ଯେକୌଣସି କାର୍ଯ୍ୟରୁ ଭରପୂର ଆନନ୍ଦର ଆଭାସ ହେବ। କେବଳ ଦେଶ ଭିତରେ ନୁହେଁ, ବିଦେଶରେ ମଧ୍ୟ ଆଜିକାଲି ଯୋଗକୁ ସମ୍ମାନ ଦିଆଯାଉଛି। ଗତ ୧୦ବର୍ଷ ମଧ୍ୟରେ କୋଟି କୋଟି ଲୋକ ଟିଭି ମାଧ୍ୟମରେ ଯୋଗକୁ ଆପଣାଇବା ଆରମ୍ଭ କରିଦେଇଛନ୍ତି। ଯିଏ ସଫଳ ବ୍ୟକ୍ତି ଓ ଯେଉଁମାନେ ନିଜର ଲକ୍ଷ୍ୟ ପ୍ରାପ୍ତ କରିନେଇଛନ୍ତି, ଯଦି ଆପଣ ସେହି ଲୋକମାନଙ୍କର ସବୁ ଘଟଣାବଳୀ ଉପରେ ନଜର ପକାଇବେ ତାହେଲେ ନିଶ୍ଚିତ ଭାବରେ ଆପଣଙ୍କୁ ନିଜ ଲକ୍ଷ୍ୟ ପ୍ରାପ୍ତ କରିବାରେ ସହାୟତା ମିଳିବ। ଉଦାହରଣ ସ୍ୱରୂପ ଆଜକୁ କିଛି ମାସ ପୂର୍ବେ ଯେଉଁ ସମୟରେ ଆମେରିକା ରାଷ୍ଟ୍ରପତି ଓବାମା ସାହେବ ଭାରତ ଆସିଥିଲେ, ତାଙ୍କ ଟିମ୍‌ରେ ଜଣେ ୭ ବର୍ଷର ବାଳକ ମଧ୍ୟ ଆସିଥିଲା, ଯାହାଙ୍କ ନାମ ଆର୍ଯ୍ୟା ଆଇକା। ସେ ରାଷ୍ଟ୍ରପତିଙ୍କ ବିଜନେସ୍ ଟିମ୍‌ରେ ସବୁଠୁ ଛୋଟ ପିଲା ଥିଲା। ଆର୍ଯ୍ୟା ଆଇକା ନିଜ ପରିବାରର ବ୍ୟାପାର ଏବଂ ବ୍ୟବସାୟ ପାଇଁ କାରବାର ନିମନ୍ତେ ହିଁ ଏହି ଟିମ୍ ସହିତ ଆସିଥିଲା। ହାଇଦ୍ରାବାଦର ଏକ ପରିବାର ଯିଏ ୩୦ ବର୍ଷ ପୂର୍ବେ ଆମେରିକା ଚାଲିଯାଇଥିଲେ, ସେମାନଙ୍କର ଏହି ସନ୍ତାନ ଆର୍ଯ୍ୟା ଏତେ ଛୋଟ ବୟସରୁ ବ୍ୟାପାର ଓ ବ୍ୟବସାୟ କାର୍ଯ୍ୟ ସମ୍ଭାଳିବାରେ ଲାଗିଯାଇଥିଲା। ସାମ୍ବାଦିକ ସମ୍ମିଳନୀରେ

ଶିଶୁ ଆର୍ଯ୍ୟା କହିଥିଲା ମୋତେ ରାଷ୍ଟ୍ରପତି ଓବାମାଙ୍କ ସହିତ ମିଶିବାର ଅଛି ଓ ଭବିଷ୍ୟତରେ ମୋତେ ଆମେରିକାର ରାଷ୍ଟ୍ରପତି ହେବାର ଅଛି । ଟିକିଏ ଚିନ୍ତା କରନ୍ତୁ, ଏତେ ବଡ ଲକ୍ଷ୍ୟ ଯେତେବେଳେ ଏତେ ଛୋଟ ବୟସରେ ଆର୍ଯ୍ୟା ଭଳି ଶିଶୁ ରଖିବେ ତ ସେମାନଙ୍କର ଭବିଷ୍ୟତ ଉଜ୍ଜ୍ୱଳ ହିଁ ହେବ । ଆପଣ ଏବଂ ଆମେ କେବଳ ଏହା କରିପାରିବା କି ଏହି କଥାରୁ ପ୍ରେରଣା ଗ୍ରହଣ କରି ଅନ୍ୟ ପିଲାମାନଙ୍କୁ ଅର୍ଥାତ ଆଗାମୀ ପିଢିକୁ ମଧ୍ୟ ଏହିଭଳି ପ୍ରେରଣା ଦେବା ।

ସେହିପରି କିଛିଦିନ ତଳେ ନବଭାରତ ଟାଇମ୍ସରେ ଏକ ଖବର ପ୍ରକାଶ ପାଇଥିଲା, ଯେଉଁଥିରେ ଲେଖାଥିଲା କି ଇଣ୍ଟରନେଟ ସର୍ଚ୍ଚ ଇଞ୍ଜିନ କମ୍ପାନୀ ଗୁଗଲର ଇଞ୍ଜିନିୟରମାନେ ନିକଟରେ ଏଭଳି ଏକ କାର୍‌ର ଟେଷ୍ଟ ଡ୍ରାଇଭ କାଲିଫର୍ଣ୍ଣିଆ ସଡକରେ କରିଛନ୍ତି, ଯାହା ଆପଣା ଛାଏଁ ଚାଲିବ । ଏହି କାର ରାସ୍ତାରେ ଦୁର୍ଘଟଣା ସଂଖ୍ୟା ହ୍ରାସ କରିବାରେ ସହାୟକ ହେବ ବୋଲି ଗୁଗଲ ଆଶାବ୍ୟକ୍ତ କରିଛି ।

କାରରେ ଭିଡିଓ କ୍ୟାମେରା ବ୍ୟବହାର କରାଯାଇଛି, ଯାହା ଏହାର ଛାତ ଉପରେ ଲଗାଯାଇଛି । ଏଥିରେ ରାଡାର ସେନସର ଓ ଲେଜର ରେଞ୍ଜ ଫାଇଣ୍ଡର ମଧ୍ୟ ଲାଗିଛି । ଯେଉଁଥିରୁ ଟ୍ରାଫିକ ସ୍ଥିତି ଦେଖାଯାଇପାରିବ । ସେହିପରି ଟେଷ୍ଟ ଡ୍ରାଇଭ ବେଳେ କାରରେ ଟ୍ରେଣ୍ଡ ଡ୍ରାଇଭର ଓ ସଫ୍ଟଓୟାର ଏକ୍ସପର୍ଟ ଥିଲେ । ଯେଉଁମାନେ କାରକୁ ଯେକୌଣସି ସମୟରେ କଣ୍ଟ୍ରୋଲକୁ ନେଇପାରୁଥିଲେ । ଟେଷ୍ଟ ଡ୍ରାଇଭରେ କାରର୍ ରୁଟ୍ ପ୍ରଥମେ ପ୍ଲାନ କରାଯାଇଥିଲା, କିନ୍ତୁ ପୋଲିସକୁ ପ୍ରଥମରୁ ହିଁ ଏହାର ସୂଚନା ଦିଆଯାଇଥିଲା । କାରରେ ଏଭଳି ସଫ୍ଟଓୟାର ଲାଗିଥିଲା ଯାହା କାରକୁ ଚାରିପାର୍ଶ୍ୱରୁ କୌଣସି ଜିନିଷ ନିକଟତର ହେଲେ ସେ ସମ୍ପର୍କରେ ଜଣାଇ ଦେଉଥିଲା ।

ଏହି କାର ପରିକଳ୍ପନାକୁ ସଫଳ ରୂପ ଦେଇଥିବା ଗୁଗଲର ଇଞ୍ଜିନିୟର ୪୩ ବର୍ଷୀୟ ସେବେଷ୍ଟିୟନ କହନ୍ତି, ଟେଷ୍ଟରେ ଯାଇଥିବା ସାତଟି କାର୍ ସଡକ ଉପରେ ଏକ ହଜାର ମାଇଲ ଦୂରତା ବିନା ଡ୍ରାଇଭରରେ ଅତିକ୍ରମ କରିନେଇଛନ୍ତି । କେତେବେଳେ କେମିତି ଡ୍ରାଇଭରକୁ କଣ୍ଟ୍ରୋଲ ହାତକୁ ନେବାକୁ ପଡେ ତ ସେହି ହିସାବରେ ଉକ୍ତ କାର ୧ ଲକ୍ଷ ୪୦ ହଜାର ମାଇଲ ଦୂରତା ଅତିକ୍ରମ କରିପାରିବ । ଏହା ଅଙ୍କାବଙ୍କା ରାସ୍ତାରେ ସହଜରେ ଯାତ୍ରା କରିପାରିବ । ହାଇୱେରେ ମଧ୍ୟ କାରରେ ଯାତ୍ରା ମୋଟାମୋଟି ଦୁର୍ଘଟଣାମୁକ୍ତ ଥିଲା । ମାତ୍ର ଗୋଟିଏ ଥର ଏହି କାର୍ ଟ୍ରାଫିକ ଲାଇଟକୁ ଧକ୍କା ଦେଇଥିଲା ।

କମ୍ପାନୀର ଅଫିସିଆଲ ବ୍ଲଗରେ ସେବେଷ୍ଟିୟନ କହିଥିଲେ ସେଫ୍‌ଟୀ ଏହି ପ୍ରୋଜେକ୍ଟର

ପ୍ରଥମ ପ୍ରାୟୋରିଟୀ। ସେବେଷ୍ଟିୟନ ଷ୍ଟେନଫୋର୍ଡ ୟୁନିଭର୍ସିଟିର କମ୍ପ୍ୟୁଟର ସାଇନ୍ସ ଓ ଇଲେକ୍ଟ୍ରିକାଲ ଇଞ୍ଜିନିୟରିଂରେ ମଧ୍ୟ ପ୍ରଫେସର ଅଛନ୍ତି । ସେ କହନ୍ତି, ଆମର ଆଶା ରହିଛି କି ଆମର ଟେକ୍‌ନୋଲୋଜିରେ ଏହି କ୍ଷମତା ଅଛି ଯାହା ରାସ୍ତାରେ ଦୁର୍ଘଟଣା ସଂଖ୍ୟା ଅଧା କରିଦେଇପାରିବ।

ଗୁଗଲର ପରିଚୟ ଆଜି ପର୍ଯ୍ୟନ୍ତ ଇଣ୍ଟରନେଟ ସର୍ଚ୍ଚ ଇଞ୍ଜିନ କମ୍ପାନୀ ଭାବରେ ରହିଆସିଛି। କିଛି ବର୍ଷ ହେଲା ତାହା ଗୁଗଲ ମ୍ୟାପ୍‌ସ ଓ ଗୁଗଲ ଷ୍ଟ୍ରିଟ୍ ଭ୍ୟୁ ଜରିଆରେ ଲୋକେସନ ସର୍ଭିସେସ୍‌ରେ ମଧ୍ୟ ଯଥେଷ୍ଟ ଆଗ୍ରହ ଦେଖାଇଛି। ଗୁଗଲର ଏହି ଅଟୋମେଟିକ୍ କାର୍ ବଜାରକୁ ଆସିବାକୁ କିଛି ବର୍ଷ ଲାଗିପାରେ । କିନ୍ତୁ କାର୍ ସହ ସଂପୃକ୍ତ ରିସର୍ଚ୍ଚରମାନେ କୁହନ୍ତି, ସେତେବେଳେ ଆମେ ଦୁନିଆକୁ ଏଭଳି ବଦଳାଇଦେବୁ ଯେମିତି ଇଣ୍ଟରନେଟ ଦୁନିଆକୁ ବଦଳାଇ ଦେଇଛି ।

ଭାବନ୍ତୁ ତ, ଯେଉଁ ବ୍ୟକ୍ତିଙ୍କର ଏହିଭଳି ଲକ୍ଷ୍ୟ ରହିବ, ତାଙ୍କୁ ନିଶ୍ଚିତ ଭାବରେ ସଫଳ ବ୍ୟକ୍ତି କୁହାଯିବ ଓ ଏହି କଥାରେ ଗର୍ବ ଅନୁଭବ କରିବେ କି ଜୀବନରେ ଯାହା ତାଙ୍କର ଇଚ୍ଛା ଥିଲା, ତାହା ସେ ପାଇଯାଇଛନ୍ତି ।

ଯେତେବେଳେ ଆମେ ଲକ୍ଷ୍ୟ ସମ୍ପର୍କରେ ଆଲୋଚନା କରୁଛେ ତ ଗୋଟିଏ କଥା ନିଶ୍ଚୟ ଧ୍ୟାନରେ ରଖନ୍ତୁ କି ଅହଂକାର କଦାପି ନିଜର ମନ ମଧ୍ୟକୁ ଆସିବାକୁ ଦିଅନ୍ତୁ ନାହିଁ। ଆମକୁ ଆମର ଲକ୍ଷ୍ୟ ପ୍ରାପ୍ତ କରିବାର ଅଛି, କିନ୍ତୁ ଏହି ଲକ୍ଷ୍ୟପ୍ରାପ୍ତି ସମୟରେ କଦାପି ଅହଂକାରକୁ ଆଣିବା ଉଚିତ ନୁହେଁ। ଯଦି କୌଣସି ସମୟରେ ଅହଂକାର ଆପଣଙ୍କ ମନକୁ ଆସିଯାଏ ଧ୍ୟାନ ରଖନ୍ତୁ କି ଆପଣଙ୍କର ପତନ ଆରମ୍ଭ ହୋଇଗଲା। ଏପରି ସ୍ଥଳେ ପ୍ରଭୁଙ୍କୁ ସର୍ବଦା ସ୍ମରଣ କରନ୍ତୁ ଓ ପ୍ରଭୁଙ୍କୁ ବିନତି କରନ୍ତୁ କି ଅହଂକାରକୁ ଦୂରେଇ ନେବେ। ସବୁବେଳେ ଏକଥା ମନେରଖନ୍ତୁ, ପରୋପକାର, ସତ୍‌ସେବା, ସତ ମନ ଏସବୁ ଜୀବନର ଆନନ୍ଦର ପ୍ରତୀକ ଏବଂ ଅହଂକାର ବିକାଶକୁ, ଲକ୍ଷ୍ୟର ସିଢ଼ିକୁ ଦୁର୍ବଳ କରିଦେଇଥାଏ। ଏଥିପାଇଁ କଦାପି ଅହଂକାରକୁ ନିଜ ପାଖ ମାଡିବାକୁ ଦିଅନ୍ତୁ ନାହିଁ।

ଜୀବନରେ ଯେତେବେଳେ ଆପଣ ଲକ୍ଷ୍ୟପ୍ରାପ୍ତିର ପାହାଚ ଚଢ଼ିବେ ତ ଆପଣ କେବେ କେବେ ଏହା ମଧ୍ୟ ଅନୁଭବ କରିବେ କି ଆପଣଙ୍କ ମନ ଅଶାନ୍ତ ହୋଇଯାଇଛି। ଯେତେବେଳେ ମନ ଅଶାନ୍ତ ରହିଛି ଓ ଆପଣ ଲକ୍ଷ୍ୟ ସମ୍ପର୍କରେ କହୁଛନ୍ତି ତ ମନ ମସ୍ତିଷ୍କ ଉପରେ ଏହାର କୌଣସି ପ୍ରଭାବ ପଡିବ ନାହିଁ। ଏହି ସମୟରେ ଆମ ମନକୁ ଶାନ୍ତ କରିବାର ଫର୍ମୁଲା ଆବଶ୍ୟକ ଏବଂ ମନକୁ ଶାନ୍ତ କରିବାର ଏକ ଭଲ ଫର୍ମୁଲା ହେଲା ଗୁଣୁଗୁଣୁ ହେବା। ମୁଁ ଗୋଟିଏ ପତ୍ରିକାରୁ

ପଢିଥିଲି ମନକୁ ଶାନ୍ତ ରଖିବାକୁ ଅଛି ତ ଗୁଣୁଗୁଣୁ ସ୍ୱରରେ ଗୀତ ଗାଇ ଚାଲନ୍ତୁ । ଯାହା କିଛି ବି ମନକୁ ଆସୁଛି, ତାହାକୁ ଗୁଣୁଗୁଣାନ୍ତୁ । କୌଣସି ଏକ ମନ୍ତ୍ରର ଚକ୍କରରେ ପଡନ୍ତୁ ନାହିଁ । ଚାହୁଁଛନ୍ତି ତ ଶ୍ରୀରାମ ଜୟ ରାମ ଜୟ ଜୟ ରାମ ବୋଲନ୍ତୁ କିମ୍ବା ହରେ କୃଷ୍ଣ ହରେ ରାମ ବୋଲନ୍ତୁ ଅଥବା ନିଜର ଇଷ୍ଟକୁ ଭଜନ୍ତୁ । ବାସ୍ ଗୁଣଗୁଣାନ୍ତୁ । ଗୁଣୁଗୁଣୁ ହେବା ଦ୍ୱାରା ଫାଲତୁ କଥା ପ୍ରତି ଧ୍ୟାନ ଯାଇ ନଥାଏ । କାରଣ ଯେଉଁ ବ୍ୟକ୍ତି ଭଜନ କରନ୍ତି, ତାହା ଯେତେ ସହଜ ହେବ ସେତେ ପ୍ରଭୁଙ୍କ ନିକଟତର ହେବ । ସ୍ୱାମୀଜୀ କହିଛନ୍ତି, ସୁଖ-ଦୁଃଖ ନିଜ କର୍ମରୁ ମିଳିଥାଏ । ସତକର୍ମ କରିବା ଦ୍ୱାରା ସୁଖ ମିଳିଥାଏ ଓ ଦୁଷ୍କର୍ମ କରିବା ଦ୍ୱାରା ଦୁଃଖ । ସେ ଦୁଃଖ ଆସିବାରୁ ପାପର କ୍ଷୟ ଓ ସୁଖ ଆସିବାକୁ ପୁଣ୍ୟର କ୍ଷୟ କହୁଥିଲେ । ସ୍ୱାମୀଜୀ କହୁଥିଲେ ସାଂସାରିକ ବିଷୟ ସହିତ ଆମେ ନିଜକୁ ଯେତେ କମ୍ ସଂଶ୍ଳିଷ୍ଟ କରିବା, ସେତେ ଅଧିକ ଆମକୁ ଶାନ୍ତି ମିଳିବ ।

ଆପଣ ନିଜର ଲକ୍ଷ୍ୟ ନିର୍ଦ୍ଧାରଣ କରନ୍ତୁ ଓ ଜୀବନକୁ ସେହି ଲକ୍ଷ୍ୟ ଦିଗରେ ବଦଳାନ୍ତୁ । ଆମେରିକାରେ ଆଜିକାଲି ଲୋକେ ଏଭଳି ରୋବଟ ନିର୍ମାଣ କରୁଛନ୍ତି ଯିଏ ଆପଣଙ୍କ ପିଲାର ଅଧ୍ୟାପକ ହୋଇଯିବ । ସେମିତି ଅନ୍ୟ ପକ୍ଷରେ ସୁନୀତା ୱିଲିୟମ୍ସ ଭାରତ ଜନ୍ମିତ ମହିଳାଙ୍କୁ ଅନ୍ତରୀକ୍ଷରେ ପୁନର୍ବାର ଉଡିବା ଲାଗି ଆଗ୍ରହ ହେଲା ଓ ସେ ଲକ୍ଷ୍ୟ ପ୍ରସ୍ତୁତ କଲେ ମୋତେ ପୁଣିଥରେ ଅନ୍ତରୀକ୍ଷ ଯିବାକୁ ହେବ । ନିକଟରେ ଜୁନ୍, ୨୦୧୨ରେ ଅନ୍ତରୀକ୍ଷକୁ ଯାତ୍ରା ପାଇଁ ସେ ପ୍ରସ୍ତୁତ ହୋଇଗଲେ । ଏହିଭଳି ଯେଉଁ ଲକ୍ଷ୍ୟ ଆପଣ ଚିନ୍ତା କରନ୍ତି, ତାହାକୁ ଗୋଟିଏ ଥର ଚିନ୍ତା କରିବା ପରେ ପୂର୍ଣ୍ଣ କରିବା ଲାଗି ତତ୍ପର ହୋଇଯାନ୍ତୁ ।

ଯେକୌଣସି ଲକ୍ଷ୍ୟ ଉପରେ ବିଚାର କରନ୍ତୁ ଏବଂ ସବୁବେଳେ ନିଜକୁ ନିଜେ ସେହି କାର୍ଯ୍ୟର, ସେହି ଲକ୍ଷ୍ୟର ପଣ୍ଡିତ ଭାବନ୍ତୁ, ଯାହା ଆପଣଙ୍କୁ ଆପଣାଇବାର ଅଛି । ଏବେ କେମିତି କହିବା ପଣ୍ଡିତ ଏକଥା ଆମେ ନିମ୍ନଲିଖିତ ଦୁଇ ତିନୋଟି ଶ୍ଳୋକ ମାଧ୍ୟମରେ ଜାଣିପାରିବା–

ନାପ୍ରାପ୍ୟମଭିବାଞ୍ଛନ୍ତି ନଷ୍ଟଂ ନେଚ୍ଛନ୍ତି ଶୋଚିତୁମ୍ ।
ଆପତ୍ସୁ ନ ମୁହ୍ୟନ୍ତି ନରାଃ ପଣ୍ଡିତବୁଦ୍ଧୟଃ ॥

ପଣ୍ଡିତମାନଙ୍କ ଭଳି ବୁଦ୍ଧିମାନ ମନୁଷ୍ୟ ଦୁର୍ଲଭ ପଦାର୍ଥର କାମନା କରି ନଥାନ୍ତି । ନଷ୍ଟ ହୋଇଯାଇଥିବା ବସ୍ତୁକୁ ନେଇ ଦୁଃଖ କରନ୍ତି ନାହିଁ ଏବଂ ବିପତ୍ତି ଆସିଲେ ବିବ୍ରତ ହୁଅନ୍ତି ନାହିଁ ।

ନିଶ୍ଚିତ୍ୟ ଯଃ ପ୍ରକ୍ରମତେ ନାନ୍ତର୍ବସତି କର୍ମଣଃ ।
ଅବନ୍ଧ୍ୟକାଳୋ ବଶ୍ୟାତ୍ମା ସ ବୈ ପଣ୍ଡିତ ଉଚ୍ୟତେ ॥

ଯିଏ ନିଜର ଶକ୍ତିକୁ ବୁଝି ବିଚାରି କାର୍ଯ୍ୟ ଆରମ୍ଭ କରନ୍ତି, ଯିଏ କାର୍ଯ୍ୟ ମଧ୍ୟ ଭାଗରେ ଅଟକି ଯାଆନ୍ତି ନାହିଁ ଅର୍ଥାତ୍ କାର୍ଯ୍ୟକୁ ଅଧାରେ ଛାଡ଼ନ୍ତି ନାହିଁ, ଯାହାଙ୍କର ସମୟ ବ୍ୟର୍ଥ ହୁଏନି ଅର୍ଥାତ୍ ଯିଏ ସର୍ବଦା ନିର୍ଣ୍ଣୟାତ୍ମକ କାର୍ଯ୍ୟରେ ଲାଗି ରହିଥାନ୍ତି ଏବଂ ଜିତେନ୍ଦ୍ରୀୟ ହୋଇଥାନ୍ତି ତାଙ୍କୁ ହିଁ ପଣ୍ଡିତ କୁହାଯାଏ ।

ଆର୍ଯ୍ୟକର୍ମାଣି ରଜ୍ୟନ୍ତେ ଭୂତିକର୍ମାଣି କୁର୍ବତେ ।
ହିତଂ ଚ ନାଭ୍ୟସୂୟନ୍ତି ପଣ୍ଡିତା ଭରତର୍ଷଭ ॥

ହେ ଭରତକୁଳ ଭୂଷଣ ! ପଣ୍ଡିତ ଜନ ଶ୍ରେଷ୍ଠ କର୍ମ କରିବାରେ ରୁଚି ରଖିଥାନ୍ତି, ଐଶ୍ୱର୍ଯ୍ୟକୁ ବଢାଉଥିବା ଓ ଉନ୍ନତି କରୁଥିବା କାର୍ଯ୍ୟ କରିଥାନ୍ତି ତଥା ହିତ କରୁଥିବା ଲୋକଙ୍କୁ ନା ଈର୍ଷା କରନ୍ତି ନା ସେମାନଙ୍କୁ ଦୋଷ ଦେଇଥାନ୍ତି ।

ସାଉଥ କୋରିଆର ଜଣେ ମହିଳା ଜୀବନର ଏକ ଲକ୍ଷ୍ୟ ନିର୍ଦ୍ଧାରଣ କଲେ କି ଗାଡ଼ି ଚଳାଇବା ପାଇଁ ଲାଇସେନ୍ସ ହାସଲ କରିବେ । ଏଭଳି ଏକ ଛୋଟ ଲକ୍ଷ୍ୟକୁ ନେଇ ଆପଣଙ୍କୁ ହସ ମଧ୍ୟ ଲାଗୁଥିବ କାରଣ ଗାଡ଼ି ଚଳାଇବା ପାଇଁ ଡ୍ରାଇଭିଂ ଲାଇସେନ୍ସ ହାସଲ କରିବା କୌଣସି ବଡ଼ କଥା ନୁହେଁ, ପୁଣି ସେହି ମହିଳା ସାଉଥ କୋରିଆରେ ରହୁଛନ୍ତି । ଦୀର୍ଘଦିନ ଧରି ତାଙ୍କର ତୀବ୍ର ଇଚ୍ଛା ଥିଲା ସେ ଗାଡ଼ି ଚଳାଇବାର ଲାଇସେନ୍ସ ହାସଲ କରିବେ । ସେହି ମହିଳା ଅନେକ ଥର ଲାଇସେନ୍ସ ପାଇବା ପାଇଁ ପରୀକ୍ଷା ଦେଲେ କିନ୍ତୁ ଦୁର୍ଭାଗ୍ୟବଶତଃ ସେ ପରୀକ୍ଷାରେ ପାସ୍ କରିପାରିଲେ ନାହିଁ । ଏହି କାରଣରୁ ତାଙ୍କୁ ଗାଡ଼ି ଚଳାଇବାର ଲାଇସେନ୍ସ ପ୍ରାପ୍ତ ହେଲା ନାହିଁ । କିନ୍ତୁ ମହିଳାଙ୍କର ଲକ୍ଷ୍ୟ ସତ ଥିଲା, ଉତ୍ତମ ଥିଲା ଓ ସେ ନିଜର ଲକ୍ଷ୍ୟ ପ୍ରତି ସଜାଗ ମଧ୍ୟ ରହିଥିଲେ । ସେହି ମହିଳା ପାଖାପାଖି ୬ ବର୍ଷ ପୂର୍ବେ ଅର୍ଥାତ୍ ଅପ୍ରେଲ ୨୦୦୫ରେ ପ୍ରଥମେ ଗାଡ଼ି ଚଳାଇବାର ଟେଷ୍ଟ ଦେଇଥିଲେ ଓ ଫେଲ ହୋଇଗଲେ କିନ୍ତୁ ନିରାଶ ହେଲେ ନାହିଁ । ଏହି ଟେଷ୍ଟ ସେ ପ୍ରତିଦିନ ଦେଇ ଚାଲିଲେ, ସପ୍ତାହରେ ପାଞ୍ଚ ଦିନ, ତଥାପି ଫେଲ ହେଲେ, ପରନ୍ତୁ ନିଜର ଲକ୍ଷ୍ୟକୁ ପୂର୍ଣ୍ଣ କରିବାକୁ ସେ ଯେଉଁ ଦୃଢ ନିଷ୍ପତ୍ତି ନେଇଥିଲେ ତାହାକୁ ସଫଳ କରିବା ଲାଗି ସେ ସଜାଗ ରହିଲେ । ପରେ ସେ ଗାଡ଼ିର ଡ୍ରାଇଭିଂ ଲାଇସେନ୍ସ ପ୍ରାପ୍ତ କରିବା ପାଇଁ ସପ୍ତାହକୁ ଦୁଇଦିନ ପରୀକ୍ଷା ଦେବା ଆରମ୍ଭ କରିଦେଲେ । ତଥାପି ସେ ଫେଲ ହେଲେ । ମୋଟ ୭୦୦-୮୦୦ ଥର ପରୀକ୍ଷା ଦେବା ପରେ ମଧ୍ୟ ସେହି ମହିଳା ଡ୍ରାଇଭିଂ ଲାଇସେନ୍ସ ପ୍ରାପ୍ତ କରିବା ଲାଗି ଯେଉଁ ପରୀକ୍ଷା ହେଉଥିଲା ସେଥିରେ ସ୍ଥାନ ପାଇପାରିଲେ ନାହିଁ । ନିଷ୍ଠା ଓ ଲକ୍ଷ୍ୟର

ଅତୁଟ ସଂଯୋଗରୁ ଶେଷରେ ୯୬୦ ଥରରେ ଯେତେବେଳେ ସେହି ମହିଳା ଡ୍ରାଇଭିଂ ଲାଇସେନ୍ସ ପାଇଁ ପରୀକ୍ଷା ଦେଲେ ତାଙ୍କର ପାସ୍ ହୋଇଗଲା ଓ ଏହି ଖୁସିରେ ହ୍ୟୁଣ୍ଡାଇ କାର କମ୍ପାନୀ ଉକ୍ତ ମହିଳାଙ୍କୁ ଗୋଟିଏ ଗାଡ଼ି ମାଗଣାରେ ଗିଫ୍ଟ ଦେଲା। ଜାଣିରଖନ୍ତୁ ସାଉଥ କୋରିଆରେ ଡ୍ରାଇଭିଂ ପରୀକ୍ଷାରେ ପାସ କରିବା ଲାଗି ଯେଉଁ ଟେଷ୍ଟ ହୋଇଥାଏ ସେଥିପାଇଁ ପ୍ରତି ଥର ୫ ଡଲାର ପ୍ରବେଶ ଶୁଳ୍କ ମଧ ଲାଗିଥାଏ। ଉକ୍ତ ମହିଳା ଏତେ ଥର ପ୍ରବେଶ ଶୁଳ୍କ ମଧ୍ୟ ଦେଇଥିଲେ, ହେଲେ ଉତ୍ସାହ ହରାଇ ନଥିଲେ। ଶେଷରେ ସେ ସଫଳ ହେଲେ। ଆପଣ ମଧ ଏଭଳି କୌଣସି ନୂଆ ଚିନ୍ତାଧାରା ସହିତ ନିଜର ଲକ୍ଷ୍ୟକୁ ବଳବତ୍ତର ରଖିବେ ତ ନିଶ୍ଚିତ ଭାବରେ ସଫଳତା ମିଳିବ।

ସେହିପରି ଅତୀତର ଏକ ଛୋଟ ଘଟଣା ଖବରକାଗଜରୁ ମୋତେ ମିଳିଥିଲା, ଯାହା ଆମର ପାଠକମାନଙ୍କୁ ପ୍ରେରଣା ଯୋଗାଇବ ଓ ସେମାନେ ନିଜ ଲକ୍ଷ୍ୟ ହାସଲ ପାଇଁ ଉକ୍ତ ଘଟଣାକୁ ଧ୍ୟାନରେ ରଖିବେ। ନଦୀକୂଳରେ ଖୋଳାଯାଇଥିବା ଏକ ଗଡ଼ିଆ ଦିନେ ନଦୀକୁ କହିଲା, 'ଭଉଣୀ! ତୁମେ କେଡ଼େ ମୂର୍ଖ, ଦିନରାତି ବହିଚାଲିଛ ଓ ନିଜର ସବୁ ପାଣି ସମୁଦ୍ରକୁ ବୁହାଇ ଦେଉଛ। ମୋତେ ଦେଖ, ମୁଁ ଶାନ୍ତ ହୋଇ ଗୋଟିଏ ସ୍ଥାନରେ ସ୍ଥିର ରହିଛି।'

ନଦୀ କହିଲା-'ଭାଇ! ମୂର୍ଖ ତୁମେ ନା ମୁଁ, ଏହାର ନିର୍ଣ୍ଣୟ ତୁମେ କରିପାରିବ ନାହିଁ। ଯାହାର ନିଜର ଦେବା ଲାଗି ଇଚ୍ଛା ନଥାଏ, ତା'ଠାରୁ ଛଡ଼ାଇ ନିଆଯାଇଥାଏ। ତୁମର ଜଳକୁ ସୂର୍ଯ୍ୟ ନିଜ କିରଣରେ ଶୋଷି ନେଉଛନ୍ତି। ତୁମର ମଇଳା ପାଣିକୁ କୌଣସି ଲୋକ ପିଇବାକୁ ପସନ୍ଦ କରନ୍ତି ନାହିଁ, କେବଳ ପଶୁମାନେ ଏହାର ଉପଯୋଗ କରିଥାନ୍ତି। ତୁମର ସଂଗ୍ରହ ପ୍ରକୃତି କାରଣରୁ ତୁମ ପାଣିକୁ ଲୋକେ ଗଡ଼ିଆର ମାଟିଆ ପାଣି କହିଥାନ୍ତି, ତାହାକୁ କେହି ନିର୍ମଳ ଜଳ କହନ୍ତି ନାହିଁ। ମୋ ପାଣିରେ ଲୋକେ ସ୍ନାନ କରନ୍ତି ଓ ପିଅନ୍ତି ମଧ। ଏତିକି ନୁହେଁ, ମୋର ପୂଜା ମଧ୍ୟ କରନ୍ତି। ମୋ ଜଳରେ ଦେବତାମାନଙ୍କର ଅଭିଷେକ କରାଯାଏ। ଏତିକି ନୁହେଁ, ମୋ ଜଳରେ କୃଷି କ୍ଷେତ୍ରରୁ ଅନ୍ନ ଉତ୍ପନ୍ନ ହୋଇଥାଏ। ଛୋଟ ମୁହଁରେ ବଡ଼ କଥା କହି ତୁମେ ମୋର ନିରନ୍ତର ସେବାକୁ ମୂର୍ଖତା ବୋଲି କହୁଛ ? ଦେବାରେ ଯେଉଁ ଆନନ୍ଦ ମୋତେ ମିଳୁଛି, ତା ମୋତେ ନିଜ ପାଖରେ ରଖିବାରେ ମିଳିବ ନାହିଁ। ଏବେ ବର୍ଷାଋତୁ ସେଥିପାଇଁ ତୁମେ ଜଳପୂର୍ଣ୍ଣ ହୋଇଛ। କିଛିଦିନ ପରେ ମନୁଷ୍ୟ କ'ଣ ଜଙ୍ଗଲୀ ପଶୁ ମଧ ତୁମକୁ ଆଉ ଦେଖିବାକୁ ପସନ୍ଦ କରିବେ ନାହିଁ।'

ନଦୀର କଥା ଶୁଣି ଗଡ଼ିଆ ଚୁପ୍ ହୋଇଗଲା।

ଆପଣ ନିଜ ଜୀବନର ଲକ୍ଷ୍ୟ ନିର୍ଦ୍ଧାରଣ କରନ୍ତୁ ଓ ସେହି ଲକ୍ଷ୍ୟକୁ ନଜରରେ ରଖି ଜୀବନର ଦିଗ ବଦଳାଇ ଦିଅନ୍ତୁ। ଆଉ ଗୋଟିଏ ଛୋଟ କାର୍ଯ୍ୟ ଯଦି କରନ୍ତି ତେବେ ଆପଣଙ୍କୁ ଲକ୍ଷ୍ୟ ପ୍ରାପ୍ତ କରିବାରେ ଶୀଘ୍ର ସଫଳତା ମିଳିବ। ସେହି କାର୍ଯ୍ୟ ହେଲା ପ୍ରତି ରବିବାର ଶୋଇବା ପୂର୍ବରୁ ଆଗାମୀ ସପ୍ତାହରେ ଯେଉଁ କାର୍ଯ୍ୟ ଆପଣଙ୍କୁ କରିବାର ଅଛି, ତାହାର ଚିଠା ପ୍ରସ୍ତୁତ କରିନିଅନ୍ତୁ। ଏଭଳି କରିବା ଦ୍ୱାରା ଆପଣଙ୍କର ଆଗାମୀ ସପ୍ତାହ ବହୁତ ଭଲରେ ବିତିବ ଓ ଆପଣ ନିଜ ଲକ୍ଷ୍ୟକୁ ପ୍ରାପ୍ତ କରିବାରେ ଦ୍ରୁତ ଗତିରେ ଅଗ୍ରସର ହୋଇଯିବେ। ତେଣୁ ସବୁ ରବିବାର ଦିନ ୧୫ ମିନିଟ ସମୟ ବାହାର କରି ଗୋଟିଏ ସାଦା କାଗଜରେ ଆଗାମୀ ସପ୍ତାହର କାର୍ଯ୍ୟକ୍ରମ ଲେଖିନିଅନ୍ତୁ। ମୋର ପୂର୍ଣ୍ଣ ବିଶ୍ୱାସ ଯେ ଏହି ଛୋଟ ପଦ୍ଧତିକୁ ଆପଣାଇବା ଦ୍ୱାରା ଆପଣଙ୍କୁ ନିଜ ଲକ୍ଷ୍ୟ ପ୍ରାପ୍ତିରେ ସଫଳତା ମିଳିବ।

ଯଦି ଏହି ପୁସ୍ତକକୁ ପଢିବାରେ ଆପଣଙ୍କୁ ଏଭଳି ଲାଗୁଥାଏ କି ଲକ୍ଷ୍ୟପ୍ରାପ୍ତିର କାର୍ଯ୍ୟରେ କିଛି ବି ସହାୟତା ମିଳିଛି ତେବେ ଦୟାକରି ଅନ୍ତତଃ ଗୋଟିଏ କି ଦୁଇଟି କଥା ଯାହା ଆପଣଙ୍କ ହୃଦୟକୁ ସ୍ପର୍ଶ କରିଛି, ତାହାକୁ ନିଜର ବନ୍ଧୁମାନଙ୍କୁ, ନିଜ ସମ୍ପର୍କୀୟଙ୍କ ମଧ୍ୟରେ ଓ ସମାଜର ଲୋକମାନଙ୍କ ମଧ୍ୟରେ ପ୍ରଚାର ପ୍ରସାର କରନ୍ତୁ, ତାହେଲେ ଆପଣ ଯେଉଁଭଳି ଲକ୍ଷ୍ୟ ପ୍ରାପ୍ତ କଲେ, ସେହିଭଳି ସମାଜର ଅନ୍ୟ ଲୋକମାନେ ମଧ୍ୟ ନିଜର ଲକ୍ଷ୍ୟ ପୂରଣ ଦିଗରେ ଅଗ୍ରସର ହୋଇପାରିବେ।